NIETZSCHE · BUDDHA · ZARATHUSTRA

Eine West-Ost Konfiguration

von

Michael Skowron

Kyungpook National University Press

NIETZSCHE · BUDDHA · ZARATHUSTRA

First published 26 April 2006
Written by Michael Skowron

Published by
Kyungpook National University Press

Address | 1370 Sankyuk-dong, Buk-gu, Daegu, Korea
Tel | (+82) 53-950-6741~3 Fax | (+82) 53-953-4692
E-mail | press@knu.ac.kr Website | www.knupress.com

ISBN | 89-7180-184-0 93130

Damaged books can be exchanged.
Book price is on the back cover.

Inhalt

| Vorwort |

In den hier versammelten Aufsätzen, stehen vor allem drei Gestalten im Vordergrund: Nietzsche, Buddha und Zarathustra. Während Nietzsche aus dem Westen stammt, kommen Zarathustra und Buddha aus der Mitte zwischen Ost und West, d.h. aus Persien bzw. Indien, und der eine wendete sich dem Gang der Sonne folgend und ihrem Untergang zu in den Westen, der andere dem Aufgang der Sonne zu nach Osten. Demenstprechend fanden die Lehren Zarathustras vor allem im Westen und insbesondere in den drei in der gleichen Traditionsline stehenden Religionen des Judentums, des Christentums und des Islam Verbreitung, während die Lehren Buddhas vor allem den Osten Asiens beeinflussten. Indem Nietzsche nicht nur Zarathustra in den Mittelpunkt seines "Hauptwerkes" *Also sprach Zarathustra* stellte, sondern sich auch für das indische Denken und den Buddhismus interessierte, so dass er z.B. den Nihilismus die "europäische Form des Buddhismus" nannte, wendete er sich den Ursprüngen der westlichen und östlichen Tradition zu. Sein genealogisches Denken führte ihn dorthin zurück, wo sich der westliche und der östliche Weg anfänglich trennten und also auch allein wieder ursprünglich zusammengeführt werden können. Nietzsche mit Buddha und Zarathustra zusammen zu sehen bedeutet demnach vor allem, die religiöse bzw. postreligiöse Dimension seines Denkens zu erschließen, wofür auch zahlreiche neuere Veröffentlichungen Zeugnis ablegen.[1)]

---

1) Vgl. außer der in dem Aufsatz über "Nietzsches weltliche Religiosität und ihre Paradoxien" angeführten Literatur auch Santaniello, Weaver (ed.): Nietzsche and the Gods. New York 2001; Willers, Ulrich (Hg.): Theodizee im Zeichen des Dionysos. Nietzsches Fragen jenseits von Moral und Religion. Münster 2003; Nak-Rm Chung, Der tragisch-dionysische Gedanke. Eine Interpretation der Philosophie Nietzsches. Würzburg 2004; T. K. Seung: Nietzsche's Epic of the Soul. Thus Spoke Zarathustra. Oxford 2005; Grøn, Arne: Jenseits? Nietzsches Religionskritik revisited. Zum Stand der Forschung in Sachen Nietzsche und die christliche Religion. In:

Für die Verbindung der drei Namen Nietzsche, Buddha und Zarathustra gibt es aber nicht nur sachliche, sondern auch persönliche Gründe. Auch der Autor beschrieb in seinem Werdegang den Weg von Westen nach Osten, wo ihn der Zufall insbesondere nach Korea führte, und wieder zurück, um sich fortan in einem Kreisgang zu bewegen. Nietzsche gab ihm zwar ohne klares Wissen darum schon früh den Leitfaden in die Hand, aber so wie Zarathustra seine Jünger von sich fortschickt, musste auch er durch eine Phase der Entfremdung gehen, in der er sich gegen ihn wehrte und sogar seiner schämte. Anders findet man jedoch kaum einen echten Zugang weder zu Zarathustra noch zu Nietzsche. Wie sich Zarathustra am Ende des ersten Teils von *Also sprach Zarathustra* von seinen Freunden verabschiedet, so auch Nietzsche am Ende des Vorwortes von *Ecce homo* von seinen Lesern:

> Allein gehe ich nun, meine Jünger! Auch ihr geht nun davon und allein! So will ich es.
>
> Geht fort von mir und wehrt euch gegen Zarathustra! Und besser noch: schämt euch seiner! Vielleicht betrog er euch.
>
> Der Mensch der Erkenntniss muss nicht nur seine Feinde lieben, sondern auch seine Freunde hassen können.
>
> Man vergilt einem Lehrer schlecht, wenn man immer nur der Schüler bleibt. Und warum wollt ihr nicht an meinem Kranze rupfen?
>
> Ihr verehrt mich; aber wie, wenn eure Verehrung eines Tages umfällt? Hütet euch, dass euch nicht eine Bildsäule erschlage!
>
> Ihr sagt, ihr glaubt an Zarathustra? Aber was liegt an Zarathustra? Ihr seid meine Gläubigen: aber was liegt an allen Gläubigen!
>
> Ihr hattet euch noch nicht gesucht: da fandet ihr mich. So thun alle Gläubigen; darum ist es so wenig mit allem Glauben.
>
> Nun heisse ich euch, mich verlieren und euch finden; und erst, wenn ihr mich Alle verleugnet habt, will ich euch wiederkehren. (EH, Vorwort; vgl. Za I, Von der schenkenden Tugend 3)

Nachdem man wegen des nationalsozialistischen missbräuchlichen Zwischenspiels allen Grund hatte, sich gegen ihn zu wehren und sogar seiner zu schämen, ist die seit Jahren bzw. Jahrzehnten anhaltende weltweite Nietzsche-Renaissance erstaunlich genug und zeigt, wie gut Nietzsche sein Schicksal voraussah, aber auch dass meine eigene Erfahrung kein bloßer Einzelfall ist. Inzwischen muss man sich kaum noch gegen die

---

Nietzsche-Studien 34 (2005). S. 375-408.

Verwechslung Nietzsches mit dem Nationalsozialismus wehren. Zu deutlich ist ihre abgrundtiefe Verschiedenheit und Gegnerschaft geworden. Der von ihm vorausgesehene europäische Nihilismus war für Nietzsche nur ein Zwischenstadium, das er in sich selbst bereits überwunden hatte, kein Ziel, und am wenigsten ein politisches.

Spuren der Auseinandersetzung mit dieser Verwechslung Nietzsches finden sich auch in den Beiträgen dieses Buches, am deutlichsten wohl im zweiten und dritten Aufsatz. Aber auch schon der erste Aufsatz, der an meine Heidelberger Dissertation über das Problem der Metaphysik bei Nietzsche und Heidegger anknüpft, setzt sich mit einer damit zusammenhängenden, aber auf anderer Ebene abspielenden Verwechslung auseinander. Es ist diejenige mit der wirkungsmächtigen Interpretation Heideggers, der sich vergleichsweise proportional eben so sehr in Nietzsche philosophisch irrte, als er aus dem verfälschten und angeblichen Haupt- und Nachlasswerk "Der Wille zur Macht" ein metaphysisches System konstruierte, das er wie ein Spiegelfechter wiederum nur durch seine eigene Seinsfrage überwinden zu können glaubte, wie er sich ungefähr zur selben Zeit auch aus seiner politischen Verirrung zu entwinden trachtete.

Mit den vor allem im dritten, vierten und fünften Beitrag behandelten und zusammengehörigen Themen "notwendige 'Selbstüberwindung'", Verwandlung und Prozess dagegen wird das genannte Schlüssel-Phänomen der wiederholend unterscheidenden Rückkehr unter anderen Titeln selbst eingehender untersucht und findet sich, wie sich zeigt, nicht nur bei Nietzsche und Zarathustra, sondern auch im Buddhismus, bei Kafka, Rilke oder auch Goethe[2]. Nach diesen Vorbereitungen und einem Blick auf Nietzsches Sprachphilosophie mit "Gänsefüßchen", die sich mit ihrer Sprachskepsis in vielen Hinsichten mit dem insbesondere im Zen-Buddhismus verbreiteten Misstrauen gegen die Sprache trifft, konfigurieren die nächsten vier Beiträge, beginnend mit dem siebten, die Verbindung Nietzsches mit Buddha und Zarathustra im Paradigma der sich selbst überwindenden Wiederholung. Stehen hier zunächst mehr die zarathustrischen Aspekte im Vordergrund, so in den letzten drei Beiträgen die buddhistischen, deren letzter das Phänomen der Verwandlung noch einmal als Übergang und Untergang thematisiert.

Daegu, im Frühjahr 2006

2) "Von der Gewalt, die alle Wesen bindet, / Befreit der Mensch sich, der sich überwindet." (Die Geheimnisse, V. 191-192)

| *Siglen* |

Nietzsche wird im laufenden Text und in den Anmerkungen mit den folgenden Siglen mit Angabe des Aphorismus oder mit Band-, Abschnitt- und/oder ggf. Seitenangabe zitiert:

KGW = Nietzsche, Friedrich: Werke. Kritische Gesamtausgabe, begründet von G. Colli und M. Montinari, weitergeführt von W. Müller-Lauter und K. Pestalozzi, Berlin und New York 1967ff.

KSA = Nietzsche, Friedrich: Sämtliche Werke, Kritische Studienausgabe in 15 Bänden, hg. von G. Colli und M. Montinari, München 1980.

KSB = Nietzsche, Friedrich: Sämtliche Briefe, Kritische Studienausgabe in 8 Bänden, hg. von G. Colli und M. Montinari, München 1986.

BAW = Nietzsche, Friedrich: Fotomechanischer Nachdruck der Ausgabe: Friedrich Nietzsche: Werke und Briefe. Historisch-kritische Gesamtausgabe, Werke, Bd. 1-5. München 1994.

AC = Der Antichrist
DD = Dionysos-Dithyramben
EH = Ecce homo
FW = Die fröhliche Wissenschaft
GD = Götzen-Dämmerung
GT = Die Geburt der Tragödie
GM = Zur Genealogie der Moral (I-III)
GMD = Das griechische Musikdrama
HL = Vom Nutzen und Nachteil der Historie für das Leben
JGB = Jenseits von Gut und Böse
M = Morgenröthe
MA = Menschliches, Allzumenschliches (I und II)
NW = Nietzsche contra Wagner
PHG = Die Philosophie im tragischen Zeitalter der Griechen
SE = Schopenhauer als Erzieher
UB = Unzeitgemässe Betrachtungen
VM = Vermischte Meinungen und Sprüche
WA = Der Fall Wagner
WB = Richard Wagner in Bayreuth
WL = Über Wahrheit und Lüge im aussermoralischen Sinne
WS = Der Wanderer und sein Schatten
Za = Also sprach Zarathustra (I-IV)

NIETZSCHE, HEIDEGGER UND DER TOD GOTTES

I. Einleitung

Kaum ein anderer Philosoph des zwanzigsten Jahrhunderts hat sich so ausgiebig und anhaltend mit Nietzsche beschäftigt wie Heidegger. Kaum ein anderer hat ihm auch eine so herausragende Bedeutung in der Geschichte der Philosophie und des Denkens zugewiesen.[3] In fünf Semestern hat Heidegger zwischen 1936 und 1940 an der Universität in Freiburg i.Br. Vorlesungen über Nietzsche gehalten, die 1961 zusammen mit einigen Abhandlungen unter dem schlichten Titel *Nietzsche* in zwei voluminösen Bänden veröffentlicht wurden. Heidegger leitete damit in der Mitte der Dreißiger Jahre zusammen mit anderen Philosophen wie Karl Jaspers und Karl Löwith eine neue Phase der Nietzscherezeption ein, die Nietzsche nicht mehr nur als bloß literarischen Dichter-Philosophen, sondern als Denker ernst nehmen wollte. Während Jaspers aber in seinem ebenfalls aus Vorlesungen hervorgegangenen Buch "gegen die Nationalsozialisten die Denkwelt dessen aufrufen (wollte), den sie zu ihrem Philosophen erklärt hatten"[4] und Nietzsche als den jede erreichte Position wieder überschreitenden Frager versteht, Löwith in Nietzsche den letztlich scheiternden aber dennoch notwendigen Versuch zur Wiedergewinnung der Welt "auf der Spitze der Modernität" findet[5], stellte sich Heidegger in seinen Vorlesungen die

3) Vgl. Skowron, Michael: Nietzsche und Heidegger. Das Problem der Metaphysik. Frankfurt am Main 1987; vgl. inzwischen auch Gander, Hans-Helmuth (Hg.): "Verwechselt mich vor allem nicht". Heidegger und Nietzsche. Frankfurt am Main 1994. Seubert, Harald: Zwischen erstem und anderem Anfang. Heideggers Auseinandersetzung mit Nietzsche und die Sache seines Denkens. Köln 2000. Stegmaier, Werner: Auseinandersetzung mit Nietzsche I. Metaphysische Interpretation eines Anti-Metaphysikers. In: Thomä, Dieter (Hg.): Heidegger Handbuch. Stuttgart 2003. S. 202-210. Denker, Alfred, Heinz, Marion u.a. (Hg.): Heidegger und Nietzsche. Heidegger-Jahrbuch 2. München 2005.

4) Jaspers, Karl: Nietzsche. Einführung in das Verständnis seines Philosophierens. Berlin 1950. Vorwort.

5) Vgl. Löwith, Karl: Nietzsches Philosophie der ewigen Wiederkehr des Gleichen. Berlin 1935.

Aufgabe, “Nietzsches Denken als die Vollendung der abendländischen Metaphysik aus der Geschichte des Seins” zu begreifen.[6)]

Kann man Nietzsche noch höher schätzen als dass man ihn aus der Reihe der Dichter-Philosophen unter die Metaphysiker erhebt und ihn sogar als die “Vollendung” der ehrwürdigen und langen Geschichte der abendländischen Metaphysik begreift? Im folgenden soll sich zeigen, dass diese Schätzung nicht nur zweideutig, sondern auch durchaus fragwürdig ist. Dies aber soll hier nicht an Hand der umfangreichen Nietzsche-Vorlesungen, sondern der in den *Holzwegen* veröffentlichten Abhandlung über *Nietzsches Wort ‘Gott ist tot’* erfolgen. Diese Abhandlung beruht nach Heideggers eigenen Worten auf jenen Vorlesungen und ist von ihm 1943 wiederholt vorgetragen worden. In ihr finden wir auch den wesentlichen Gehalt, die Methode, aber auch die Problematik der Heideggerschen Auseinandersetzung mit Nietzsche in nuce.

II. Gott, Metaphysik und System

Die Metaphysik wird oft als eine abseitige Disziplin angesehen, die sich dazu noch mit ebenso abseitigen, rein theoretischen und völlig unpraktischen Problemen beschäftigt, die im wirklichen Leben ohne Bedeutung seien. Nicht so für Heidegger. Die Metaphysik, so lesen wir bei Heidegger,

> begründet ein Zeitalter, indem sie ihm durch eine bestimmte Auslegung des Seienden und durch eine bestimmte Auffassung der Wahrheit den Grund seiner Wesensgestalt gibt. Dieser Grund durchherrscht alle Erscheinungen, die das Zeitalter auszeichnen.[7)]

Die Metaphysik artikuliert demnach die allgemeinsten Voraussetzungen eines Zeitalters, seine meistens zwar unbedachten, aber nichtsdestoweniger es bestimmenden und tragenden Grundlagen. Sie ist, mit Hegel gesprochen, “ihre Zeit in Gedanken gefasst.” Auf Nietzsche angewendet bedeutet dies, dass wir in seinem

---

6) Heidegger, Martin: Holzwege. Frankfurt am Main 1950. S. 344f.

7) Ebd., S. 69.

Denken die Philosophie des gegenwärtigen Zeitalters, d.h. der Moderne finden. Nietzsche zu verstehen, heißt unsere eigene Gegenwart, heißt uns selbst zu verstehen. "Das Durchdenken der Metaphysik Nietzsches wird zur Besinnung auf die Lage und den Ort des jetzigen Menschen."[8] Die Auseinandersetzung mit Nietzsche - und mit Heidegger - ist notwendig zur eigenen Selbstverständigung.

"Vollendung" der abendländischen Metaphysik im Denken Nietzsches heißt aber dann, dass in ihm die bisherige Metapysik in gewisser Weise zu ihrem Ende kommt. Sie wird damit als ein Ganzes überschaubar. Die Geschichte der Metaphysik wird selber zu einer Epoche in einer umfassenderen Geschichte. Heidegger nennt sie die "Geschichte des Seins". Das Denken, das am Ende der Metaphysik steht, muss sich demnach von einem metaphysischen Denken zu einem Denken des Seins wandeln. Denn die Metaphysik kann und hat nach Heidegger das Sein als solches nie gedacht, sondern nur das Seiende hinsichtlich seines Seins. Dies ist nach Heidegger die allgemeine Charakteristik der Metaphysik, die sich somit in ihrem Wesen als "Seinsvergessenheit" darstellt. Vollendet sich die Metaphysik aber, dann muss in dieser Vollendung auch dieses Merkmal in vollendeter Weise in Erscheinung treten. Nietzsches Philosophie wird deshalb für Heidegger zum Gipfel der Seinsvergessenheit und damit zu dem, was Heidegger den "eigentlichen Nihilismus" nennt.

In dem Wort "Gott ist tot" kommt die Situation des jetzigen Menschen und des gegenwärtigen Zeitalters im Unterschied zu vorangegangenen Zeiten offenbar prägnant zum Ausdruck. Heidegger stellt dieses Wort daher mit vollem Recht in den Mittelpunkt seiner Auseinandersetzung. Er macht jedoch gleich zu Beginn der Abhandlung deutlich, dass es sich in diesem Wort nicht nur um das gegenwärtige Zeitalter, sondern um "das Geschick von zwei Jahrtausenden abendländischer Geschichte" handelt. Dieses Wort sei "innerhalb der metaphysisch bestimmten Geschichte des Abendlandes immer schon unausgesprochen gesagt" worden.[9]

Dies geht jedoch aus dem Text des Aphorismus, den Heidegger seiner Erörterung zugrundelegt, nicht unmittelbar hervor. Heidegger führt am Anfang seiner Abhandlung den vollen Wortlaut jenes Aphorismus aus der *Fröhlichen Wissenschaft* an, in dem Nietzsche das Wort "Gott ist tot" in den Mund eines "tollen

8) Ebd., S. 194.
9) Ebd., S. 196.

Menschen" legt (FW 125). Am Schluß dieses Aphorismus dringt der tolle Mensch in verschiedene Kirchen ein und stimmt sein *Requiem aeternam deo* an. Daraufhin zur Rede gestellt antwortet er: "Was sind denn diese Kirchen noch, wenn sie nicht die Grüfte und Grabmäler Gottes sind?" Dieses Gefühl beschleicht einen in der Tat, wenn man die Kirchen und Dome Europas nur noch kunsthistorisch oder als Touristenattraktion betrachtet findet. "Grüfte und Grabmäler" können diese Kirchen aber auch nur deshalb genannt werden, weil sie einmal Stätten eines lebendigen Glaubens waren. Und der "Tod" Gottes beinhaltet zumindest auch, dass dieser Gott einmal gelebt haben muss. Nur was einmal gelebt hat kann auch sterben und tot sein. Dies aber wird von Heidegger nicht ganz ernst genommen, wenn er das Wort "Gott ist tot" zum Geschick von zwei Jahrtausenden macht, vor welchem Zeitraum der christliche Glaube genau besehen nicht einmal existent war.

Heidegger gibt demgemäß zwar einerseits zu, dass es sich in diesem Wort um den christlichen Gott handelt, aber dies wird von ihm sogleich dahingehend ergänzt, dass es nicht weniger gewiss sei,

> daß die Namen Gott und christlicher Gott im Denken Nietzsches zur Bezeichnung der übersinnlichen Welt überhaupt gebraucht werden. Gott ist der Name für den Bereich der Ideen und Ideale.[10)]

Da die Welt der Ideen und Ideale aber die übersinnliche, metaphysische Welt ist, wird es für Heidegger durch diese Ausweitung möglich, den Namen Gottes mit der Metaphysik und den Tod Gottes mit dem Ende der Metaphysik gleichzusetzen. "Gott ist tot" bedeutet demnach: "die übersinnliche Welt ist ohne wirkende Kraft. Sie spendet kein Leben. Die Metaphysik, d.h. für Nietzsche die abendländische Philosophie als Platonismus verstanden, ist zu Ende."[11)]

Auch für Nietzsche kommt demnach die Metaphysik zu ihrem Ende. Aber Metaphysik besagt hier etwas anderes als "Philosophie des gegenwärtigen Zeitalters" oder "Wahrheit des Seienden als solchen im Ganzen". Metaphysik besagt jetzt "Platonismus", d.h. Dualismus einer übersinnlichen, wahren und einer sinnlichen, bloß scheinbaren Welt. Das Christentum ist im Sinne der Nietzscheschen

---

10) Ebd., S. 199.
11) Ebd., S. 200.

Formel, dass Christentum "Platonismus für's 'Volk'" sei, nur eine popularisierte Form dieses Dualismus. Diese Formel könnte Heidegger auch als Rechtfertigung dafür dienen, das Wort "Gott ist tot" über das Christentum hinaus auf die gesamte Geschichte der Metaphysik, diese als Platonismus verstanden, auszudehnen.

Durch die Entwertung der obersten Ideen und Ideale der übersinnlichen Welt wird diese selbst leblos. Mit ihrer Abschaffung wird aber auch der bloße Scheincharakter der sinnlichen Welt und damit der Dualismus selbst beseitigt. Die Überwindung des Platonismus wird zu einer "Herausdrehung"[12)] aus ihm und führt konsequenterweise wieder zu einer Annäherung an die Vorsokratiker bzw. die "Philosophie im tragischen Zeitalter der Griechen".

Wir sehen hier ein charakteristisches Merkmal der Heideggerschen Vorgehensweise. Obwohl Heidegger zu Beginn seiner Abhandlung jenen Aphorismus Nietzsches in vollem Umfang anführt, so geht er in der folgenden Auslegung doch nur sporadisch und an einigen wenigen Stellen auf diesen Text ein. Heidegger entfernt sich vielmehr sogleich von diesem Text und gibt eine mehr oder weniger losgelöste Deutung, die sich vor allem an den Begriffen des Nihilismus, des Wertes und des Willens zur Macht orientiert. Der eigentliche Text Nietzsches erhält dadurch nur noch eine mehr oder weniger wichtige Illustrationsfunktion.

Heidegger zieht in erster Linie andere Textstellen aus dem späten Nachlass Nietzsches heran, der in einer bestimmten Auswahl unter dem Titel "Der Wille zur Macht. Versuch einer Umwertung aller Werte" nicht von Nietzsche selbst, sondern von seiner Schwester nach seinem Tod herausgegeben worden war. Heideggers Vorgehen ist aber auch nicht zufällig. Schon zu Beginn der Nietzschevorlesungen betont Heidegger ausdrücklich, dass sich "die eigentliche Philosophie" Nietzsches in eben diesem Nachlass und nicht in den von Nietzsche selber veröffentlichten Schriften finde. Was Nietzsche zeit seines Schaffens selbst veröffentlicht habe, sei immer nur "Vordergrund".[13)]

Diese methodische Entscheidung Heideggers hängt mit jener inhaltlichen, Nietzsche als Metaphysiker ernst zu nehmen, insofern zusammen, als sich eine Metaphysik Nietzsches noch am ehesten in diesem Nachlaß finden läßt. Die Möglichkeit aber, dass Nietzsche gerade aus diesem Grunde diese Aufzeichnungen

12) Vgl. Heidegger, Martin: Nietzsche I. Pfullingen 1961. S. 233.

13) Ebd., S. 17.

nicht als "systematisches Hauptwerk" veröffentlicht hat, wird von Heidegger nicht ernsthaft erwogen. Sagt Nietzsche doch vom 'System':

> Ich misstraue allen Systematikern und gehe ihnen aus dem Weg. Der Wille zum System ist ein Mangel an Rechtschaffenheit. (GD, Sprüche und Pfeile 26). Ich bin nicht bornirt genug zu einem System - und nicht einmal zu meinem System. (Nachlass 1887, KSA 12, 10 [146], S. 538)

Nietzsche zweifelt zutiefst daran, dass ein System als ein Ganzes von Erkenntnis überhaupt möglich ist (vgl. Nachlass 1884, KSA 11, S. 132f., 49, 89). Er weiß zu sehr um den perspektivischen Charakter von Erkenntnis, als dass er sich zu einem unbedingten Wahrheitsanspruch verleiten ließe. Seine Kritik richtet sich gerade gegen jeden solchen Wahrheitsanspruch sowie jeglichen Dogmatismus. Er hat auch nicht das Bedürfnis, sich mit einem bestimmten System der Erkenntnis zufrieden zu geben:

> Tiefe Abneigung, in irgendeiner Gesammt-Betrachtung der Welt ein für alle Mal auszuruhen; Zauber der entgegengesetzten Denkweise; sich den Anreiz des änigmatischen Charakters nicht nehmen lassen. (Nachlass 1886, KSA 12, 2 [156], S. 142)

Nietzsches Darstellungsweise ist deshalb nicht die systematische Abhandlung, sondern der Aphorismus, der zwar in sich geschlossen ist, aber zugleich auf andere Aphorismen durchscheinend ist und mit ihnen in einer gleichsam unterirdischen Verbindung steht sofern sie einen gemeinsamen Ursprung haben. Die Stiftung dieser Verbindung und Zusammenschau bleibt der Aktivität des Betrachters bzw. Lesers überlassen und hängt deshalb auch von seinen Interessen und Fähigkeiten ab. Da es verschiedene Arten der Zusammensetzung gibt, gibt es auch ebensoviele verschiedene Nietzschedeutungen.

III. Aktiver und passiver Nihilismus: Täter oder Opfer

Der zentrale Leitbegriff in der Heideggerschen Erläuterung des Wortes "Gott ist tot" ist der des Nihilismus. Das Verständnis des einen ist für Heidegger letztlich gleichbedeutend mit dem des anderen. Zunächst jedoch möchte man meinen, der Nihilismus sei allererst eine Folge des Todes Gottes:

> Wenn Gott als der übersinnliche Grund und als das Ziel alles Wirklichen tot ist, wenn die übersinnliche Welt der Ideen ihre verbindliche und vor allem ihre erweckende und bauende Kraft eingebüßt hat, dann bleibt nichts mehr, woran der Mensch sich halten und wonach er sich richten kann.[14)]

Der Zustand der Sinn- und Orientierungslosigkeit, der Nihilismus, breitet sich aus. Der Nihilismus erscheint so gesehen als ein Geschehen, das den Menschen als Konsequenz des Todes Gottes trifft. In diese Richtung gehen auch die Fragen der Zuschauer und Zuhörer des tollen Menschen, der Gott sucht:

> Ist er denn verlorengegangen? sagte der Eine. Hat er sich verlaufen wie ein Kind? sagte der Andere. Oder hält er sich versteckt? Fürchtet er sich vor uns? Ist er zu Schiff gegangen? ausgewandert? - so schrieen und lachten sie durcheinander.

Verlorengehen, verlaufen, verstecken, sich fürchten, zu Schiff gehen und auswandern sind alle als Tätigkeiten Gottes selbst gedacht, die der Mensch nur passivisch hinnehmen kann. Diese Menschen verstehen sich selber als unbeteiligte Zuschauer.

Es ist genau dieses Verständnis, dem der tolle Mensch seine verblüffende und vor den Kopf stoßende Aussage entgegenhält, wenn er mitten unter seine Zuhörer springt und sie mit seinen Blicken durchbohrt:

> W i r haben ihn getödtet - ihr und ich! Wir alle sind seine Mörder!

Ist der Tod Gottes dann nicht vielmehr eine Folge des Nihilismus? Und was ist Nihilismus, wenn er solches vermag? Andererseits wird dadurch aber auch allen Fragen und Zweifeln, ob Gott denn nun wirklich tot sei oder nicht, der Boden entzogen bzw. die Frage wird in uns selbst verlegt, sofern wir uns nur selber gut genug kennen. Denn wir selbst sind die Täter.

Aber gerade dies, dass wir uns selber kennen, scheint nicht der Fall zu sein. So reagieren die Zuhörer des tollen Menschen auf seine Behauptung mit Unverständnis und Befremden, so dass dieser schließlich seine eigene Unzeitgemäßheit einsehen muss:

---

14) Holzwege, a.a.O., S. 200.

> "Ich komme zu früh, sagte er dann, ich bin noch nicht an der Zeit. Dies ungeheure Ereignis ist noch unterwegs und wandert - es ist noch nicht bis zu den Ohren der Menschen gedrungen. Blitz und Donner brauchen Zeit, das Licht der Gestirne braucht Zeit, Thaten brauchen Zeit, auch nachdem sie getan sind, um gesehen und gehört zu werden. Diese That ist ihnen immer noch ferner als die fernsten Gestirne - und doch haben sie dieselbe gethan!"

Dies ist die Ödipussituation des modernen Menschen. Wie jener seinen Vater getötet und seine Mutter geehelicht hat ohne darum zu wissen, so ist der moderne Mensch der Mörder Gottes, ohne darum zu wissen. Der tolle Mensch übernimmt dabei die Rolle des Sehers, der jedoch ebenfalls und anders als in der Ödipusgeschichte, selbst zu den Mördern Gottes gehört. Der tolle Mensch wie auch seine Zuhörer sind offenbar Nihilisten. Während jener aber Gott sucht, sind diese einfach solche, welche nicht an Gott glauben. Während der tolle Mensch weiß, dass er Gott getötet hat, reagieren seine Zuhörer nur mit Unverständnis und lachen ihn aus. Seine Zuhörer verstehen deshalb auch nicht, dass er sich mit dem Tod Gottes nicht so wie sie abfinden will. Denn sie haben sich selbst noch nicht als die Täter der Tat übernommen.

Der tolle Mensch fragt demgegenüber, wie der Mensch sich selbst verwandeln muss, um dieser Tat ebenbürtig zu sein: "Ist nicht die Größe dieser Tat zu groß für uns? Müssen wir nicht selber zu Göttern werden, um nur ihrer würdig zu erscheinen?" Offenbar hat Nietzsche hier den "Übermenschen" als die angemessene Antwort auf den Tod Gottes im Auge. Und nicht zufällig ist die Situation, in der Zarathustra in *Also sprach Zarathustra* den Übermenschen lehrt, mit derjenigen des tollen Menschen vergleichbar. Auch Zarathustra geht auf den Markt und wird von seinen Zuhörern verlacht. Er ist ihnen gleich einem "Possenreißer" und einer Mitte "zwischen einem Narren und einem Leichnam" (Za I, Vorrede 7, KSA 4, S. 23). In der Vorstufe zum Aphorismus *Der tolle Mensch* trägt dieser selber noch den Namen Zarathustra (vgl. KSA 14, S. 256f.). Dieser Aphorismus und die *Vorrede* des Zarathustra sind demnach zusammen zu sehen. Zarathustra zieht jedoch zunächst einen anderen Schluß aus dem Unverständnis seiner Zuhörer. Er will nicht mehr zu den Leuten auf dem Markt, zu jedermann, reden, sondern er will sich seine eigenen Gefährten suchen. "Nicht soll Zarathustra einer Heerde Hirt und Hund werden! Viele wegzulocken von der Heerde - dazu kam ich." Es sollen diejenigen sein, die ihm folgen, weil sie sich selber folgen (Za I, Vorrede 9, KSA 4, S. 25).

Nietzsche reflektiert in dieser Weise ausdrücklich die Bedeutung des Adressaten jeder Rede. Neben der Menge, dem Einzelnen und den Ungläubigen finden wir auch das Beispiel eines Gott-Gläubigen im Zarathustra. Gleich am Anfang, als Zarathustra sich aus seiner Bergeseinsamkeit auf den Weg in die Täler zu den Menschen begibt, um ihnen, wie er sagt, ein "Geschenk" zu bringen, begegnet er einem alten Greis, der sich in die Einsamkeit zurückgezogen hat, um Gott zu loben: "Ich mache Lieder und singe sie, und wenn ich Lieder mache, lache, weine und brumme ich: also lobe ich Gott." Die Reaktion Zarathustras daraufhin ist vielsagend. Er grüßt den Heiligen und macht sich schnell davon, indem er sagt: "Was hätte ich euch zu geben! Aber lasst mich schnell davon, dass ich euch Nichts nehme!" Zarathustra will dem Greis seinen Glauben nicht nehmen. Deshalb geht er an ihm vorüber. Als Zarathustra wieder allein ist, sagt er zu sich selber: "Sollte es denn möglich sein! Dieser alte Heilige hat in seinem Walde noch nicht davon gehört, dass Gott todt ist!" (Za I, Vorrede 2, KSA 4, S. 14). Dies aber ist wiederum die Voraussetzung für die im nächsten Abschnitt erfolgende Lehre vom Übermenschen. Die Konstellation dieser Vorrede des Zarathustra ist auch darin mit der in der *Fröhlichen Wissenschaft* eng verwandt. Die eigentlichen Zuhörer aber, an die sich Zarathustra und mit ihm Nietzsche wendet, sind weder jene Ungläubigen, die ihn nicht verstehen, noch diese Gläubigen, an denen er vorübergeht. Es sind letzten Endes, wie es im Untertitel des Zarathustra paradox heißt, "alle und keiner".

Der tolle Mensch einerseits, seine Zuhörer andererseits veranschaulichen eine grundlegende Zweideutigkeit des Nihilismus. Er ist aktiver oder passiver Nihilismus. D.h. er kann ein "Zeichen der gesteigerten Macht des Geistes" oder des "Niedergang[s] und Rückgang[s] der Macht des Geistes" sein. Im ersten Fall sind die bisherigen Glaubensartikel der gesteigerten Macht des Geistes nicht mehr angemessen und er treibt darüber hinaus, im zweiten Fall ist der Geist dem Anspruch jenes Glaubens nicht mehr gewachsen und dieser verliert deshalb seine Bedeutung (vgl. Nachlass 1887, KSA 12, S. 350f.).

Auch für Heidegger ist die Aussage des tollen Menschen, dass Gott von den Menschen getötet worden sein soll, der entscheidende Gedanke des Stückes.

> Das Wort bedeutet nicht, als sei es aus der Leugnung und dem niedrigen Haß gesprochen: es gibt keinen Gott. Das Wort bedeutet Ärgeres: Gott ist getötet. So kommt erst der entscheidende

> Gedanke zum Vorschein. Indessen wird aber das Verständnis noch schwieriger. Denn eher noch wäre das Wort 'Gott ist tot' in dem Sinne zu verstehen, daß es anzeigte: Gott selbst hat von sich her sich aus seiner lebendigen Anwesenheit entfernt. Daß Gott aber von anderen und sogar von Menschen getötet sein sollte, ist undenkbar.[15)]

Nietzsche selbst wundere sich über diesen Gedanken, ein Satz, über den man sich wiederum nur selbst wundern kann, da Nietzsche doch als der Verfasser dieses kunstvoll komponierten Aphorismus anzusehen ist. Darum lasse er den tollen Menschen gleich nach diesem entscheidenden Wort nach der Möglichkeit dieser Tat fragen:

> Aber wie haben wir dies gemacht? Wie vermochten wir das Meer auszutrinken? Wer gab uns den Schwamm, um den ganzen Horizont wegzuwischen? Was thaten wir, als wir diese Erde von ihrer Sonne losketteten?

Meer, Horizont und Sonne sind Bilder für Gott, aber bei Heidegger werden sie charakteristischerweise zum Bereich des Ganzen des Seienden als solchen, zur übersinnlichen wahren Welt und dem maßgebenden Licht des an sich seienden Übersinnlichen. Auch das 'Töten' wird demnach von Heidegger als die "Beseitigung der an sich seienden übersinnlichen Welt durch den Menschen" bestimmt. Heidegger, so könnte man sagen, spricht vom "Gott der Philosophen". Dieser Gott ist aber ein anderer als derjenige, der in Kirchen angebetet oder in Liedern gelobt wird.

Obwohl Heidegger den Gedanken vom Töten Gottes als den entscheidenden ansieht, beginnt er dennoch seine Abhandlung nicht mit dessen Erörterung, sondern führt ihn vielmehr erst gegen Ende ein. Trotzdem ist die ganze Abhandlung als eine Erläuterung dieses Gedankens zu lesen d.h. als Versuch, zu verstehen, wie dieses Töten Gottes zu denken sei. Die Einführung dieses Gedankens stellt dabei einen gewissen Einschnitt und Wendepunkt in Heideggers Abhandlung dar. Er markiert den Übergang von der metaphysischen Erklärung des Wortes "Gott ist tot" zu seiner seinsgeschichtlichen Deutung. Wir haben es also mit einer doppelten Auslegung dieses Wortes in der Heideggerschen Abhandlung zu tun.

Die erste, metaphysische Auslegung ist diejenige, in der Nietzsche selbst dieses Wort gedacht haben soll, insofern er ein metaphysischer Denker ist. In diesem "metaphysischen Sinn" verstanden besagt "Gott ist tot" demnach:

---

15) Ebd., S. 240.

Was vormals in der Weise von Ziel und Maß das Menschenwesen bedingte und bestimmte, hat seine unbedingte und unmittelbare und vor allem überallhin unfehlbar wirksame Wirkungsmacht eingebüßt. Jene übersinnliche Welt der Ziele und Maße erweckt und trägt das Leben nicht mehr. Jene Welt ist selbst leblos geworden: tot. Christlicher Glaube wird da und dort sein. Aber die in solcher Welt waltende Liebe ist nicht das wirkend-wirksame Prinzip dessen, was jetzt geschieht. Der übersinnliche Grund der übersinnlichen Welt ist, als die wirksame Wirklichkeit alles Wirklichen gedacht, unwirklich geworden.[16)]

Vor der so zu denkenden Wahrheit dieses Wortes könne man nicht länger die Augen schließen. Genau genommen handelt es sich hierbei jedoch um keine andere Auffassung als diejenige, die sich als typisch für die Zuhörer des tollen Menschen auf dem Markt erwies. Auch diese verstehen den Tod Gottes als ein bloßes leblos werden und damit als ein Verlust an Wirkungsmacht. Sie wollen sich nicht als Täter, d.h. als Mörder Gottes verstehen und annehmen. Wer will sich schon selbst als Mörder sehen, noch dazu wenn es sich bei dem Getöteten um "das Heiligste und Mächtigste, was die Welt bisher besass", handelt. Grund genug also zur Verdrängung.

Dies ist aber nicht das Bestreben und die Meinung des tollen Menschen und offenbar auch nicht diejenige Nietzsches. Nietzsche hat vielmehr beide Denkweisen des Todes Gottes als Möglichkeiten im Blick. Soll die genannte Denkweise die "metaphysische" sein, dann scheint Nietzsche nicht dieser Metaphysiker zu sein. Heideggers Gleichsetzung aber bedeutet, dass die eigentliche Frage, wie das Töten Gottes von Nietzsche selbst gedacht wird, von Heidegger gar nicht mehr gestellt wird. Heidegger gibt darauf vielmehr nur seine eigene Antwort, die sich sogleich gegen Nietzsche selbst wendet, indem dieser selbst zu einem nicht um sein eigentliches Tun wissenden Mörder Gottes wird.

IV. Die Mörder Gottes: Wertdenken oder Wille zur Wahrheit

Dass Gott in dem Sinne eines bloßen Unwirklichgewordenseins tot ist, ist die

16) Ebd., S. 234.

Metaphysik des Marktes, die von Heidegger fälschlicherweise für diejenige Nietzsches gehalten wird. Die Kehrseite dieses Denkens von der bloßen Unwirklichkeit Gottes ist, dass man seinen Geschäften nachgeht und sich alles darüberhinausgehende Denken aus dem Kopf schlägt. Wenn jemand sagt, dass Gott getötet worden ist oder dass man selbst ein Mörder sei und deshalb zu einer radikalen Veränderung auffordert und von einem "Übermenschen" redet, so verlacht man ihn oder hält ihn für verrückt. Die "wirksame Wirklichkeit" des Marktes, die die Kehrseite des Unwirklichgewordenseins der übersinnlichen, metaphysischen Welt ist, wird von Heidegger mit Nietzsches Begriff des "Willens zur Macht" beschrieben. In diesem aber gehe es wesentlich um "Werte" und Wertschätzungen. Beide Begriffe, der des Willens zur Macht und des Wertes, sind nach Heidegger wiederum metaphysisch zu verstehen, nicht an Hand irgendwelcher populärer Vorstellungen vom Willen und Werten. D.h. diese Begriffe betreffen das Denken des Seienden als solchen. Der Wille zur Macht sei insbesondere nicht psychologisch zu denken.

Wille und Macht stellen nach Heidegger nicht zwei verschiedene Tatbestände dar, die nachträglich in eine Beziehung gesetzt werden, so dass der Wille ein Streben nach etwas wäre, die Macht aber die Ausübung von Herrschaft und Gewalt. Der Wille zur Macht wäre dann das Streben, an die Macht zu kommen. Demgegenüber betont Heidegger die wesenhafte Zusammengehörigkeit und Einheit von Wille und Macht. Der Wille ist demnach nur als Wille *zur Macht* und Macht nur als *Wille zur* Macht. Der Wille zur Macht ist eine Aufklärung des Wesens des Willens bzw. der Macht. Der Wille ist in sich selbst schon Macht, insofern er Befehl ist, die Sichzusammennehmende Ausrichtung auf das Gewollte. Dabei will der Wille zugleich über sich hinaus. Wollen ist ein Stärker-werden-wollen, d.h. der Wille will in sich selbst mehr Macht im Sinne der "Ermächtigung zur Macht". In derselben Weise ist aber auch die Macht in sich selbst auf das Mehr an Macht aus.

> Macht ist nur dann und solange Macht, als sie Macht-Steigerung bleibt und sich das 'Mehr an Macht' befiehlt. Schon das bloße Innehalten in der Machtsteigerung, schon das bloße Stehenbleiben auf einer Machtstufe ist der Beginn des Sinkens der Macht. Zum Wesen der Macht gehört die Übermächtigung ihrer selbst. Diese gehört und entspringt der Macht selbst, sofern sie Befehl ist und als Befehl sich selbst zur Übermächtigung der jeweiligen Machtstufe ermächtigt. So ist zwar die Macht ständig unterwegs zu ihr selbst, aber nicht als ein irgendwo für sich vorhandener Wille, der im Sinne eines Strebens an eine Macht zu kommen sucht. Die

> Macht ermächtigt sich auch nicht nur zur Übermächtigung der jeweiligen Machtstufe bloß der nächsten Stufe wegen, sondern einzig deshalb, um sich ihrer selbst in der Unbedingtheit ihres Wesens zu bemächtigen. Wollen ist nach dieser Wesensbestimmung so wenig ein Streben, daß vielmehr alles Streben nur eine Nach- oder eine Vorform des Wollens bleibt.[17)]

Der Wille zur Macht ist daher ständig auf dem Weg zu sich selbst, ohne sich jedoch jemals selbst zu erreichen. Oder er ist immer schon bei sich selbst, aber dieses Bei-sich-selbst-sein heißt Auf-dem-Wege-sein. Der Wille zur Macht ist wesenhaft ein Werden. Die Form dieses Werdens ist der Kreis, bzw. die Weise in der der Wille zur Macht wirklich ist, ist die "ewige Wiederkehr des Gleichen".

Heideggers Auslegung des Willens zur Macht hat viel für sich, aber sie ist eigentümlich monolithisch und leer. Heidegger betont die Qualität des Willens zur Macht, nicht jedoch seinen quantitativen Charakter. Er spricht zwar von "Machtstufen", berücksichtigt aber den damit gegebenen Charakter des Wachsens und Akkumulierens von Macht einerseits, des Schrumpfens und Zurückgehens von Macht andererseits zu wenig. Denn der Wille zur Macht hat Grade und ist insbesondere zunehmend oder abnehmend, aufsteigend oder niedergehend. Dies entspricht der oben erwähnten Zweideutigkeit des Nihilismus. Dies bedeutet zugleich eine wesenhafte Pluralität von Willen zur Macht, die in einem Wettstreit oder Kampf begriffen sind. Nur ein einziger Wille zur Macht ist eigentlich undenkbar.[18)]

Ausschlaggebend für Heidegger ist, dass es im Willen zur Macht um Werte und Wertschätzungen geht. Die Verdeutlichung dessen, was Nietzsche bei dem Wort Wert denkt, ist nach Heidegger der Schlüssel zum Verständnis seiner Metaphysik und des Wortes "Gott ist tot".[19)] Denn das Wertdenken gibt für Heidegger die Erklärung dafür ab, wie das Töten Gottes eigentlich zu denken ist.

Danach sind Werte die vom Willen zur Macht selbst gesetzten Bedingungen seiner Erhaltung und Steigerung. Erhaltung und Steigerung sind die in sich zusammengehörigen Grundzüge des Willens zur Macht bzw. des Lebens, wobei die Steigerung einen Vorrang hat. Obwohl die Steigerung nur auf dem Grunde einer

---

17) Ebd., S. 216f.

18) Vgl. hierzu W. Müller-Lauter: Nietzsche. Seine Philosophie der Gegensätze und die Gegensätze seiner Philosophie. Berlin, New York 1971.

19) Vgl. Holzwege, a.a.O., S. 209.

gesicherten Grundlage erreichter Macht möglich ist, steht die Erhaltung doch immer nur im Dienste weiterer Steigerung. Erhaltung und Sicherung eines bestehenden Zustandes aber ist die Funktion der "Wahrheit". Denn das Wahre ist das Feste, Beständige, Seiende, auf dem sich bauen läßt. Das Eröffnen und Schaffen von Möglichkeiten des Über-sich-hinaus-gehens des Willens zur Macht dagegen sei für Nietzsche das metaphysisch gedachte Wesen der Kunst. Da die Machtsteigerung das primäre Ziel des Willens zur Macht ist, ist "die Kunst mehr wert als die Wahrheit." Dies ist nach Heidegger der erste "Grund-Satz der Metaphysik des Willens zur Macht."[20] Die Wahrheit ist der notwendige, die Kunst der allererst hinreichende Wert für den Willen zur Macht.

Heidegger hat offenbar nur den zunehmenden Willen zur Macht im Auge und versteht den Willen zur Macht eher normativ als deskriptiv. Der Wille zur Macht ist aber ebensosehr ein abnehmend wie zunehmend könnender und auch dies spiegelt sich in den Wertschätzungen wieder. Die Werte und deren Veränderung, sagt Nietzsche, "stehen im Verhältniß zu dem Macht-Wachsthum des Werthsetzenden." (Nachlass 1887, KSA 12, 9 [39]). Die Wertschätzungen verraten demnach etwas vom Machtzustand des Wertsetzenden, sie sind Symptome aufsteigenden oder niedergehenden Lebens und dienen Nietzsche in dieser Weise als diagnostisches Instrument. Auch der Nihilismus als das Fehlen eines Zieles und der Antwort auf die Warumfrage deutet demnach für Nietzsche auf eine "Entwertung der obersten Werte", die ihren Ursprung in der Zunahme oder Abnahme der Macht des Geistes haben kann.

Für Heidegger ist allein entscheidend, dass Nietzsche überhaupt in Werten denkt und die Werte die vom Willen zur Macht gesetzten Bedingungen seiner selbst sind. Die obersten Ziele, die Gründe und Prinzipien des Seienden, die Ideale und das Übersinnliche, Gott und die Götter, all das werde im vorhinein von Nietzsche als Wert begriffen. Der Begriff des Wertes aber wird nun seinerseits von Heidegger nicht unter dem Gesichtspunkt des Willens zur Macht, sondern unter Heideggers eigenen Gesichtspunkt der Seinsfrage gebracht. Was aber ist etwas, sofern es als ein vom Willen zur Macht gesetzter Wert betrachtet wird? Das so Gesehene wird nicht in dem ihm eigenen Sein und von ihm selbst her gewürdigt, sondern nur in seinem

20) Ebd., S. 223.

Wert für etwas anderes. In der Hinsicht auf das Seiende als solches und d.h. zugleich aus dem Hinblick auf das Sein gedacht

> ist das Denken in Werten das radikale Töten. Es schlägt das Seiende als solches nicht nur in seinem An-sich-sein nieder, sondern es bringt das Sein gänzlich auf die Seite. Dieses kann, wo es noch benötigt wird, nur als ein Wert gelten. Das Wertdenken der Metaphysik des Willens zur Macht ist in einem äußersten Sinne tödlich, weil es überhaupt das Sein selbst nicht in den Aufgang und d.h. in die Lebendigkeit seines Wesens kommen läßt. Das Denken nach Werten läßt im vorhinein das Sein selbst nicht dahin gelangen, in seiner Wahrheit zu wesen.[21)]

Dies ist die Heideggersche Erklärung, wie das Töten Gottes eigentlich, d.h. seinsgeschichtlich, zu denken ist. Nietzsche ist nicht nur ein Mörder Gottes, sondern er wird wie die Herumsteher auf dem Markt zu einem, der nicht weiß, was er wirklich tut. Nicht aber, weil er es wie diese nicht wissen will, sondern weil er es nicht wissen kann. Denn das Nichtdenken des Seins ist nicht erst und nicht bloß ein Versäumnis Nietzsches, sondern prägt die Metaphysik von Anfang an und in ihrem Wesen. Die Metaphysik selbst sei in in ihrem Wesen Nihilismus, sofern auch dieser darin besteht, dass es mit dem Sein selbst nichts ist.

Sind aber Gott und die Götter tot und der Wille zur Macht wissentlich als das Prinzip aller Wertsetzungen gewollt, dann geht nach Heidegger die Herrschaft über das Seiende als solches in der Gestalt der Herrschaft über die Erde an das durch den Willen zur Macht bestimmte Wollen des Menschen über, d.h. er wird aktiv. Zwar trete nicht einfach der Mensch oder Übermensch an die Stelle Gottes oder gehe die Herrschaft über das Seiende von diesem auf jenen über, aber der Mensch erhalte eine ausgezeichnete Rolle, indem er in die "Subjektivität seines Wesens" aufstehe, d.h. sich zu dem allem zugrundeliegenden Prinzip mache und so in den "Aufstand" trete. Diesem Subjekt gegenüber wird die Welt zum bloßen "Gegenstand" und die Erde zum Gegenstand des Angriffs. "Die Natur erscheint überall, weil aus dem Wesen des Seins gewillt, als der Gegenstand der Technik."[22)] Der "Kampf um die Erdherrschaft" und die Weltmärkte wird geführt. In der so bestimmten Wirklichkeit, ist es mit dem Sein selbst nichts, denn dieses ist das allem Verfügen-und Machenkönnen, allem Beherrschen und jeder Technik vorausgesetzte und entzogene. Es ist das von ihm

---

21) Ebd., S. 242f.

22) Ebd., S. 236.

selbst und aus sich selbst her Vorliegende. Deshalb nennt es Heidegger das "Geschick des Seins", dem gegenüber der Mensch ein empfangender ist.

Auch in dieser Auslegung geht es Heidegger nicht spezifisch um das Töten Gottes, sondern um das Töten des Seienden als solchen und des Seins im allgemeinen. Und Heidegger erweckt den Anschein als sei der Tod Gottes für Nietzsche etwas, das er durch das Aufspüren seiner Ursache und deren Beseitigung verhindern oder rückgängig habe machen wollen, was ihm aber aufgrund seines metaphysischen Denkens misslingen musste. Die Frage, wie das Töten Gottes von Nietzsche selbst gedacht wird, wird von Heidegger damit nicht ausreichend beantwortet. Nietzsche selbst gibt nämlich eine genaue Auskunft darüber, zwar nicht in dem Aphorismus *Der tolle Mensch*, aber doch in der *Fröhlichen Wissenschaft*. In dem später hinzugefügten fünften Buch fragt Nietzsche nämlich ausdrücklich: "Was hat eigentlich über den christlichen Gott gesiegt?" Und er antwortet:

> die christliche Moralität selbst, der immer strenger genommene Begriff der Wahrhaftigkeit, die Beichtväter-Feinheit des christlichen Gewissens, übersetzt und sublimirt zum wissenschaftlichen Gewissen, zur intellektuellen Sauberkeit um jeden Preis. (GM III, 27, KSA 5, S. 409, vgl. KSA 3, S. 600).

Das christliche Dogma ist demnach an seiner eigenen Moral, insbesondere seinem unbedingten Willen zur Wahrheit und Wahrhaftigkeit zugrundegegangen. Dieser Wille zur Wahrheit ist es schließlich, der sich am Schluss "die Lüge im Glauben an Gott verbietet". Die nächstliegende Antwort auf die Frage nach dem Tod Gottes wäre demnach: die christliche Moral selbst hat Gott getötet.

Dieser Wille zur Wahrheit ist ein Zeichen der Strenge und Macht des Geistes. Aber er bleibt dabei auch nicht stehen:

> Dergestalt gieng das Christenteum als Dogma zu Grunde an seiner eignen Moral; dergestalt muss nun auch das Christenthum als Moral noch zu Grunde gehn, - wir stehen an der Schwelle dieses Ereignisses. Nachdem die christliche Wahrhaftigkeit einen Schluss nach dem andern gezogen hat, zieht sie am Ende ihren stärksten Schluss, ihren Schluß gegen sich selbst; dies aber geschieht, wenn sie die Frage stellt 'was bedeutet aller Wille zur Wahrheit?' [...]. An diesem Sich-bewußt-werden des Willens zur Wahrheit geht von nun an - daran ist kein Zweifel - die Moral zu Grunde: jenes große Schauspiel in hundert Akten, das den nächsten zwei Jahrhunderten Europa's aufgespart bleibt, das furchtbarste, fragwürdigste und vielleicht auch hoffnungsreichste aller Schauspiele... (GM III, 27, KSA 5, S. 410f.).

Für dieses Schauspiel gebraucht Nietzsche den Titel des Nihilismus. Dieser ist somit im wesentlichen eine Krise der Moral, deren Selbst-in-Frage-Stellung und Selbstaufhebung. In dem Verlauf dieser Krise muss sich eine neue Moral herausbilden.

V. Alte und neue Götter

Wird es auch einen neuen Gott geben? Einen Gott "jenseits von Gut und Böse"? Denn "im Grunde ist ja nur der moralische Gott überwunden" (Nachlass 1886/87, KSA 12, 5 [71], S. 213, vgl. Nachlass 1885, KSA 11, 39 [13], S. 624). Wird mit der Moral auch eine "pantheistische Ja-stellung zu allen Dingen" wie sie in Nietzsches Lehre von der ewigen Wiederkunft des Gleichen ausgedrückt ist, unmöglich? Nietzsche lässt die Antwort auf diese Frage eigentümlich offen und spricht des öfteren von dem "alten" Gott und impliziert damit die Möglichkeit eines "neuen". Er setzt "Dionysos gegen den Gekreuzigten" und bezeichnet sich selbst als den letzten Jünger des Dionysos. Zumindest ist die Kunde vom Tode Gottes für Nietzsche nicht sonderlich betrüblich, vielmehr ein Grund zur Heiterkeit und zur "Fröhlichen Wissenschaft":

> In der That, wir Philosophen und "freien Geister" fühlen uns bei der Nachricht, dass der "alte Gott todt" ist, wie von einer neuen Morgenröte angestrahlt; unser Herz strömt dabei über von Dankbarkeit, Erstaunen, Ahnung, Erwartung, - endlich erscheint uns der Horizont wieder frei, gesetzt selbst, dass er nicht hell ist, endlich dürfen unsre Schiffe wieder auslaufen, jedes Wagniss des Erkennenden ist wieder erlaubt, das Meer, unser Meer liegt wieder offen da, vielleicht gab es noch niemals ein so "offnes Meer".- (FW 343)

Auch Heidegger spricht von einem neuen Gott, für dessen Ankunft das Denken des Seins jedoch eine notwendige Vorbereitung sei. Heideggers Sicht ist angesichts der Vorherrschaft des technischen Denkens aber wesentlich apokalyptischer: "Nur noch ein Gott kann uns retten".[23] Denn "alles bloß menschliche Sinnen und Trachten [...] wird keine unmittelbare Veränderung des jetzigen Weltzustandes

23) Spiegel-Gespräch mit M. Heidegger am 23. Sept. 1966. In: Der Spiegel, Nr. 23, 31. 5. 1976. Das Gespräch wurde auf den Wunsch Heideggers erst nach seinem Tode veröffentlicht.

bewirken können". Wir können "höchstens die Bereitschaft der Erwartung wecken [...] für die Ankunft oder das Ausbleiben des Gottes", wobei schon die Erfahrung des Ausbleibens eine Art Befreiung wäre.

Nietzsche und Heidegger haben den Tod Gottes jeder auf seine eigene Weise erfahren und gedeutet. In ihren Darlegungen kommen wesentliche Grundzüge des gegenwärtigen Zeitalters zum Vorschein. Für beide ist die bisherige Metaphysik zu Ende. Dieses Ende bedeutet für beide einen anderen Anfang, der so verschieden wie ihre Analysen ist und in dem die Rede von einem "neuen" Gott eine offene Frage bleibt.

JENSEITS VON BÖSE UND GUT
Nietzsche nach hundert Jahren

I.

Nietzsche nach 100 Jahren ist ein besonderes Thema. Nicht nur weil es so eine schöne runde Zahl ist, sondern weil man auch nach Nietzsches eigenen Worten einiges von diesem Jahr 2000 erwarten dürfte. Denn Nietzsche hat sich des öfteren prophetisch geäußert. Am bekanntesten, obwohl von Nietzsche nie selber veröffentlicht, ist wohl seine Prophezeiung des Nihilismus aus dem Jahre 1887/88 für die nächsten zwei Jahrhunderte, also eine Periode, die noch nicht einmal abgeschlossen ist:

> Was ich erzähle, ist die Geschichte der nächsten zwei Jahrhunderte. Ich beschreibe, was kommt, was nicht mehr anders kommen kann: die Heraufkunft des Nihilismus. Diese Geschichte kann jetzt schon erzählt werden: denn die Nothwendigkeit selbst ist hier am Werke. Diese Zukunft redet schon in hundert Zeichen, dieses Schicksal kündigt überall sich an; für diese Musik der Zukunft sind alle Ohren bereits gespitzt. Unsere ganze europäische Cultur bewegt sich seit langem schon mit einer Tortur der Spannung, die von Jahrzehnt zu Jahrzehnt wächst, wie auf eine Katastrophe los: unruhig, gewaltsam, überstürzt: wie ein Strom, der ans Ende will, der sich nicht mehr besinnt, der Furcht davor hat, sich zu besinnen. (Nachlass 1887/88, KSA 13, 11 [411], vgl. 11 [119])

Die Katastrophen blieben in der Tat nicht aus: zwei Weltkriege, Hitler, Auschwitz, Hiroshima, der Archipel Gulag und andere Kriege und Schrecken des gerade vergangenen Jahrhunderts liegen hinter uns. Auch der Korea Krieg, die Kulturrevolution in China und Pol Pot in Kambodscha gehören hierher, denn sie wurden im Namen westlicher Ideologien geführt. Kein Zweifel, dass Nietzsche von der "europäischen Kultur" sprach, aber diese zog und zieht mehr oder weniger die ganze Welt in Mitleidenschaft.[24)]

Weit vorausschauend hat Nietzsche die treibenden ideologischen Kräfte hinter diesen Katastrophen wie den Nationalismus und Sozialismus, die sich im Nationalsozialismus in Deutschland zu einem hochexplosiven Gemisch verbanden, scharf kritisiert. In *Jenseits von Gut und Böse* verurteilte er sowohl die "krankhafte Entfremdung, welche der Nationalitäts-Wahnsinn zwischen die Völker Europa's gelegt" habe und alle Anzeichen "dass Europa Eins werden" wolle übersehe oder willkürlich umdeute (JGB 256), als auch den Sozialismus, die "Entartung und Verkleinerung des Menschen zum vollkommenen Herdenthiere" (JGB 203), die als ihr notwendiges Gegenstück "zugleich eine unfreiwillige Veranstaltung zur Züchtung von Tyrannen" sei (JGB 242). Angesichts des anwachsenden Antisemitismus in Deutschland schlug er zugleich vor, "die antisemitischen Schreihälse des Landes zu verweisen" (JGB 251). Wahrscheinlich hat Nietzsche vor allem an die Deutschen gedacht, als er schrieb, er könne sich "dumpfe zögernde Rassen" denken, die selbst im geschwinden Europa halbe Jahrhunderte nötig hätten, um ihre "atavistischen Anfälle von Vaterländerei und Schollenkleberei zu überwinden und wieder zur Vernunft, will sagen zum 'guten Europäerthum' zurückzukehren." (JGB 241). Mehr als 100 Jahre später ist Europa heute endlich wieder dabei, zum "guten Europäertum" zurückzukehren und die europäische Einigung ökonomisch und in der Folge vielleicht auch politisch zu vollziehen. Liegt also jetzt nach dem Ende des Nationalsozialismus und des Sozialismus bzw. Kommunismus und der durch sie verursachten Schrecken nur noch Gutes vor uns? Und welche Bedeutung könnte es haben, dass wir jetzt etwa in der Mitte jener prophezeiten zwei Jahrhunderte des Nihilismus sind?

Eine weniger bekannte, aber von Nietzsche selbst "veröffentlichte" und uns noch spezifischer betreffende Prophezeiung, stammt aus dem September 1886, als Nietzsche ein Exemplar von *Jenseits von Gut und Böse* an Malwida von Meysenburg schickt, u.a. mit der Bemerkung: "Verzeihung! Sie sollen es nicht etwa

---

24) Eingeschränkt auf den europäischen Faschismus des 20. Jahrhunderts stellen auch J. Golomb und R. S. Wistrich als Antwort auf die provozierende Titelfrage ihres Buches schon im Vorwort fest: "Nietzsche was more a herald and prophet of the crisis of values out of which Nazism emerged, rather than a godfather of the century's fascist movements per se." (Golomb, Jacob and Wistrich, Robert S. (Hg.): Nietzsche, Godfather of Fascism? On the Uses and Abuses of a Philosophy. Princeton and Oxford 2002, S. 4). Mit mindestens genauso viel bzw. mehr Berechtigung sollte man nach Nietzsche als "Godfather of Anti-fascism" fragen!

lesen, noch weniger mir ihre Empfindungen darüber ausdrücken. Nehmen wir an, dass es gegen das Jahr 2000 gelesen werden darf ...." (24. September 1886, KSB 7, Nr. 756). Nietzsche war sich dessen bewusst, dass er lange nicht verstanden werden würde, ja dass er zunächst und unter den gegebenen Umständen vielleicht sogar notwendig missverstanden werden müsse. Er verstand sich als einen, der erst posthum geboren werde, denn in seiner Zeit sah er keinen, der Ohren gehabt hätte, um ihn zu verstehen. In Entwürfen zu Briefen an Heinrich von Stein (Mitte März 1885) heißt es: "Es ist schwer zu erkennen, wer ich bin: warten wir 100 Jahre ab: vielleicht giebt es bis dahin irgend ein Genie von Menschenkenner, welches Herrn F.N. ausgräbt." (KSB 7, Nr. 584).

Von den Deutschen seiner Zeit versprach Nietzsche sich wenig oder nichts mehr. Die deutsche Politik unter Kaiser Wilhelm und Bismarck schien ihm

> nur eine andre Art permanenten Winters und schlechten Wetters [...] Mir scheint Deutschland in den letzten 15 Jahren [also seit der Reichsgründung 1871] eine förmliche Schule der Verdummung geworden zu sein. Wasser, Quark und Mist weit und breit: das blödsinnige Lächeln des alten Wilhelm über diesen Wassern schwebend - so sieht sich das aus der Ferne an. [...] vor diesem gegenwärtigen Deutschland, so sehr es auch igelmäßig in Waffen starrt, habe ich keinen Respekt mehr. Es repräsentirt die stupideste verkommenste verlogenste Form des "deutschen Geistes", die es bisher gegeben hat - und was hat dieser "Geist" sich schon Alles an Geistlosigkeit zugemuthet! (24. 2. 1887 an Reinhart von Seydlitz, KSB 8, Nr. 807)[25)]

Den "Nationalitäts-Wahnsinn", den er z.B. in dem Prinzip "Deutschland, Deutschland über Alles" ausgedrückt fand, nannte er "vielleicht die blödsinnigste Parole, die je gegeben worden ist" (Nachlass 1884, KSA 11, 25 [248], vgl. [251]), da er darin den Ausdruck einer auf Macht-Politik gerichteten, dabei aber den Geist vergessenden Haltung erkannte. Und er sah voraus, welche Art von Geistlosigkeit sich dieser "Geist" noch zumuten könnte, wenn er nicht zur Besinnung kommen würde.

Auch mit seinen Schriften war Nietzsche weitgehend auf Ablehnung, Unverständnis oder Schweigen gestoßen. So schreibt er z.B. am 8. Januar 1888 in einem Brief an Georg Brandes in Kopenhagen über "die jetzigen Deutschen" und *Jenseits von Gut und Böse*:

25) Vgl. GD, Sprüche und Pfeile 23: "'Deutscher Geist': seit achtzehn Jahren eine contradictio in adjecto."

> Mir scheint, dass sie Jahr für Jahr in rebus psychologicis plumper und viereckiger werden (recht im Gegensatz zu den Parisern, wo Alles nuance und Mosaik wird), dass ihnen alle tieferen Ereignisse entschlüpfen. Zum Beispiel mein "Jenseits von Gut und Böse" - welche Verlegenheit hat es ihnen gemacht! Nicht ein intelligentes Wort habe ich darüber zu hören bekommen, geschweige ein intelligentes Gefühl. dass es sich hier um die lange Logik einer ganz bestimmten philosophischen Sensibilität handelt und nicht um ein Durcheinander von hundert beliebigen Paradoxien und Heterodoxien, ich glaube, davon ist auch meinen wohlwollendsten Lesern nichts aufgegangen. Man hat nichts dergleichen "erlebt"; man kommt mir nicht mit dem Tausendstel von Leidenschaft und Leiden entgegen. Ein "Immoralist"? Man denkt sich gar nichts dabei. (KSB 8, Nr. 974)

Jenseits von Gut und Böse ist jedoch ein oder sogar das "Schlüsselwerk" Nietzsches. Anlässlich einer Besprechung seiner Bücher durch Carl Spitteler wundert er sich, dass dabei gerade das "Jenseits" verschwiegen worden sei, und fährt dann fort: "Ich weiß sehr wohl, dass dasselbe als verbotenes Buch gilt - aber trotzalledem enthält es den Schlüssel zu mir, wenn es einen gibt. Man muss es zuerst lesen." (an C. Spitteler, 10. Februar 1888, KSB 8, Nr. 988). Schon früher hatte er es "eine Art von Commentar" zu "Zarathustra" genannt: "Aber wie gut musste man mich verstehn, um zu verstehn, in wie fern es zu ihm ein Commentar ist!" (an Reinhart v. Seydlitz, 26. Oktober 1886, KSB 7, Nr. 768).

II.

Ist heute nach über 100 Jahren die Zeit gekommen, wo *Jenseits von Gut und Böse* als "Vorspiel einer Philosophie der Zukunft" gelesen werden kann und darf? Verstehen wir, inwiefern dieses Werk ein Kommentar zum Zarathustra ist und haben wir den Schlüssel zu Nietzsche gefunden, oder haben wir gefunden, dass es gar keinen gibt?

Zu letzterem Schluss ist wohl die postmoderne französische Nietzscheinterpretation gekommen.[26)] So behauptet z.B. J. Derrida: "il n'y a pas une vérité de Nietzsche ou du texte de Nietzsche" (es gibt keine Wahrheit Nietzsches oder des Textes von

26) Vgl. Künzli, R. E.: Nietzsche und die Semiologie: Neue Ansätze in der französischen Nietzsche-Interpretation, Nietzsche Studien 5 (1976). S. 263-288.

Nietzsche).[27] Derrida bezieht sich dabei auf einen Aphorismus aus *Jenseits von Gut und Böse*, wo Nietzsche sich gestattet, einige Wahrheiten über das "Weib an sich" zu sagen, mit der Einschränkung: "gesetzt, dass man es von vornherein nunmehr weiss, wie sehr es eben nur - meine Wahrheiten sind." (JGB 231). Für Derrida impliziert dies zweifellos, "que ce ne sont pas là des vérités, puisqu'elles sont multiples, bariolées, contradictoires. Il n'y a donc pas une vérité en soi, mais de surcroît, même pour moi, de moi, la vérité est plurielle" (dass es sich hier nicht um Wahrheiten handelt, da sie vielfach, bunt und widersprüchlich sind. Es gibt also keine Wahrheit an sich, sondern zu allem Überfluss, sogar für mich, von mir, ist die Wahrheit vielfach).[28] Es gibt demnach keine Einheit oder ein Zentrum der Texte von Nietzsche, Gott ist auch in diesem Sinne "tot" und der Leser scheint im Labyrinth der Texte und Kontexte verloren. Die Gesamtheit von Nietzsches Texten ist nach Derrida vom Typ eines singulären Satzes, den Nietzsche einmal niedergeschrieben hat und der lautet: "'ich habe meinen Regenschirm vergessen'." (Nachlass 1881, KSA 9, 12 [62]). Denn nach Derrida "nous ne serons jamais assurés de savoir ce que Nietzsche a voulu faire ou dire en notant ces mots. Ni même s'il a voulu quoi que ce fût" (werden wir niemals sicher wissen, was Nietzsche hat tun oder sagen wollen, als er diese Worte notierte. Nicht einmal, ob er irgend etwas gewollt hat).[29] Letzten Endes heißt dies, "qu'il n'y aurait plus de 'totalité du texte de Nietzsche', fût-elle fragmentaire et aphoristique" (dass es keine 'Gesamtheit von Nietzsches Text' mehr gäbe, wäre sie auch nur fragmentarisch und aphoristisch).[30]

Aber was Derrida hier von Nietzsche behauptet, trifft in größerem oder kleinerem Ausmaße auf jede Interpretation zu. Wie Nietzsche selber sagt: "Derselbe Text erlaubt unzählige Auslegungen: es giebt keine 'richtige' Auslegung." (Nachlass 1885/86, KSA 12, 1 [120]). Oder in einem Brief an Carl Fuchs (26. August 1888, KSB 8, Nr. 1096): "es giebt keine alleinseligmachende Interpretation, weder für Dichter, noch für Musiker (Ein Dichter ist absolut keine Autorität für den Sinn seiner Verse: man hat die wunderlichsten Beweise, wie flüssig und vag für sie der 'Sinn'

---

27) Derrida, Jacques: Spurs. Nietzsche's Styles; Éperons. Les Styles de Nietzsche. Chicago and London, 1979. S. 102. Vgl. auch Behler, Ernst: Derrida-Nietzsche. Nietzsche-Derrida. Paderborn 1988.

28) J. Derrida, a.a.O., S. 102.

29) Ebd., S. 122.

30) Ebd., S. 134.

ist).“ Auch für Nietzsche selbst gibt es keine alleinseligmachende Interpretation, vielmehr müssen umgekehrt möglichst viele Interpretationen zu Gehör kommen, um durch die Vielfalt der Interpretationen zu einem immer umfassenderen Bild zu kommen: “je mehr Affekte wir über eine Sache zu Worte kommen lassen, je mehr Augen, verschiedne Augen wir uns für dieselbe Sache einzusetzen wissen, um so vollständiger wird unser ‘Begriff’ dieser Sache, unsre ‘Objektivität’ sein.” (GM III 12, KSA 5, S. 365). Dass aber auch der Dichter oder Philosoph selbst keine Autorität für den Sinn seines von ihm verfassten Textes ist, liegt Derridas Behauptung zugrunde, dass sogar “für mich, von mir” die Wahrheit vielfach ist. Insgesamt gesehen wendet Derrida also nur das von Nietzsche schon Gesagte auf diesen selber an und wiederholt ihn somit.

In den meisten oder sogar allen Fällen sagt eine Interpretation mehr über den Interpreten als über das Interpretierte aus, der “Text” ist oft nur ein Anlass für den Interpreten, sich über etwas, das ihn selber beschäftigt und in ihm selber liegt, auszusprechen. Nietzsche kommt darauf angesichts des Unverständnisses, die seine Schriften, insbesondere *Jenseits von Gut und Böse* und *Also sprach Zarathustra* gefunden hatten, in *Ecce homo* zu sprechen. *Jenseits von Gut und Böse* war im September 1886 von Joseph V. Widmann im “Bund” unter dem Titel “Nietzsche's gefährliches Buch” besprochen worden.[31] Sehr wahrscheinlich dachte Widmann dabei nicht an Nietzsches Aphorismus aus den *Vermischten Meinungen und Sprüchen*, wo es mit Bezug auf “Gefährliche Bücher” (VM 58) heißt, dass ein solches “gefährliches” Buch dem Leser einen großen Dienst erweisen könne, indem es “die versteckte Krankheit seines Herzens” hervortreiben und in die Sichtbarkeit bringen könne. Denn der Wert von Büchern und Menschen könne darin liegen, jemanden “zum Aussprechen des Verborgensten und Innersten zu nöthigen: es sind Zungenlöser und Brecheisen für die verbissensten Zähne. Auch manche Ereignisse und Uebelthaten, welche scheinbar nur zum Fluche der Menschheit da sind, haben jenen Werth und Nutzen.” (VM 210). Die Sichtbarkeit der Krankheit aber ist die Voraussetzung, dass man um sie weiß und dann auch behandeln kann.

Welche Krankheit zeigte sich also in dieser Besprechung von J. Widmann? Nietzsche kommentiert: “Dr. Widmann drückte mir seine Achtung vor dem Muth

31) Vgl. Janz, Curt Paul: Nietzsche. Biographie Bd. 3. S. 257ff.

aus, mit dem ich mich um Abschaffung aller anständigen Gefühle bemühe. - Durch eine kleine Tücke von Zufall war hier jeder Satz, mit einer Folgerichtigkeit, die ich bewundert habe, eine auf den Kopf gestellte Wahrheit: man hatte im Grunde Nichts zu thun, als alle 'Werthe umzuwerthen', um, auf eine sogar bemerkenswerthe Weise, über mich den Nagel auf den Kopf zu treffen - statt meinen Kopf mit einem Nagel zu treffen." (EH, Warum ich so gute Bücher schreibe 1, KSA 6, S. 299). Im Grunde war es also die verbreitete und sich immer weiter ausbreitende Krankheit, den Mut zur Abschaffung aller anständigen Gefühle selbst zu haben, die sich hier zeigte, bzw. die sich in der Gestalt Widmanns im Spiegel von *Jenseits von Gut und Böse* wiedererkannte.[32)]

Diesem "Spiegel-Prinzip" entsprechend gibt Nietzsche die folgende Erklärung für das Verfehlen seiner Intentionen:

> Zuletzt kann Niemand aus den Dingen, die Bücher eingerechnet, mehr heraushören, als er bereits weiss. Wofür man vom Erlebnisse her keinen Zugang hat, dafür hat man kein Ohr. Denken wir uns nun einen äussersten Fall, dass ein Buch von lauter Erlebnissen redet, die gänzlich ausserhalb der Möglichkeit einer häufigen oder auch nur seltneren Erfahrung liegen, - dass es die erste Sprache für eine neue Reihe von Erfahrungen ist. In diesem Falle wird einfach Nichts gehört, mit der akustischen Täuschung, dass wo Nichts gehört wird, auch Nichts da ist... Dies ist zuletzt meine durchschnittliche Erfahrung und, wenn man will, die Originalität meiner Erfahrung. Wer Etwas von mir verstanden zu haben glaubte, hat sich Etwas aus mir zurecht gemacht, nach seinem Bilde, - nicht selten einen Gegensatz von mir, zum Beispiel einen "Idealisten"; wer Nichts von mir verstanden hatte, leugnete, dass ich überhaupt in Betracht käme. (EH, Warum ich so gute Bücher schreibe 1, KSA 6, S. 299f.)

Jede Auslegung folgt dem "Spiegelprinzip", wonach man aus einem Text nicht

32) In derselben Zeit, als Nietzsche an *Jenseits von Gut und Böse* arbeitete, gibt es auch Pläne für ein Werk mit dem Titel: "Der Spiegel. Eine Gelegenheit zur Selbstbespiegelung für Europäer." (Nachlass 1885, KSA 11, 34 [165], vgl. 35 [78], [84], 42 [1]; Nachlass 1885/86, KSA 12, 1 [3], 1[109], Nachlass 1886, KSA 12, 3 [11]). Wie eng dieses Werk mit *Jenseits von Gut und Böse* zusammenhängt zeigt sich insbesondere an zwei Entwürfen, in denen es zusammen mit ihm Teil eines umfassenderen Werkes mit dem Titel "Gai saber. Vorspiel einer Philosophie der Zukunft" ist (Nachlass 1885, KSA 11, 35 [84], Nachlass 1885/86, KSA 12, 1 [121]). In diesem Umkreis finden sich auch die ersten Pläne zum "Willen zur Macht (Nachlass 1885/86, KSA 12, 1 [35], 2 [73]). Die bekannte Nachlass-Aufzeichnung vom Juni-Juli 1885, die die Welt als "Wille zur Macht - und nichts außerdem" beschreibt, beginnt denn auch mit den Worten: "Und wißt ihr auch, was mir 'die Welt' ist? Soll ich sie euch in meinem Spiegel zeigen?" (Nachlass 1885, KSA 11, 38 [12]).

mehr herauslesen kann als man bereits weiß, und dass daher umgekehrt der Text bestenfalls die Funktion einer Erinnerung oder eines erst noch einzuholenden Vor-wurfs haben kann, was ein anderer Ausdruck für den Zirkel des Verstehens ist.[33)]

Sicher nicht ohne Bezug auf die hier sich zeigende Krankheit im Missverstehen seiner Formel vom "Jenseits von Gut und Böse" sowie dem Vorwurf, sich um die "Abschaffung aller anständigen Gefühle" zu bemühen, schrieb Nietzsche die *Genealogie der Moral*, von der es auf der Rückseite des Titelblatts hieß, sie sei dem zuvor veröffentlichten *Jenseits von Gut und Böse* "zur Ergänzung und Verdeutlichung beigegeben." (KSA 14, S. 377). Gleich in der ersten Abhandlung wird ein grundsätzlicher Unterschied zwischen "Gut und Böse" und "Gut und Schlecht" gemacht, ein Unterschied, der sogar schon in *Jenseits von Gut und Böse* vorgekommen war (JGB 260), jetzt aber noch weiter ausgeführt wird. Am Ende der Abhandlung heißt es, dass "Jenseits von Gut und Böse" zum Mindesten *nicht* "Jenseits von Gut und Schlecht" heiße (GM I, 17). Der Unterschied von Gut und Schlecht begründet auch eine Moral bzw. Moralen, die nicht nur außerhalb der Moral von Gut und Böse, sondern dieser sogar zugrunde liegen. Denn Gut und Böse sind die Übersetzungen der Natur-Begriffe von Gut und Schlecht ins Metaphysische, ins Wesen der Dinge an sich und damit deren Verabsolutierung. Sie erzeugt damit zugleich den perspektivischen Schein, es sei die einzig mögliche Moral, sodass das "Jenseits von Gut und Böse" als Bereich außerhalb von Moral überhaupt erscheint.

Von hier aus lässt sich zum ersten Mal ahnen, inwiefern *Jenseits von Gut und Böse* eine Art von Kommentar zu Zarathustra sein könnte. Denn die "Übersetzung der Moral ins Metaphysische" ist nach Nietzsche das Werk des historischen Zarathustra gewesen, dessen sich selbst überwindender Gegensatz Nietzsches Zarathustra darstellt. "Zarathustra schuf diesen verhängnisvollsten Irrthum, die Moral, folglich muss er auch der Erste sein, der ihn erkennt." (EH, Warum ich ein Schicksal bin 3). Da Zarathustra der erste war, der die Moral ins Metaphysische übersetzt hat, indem er "im Kampf des Guten und Bösen das eigentliche Rad im Getriebe der Dinge" sah, muss er auch der erste sein, der die Moral aus dem

33) Vgl. Heidegger, Martin: Sein und Zeit, Frankfurt am Main 1976. § 32; Gadamer, Hans-Georg: Vom Zirkel des Verstehens. In: Gesammelte Werke Bd. 2. Tübingen 1986. S. 57-65.

Metaphysischen wieder in die Natur zurückübersetzen kann. Denn er hat sowohl die längste Erfahrung als auch die für eine solche Revision benötigte Wahrhaftigkeit. Die Selbstüberwindung Zarathustras ist demnach die Zurückübersetzung des metaphysischen Moralbegriffs in den Natur-Begriff der Moral, aus dem jener entstammt. "Jenseits von Gut und Böse" ist so gesehen der Versuch, den Menschen wieder in die Natur zurückzuübersetzen (vgl. JGB 230, KSA 5, S. 169). Zarathustra kehrt wieder in den Ursprung der Moral zurück, der Kreis ist vollendet.

Anstatt von *der* Moral des Guten und Schlechten zu sprechen, sollte man besser von *den* Moralen des Guten und Schlechten im Plural reden, denn im Unterschied zur Moral des Guten und Bösen, die alleinigen Unbedingtheitsanspruch erhebt, gibt es von der Moral des Guten und Schlechten notwendig viele, da das, was für den einen gut oder schlecht ist, nicht auch für den anderen gut oder schlecht sein muss. Nietzsche versteht beide Moralen zudem nur als "Grundtypen", die in ihrer Reinheit nur selten wirklich erreicht werden. Vielmehr kommen nach Nietzsche in allen höheren und gemischteren Kulturen immer auch Versuche der Vermittlung beider Moralen vor, "noch öfter das Durcheinander derselben und gegenseitige Missverstehen, ja bisweilen ihr hartes Nebeneinander - sogar im selben Menschen, innerhalb Einer Seele." (JGB 260).

Weil es viele Moralen des Guten und Schlechten gibt, kann man auch nicht ohne weiteres schließen, dass Nietzsche jede dieser Moralen in ihrer konkreten Ausführung, insbesondere soweit sie eine historisch vorkommende Moral ist, unbedingt bejaht hätte. Dies ist ebenso wenig der Fall, wie man z.B. daraus, dass Nietzsche den Buddhismus viel höher als das Christentum (als dem Paradigma einer Moral des Guten und Bösen) schätzte und es diesem entgegenstellte, ohne weiteres schließen müsste, dass erstens die buddhistische Moral eine "Herrenmoral" ist (was durchaus möglich wäre), oder dass zweitens Nietzsche ein Buddhist gewesen ist. Denn der Buddhismus ist für Nietzsche nicht nur die "einzige eigentlich positivistische Religion", die den Begriff "Gott" bereits abgetan hat, er steht nach Nietzsches eigenen Worten auch "jenseits von Gut und Böse", weil er die christliche Selbstbetrügerei durch Moralbegriffe bereits hinter sich habe und daher dem europäischen Christentum weit voraus sei. (AC 20; vgl. GM III 17, KSA 5, S. 380). Außerdem hat der Buddhismus etwas mit Nietzsche gemeinsam, das von Zarathustra als die "Brücke zur höchsten Hoffnung" bezeichnet wird: die Erlösung vom Geist der Rache (vgl. Za II, Von den Taranteln). Als Beleg zitiert Nietzsche das Wort aus dem Dhammapada: "Nicht durch Feindschaft kommt Feindschaft zu Ende, durch Freundschaft kommt Feindschaft zu Ende." (KSA 6, 187, 273). Dies schließt aber nicht aus, dass für Nietzsche andererseits Christentum und Buddhismus beide "als nihilistische Religionen" zusammengehören (AC 20). So geht auch Zarathustra noch über die Lehre Buddhas hinaus: man soll nicht Böses mit Gutem vergelten, also die Feindschaft durch Freundschaft allein zu Ende bringen, da dies beschämend sei; mehr noch solle man beweisen, dass der "Feind" uns etwas Gutes angetan hat (vgl. Za I, Vom Biss der Natter).

In ähnlicher Weise sind auch die beiden Grund-Typen der Moral zugleich verschieden und zusammengehörig. Verschieden sind sie vor allem hinsichtlich ihres Ursprungs und ihrer Ziele, zusammengehörig hinsichtlich ihrer Mittel, die sie benutzen. Während die Moral des Guten und Schlechten aus einem Überschuss aktiver und kreativer Kräfte stammt mit dem Ziel einer "Erhöhung des Typus 'Mensch'" (JGB 257) und daher von Nietzsche eine Moral der "Züchtung" genannt wird, stammt die Moral des Guten und Bösen aus den reaktiven Gefühlen des Ressentiment mit dem Ziel einer Nivellierung, d.h. weitest gehenden Angleichung der Menschen und wird daher von Nietzsche als eine Moral der "Zähmung der Bestie Mensch" (GD, Die "Verbesserer" der Menschheit 2) bezeichnet. In der Wahl ihrer Mittel, die beide Moralen bei ihrer "Verbesserung des Menschen" anwenden, sind sie sich nach Nietzsche im Grunde jedoch einander gleich: "Die Moral der Züchtung und die Moral der Zähmung sind in den Mitteln, sich durchzusetzen, vollkommen einander würdig: wir dürfen als obersten Satz hinstellen, dass, um Moral zu machen, man den unbedingten Willen zum Gegentheil haben muss.... In Formel ausgedrückt dürfte man sagen: alle Mittel, wodurch bisher die Menschheit moralisch gemacht werden sollte, waren von Grund aus unmoralisch." (ebd., 5). Wenn also z.B. die Gesetzgebung des Manu in diesem Sinne eine Moral der Züchtung bzw. eine Moral des Guten und Schlechten gewesen ist, so kann man daraus nicht schließen, dass Nietzsche diese Moral auch selbst vertreten würde. Die Moral Nietzsches liegt nicht in der Vergangenheit, sondern immer in der Zukunft. Sie ist keine Rückkehr zu einer einmal da gewesenen, sondern ein Voraussehen einer erst zu schaffenden Moral, die auch hinsichtlich der Wahl ihrer Mittel nicht unmoralisch ist und sich damit letzten Endes als Moral selbst aufhebt.

Das eigentliche Ziel Nietzsches ist daher eher in der Frage ausgedrückt, "ob die Menschheit aus einer moralischen sich in eine weise Menschheit umwandeln könne." (MA 107, KSA 2, S. 105). Wenn sich unter dem Einfluss der Erkenntnis von der völligen Unverantwortlichkeit und Unschuld des Menschen bzw. der Notwendigkeit alles Geschehens, eine neue Gewohnheit, "die des Begreifens, Nicht-Liebens, Nicht-Hassens, Überschauens" gebildet haben wird, dann wird diese neue Gewohnheit nach Nietzsche "in Tausenden von Jahren vielleicht mächtig genug sein, um der Menschheit die Kraft zu geben, den weisen, unschuldigen (unschuld--bewussten) Menschen ebenso regelmässig hervorzubringen, wie sie jetzt den unweisen, unbilligen, schuldbewussten Menschen - das heisst die nothwendige Vorstufe, nicht den Gegensatz von jenem - hervorbringt." (ebd., S. 105). Der Begriff der "Vorstufe" zeigt an, dass sowohl der schuldbewusste als auch der dereinst unschuld-bewusste Mensch in einer historischen Perspektive zu sehen sind. Als Gegensätze erscheinen sie nur in einer enthistorisierenden Betrachtung: "Mangel an historischem Sinn ist der Erbfehler aller Philosophen." (MA 2). Dementsprechend haben nicht nur Gut und Böse als auseinander hervorgehende "Gegensätze", sondern auch das "Jenseits von Gut und Böse" eine geschichtliche Dimension, wie sich im folgenden zeigen wird.

III.

Während es im Sinne einer "alleinseligmachenden Auslegung" weder für Nietzsche selbst noch für Derrida und andere postmoderne Nietzscheleser einen Schlüssel für Nietzsche geben kann, hält A. Nehamas in seiner Interpretation von *Jenseits von Gut und Böse* das Werk, das den Schlüssel enthalten soll, zwar in der Hand, aber er scheint nicht recht zu wissen, was er damit anfangen soll.[34] Denn trotz der Tatsache, dass *Jenseits von Gut und Böse* eines der populärsten und am meisten gelesenen Werke Nietzsches sei, ist es nach Nehamas in seiner Struktur und seinem

34) Nehamas, Alexander: Who are "The Philosophers of the Future"?: A Reading of *Beyond Good and Evil*. In: Solomon, Robert C. / Higgins, Kathleen M. (Hg.): Reading Nietzsche. Oxford 1988, S. 46-67. Vgl. auch ders., Nietzsche: Life as Literature. Cambride 1985, bes. S. 200-234.

Inhalt immer noch ein Werk von "blendender Dunkelheit" ("a work of dazzling obscurity"): "In a very elementary sense, we still do not know how to read this book. We simply do not understand its structure, its narrative line. Indeed, we do not even know whether it has any narrative line at all."[35] Nehamas schlägt vor, dieses Werk weder als philosophischen Traktat mit einer langen Serie von Argumenten zu lesen, noch als eine Sammlung kurzer, voneinander unabhängiger Aphorismen oder Essays, ohne zusammenfassende Struktur und Absicht, sondern als einen langem, anhaltenden, manchmal planlosen und unorganisierten, aber letztlich doch kohärenten Monolog. Daher wendet er seine Aufmerksamkeit dem monologischen Charakter zu, der sich diesen Monolog erzählt, etwa so wie sich Nietzsche in *Ecce homo* sein Leben selbst erzählt hat, weil ihm sowieso niemand zuhört.

Schon die Vorrede von *Jenseits von Gut und Böse* aber zeigt, dass dieses Werk von Nietzsche keineswegs nur als Monolog gedacht, sondern an "gute Europäer und freie, sehr freie Geister" (JGB, Vorrede) gerichtet war. Erst der "Nachgesang - Aus hohen Bergen" stellt einen Abgesang an Freunde dar, aber auch nur weil "Freund Zarathustra", "der Freund zur rechten Stunde" erschienen ist. Eines der Hauptthemen, über die der Autor von *Jenseits von Gut und Böse* mit den freien Geistern spricht, sind die "Philosophen der Zukunft", zu deren Philosophie der Zukunft *Jenseits von Gut und Böse* ein Vorspiel sein soll. Die freien Geister sind also nicht diese Philosophen der Zukunft selber, sondern lediglich ihre Vorläufer und Herolde. Das wesentlichste Merkmal dieser Philosophen ist nicht, dass sie erst in einer geschichtlichen Zukunft kommen, sondern dass ihr eigentlicher "Gegenstand" die Zukunft selbst ist, nicht mehr die Vergangenheit, aber auch nicht nur die Gegenwart. Denn Vergangenheit und Gegenwart sind nur von einem angemessenen Zukunftsentwurf her zu verstehen (vgl. HL 6, KSA 1, S. 294). Dementsprechend sind die eigentlichen "Philosophen der Zukunft" in erster Linie

> Befehlende und Gesetzgeber: sie sagen 'so soll es sein!', sie bestimmen erst das Wohin? und Wozu? des Menschen und verfügen dabei über die Vorarbeit aller philosophischen Arbeiter, aller Überwältiger der Vergangenheit, - sie greifen mit schöpferischer Hand nach der Zukunft, und Alles, was ist und war, wird ihnen zum Mittel, zum Werkzeug, zum Hammer. Ihr 'Erkennen' ist Schaffen, ihr Schaffen ist eine Gesetzgebung, ihr Wille zur Wahrheit ist - Wille zur Macht. - Giebt es heute solche Philosophen? Gab es schon solche Philosophen? Muss es

35) Nehamas: Who are "The Philosophers of the Future"?, a.a.O., S. 46.

nicht solche Philosophen geben? (JGB 211)

Dass die neuen Philosophen Wertschaffende sind, ist auch nach Nehamas eines ihrer wichtigsten Merkmale (a.a.O., S. 54f.). Dass Nietzsche selber sich nur als Vorläufer und Herold, nicht schon als eigentlichen Philosophen der Zukunft darstelle, hat für Nehamas aber nur darin seinen Grund, dass er kein Dogmatiker mehr, sondern ein erklärter Perspektivist sei und daher seine Aussagen nur indirekt und gleichsam verdeckt machen könne. Warum aber sollte und könnte ein Immoralist "jenseits von Gut und Böse" dazu verpflichtet werden, in einer impliziten, verdeckten Art und Weise seine Aussagen zu machen? Und warum sollte nicht eine offene und direkte Aussage möglich sein, gerade wenn der Perspektivist zugleich deutlich macht, dass es nur seine Perspektive und Wahrheit ist? Die "Unmoralität" des Denkers liegt vielmehr woanders, wie sich zeigen wird.

"Jenseits von Gut und Böse" ist in einer Stufenfolge, die durch drei Verwandlungen führt, zu sehen. Dies wird in einer Aufzeichnung mit dem Titel "Der Weg der Weisheit" aus dem Jahre 1884 deutlich, in der Nietzsche "Fingerzeige zu einer Überwindung der Moral" gibt (Nachlass 1884, KSA 11, 26 [47]). Er unterscheidet dabei drei Gänge. "Der erste Gang. Besser verehren (und gehorchen und lernen) als irgend Einer. Alles Verehrenswerthe in sich sammeln und miteinander kämpfen lassen. Alles Schwere tragen. Asketismus des Geistes - Tapferkeit Zeit der Gemeinschaft." Hier wird der Geist zum "Kamel" wie es in der ersten Rede Zarathustras *Von den drei Verwandlungen* heißt. Dies ist als eine notwendige und in sich positive Entwicklungsstufe zu sehen. Nietzsche charakterisiert sie auch als "die Überwindung der bösen kleinlichen Neigungen." Das Herz soll umfänglich werden, denn "man erobert nur mit Liebe." Als Beispiele führt Nietzsche Wagner und Schopenhauer an, die sich beide vor einem tiefen liebevollen Herzen niedergeworfen hätten. Es ist die Stufe der Anbetung und Verehrung eines höheren Ideals. Trotzdem sind es letzten Endes alles Formen der Selbstentfremdung, der Selbstaufgabe und der Selbstverleugnung, d.h. Formen des Asketismus.

Der Mensch dieser Stufe ist zwar jenseits des traditionellen "Bösen", aber er ist auch gefangen im herkömmlichen "Guten". Der Geist muss also zum "Löwen" werden und sein verehrendes Herz zerbrechen, um sich frei zu machen und frei zu werden: "Der zweite Gang. Das verehrende Herz zerbrechen (als man am festesten gebunden ist). Der freie Geist. Unabhängigkeit. Zeit der Wüste. Kritik alles Verehrten (Idealisirung des Unverehrten). Versuch umgekehrter Schätzungen." Der Überwindung der bösen Neigungen hat die "Überwindung auch der guten Neigungen" zu folgen. Denn auch in ihnen findet man "Wahn und Willkür" (Za I, Von den drei Verwandlungen). Wagner und Schopenhauer haben nach Nietzsche diese zweite Stufe nicht erreicht.

Aber auch die freien Geister und ihre Umwertungsversuche sind noch "Vorspiele" der befehlenden und gesetzgebenden Philosophen der Zukunft. Denn der freie Geist vermag noch nicht, neue Werte zu schaffen, d.h. er vermag noch nicht das Wohin? und Wozu? des Menschen selbst zu bestimmen. Dazu bedarf es einer kindlichen Unschuld und zugleich umfassender Verantwortlichkeit. Also "der dritte Gang. Große Entscheidung, ob tauglich zur positiven Stellung, zum Bejahen. Kein Gott, kein Mensch mehr über mir! Der Instinkt des Schaffenden, der weiß, wo er die Hand anlegt. Die große Verantwortung und die Unschuld. (Um Freude irgendworan zu haben, muss man Alles gutheißen.) Sich das Recht geben zum Handeln." Erst jetzt ist das Jenseits von Gut und Böse erreicht. Der schaffende und schöpferische Mensch steht nach Nietzsche immer jenseits von Gut und Böse, denn er "erst schafft es, dass etwas gut und böse ist." (Za III, Von alten und neuen Tafeln 2). Der Philosoph dieser Stufe nimmt sich nach Nietzsche der "redlichste[n]" (Nachlass 1884, KSA 11, 25 [448]) Methode der Weltbetrachtung an, der mechanischen, "und fühlt sich nicht gedemüthigt unter dem Schicksal: er ist Schicksal. Er hat das Los der Menschen in der Hand." Nur Wenige erreichen diese Stufe: "die Meisten werden schon im 2ten Weg zu Grunde gehen." Nietzsche erwägt, ob Plato und Spinoza vielleicht Philosophen auf dieser Stufe gewesen sind.

Wie man an dieser Stufenfolge sehen kann, sollte *Jenseits von Gut und Böse* vielleicht angemessener "Jenseits von Böse und Gut" heißen, denn die Überwindung der "bösen kleinlichen Neigungen" und Eigenschaften steht am Anfang. Erst dann folgt die Überwindung auch der "guten Neigungen", in deren Dienste und Namen die bösen Neigungen überwunden wurden. Und erst dann kommt das "Jenseits von Gut und Böse", das am Beginn eines neuen Kreislaufs steht. Das "Jenseits" ist ein Vergessen im positiven Sinne[36], ein Vergessen des Bösen und Guten, das einen anderen Anfang ermöglicht, weil die Geschichte ihrer Einverleibung an ihr Ende gekommen ist. Sobald diese Vergessenheit als solche bewusst wird, sind die Metaphysik und das Gute und Böse in ihre "Verwindung"[37)] eingegangen und die Erinnerung an die Physis bzw. das leibhafte Diesseits des Guten und Schlechten beginnt.

Die Fragen Nietzsches, ob es schon solche Philosophen der Zukunft gibt, gab und sogar geben muss (JGB 211), sind A. Nehamas zufolge alle positiv zu beantworten, aber seine Begründung, weshalb es solche Philosophen geben muss, ist nicht recht überzeugend: "There must be such philosophers because I am in the process of engaging with one right now, as I am reading this work."[38)] Danach muss es solche Philosophen geben, weil wir gerade mit einem solchen Philosophen der Zukunft beschäftigt sind, wenn wir *Jenseits von Gut und Böse* lesen. Denn *Jenseits von Gut und Böse* sei selbst eine Philosophie der Zukunft und sowohl sein Erzähler als auch sein Autor seien eigentliche Philosophen.[39)] Dies ist aber eine zirkelhafte Begründung, die das Müssen lediglich auf ein Faktum zurückführt und keine eigentliche Begründung dafür gibt, warum es solche Philosophen geben muss. Nehamas zeigt auch nicht, inwiefern *Jenseits von Gut und Böse* eine Philosophie der Zukunft ist oder sein könnte, in dem Sinne, dass die Zukunft der eigentliche Inhalt dieser Philosophie wäre. Er müsste zeigen, dass und wo oder zumindest inwiefern Nietzsche in *Jenseits von Gut und Böse* als "Befehlender und Gesetzgeber" auftritt, der sagt: "So soll es sein" und damit das Wohin? und Wozu? des Menschen bestimmt.

Philosophen der Zukunft als wertesetzende und wertschöpferische Philosophen muss es vielmehr deshalb geben, weil wir nach Nietzsche in allen unseren Wertschätzungen

---

36) "Unschuld ist das Kind und Vergessen, ein Neubeginnen, ein Spiel, ein aus sich rollendes Rad, eine erste Bewegung, ein heiliges Ja-sagen." (Za I, Von den drei Verwandlungen)

37) Vgl. Vattimo, Gianni: Nihilismus und Postmoderne in der Philosophie. In: Welsch, Wolfgang (Hg.), Wege aus der Moderne. Schlüsseltexte der Postmoderne-Diskussion. Berlin 1994, S. 233-246. Nach Vattimo entsteht die philosophische Postmoderne im Werk Nietzsches, wobei er sich der Figur der "Verwindung" bediene, obwohl das Wort selbst erst bei Heidegger verwendet werde. "Verwindung" zeige im Unterschied zur "Überwindung" eine Überholung an, die Züge der Hinnahme und der Vertiefung in sich enthalte. Außerdem schließe die "Verwindung" auch Genesung (Erholung) und Verdrehung (Wiederholung) ein. Die Verwindung der Metaphysik bedeute unter anderem, dass wir wieder "gute Nachbarn der nächsten Dinge werden" (WS 16), was Nietzsche in seiner "Philosophie des Vormittags" in Angriff genommen habe (Vattimo, G., a.a.O., S. 237f.).

38) Nehamas: Who are "The Philosophers of the Future"?, a.a.O., S. 59.

39) Ebd., S. 59.

vom Vorbild großer einzelner Wertschöpfer und deren Wertschätzungen abhängig sind. "Die Abhängigkeit der niederen Naturen von den erfinderischen ist unsäglich groß - einmal darzustellen, wie sehr alles Nachahmung und Einspielen der angegebenen Werthschätzungen ist, die von großen Einzelnen ausgehen. Z.B. Plato und das Christenthum. Paulus wußte schwerlich, wie sehr alles in ihm nach Plato riecht." (Nachlass 1884, KSA 11, 26 [53]). Im *Vorwort* zu *Jenseits von Gut und Böse* nennt Nietzsche das Christentum daher auch "Platonismus für's 'Volk'". Die meisten Wertschätzungen, die wir haben und die uns bestimmen, stammen gar nicht von uns selber, sie sind tradiert und von uns übernommen worden, aber irgendwann sind sie auch einmal entstanden. Folglich muss es solche Werte schaffenden Philosophen gegeben haben und es muss sie immer wieder geben, wenn es denn kein Gutes und Böses gibt, das unvergänglich wäre (vgl. Za II, Von der Selbst-Ueberwindung).

Dennoch sind Nietzsches neue Philosophen der Zukunft nicht einfach eine Neuauflage der alten, wie auch A. Nehamas feststellt.[40] Nach ihm besteht der Hauptunterschied darin, dass die bisherigen Philosophen immer Dogmatiker waren, der Erzähler von "Jenseits und Gut und Böse" aber ein erklärter Perspektivist ist. Der Dogmatiker will, dass seine Wahrheiten und Wertschätzungen für alle und jeden gültig sein sollen, er behauptet ein Wahres und Gutes und Böses an sich, also ewige, metaphysische Werte. Der Perspektivist dagegen liebt als Philo-soph zwar auch seine Wahrheiten, aber sie sind keine "Wahrheiten für Jedermann": "was bisher der geheime Wunsch aller Dogmatiker war. 'Mein Urtheil ist mein Urtheil: dazu hat nicht leicht auch ein Anderer das Recht' - sagt vielleicht solch ein Philosoph der Zukunft." (JGB 43). Er betrachtet den Jemeinigkeitscharakter der Wahrheit nicht als eine bedauerliche Einschränkung ihrer Gültigkeit, sondern als eine Auszeichnung und ein Recht, auf das sich jeder selbst das Anrecht erst erwerben muss. Nur wenn die Wahrheit ein Recht ist, kann sie zugleich auch verpflichtend sein für den, der dieses Recht hat, nämlich sich auch daran zu halten, d.h. das Wahre auch zu tun. In dieser Einheit von Theorie und Praxis liegt die Überzeugungskraft der Wahrheit.

Mit Nehamas Unverständnis dessen, warum es Philosophen der Zukunft geben *muss*, hängt ein weiteres Missverständnis zusammen: die Gleichsetzung von

40) Ebd., S. 62ff.

Jenseits von Gut und Böse mit der Philosophie der Zukunft selbst, d.h. das Missverstehen des "Vorspiel"-charakters dieses Werkes. Während es für Derrida keinen Schlüssel für Nietzsche gibt, verwechselt Nehamas den Schlüssel mit dem erst zu Erschließenden; er hält den Finger für den Mond, auf den er zeigt. "Beyond Good and Evil itself *is* a philosophy of the future; [...] The work is a 'prelude' to such a philosophy not because it simply heralds its arrival, but because - like Wagner's preludes to his artworks of the future (which themselves existed in what was for them the present) - it sounds the major themes and motifs of one philosophy of that kind."[41] Aufgrund dieser Gleichsetzung von *Jenseits von Gut und Böse* mit der Philosophie der Zukunft wird *Jenseits von Gut und Böse* zum Vorspiel von Themen und Motive, die in der *Genealogie der Moral*, der *Fröhlichen Wissenschaft* und im *Antichrist* weiter ausgeführt werden.[42] *Jenseits und Gut und Böse* ist für Nehamas zwar ein Vorspiel, aber nur in dem Sinne, dass es die Philosophie der Zukunft im Umriss schon selbst enthält ("a prelude to a philosophy which it contains, in outline, within itself."[43])

Es ist auffallend, dass das einzige Werk, zu dem *Jenseits von Gut und Böse* als ein Vorspiel in diesem Sinne angesehen werden könnte und von Nietzsche selbst so beschrieben worden ist, von Nehamas nicht erwähnt wird, nämlich *Also sprach Zarathustra*. Dies wird aus einem Entwurf zu einer Vorrede aus dem Jahr 1886 zu einem geplanten zweiten Band von *Jenseits von Gut und Böse* deutlich. Die Gedanken, erste Niederschriften und Hinwürfe aller Art, die *Jenseits von Gut und Böse* enthält, gehören demnach Nietzsches Vergangenheit an, entsprechend seiner Maxime, dass man nur von dem reden soll, was man überwunden und hinter sich hat (MA II, Vorrede 1, KSA 2, S. 369):

> nämlich jener räthselhaften Zeit, in der 'Also sprach Zarathustra' entstand: es dürfte schon um dieser Gleichzeitigkeit willen nützliche Fingerzeige zum Verständniss des eben genannten schwerverständlichen Werkes abgeben. Namentlich auch zum Verständnisse seiner Entstehung: mit der es etwas auf sich hat. Damals dienten mir solcherlei Gedanken sei es zur Erholung, sei es als Selbstverhör und Selbstrechtfertigung inmitten eines unbegrenzt gewagten und verantwortlichen Unterfangens: möge man sich des aus ihnen erwachsenen Buches zu

41) Ebd., S. 59.
42) Ebd., S. 62.
43) Ebd., S. 65.

einem ähnlichen Zwecke bedienen! Oder auch als eines vielverschlungenen Fußwegs, der immer wieder unvermerkt zu jenem gefährlichen und vulkanischen Boden hinlockt, aus dem das eben genannte Zarathustra-Evangelium entsprungen. So gewiss auch dies "Vorspiel einer Philosophie der Zukunft" keinen Commentar zu den Reden Zarathustra's abgiebt und abgeben soll, so vielleicht doch eine Art vorläufigen Glossarium, in dem die wichtigsten Begriffs- und Werth-Neuerungen jenes Buchs - eines Ereignisses ohne Vorbild, Beispiel, Gleichniß in aller Litteratur - irgendwo einmal vorkommen und mit Namen genannt sind. (KSA 14, S. 345)

Besser lässt sich die Beziehung von *Jenseits von Gut und Böse* zu *Also sprach Zarathustra* kaum beschreiben. Dass *Jenseits von Gut und Böse* zeitlich später als der *Zarathustra* veröffentlicht wurde, heißt nicht, dass es ihm der Sache nach nicht als "Vorspiel" vorausgehen könnte. Denn es führt immer wieder zu jenem vulkanischen Boden, aus dem der Zarathustra als das eigentliche "Spiel" jenseits von Gut und Böse und "6000 Fuss jenseits von Mensch und Zeit" (EH, Also sprach Zarathustra 1, KSA 6, S. 335) entsprungen ist. *Jenseits von Gut und Böse* ist so gesehen ein "Schlüssel" zu Zarathustra, aber ein Schlüssel, der wiederum viele Schlüssel in sich enthält.

Betrachten wir diese Schlüssel als die Merkmale, die zugleich auch den Philosophen der Zukunft zukommen und sie uns insofern erschließen, so können wir nach dem Gesagten etwa die folgenden nennen:

1) Sie stehen jenseits von Gut und Böse und jenseits von Böse und Gut, aber nicht jenseits von Gut und Schlecht.
2) Sie sind primär der Zukunft und nicht mehr wie die bisherigen Philosophen vor allem der Vergangenheit oder Gegenwart zugewandt. Den bisherigen Philosophen fehlte das Ziel auf die Zukunft hin (vgl. Nachlass 1884, KSA 11, 26 [100]). Ihr Flug begann immer erst, nachdem alles geschehen war, wie die Eule der Minerva nach Hegel erst in der Dämmerung ihren Flug beginnt. Die neuen Philosophen dagegen sind in dem Sinne "Befehlende und Gesetzgeber" der Zukunft, dass sie das Ziel der Zukunft selbst bestimmen.
3) Sie denken historisch, d.h. sie sehen alles unter dem Gesichtspunkt des Gewordenseins und des Werdens, nicht sub specie aeterni. Denn es gibt weder ewige Tatsachen noch absolute Wahrheiten (vgl. MA 2). Philosophie ist für sie selbst nur "die allgemeinste Form der Historie, [...] der Versuch das

Heraklitische Werden irgendwie zu beschreiben und in Zeichen abzukürzen." (Nachlass 1885, KSA 11, 36 [27]).

4) Sie sind keine Dogmatiker, d.h. ihre Wahrheiten verstehen sie als ihre Wahrheiten, auf die sie nicht jedermann gleich das Recht zugestehen. Sie betrachten alles, einschließlich ihrer selbst, perspektivisch (vgl. JGB, Vorrede; 231).
5) Daher räumen sie auch ein, dass die Unwahrheit eine Lebensbedingung sein kann und die "Falschheit eines Urteils noch kein Einwand gegen ein Urteil ist" (JGB 4). Die Wahrheit hat für sie nicht notwendig einen höheren Wert als Unwahrheit, Ungewissheit und selbst Unwissenheit (vgl. JGB 1).
6) Sie glauben auch nicht an die "Gegensätze der Werte", also dass z.B. Gut und Böse, Wahrheit und Irrtum, Selbstlosigkeit und Egoismus wirkliche Gegensätze sind, die sich einander ausschließen (vgl. JGB 2). Das eine kann vielmehr aus dem anderen entstehen, so dass kein eigener Wunderursprung aus sich selbst (causa sui) angenommen zu werden braucht. Sie zweifeln nicht nur, ob es Gegensätze überhaupt gibt, sondern auch, ob die gewöhnlichen Wertschätzungen zu Recht bestehen und nicht vielleicht auch umgekehrt werden können.
7) Bei alledem haben sie auch eine neue Methode: sie philosophieren "Am Leitfaden des Leibes" (Nachlass 1885, KSA 11, 36 [35]). Denn alles "direkte Befragen des Subjekts über das Subjekt, und alle Selbstbespiegelung des Geistes hat darin seine Gefahren, dass es für seine Thätigkeit nützlich und wichtig sein könnte, sich falsch zu interpretiren." (Nachlass 1885, KSA 11, 40 [21], vgl. Nachlass 1884, KSA 11, 26 [432], [374]). Zu diesem Zweck ist es z.B. auch wichtig, "dass die Sinnesorgane nicht Erscheinungen sind im Sinne der idealistischen Philosophie" (JGB 15). Am Leitfaden des Leibes ist auch der "Wille zur Macht" zu verstehen (vgl. JGB 36).

Doch es ist auch nicht ganz unproblematisch, *Jenseits von Gut und Böse* als das Vorspiel zur Philosophie der Zukunft Zarathustras aufzufassen. Die Frage ist, ob der Zarathustra eigentlich eine Philosophie ist. Nicht nur ist Zarathustra für Nietzsche ein Ereignis "ohne Vorbild, Beispiel, Gleichniß in aller Literatur", er nennt es auch selbst "eine 'Dichtung', oder ein fünftes 'Evangelium' oder irgend Etwas, für das es noch keinen Namen giebt" (13. Februar 1883 an E. Schmeitzner, KSB 6, Nr. 375). Oder er rechnet ihn unter die "Symphonien" (2. April 1883 an P. Gast, KSB 6, Nr.

397), bezeichnet ihn als ein neues "heiliges Buch" (20. April 1883 an Malwida v. Meysenburg, KSB 6, Nr. 404), als "Drama" (18. Januar 1884 an E. Schmeitzner, KSB 6, Nr. 379), als sein "Manifest" (Anfang März 1884 an F. Laban, KSB 6, Nr. 492), als Tragödie (Incipit Tragoedia, FW 342) und im Untertitel als "Ein Buch für Alle und Keinen". Dann wiederum ist der Zarathustra nichts als eine "Vorrede" und "Vorhalle" zu seiner Philosophie (Ende März 1884 an M. v. Meysenburg, KSB 6, Nr. 498; vgl. 8. 3. und 7. 4. 1884 an Franz Overbeck, KSB 6, Nr. 494, 504), also gerade noch nicht diese selbst, sondern wiederum etwas, das vorhergeht und durch das man hindurchgehen muss, um in das Innerste zu gelangen. Jedenfalls ist der Zarathustra etwas zwischen Philosophie, Dichtung und Religion, oder in einem bestimmten Sinne alles zusammen, so dass man auch alle drei darin wieder finden kann.

Halten wir also nach einer Philosophie Ausschau, für die *Jenseits von Gut und Böse* das "Vorspiel" sein könnte, dann werden wir daran erinnert, dass Nietzsche auf dem Umschlag des Buches als in Vorbereitung befindlich ankündigte: "Der Wille zur Macht. Versuch einer Umwertung aller Werthe. (In vier Büchern)." Obwohl dieses Werk in dieser Form nie veröffentlicht wurde, zeigt es doch eine Tendenz an. *Jenseits von Gut und Böse* ist in dem Sinne ein "Vorspiel", als "Gut und Böse" nur eine Spielart des Problems ist, das Nietzsche seinen eigenen Worten nach am tiefsten beschäftigt hat, das Problem der décadence (WA, Vorwort). Es hat ihn am tiefsten beschäftigt, weil er es selber war und als Kind seiner Zeit sein musste. Er lebte selbst in einer Zeit des Zerfalls und der Entwertung der bisherigen obersten Werte, die er Nihilismus nannte. Aber seine Originalität lag zugleich darin, dass er sich als Philosoph gegen die décadence seiner Zeit wehrte, sie in sich überwand und damit zu einem neuen Anfang kam ("décadent zugleich und Anfang"; EH, Warum ich so weise bin 1, KSA 6, S. 264). Der "Wille zur Macht" bezeichnet die Gegenbewegung gegen décadence und Nihilismus, d.h. alle die Kräfte, die selbst-anfänglich aus einer Fülle (wie die Moralen des Guten und Schlechten) und nicht aus dem Mangel stammen (wie die Moral des Guten und Bösen). Die Zeichen von Aufgang und Niedergang entdeckte Nietzsche aber nicht nur in der Moral, sondern auch in der Kunst, in der Philosophie, in der Religion, in den Naturwissenschaften, in der Volkswirtschaft, Politik und Geschichte (vgl. Nachlass 1885/86, KSA 12, 2 [131], S. 129f.). Und er entdeckte die "hundert

Zeichen", in denen sich der kommende Nihilismus ankündigte. Insofern ist *Jenseits von Gut und Böse* in der Tat nur ein Vorspiel, nicht nur zu Zarathustra.

Nietzsche hat diese Philosophie der Zukunft mit dem Willen zur Macht als Prinzip einer neuen Wertsetzung zwar angekündigt, aber nicht systematisch ausgeführt. Er ging sich selbst als Systematiker sozusagen "systematisch" aus dem Weg. Hier und nicht in der indirekten und verdeckten Art der Aussage liegt für Nietzsche die Gefahr des Denkers, "unmoralisch" im Sinne der Unredlichkeit zu werden. Wahrscheinlich im Hinblick auf das geplante Werk mit dem Titel "Willen zur Macht" heißt es im Herbst 1887:

> Ich misstraue allen Systemen und Systematikern und gehe ihnen aus dem Weg: vielleicht entdeckt man noch hinter diesem Buche das System, dem ich ausgewichen bin... Der Wille zum System: bei einem Philosophen moralisch augedrückt eine feinere Verdorbenheit, eine Charakter-Krankheit, unmoralisch ausgedrückt, sein Wille, sich dümmer zu stellen als man ist - Dümmer, das heißt: stärker, einfacher, gebietender, ungebildeter, commandirender, tyrannischer... (Nachlass 1887, KSA 12, 9 [188], vgl. [181], 10 [146])[44)]

Nietzsches Abneigung gegen das System und das Systematisieren seiner Gedanken aus "Redlichkeit", der letzten und jüngsten Tugend (Nachlass 1884, KSA 11, 25 [447]; Nachlass 1885/86, KSA 12, 1 [145]; Za I, Von den Hinterweltlern), ist wesentlich

> der epikureische Instinkt eines Räthselfreundes, der sich den änigmatischen Charakter der Dinge nicht leichten Kaufs nehmen lassen will, am wesentlichsten endlich ein aesthetischer Widerwille gegen die großen tugendhaften unbedingten Worte, ein Geschmack, der sich gegen alle viereckigen Gegensätze zur Wehr setzt, ein gut Theil Unsicherheit in den Dingen wünscht und die Gegensätze wegnimmt, als Freund der Zwischenfarben, Schatten, Nachmittagslichter und endlosen Meere. (Nachlass 1885/86, KSA 12, 2 [162]; vgl. FW 375)

Damit scheint Nietzsche auch nach über 100 Jahren gut beschrieben zu sein. Wahrscheinlich ist dieser Rätselcharakter, den Nietzsche dem Dasein nicht abstreiten wollte und der ihn letztlich davor bewahrte, sein sogenanntes "Hauptwerk" mit dem

---

44) Insbesondere Heidegger hat in seinen 1936 begonnen Nietzschevorlesungen dieses "System" als Metaphysik in Nietzsches Nachlass zu entdecken und rekonstruieren versucht. Vgl. Heidegger, Martin: Nietzsche. 2 Bde., Pfullingen 1961. K. Löwith dagegen spricht in seinem Buch (Nietzsches Philosophie der ewigen Wiederkehr des Gleichen, 1935) noch von einem "System in Aphorismen".

Titel "Der Wille zur Macht" systematisch auszuführen, auch genau das, was A. Nehamas die "blendende Dunkelheit" (dazzling obscurity) von *Jenseits von Gut und Böse* nennt. Ein wahrer Rätselfreund wird weder Nietzsche noch diesem Werk diesen Charakter leichten Kaufs nehmen wollen.

Die Diskussion um den Postmodernismus zeigt zudem, dass Nietzsche heute einige Rätselfreunde gefunden hat, so dass sich seine Prophezeiung, dass *Jenseits von Gut und Böse* wahrscheinlich erst gegen das Jahr 2000 ohne schlechtes Gewissen gelesen werden dürfe, erfüllt hat. Das bedeutet nicht, dass es für "Moderne" nicht immer noch ein "gefährliches Buch" sein könnte.[45)] Die Postmodernen aber haben Nietzsche in ihren Diskurs aufgenommen, ja die Frage, was Postmoderne ist und was Moderne, ist für sie von der Frage nach Nietzsche gar nicht zu trennen. So schreibt Clayton Koelb: "the questions 'What is 'postmodernism'?' and 'What is 'Nietzsche'?' are deeply intertwined. It is difficult to discuss postmodernism without invoking Nietzschean themes, and it is difficult to discuss Nietzsche without involving issues now widely associated with postmodernity."[46)] Wie A. Nehamas finden auch die Postmodernen keine "narrative line", keine "master story" oder "meta-narrative", weder in *Jenseits von Gut und Böse* noch in Nietzsche, noch in der Geschichte überhaupt, aber das ist für sie nicht unbedingt ein Einwand, eben sowenig wie die Rätselhaftigkeit oder die Pluralität der Wahrheiten und Interpretationen. Es scheint vielmehr, es werde von ihnen wie eine Art von Befreiung und als besonderer Anreiz empfunden, dank derer die Schiffe der Erkenntnis endlich wieder auslaufen dürfen. Es könnte also sein, dass auch die Postmoderne nur ein "Vorspiel" ist.

---

45) Hatte z.B. für Jürgen Habermas Nietzsche noch 1968 "nichts Ansteckendes mehr" (Zu Nietzsches Erkenntnistheorie (ein Nachwort). In: Ders. (Hg.): Friedrich Nietzsche. Erkenntnistheoretische Schriften. Frankfurt am Main 1968. S. 237-261. S. 237) so ist er danach für ihn zur "Drehscheibe" für den "Eintritt in die Postmoderne" avanciert, die Habermas selber ablehnt, weil er das "Projekt der Moderne" vollenden zu müssen glaubt. Vgl. Habermas, Jürgen: Der philosophische Diskurs der Moderne. Frankfurt am Main 1985; Ders.: Die Moderne - ein unvollendetes Projekt. Leipzig 1990. Vgl. auch Babich, Babette E. (Hg.): Habermas, Nietzsche and Critical Theory. New York 2004.

46) Koelb, Clayton (Hg.): Nietzsche as Postmodernist: Essays Pro and Contra. New York 1990. S. 7. Vgl. auch West, Cornel: Nietzsche's Prefiguration of Postmodern American Philosophy. In: Bové, Paul A. (Hg.):, Early Postmodernism. Foundational Essays. Durham and London, 1995. S. 265-289.

NECESSARY 'SELF-OVERCOMING'
Metaphor and Example in Nietzsche and Zarathustra

"I attach importance to a philosopher only to the extent that he is capable of being an example" (SE 3, KSA 1, p. 350). This statement from *Schopenhauer as Educator*[47] applies also to Nietzsche and Zarathustra. They are teachers, too, and the best way of teaching is by example, a living example. Zarathustra has many teachings but two are especially prominent: one is the teaching on the *Übermensch* at the beginning, and the other is the beginning of the teaching on *ewige Wiederkunft* at the end of part three of *Thus Spoke Zarathustra*. Accordingly we can find the teaching on the "genius" as the goal of all culture at the beginning of Nietzsche's writings and the teaching on *ewige Wiederkunft* at its end. Even though Nietzsche is not Zarathustra and the genius is not the *Übermensch* there is a structural analogy with a common outcome in their development. If Zarathustra and Nietzsche are teachers, they should give us some kind of example for the meaning of *Übermensch* and *ewige Wiederkunft* and their relationship. But first we have to consider how to translate these metaphors, not only into another language but also into examples and our own lives. These translations also need Zarathustra's and Nietzsche's examples.

I. Translating Metaphors

Zarathustra says about metaphors: "Metaphors are all names of good and evil:

47) For a careful reading of *Schopenhauer as Educator* cf. Conant, James: Nietzsche's Perfectionism: A Reading of *Schopenhauer as Educator*. In: Schacht, Richard (ed.): Nietzsche's Postmoralism. Essays on Nietzsche's Prelude to Philosophy's Future. Cambridge: Cambridge University Press, 2001, pp. 181-257. Here we can find a good example how translation (of even one word only) can change the whole understanding of a "focal passage" (ibid. pp. 191-196).

they do not define, they merely hint. A fool is he who wants knowledge of them" (Za I, On the Gift-Giving Virtue 1). Metaphors are in this respect like oracles, which do not conceal and do not reveal, but only give a hint (cf. HL, 10, KSA 1, p. 333; PHG 8, KSA 1, p. 835). To understand not only the metaphors of good and evil but also of *Übermensch* and *ewige Wiederkunft*, we have to look for those hints and not expect knowledge of them, the first hint being that they are metaphors.

In his early lectures on Rhetoric from 1874, Nietzsche understands metaphors within language as transference, which does not create new words but changes the meaning of already existing ones. The metaphoric (i.e. transferring) process goes even deeper into the very origin of language itself when Nietzsche writes: "A nerve stimulus, first transferred into an image! First metaphor. The image again imitated by a sound! Second metaphor. And each time leaping completely over one sphere right into the midst of an entirely different and new one" (WL, KSA 1, p. 879). He quotes Jean Paul to confirm that metaphors are prior to literal expressions:

> As in writing picture-language was earlier than letter-language so were in speaking metaphors the earlier words since they indicate relations not things, and only slowly they lost their color and became literal expressions. Animating and incorporating was still one because world and self were still merged. Therefore every language is in spiritual respect a dictionary of paled metaphors. (KGW II-4, pp. 442-43)

Nietzsche's metaphors are metaphoric in both respects, but the first is easier to grasp, since it changes only the meaning of already existing words by combining them into a whole new phrase.

Translating a metaphor into another language is itself a metaphoric behavior and requires not only a literal translation of the words equivalent to their literal meanings but also a reverse transference into the metaphoric process, which created them. What is required is not so much a correct literal translation as an aesthetic relationship, an indicating transposition and translation (cf. WL, KSA 1, p. 884). Translating a metaphor is easy when we know what the metaphor stands for, but if it is an original metaphor, the metaphor is as much a cause of what it might refer to as the metaphor is a result of a metaphoric process. The relation that the metaphor indicates does not exist independently of the metaphor. The metaphor itself becomes the key to what it designates and we ourselves can only respond to it in another metaphoric relation by translating it into our own language, where it might take on a new life.

But how can metaphors be or become examples? Zarathustra, after having announced his teaching on the *Übermensch*, declaring that the human is something that has to be overcome, asks his listeners: "What have you done to overcome it?" (Za I, Prologue 3). The answer to this question would be the translation of the metaphor into an example. To ask for Zarathustra's and Nietzsche's example for *Übermensch* is to ask what they did to overcome the human or more specifically, what they did to overcome themselves. Regarding *ewige Wiederkunft* Nietzsche gives a similar advice: "We should not want only *one* state, but must *want to become periodic* beings = the *same* as existence" (Nachlass 1882, KSA 10, 1 [70]). It is not enough, "to be only *one* human, even if it is the necessary beginning" (Nachlass 1881, KSA 9, 11 [304]). In this respect, we have to look for the periodic and pluralistic being (the multiple self) of Zarathustra and Nietzsche, since *Übermensch* and *ewige Wiederkunft* combined are asking for repeated self-overcomings. Finally, to translate his metaphors and examples into our own lives, Zarathustra gives us the advice to follow actively his example because only the doer learns: "I am a prelude of better players, O my brothers! An example! *Do* according to my example!" (Za, III, On Old and New Tablets 20).

II. Übermensch

Übermensch is shown to be a metaphor qua analogy, when Zarathustra tells us that the overhuman[48] should relate to humans as humans relate to apes: "What is the ape to humans? A laughingstock or a painful embarrassment. And the human shall be just that for the overhuman: a laughingstock or a painful embarrassment"

48) The "superman" (G. B. Shaw) has been replaced by "overman" (W. Kaufmann) and eventually by "overhuman" even if it is considered "inelegant" (Cf. Parkes, Graham: Composing the Soul. Reaches of Nietzsche's Philosophy. Chicago: The University of Chicago Press, 1994, p. 417; Ansell-Pearson, Keith: An Introduction to Nietzsche as Political Thinker. Cambridge: Cambridge University Press, 1994, pp. 106-107).

(Za I, Prologue 3).[49] Merely taken as a hint it shows that the overhuman points definitely upwards, not down and gives a perspective how high the overhuman is supposed to be "over" the human. Concerning the preposition "über" Nietzsche writes: "Who has fully understood the preposition 'over', has understood the range of human pride and wretchedness. Who is *above* things, is not *in* things - therefore not even *in* himself! The latter can be his pride" (Nachlass 1876, KSA 8, 17 [33]). The overhuman is the "higher self" not only of an individual self but of the human self as such. The relation between an individual self and it's higher self is transferred to the relation of the human to a higher (over-) human, being *over* or *above* and not *in* itself as human anymore. What lies above the human is nevertheless nothing alien to the human but rather its destination and true nature, which lies "not concealed deep within you, but immeasurably high above you or at least above that which you usually take yourself to be" (SE 1, KSA 1, pp. 340-41).

Since the analogy could be continued in both directions and there could also be many different definitions of the human and accordingly also of the overhuman, it seems more adequate to determine the relation between human and overhuman only formally as the self-overcoming of the human. Self-overcoming is precisely the (will to) power that brings about this transformation. Because the self has to overcome itself by itself, self-overcoming in a strict sense is only possible as going down and over into the opposite of what the self is or considers itself to be.[50] Going down and over into its opposite, the self incorporates the opposite, if it survives, and is able to create a new self. The moralist Zarathustra turns for example into the immoralist Nietzsche, the Christian becomes anti-Christian, good becomes evil and evil becomes good. Without reference to the opposite of an established "self", which is as much discovered as created, self-overcoming is only superficial or could be a self-deception. Despite being binding as incorporated conditions of existence, the possibility of self-overcoming shows that the opposites involved are not absolute (cf. JGB 2). The question and experiment for Nietzsche is, "how far can truth be incorporated?" (FW 110).

---

49) Cf. Heraclitus: "The most beautiful ape is ugly compared to humans" (fr. 82). "The wisest human will appear as an ape compared to god in wisdom, beauty and everything else" (fr. 83).

50) Only then can it be called "a discipline of self-perfection based on a principle of assimilation and incorporation." (Conway, Daniel W.: Nietzsche & the political. London: Routledge, 1997, p. 65).

As a metaphor, the overhuman indicates a relation between the human and what is over and above human, not a thing or being by itself. Without observing this relational character the overhuman turns into a literal expression and "concept-mummy", pale and petrified with no life, or into a fairy-tale expression and figure with miraculous abilities like "superman". But neither did Nietzsche himself fall victim to the same idiosyncrasy he criticized philosophers for: "their hatred for the very idea of becoming, their Egypticism" (GD, "Reason" in Philosophy 1), nor did Zarathustra want to create "reverse cripples", who "have too little of everything and too much of one thing" (Za II, On Redemption).

III. Wiederkunft des Gleichen

Mainly because of the difficulty in translating the prefix *über, Übermensch* is not always translated into English any more but is often left untranslated.[51)] The same has not happened to the term *ewige Wiederkunft des Gleichen* even though this formula is much more difficult to translate. It also seems to lend itself even more to Egypticism by petrifying the whole world like the head of a medusa: "all characteristics of the world become fixed, a frozen death-agony" (Nachlass 1884/85, KSA 11, 31 [4]). But this could also be only the paled and petrified fossil of a vivid metaphor, which points to a relation and not to a thing.

The very first draft of the thought of the "greatest weight" from August 1881 (Nachlass 1881, KSA 9, 11 [141]), to which Nietzsche refers in *Ecce homo* as the "fundamental conception" of *Thus Spoke Zarathustra* (EH, Thus Spoke Zarathustra 1), has the title: *Die Wiederkunft des Gleichen*. In other contexts, Nietzsche also uses the term *Wiederkehr* and it is this term rather than *Wiederkunft* that has become current.[52)] However, neither is Zarathustra called the teacher of eternal

51) Cf. Danto, Arthur C.: Nietzsche as Philosopher. New York: Columbia University Press, 1965, pp. 196-197.

52) Cf. for example the title of Karl Löwiths *Nietzsches Philosophie der ewigen Wiederkehr des Gleichen*. Stuttgart: Kohlhammer, 1956. Heidegger's lectures on the topic also have *Wiederkehr* in their title, though he uses in his text mainly *Wiederkunft*, which shows that he did not really distinguish between the two (cf. Heidegger, Martin: Nietzsche I, II. Pfullingen: Neske, 1961).

Wiederkehr (cf. Za III, The Convalescent 2), nor does Nietzsche describe himself so (cf. GD, What I Owe to the Ancients 5). Both are teachers of eternal *Wiederkunft*. It could be the *nuance* or at least an important part of what Nietzsche considered himself to be (EH, The Case of Wagner 4).

Both terms are giving hints in different and even opposite directions. The difference between the two terms[53)] becomes clear when we look at the different word families they belong to. While *Wiederkunft* belongs to the word family of Rückkunft, Zukunft, Ankunft, Auskunft and Herkunft with the respective verbs like zurückkommen, zukommen, ankommen, auskommen, herkommen, which shows that the main root is kommen, to come, *Wiederkehr* on the other hand belongs to the family of words like Heimkehr, Rückkehr, Zukehr, Abkehr, Einkehr, Umkehr and the respective verbs like heimkehren, zurückkehren, zukehren, abkehren, einkehren, umkehren, where the root is kehren, wenden, that is to turn or to recur. While the focus of *Wiederkehr* is on the past, the focus of *Wiederkunft* is on the future. Whereas *Wiederkehr* is a repeated turning and returning of the past, *Wiederkunft* is a repeated coming or arrival of the future. *Wiederkunft* is a future-oriented re-coming or coming again; *Wiederkehr* is a past-oriented re-currence or re-turning again. *Wiederkunft* and *Wiederkehr* are like *coming* and *going* themselves with their different perspectives but also complementary relationship.

Eternal recurrence of the same and eternal coming again together give us only a certain form: the circle. Every point on a circle's circumference points in a double direction, one pointing to the future, the other to the past. These two directions are reflected in the two terms *Wiederkehr* and *Wiederkunft*. However, as a form the circle can have many contents just as the overhuman-form can. Nietzsche speaks not only of the eternal recurrence or coming again of *the same*, but also of life itself, of the human, the overhuman and eventually of nothing and all things. All

53) The difference is not adequately described by "return" (for Wiederkunft) and "recurrence" (for Wiederkehr) since these expressions do not capture the difference between a future-oriented coming and a past-oriented return or recurrence of what has been (cf. Stambaugh, Joan: Nietzsche's Thought of Eternal Return. Baltimore: John Hopkins University Press, 1972, pp 29-30). Whereas J. Stambaugh argues that *das Gleiche* is not strictly the "same" but something between the "same" and the "similar", I think it is better described as something *between* the "identical" and the "similar" (cf. ibid. pp. 31-32).

these distinctions emphasize different aspects of the same thought. All things include of course ourselves and even "every pain and every joy and every thought and sigh and everything unutterably small or great [...] - even this spider and this moonlight between the trees, and even this moment and I myself. The eternal hourglass of existence is turned upside down again and again, and you with it, speck of dust!" (FW 341). In this inclusion of ourselves, as small and insignificant we might be, lies the essentially self-referential and relational character of eternal recurrence and coming again, which takes us right back into the very source of the metaphoric process itself and gives the petrifying thought its life back.

The metaphor of the hourglass demonstrates in another way that Wiederkehr and Wiederkunft are both necessary to come full circle. If we analyze the metaphor by numbering the successive states from 1 to 10, we find that to come to the initial position again, we have first to go through the reverse order from 10 to 1. This reverse succession is the actual re-currence (running back) of the sand to the initial position. Only then, a new coming again is possible. Since this turning upside down of the hourglass happens again and again, recurrence and coming again are "the same", but not identical, the difference being the reverse succession and sequence; and there is not any initial or final position either since the hourglass is turned upside down again and again. Every succession can be recurrence or coming again, depending on how we look at it and whether we experience what happens as a repetition of the past or as the coming and arrival of the future. Recurrence and coming again are interchangeable but they are nevertheless not identical, even opposite in succession and sequence. The great year of becoming has two seasons.[54)]

Accordingly, the recurring and coming again of life has also two aspects as the same and/or the identical life. As Zarathustra's animals understand his teaching, Zarathustra will die and be born again, "not to a new life or a better life or a similar

54) Every comparison and analogy has of course limitations or a right and wrong application. Nietzsche emphasizes especially that circular movements like the hourglass, ebb and flow, day and night, are temporary while eternal recurrence and coming again has no origin and no end (cf. Nachlass 1881, KSA 9, 11 [157]). Concerning the overhuman, Nietzsche emphasizes the aesthetic and creative aspects while rejecting the moral application. The overhuman is more like a work of art to be created than only a morally improved being, because good and evil, like other opposites too, cannot be separated one from the other. Creation, on the other hand, is always beyond good and evil. "What is done out of love always occurs beyond good and evil" (JGB 153).

(ähnlichen) life: but [...] to the same (gleichen) and identical (selbigen) life, in what is greatest as in what is smallest" (Za, III, The Convalescent 2). Nietzsche does not only distinguish between *Wiederkehr* and *Wiederkunft* but also between the similar (das Ähnliche), the same (das Gleiche) and the identical (das Selbe). The difference between the same and the identical is important, because most interpreters understand "eternal recurrence" not accidentally as an "*identical* recurrence"[55], taking it for the whole thought by disregarding not only the difference between *Wiederkehr* and *Wiederkunft* but also between the identical and the same, which lies hidden under the ambiguity of "the same". While *identity* points to the recurrence of a fixed past, the *same* indicates the coming again of an open future, where nothing is completely fixed. The open future is neither identical with the past nor totally different from it but "the same", which includes always something that is not the same too. While the same allows difference and novelty, the identical does not.[56]

Due to a one-sided preoccupation with identical recurrences of the past and memory directed towards them, it has been argued for example that the missing of memory links between different recurrences of identical lives would render the thought of "eternal recurrence" meaningless and of no practical significance even if it were true.[57] It would not really matter whether we come back to the identical life or not, because we have no memories. However, we could first ask what it would entail if we had memories of past lives. In the second treatise of the *Genealogy of Morals* Nietzsche gives an account of the mnemotechnics of mankind to create memory and concludes: "only what does not stop hurting stays in memory" (GM II, 3). In other words: there is only bad memory, or it is at least in the beginning bad memory. There has to be some kind of violent mark and marking to create memory and when memory is absent, no such violence and no such marking exists, which means it was a pleasureful and enjoyable experience. The deeper the pleasure the less memory, the less pleasure and even pain, the better or stronger the memories. The absence of memories of former recurrences could only be indicating that there

55) Cf. for example Soll, Ivan: Reflections on Recurrence. In: Solomon, Robert (ed.): Nietzsche. A Collection of Critical Essays. New York: Anchor, 1973, p. 335.

56) Cf. Deleuze, Gilles: Difference and Repetition. Translated by Paul Patton. New York 1994.

57) Cf. Soll, Ivan: Reflections on Recurrence, loc.cit., pp. 339-340; Clark, Maudemarie: Nietzsche on Truth and Philosophy. Cambridge: Cambridge University Press, 1990, pp. 266-268.

is no initial marking (who should have made it?) and "eternal coming" is something deeply joyful and pleasureful: "joy - deeper yet than suffering" (Za III, The Other Dancing Song 3). Forgetting is also much deeper than memory because it is forgetting even of itself, while memory cannot memorize itself. Joy is associated with eternity, suffering with time. Memory is clearly a past oriented activity, connected to recurrence (Wiederkehr). If we distinguish between the same and the identical, memory is set free from its fixation on the past and free to turn into an activity directed to the future, for example as prediction, prophecy or simple planning and projection, pointing forward to what will come. Whereas memories are past-oriented re-currences and repetitions, predictions and prophecies are oriented forward toward re-comings and repetitions in the future.[58] In several drafts Nietzsche called the eternal coming again "a soothsaying" (cf. Nachlass 1884, KSA 11, 25 [1], [6], [323], 27 [58], [79]), which points definitely more to the future than to the past. The objection to Nietzsche's thought turns into an objection to the only preferred understanding of "Wiederkunft des Gleichen" as "identical recurrence".

The "same", distinguished from the identical is a metaphoric term indicating a relation, not a thing because it needs a comparison, which includes also what is not the same but different. It is itself a metaphoric term in a metaphor, which renders the whole formula a self-reproductive metaphor.[59] The eternal recurrence and coming again of the same sets in motion a metaphoric process, a potentially infinite creation of metaphors in metaphors by recreating itself infinitely. We could call this the self-reproductive and fractal[60] character of eternal recurrence and coming again of

58) A similar point was already made by Sören Kierkegaard in *Repetition. An Essay in Experimental Psychology* (Kopenhagen 1843). In contrast to ancient Greek philosophy, which had been a philosophy of backward repetition or remembrance (anamnesis), the new philosophy, according to Kierkegaard, should be a philosophy of forward repetition, teaching that the whole life is a repetition. The philosophy of the future, which was projected here, has been resumed by Nietzsche, though obviously neither knowingly nor with the Christian background or solution that Kierkegaard provided. For Nietzsche "Beyond Good and Evil" (but not "Beyond Good and Bad") was a necessary "Prelude to a Philosophy of the Future".

59) *Das Gleiche* is closely related to *Gleichnis* in German, as is the *same* to *simile* in English.

60) Fractal theory speaks of self-similarity, which is not simply similarity and not identity either. Since fractal theory is closely related to chaos theory it should be noted that Nietzsche also has a "chaos-theory" of the world (cf. FW 109). Cf.: Douglas, Peter: Nietzsche and Chaos. In: New Nietzsche Studies Vol. 5: 3/4 and Vol. 6: 1/2, Winter 2003 / Spring 2004, pp. 35-47; Babich, Babette: A Note on Nietzsche's "Chaos sive Natura", ibid., pp. 48-70; Nietzsches Chaos sive natura. Natur-

the same, contrasting it to "self-consuming conceptions"[61] as their necessary complements. Whereas the metaphor of self-consuming points at a receptive attitude, self-reproduction is a creative activity.[62] We could define self-reproducing concepts in contrast to self-consuming concepts as those, which *reproduce* as a condition of their intelligibility (or even their iteration) the very contrast (they or) we wish to set aside or would like to set aside, while self-consuming concepts force us to *abolish* the very contrast we want to make or would like to make.[63] While "self-consuming" is an ascetic type of self-overcoming, self-reproducing metaphors are forcing us into an empowering self-overcoming by not *undermining* their own structure but by *rebuilding* their own structure and by not *undermining* the reader's self-confidence as their goal, but *strengthening* the reader's self-confidence as their goal.[64]

The same and the identical have also to be distinguished from the similar.[65] Nietzsche's emphasis on the same and identical life, in contrast to a similar life is motivated (but not caused) by his opposition to the idea, propounded by many religions, of another life that would be not the same but new, better, similar, a "true

---

Kunst oder Kunst-Natur. In: Seubert, Harald (ed.): Natur und Kunst in Nietzsches Denken. Köln: Böhlau Verlag, 2002, pp. 91-111.

61) Cf. Magnus, Bernd: A Bridge too far. Asceticism and Eternal Recurrence. In: Gerhardt, Volker: Also sprach Zarathustra. Berlin: Akademie Verlag, 2000, pp. 292-297.

62) The steadily growing number of publications on Nietzsche's work suggests the second case to be more accurate.

63) Cf. Magnus, B., op. cit., p. 293. A good example for the double-twisted possibility to create in a new metaphor what we wanted to abolish or to abolish what we wanted to employ, is Nietzsche's "How the 'True World' finally became a Fable. History of an Error" (GD, KSA 6, pp. 80-81). If we want to make use of the contrast between a true and an apparent world, we are forced to abolish it, but if we want to abolish the distinction as the story suggests, the same history from an error to truth forces us to establish the contrast anew again at the end: Incipit Zarathustra. The story can be read either way and it is up to the reader to "decide" which one to choose.

64) Cf. Magnus, op. cit., p. 292. For the double aspect of Nietzsche's psychology of power cf. Golomb, Jacob: Nietzsche's Enticing Psychology of Power. Jerusalem: The Magness Press, 1987.

65) B. Magnus/S. Stewart, & J. -P. Mileur have suggested that "eternal recurrence of the similar" would be more appropriate than "eternal recurrence of the same" if one looked at the "threshold figures" of "Moment" and childbirth which Zarathustra and Nietzsche are using in their expositions of eternal recurrence. In the case of eternal recurrence of the similar "every moment is different; every birth is unique" (Nietzsche's Case. Philosophy as/and Literature. London: Routledge, 1993, p. 117). In a note Nietzsche writes: "The similar (das Ähnliche) is not a degree of the same (des Gleichen): but something from the same (vom Gleichen) totally different" (Nachlass 1881, KSA 9, 11 [166]).

world" against an only "apparent world", thereby devaluing this life and world. "If one shifts the center of gravity of life *not* into life, but into the 'Beyond' - *into nothingness* - one has deprived life as such of its center of gravity" (AC 43). But the true world has been abolished and with it the apparent world too, which renders this life our eternal life: "INCIPIT ZARATHUSTRA" (GD, How the "true world" finally became a fable). Zarathustra begins with the teaching on eternal recurrence and coming again of the same life, which puts all weight on this life and is therefore "the greatest weight" (FW 341).

While the above distinctions and differences were made and used by Nietzsche himself, but not enough observed, other distinctions and labels were imposed on his thoughts with distorting consequences. As a metaphor for example, eternal recurrence and coming again can be used as a cosmological metaphor as well as an anthropological or psychological metaphor. But these metaphors have been separated, conceptualized and petrified into a "cosmological hypothesis" on one side, and into practical and anthropological "consequences" on the other. The distinction goes as far back as to the arrangement of Nietzsche's notes by his sister in the *Großoktav-Ausgabe*. Here the "cosmological arguments" were published under the title "Presentation and Foundation of the Teaching" (Darstellung und Begründung der Lehre), the others as "Consequences of the Teaching for Humanity" (Wirkung der Lehre auf die Menschheit) (GA XII, pp. 51-69). This way a distinction of common sense was applied without any questioning to the understanding of a philosophy that does not necessarily fit to the standards and distinctions of everyday reasoning. What is worse, it has established a fundamental confusion in turning truth upside down, disregarding the essentially self-referential character of the thought.

The basic misconception about the "proofs" and "consequences" can be described by the first and most dangerous of Nietzsche's "four great errors": the error of confusing causes and consequences (GD, The Four Great Errors 1). While the cosmological proofs are understood as causes or reasons for the truth of eternal recurrence and coming again they are basically only consequences, and while the psychological or practical arguments are believed to be consequences, they are actually the real causes or motives for believing in the truth or untruth of eternal recurrence and/or coming again. The first point was already made by M. Heidegger in his Nietzsche lectures, when he characterized the proofs as only the disclosure and exposure of settings that are necessarily included in the prior initial draft and project of "die Wiederkunft des Gleichen", what he called "Entwurfs-*entfaltung*" (project-disclosure) but not "Entwurfs-errechnung und- begründung" (project-calculation and -foundation).[66)]

The so called "consequences" on the other hand are real motives since they are the guiding interests to find or not to find reasons or no reasons for believing or not believing in eternal recurrence and/or coming again and our attitude for or against it.[67)] Taken as a value-judgment, whether we consider our lives worth being eternally repeated or not, the thought of eternal recurrence and coming again too "can, in the end, never be true" but can only have value as a symptom; in themselves such judgments are even "stupidities" (GD, The Problem of Socrates 2). By taking away even the possibility of being true or untrue, the thought becomes a symptom of health or sickness, of "will to power" or "will to nothingness". It is therefore not surprising that Zarathustra's most abysmal thought of "eternal recurrence" arises in *Thus Spoke Zarathustra* in the context of illness and health in the chapter *The Convalescent*.

According to Nietzsche the distinction between theory and practice assumes erroneously that there is "a separate drive to knowledge, which without any regard for the question of benefits or harm is blindly looking for the truth; and then, separately, the whole world of practical interests" (Nachlass 1888, KSA 13, 14 [142]). And he warns us: "Don't live with double standards! .. Don't distinguish between theory and practice!" (Nachlass 1888, KSA 13, 14 [107]). He is laughing not only when human and world are opposed to each other, human "against" the world, but already when they are put beside each other, separated by the presumptuousness of the little word "and" (cf. FW 346). Humans are as much a part of the world as the world is a part of humans. The thought of "eternal recurrence and coming again" teaches us exactly the inextricable connectedness and interwovenness of self and world, which does not allow such a distinction. In this respect it is a metaphor in

66) Heidegger: Nietzsche I, op. cit., p. 377. Heidegger was probably also the first who raised objections to the distinction between the theoretical and practical side of the idea (cf. op. cit., pp. 339-340, 429).

67) "The question of values is *more fundamental* than the question of certainty: the latter becomes serious only by presupposing that the value question has already been answered" (Nachlass 1886/87, KSA 12, 7 [49]).

which world and self are again merged.

The self-referential character of eternal recurrence and coming again means also that the thought can neither be simply separated from Zarathustra nor from his other thoughts and teachings, especially not from his teaching on the overhuman. Nietzsche's announcement that the "thought of eternal coming again" (Wiederkunft, not Wiederkehr) is the "fundamental conception" of *Thus Spoke Zarathustra* (EH, Thus Spoke Zarathustra 1), does not only tell us how to understand Zarathustra but also how to understand the thought through Zarathustra, since he is the first teacher and example for it. It also tells us that *Zarathustra* begins at least as much at the end (of part three) as at the beginning and we have to understand the thought of eternal recurrence and coming again in order to understand why Zarathustra teaches the overhuman and vice versa.

IV. Eternity and Moment

Finally, if *Wiederkehr/-kunft* (recurrence/-coming) as well as *das Gleiche/Selbe* (the same/identical) are ambiguous, it could be expected that *das Ewige* (the eternal) is also ambiguous. *Wiederkehr* (recurrence) and *Wiederkunft* (coming again) on one hand, and memory of a seemingly identical past and anticipation of a different future on the other, are coming together in the "gateway Moment" (cf. Za III, On the Vision and the Riddle 2). While eternity is usually understood as an infinite and everlasting time, everything here points to the very moment, where not only the two long lanes of the past and the future time-eternities but also the memory of a former experience and the outlook toward a future redemption collide. Whereas the eternity of time gives value and importance to the far, big and lasting things, the eternity of the moment gives importance and value to the momentary, the usually forgotten closest, smallest and ephemeral things. It is the eternity of extension against the eternity of the depth of the moment, the "well of eternity" into which Zarathustra falls (cf. Za IV, At Noon). "Against the *value* of that which remains eternally the same [...], the value of the briefest and most transient, the seductive flash of gold on the belly of the serpent vita" (Nachlass 1887, KSA 12, 9 [26]). It becomes possible to affirm and will eternal recurrence and coming again not simply because of itself but because of a "tremendous moment" (FW 341) or even a tremendous "day" (Za IV, The Nightwanderer's Song 1), which renders the same and identical life worth living again. But to see this flash of gold, the shepherd has to bite off the snakes head first to come full circle and to realize that the center of the circle is everywhere and in everybody in every moment. Zarathustra's riddle, who it is whom he saw in his vision, is usually solved by the simple answer: Zarathustra himself[68], which leaves us with some kind of frustration because either we can not see where and what the riddle is or was, or how the riddle is solved by this answer, if it does not lead to the further question "Who is Zarathustra?" According to the subtitle he seems to be an example of and "for all and none", which is another fundamental ambiguity we have to keep in mind. As he explains later: "I am a law only for my kind, I am not a law for all" (Za IV, The Last Supper).

V. Zarathustra's Example

In the beginning of *Thus Spoke Zarathustra* we hear that Zarathustra wants to become human again, but when he comes down to the marketplace, he teaches to become overhuman. It seems that he is giving an example for the opposite of what he is teaching. But who is Zarathustra? Is he human or overhuman? Maybe humans have to become overhumans and overhumans humans. What is important in becoming human as well as in becoming overhuman is self-overcoming, which is exactly what Zarathustra gives an example for. He shows us even more that the two mentioned self-overcomings are complementary or have to follow each other because humans strive for the overhuman as much as the overhuman wants to come down to being human. Together the double self-overcomings constitute a circle where the end is always another beginning.

Zarathustra's self-overcoming becomes clear when we look at his relation to his most "abysmal thought". The first three parts of *Thus Spoke Zarathustra* are

68) Cf. Heidegger: Nietzsche I, op. cit., pp. 443-444; Nehamas, Alexander: The eternal recurrence. In: Richardson, John and Leiter, Brian (eds.): Nietzsche. Oxford: Oxford University Press, 2001, p. 124.

characterized by Zarathustra's repeated delay to face the thought. The situation is clearly described in the chapter *On Involuntary Bliss* at the beginning of part three, when Zarathustra speaks to himself:

> Alas, abysmal thought that is my thought, when shall I find the strength to hear you digging, without trembling anymore? My heart pounds to my very throat whenever I hear you digging. Even your silence wants to choke me, you who are so abysmally silent. As yet I have never dared to summon you; it was enough that I carried you with me. As yet I have not been strong enough for the final lion-wantonness and -playfulness. Your gravity was always terrible enough for me; but one day I shall yet find the strength and the lion's voice to summon you. And once I have overcome myself that far, then I also want to overcome myself in what is still greater; and a victory shall be the seal of my perfection.

Zarathustra's gathering of his strength is accompanied by his return to his home, his solitude, where he first recalls the way he has gone so far (Za III, On Old and New Tablets) before summoning his abysmal thought in his "loneliest loneliness" (cf. FW 341). Zarathustra too has to return to the source before a new "coming again" is possible. As we know from the chapter *On the Afterworldly*, Zarathustra had already a "similar" experience when he carried his own ashes of a believer in god and an afterworld[69)] to the mountains, inventing a brighter flame for himself, the overhuman as a future redeemer in *this* world. Now he is obviously experiencing another "recurrence of the same", which is nevertheless different again. This time he is carrying the ashes of his teaching on the overhuman to the mountains and he has to overcome himself again, inventing his brightest flame. However, it is not his first "self-overcoming".

It almost seems as if Zarathustra's abysmal thought is digging his grave and verily, when he finally finds the strength to summon the thought, he falls down as one dead and for a long time he remains like dead. It is Zarathustra's own "hour of great contempt", which he himself had called "the greatest experience you can have" (Za I, Prologue 3). As the allusion to the lion suggests, he is also giving an example for the third of the three metamorphoses from the lion to the child he had

69) This is probably an allusion to the historic Zoroaster, who believed in the creator-god Ahura Mazda and the struggle between good and evil until the end of the world, ushering in a victory of the good in an after-life. The Saint in the Prologue remembers Zarathustra too: "At that time you carried your ashes to the mountains" (Za I, Prologue 2).

spoken about in his first speech, another reference to the beginning of *Thus Spoke Zarathustra*. The reader does not immediately come to know what the thought is because the abyss speaks only to Zarathustra before he collapses. This is not accidental but gives us the hint that Zarathustra is giving only an example, for this is *his* most abysmal thought and nobody else's, who might have their own most abysmal thoughts. Zarathustra teaches to reach down to every abyss and to turn it "inside out into the light" (Za III, The Convalescent 1).

There is not only one abyss, even for Zarathustra himself. Another abyss for Zarathustra is for example pity, which is not so much a thought as an emotion: "But pity is the deepest abyss: as deeply as man sees into life, he also sees into suffering" (Za III, On the Vision and the Riddle 1). There is also heaven, the "abyss of light" above (Za II, Before Sunrise) and the "abyss of noon" (Za IV, At Noon). The human is described by Zarathustra as "a rope over an abyss" (Za I, Prologue 4). Nietzsche characterizes Zarathustra himself as a kind of "abyss of the future" (Nietzsche to E. Rohde, Feb. 22, 1884, KSB 6, Nr. 490). There is obviously an abyss above and an abyss below, an abyss of the future and of the past and, as we have seen, also an abyss of the moment. As the teacher of eternal coming again (Wiederkunft) Zarathustra is the teacher of the "abyss of the future" himself because the future promises for him the redemption of the past by creating, re-creating and carrying together "into One what in man is fragment and riddle and dreadful accident" (Za III, On Old and New Tablets 3). Not only is paradoxically forgetting deeper than memory, joy deeper than suffering and the night deeper than day (Za III, The other Dancing Song 3), but the abyss of the future (Wiederkunft) is also deeper than the "abyss" of the past (Wiederkehr).

In retrospect, Zarathustra reveals what *his* own abysmal thought was: "'Alas, the human recurs eternally! The small human recurs eternally!' [...] And eternal coming again even of the smallest - that was my disgust with all existence" (Za III, The Convalescent 2). This must be Zarathustra's most abysmal thought because it strikes right into the heart of his innermost concern, his teaching of the overhuman. If "the human is an *end*" (AC 3), recurring eternally and coming eternally again, how then can it be overcome? The thought of the eternal recurrence *and* coming again of the human is Zarathustra's most "abysmal thought" because the overhuman is his "peak thought" and vice versa. "Peak and abyss - are now joined together" (Za III, The Wanderer). They are the opposites of Zarathustra's self-overcoming. Their joining changes the meaning of both and the human becomes a relation and metaphor itself that can change into the last human or into the overhuman.

But does this also turn Zarathustra's teaching on the overhuman itself into a "clearly provisional teaching [...] rendered obsolete by the clearly definitive teaching on eternal recurrence"[70], or is the teaching on the overhuman "replaced by the ideal of affirming eternal recurrence" because it was "motivated by resentment against life"[71]? The result seems to be rather a double achievement. First, what is turned inside out into the light is the human as the necessary condition for the overhuman, which is itself turned outside in into the human, Zarathustra has become again. What is brought into light by Zarathustra is the mutual interdependence and overcoming of human and overhuman, the "law of *necessary* 'self-overcoming' in the very essence of life" (GM III, 17, KSA 5, p. 410) for which "eternal recurrence and coming again" is the formula. The *necessity* of "self-overcoming" gives it its quotation marks because a self-overcoming that is necessary is not an overcoming carried out by the self or at least not by the self alone, but it is still the overcoming of the self, that brings about the coming of a new self. Self-overcoming in its positive sense is self-creation because "to create beyond itself" is what the self wants to do above all else (Za I, On the Despisers of the Body). To think that the "overman ideal" expresses only Zarathustra's own need for revenge, is misunderstanding "a laughing dancing wisdom" as a request to submit oneself to ascetic ideals (Nachlass 1883, KSA 10, 18 [43]).

The overhuman is not a god because it is nothing separate from the human while god is conceived to have a separate own existence. The human on the other hand cannot be jumped over (like the rope-dancer in the Prologue) in a single overcoming which results in a new species of overhumans but only in a continuous and repeated effort in which the overhuman does not only overcome the human but the human is also overcoming the overhuman again. As Nietzsche says in his aphorism *Anti-Darwin*: "the weak will prevail over the strong again and again."

70) Lampert, Lawrence: Nietzsche's Teaching. An Interpretation of *Thus Spoke Zarathustra*. New Haven: Yale University Press, 1986, p. 258.

71) Clark, M., op. cit., p. 284.

(GD, Skirmishes 14). The relation between human and overhuman is a continuous and repeated process of self-overcoming, where the human needs the overhuman as much as the overhuman needs the human. Understood as a necessary condition, the most abysmal thought is for Zarathustra not anymore "an objection to existence, not even to its eternal coming again (Wiederkunft) - but rather a reason more for *being himself* the eternal Yes to all things." (EH, Thus Spoke Zarathustra 6). It is a reason more, because the eternal recurrence and coming again of the human is a guarantee for the eternal recurrence and coming again of the overhuman too. "Not only the human but also the overhuman will eternally recur" (Nachlass 1884, KSA 11, 27 [23]). Human and overhuman cannot be separated and there is something overhuman in every human, which can be brought into light too: "Every human is a creative cause of events, a primum mobile with an original movement" (Nachlass 1882/83, KSA 10, 4 [138]). Zarathustra is an example for every human to become a new beginning "child" through self-overcoming or to become who we are in overcoming who we have been through facing our own most abysmal thought.

The second achievement is the mutual clarification of the teaching on the overhuman and on eternal recurrence and coming again. The teaching on eternal recurrence and coming again specifies the teaching on the overhuman as the repeated self-overcoming of the human. Repeated self-overcomings have as their result personally as well as transpersonally a sequence of Selves, where the last one uses and needs the former ones as necessary functions and can come to a knowledge of the whole development. With the integration of many Selves, the former limits and restrictions of humans to only one self are transcended.[72] The teaching on eternal recurrence and coming again on the other hand is specified by the idea of the overhuman, since it confines its proper meaning to the sphere of humans and their overcoming. As we can see in *The Convalescent*, in a strict sense eternal recurrence and coming again does not even apply to Zarathustra's own animals, which are turning his hard-earned insight immediately into a "lyre-song", already forgetful of Zarathustra's plight because they never experienced it in the first place. Nevertheless, this does not exclude the usage of eternal recurrence and

72) "Nietzsche pictures each of us as a series of attainable selves, each, once attained, leaning toward a further unattained yet attainable successor" (Conant, op. cit., p. 234).

coming again as a "cosmological" metaphor, as we have seen. It is rather in agreement with Nietzsche's methodological approach, to understand also the "material" world through our own desires and passions (cf. JGB 36).

This way, Zarathustra is not giving up his teaching on the overhuman but specifies and clarifies it through the experience of eternal recurrence and coming again. He overcomes his sickness by integrating the eternal recurrence and coming again of the human into his own teaching as the necessary condition for the continuous and repeated self-overcoming of the human. Zarathustra has picked up the thought of eternal recurrence and coming again of the small human as the eagle picks up the snake and carries it into his heights, not like a prey but like a friend, because the snake on the other hand keeps herself wound around the eagles neck too. It is possible because both have overcome themselves, the eagle his preying on snakes, the snake her fear of eagles, becoming who they are in becoming more than they have been, - a metaphor and an example for others.

As Nietzsche explains in his second *Untimely Meditation* the happiness of animals is a complete cynicism for humans, because the smallest but continuous happiness is much more happiness than the greatest happiness which comes only as a whim, as a fancy idea between all kinds of dislike, desire and privation. In addition, what makes the happiness of animals perfect is their ability to forget, while humans are unhappy as long as they can not forget. Forgetting is the sign not only of happiness but also of health: "one is healthy only when one has forgotten the physician and the illness" (Nachlass 1881/82, KSA 9, 16 [2]). What the united animals, eagle and serpent say is therefore completely healthy, easy and true when they speak "cynically" of eternal recurrence and coming again from a detached point of view (cf. Za III, The Convalescent 2). In the end Zarathustra is healthy again, because he has not only forgotten his illness but also his physicians, the animals, conversing only with his soul, eventually sealing his wedding to eternity with the seven-times invoked "nuptial ring of rings, the ring of eternal coming again" (Za III, The Seven Seals). Zarathustra is giving his consent for eternity while eternity is giving its consent to the same and identical life (cf. Nachlass 1884/85, KSA 11, 32 [7]). In the exchange of rings the eternity of the moment and the eternity of infinite time are joined in the same moment but they are nevertheless not identical.

VI. Nietzsche's Example

We can find a similar movement as in Zarathustra in Nietzsche's own development from the teacher of the "genius" as the goal of all culture, described in *Schopenhauer as Educator*, over the *freezing*[73)] of the genius as an ideal in his middle period, to the re--wakening of the ideal in a new form in the context of the thought of eternal recurrence and coming again in *Thus Spoke Zarathustra*. In his later works, Nietzsche is on one hand still or again asking for "a higher type" of human, "which is, in relation to mankind as a whole, a kind of overhuman" (AC 4), while on the other hand he is praising the real human in opposition to any ideal human: "What justifies the human is his reality - it will justify him eternally. How much more valuable is an actual human compared with any sort of merely desired, dreamed of, odious lie of a human? with any sort of *ideal* human?..." (GD, Skirmishes 32). If we look at these two statements with the background of the teaching on eternal recurrence and coming again as understood above, the apparent contradiction disappears and turns into a correlation.

As a result of repeated self-overcoming we can find in Nietzsche and Zarathustra a plurality of selves, where the last Self or individual needs and uses the former individuals as it's freely usable functions. In the fourth part of *Zarathustra* for example, Zarathustra seems to fall apart into several "higher men" with whom he is identical and different at the same time. He is not only one of them but all in a sequence that could mirror Nietzsche's own development which is open ended. For Nietzsche, going through several individuals is a necessary requirement for someone who wants to become "a generally just eye" (Nachlass 1881, KSA 9, 13 [5]). Because all seeing and knowledge is perspective, we have to look through as many different eyes and perspectives as possible, to become as "objective" as possible. Nietzsche identified himself with many historical persons when he for example wrote: "In what has inspired Zarathustra, Moses, Muhamed Jesus Plato Brutus Spinoza Mirabeau, I am also already living, and some things come through me ripe into broad daylight, what has needed in an embryonic state several

---

73) Cf. Golomb, Jacob: Introductory Essay: Nietzsche's New Psychology. In: Golomb, J., Santaniello, W., Lehrer, R. L. (eds.): Nietzsche and Depth Psychology. New York: State University of New York, 1999, pp. 1-19.

thousands of years" (Nachlass 1881, KSA 9, 15 [17]). The list is not complete, since Nietzsche identified himself at other times with other characters like Schopenhauer, Emerson, Heraclitus, Pascal, Goethe, Buddha and Dionysos too. Identification does not exclude difference and even opposition but rather asks for it because every one of them belongs to a certain time and culture in history, which was not his own. As Nietzsche wrote in his early essay on *The Philosophy in the Tragic Age of the Greeks*: "There is an iron necessity that ties a philosopher to a true culture: but how, if this culture is missing? In this case the philosopher is an incalculable and therefore frightening comet, while in a good case shining like a central star in the solar system of a culture" (PHG 1, KSA 1, p. 809).

Nietzsche's own virtue of self-overcoming[74)] can be seen in many ways in his life but I would like to mention especially one example because it has not only been obscured for a long time by the distorted publishing especially of his posthumous works through his sister and the following mis-appropriation of his works by the Nazis, but also by neglecting the above made differences used by himself and the imposition by others of distinctions and labels alien to him. M. Clark for example, rendering in the beginning of her discussion of "eternal recurrence" all assumptions about the world and the truth of the thought as "completely irrelevant" introduces them in the end again as moral truths and thinks that Nietzsche's ideal of affirming "eternal recurrence" "surely requires us" to affirm also Hitler "and much else we find abhorrent".[75)] This supposition does not only leave the most pressing question open for further exploration as she admits but separates again theory and practice and reveals a preoccupation with the past-oriented form of "eternal recurrence", which neglects the future and the mutual dependency of human, overhuman and eternal recurrence and coming again.

Their common denominator, as we have seen, can be described as *necessary* "self-overcoming", which is for Nietzsche the essence of all virtues and even of life itself. Virtues are forces of self-overcoming: "Verily, I say unto you: good and evil that are everlasting, do not exist. Driven on by themselves, they must overcome

74) In a letter to Franz Overbeck Nietzsche writes: "My self-overcoming is after all my greatest strength. Recently I thought about my life and found that I have so far done *nothing* else" (December 31, 1882, KSB 6, Nr. 366).

75) Clark, M., op. cit., p. 285.

themselves again and again" (Za II, On Self-Overcoming). At its best one has only one virtue, which is even unnameable because it is only a certain individual's virtue and nobody else's: "May your virtue be too exalted for the confidentiality of names: and if you must talk of her, then do not be ashamed to stammer of her" (Za I, On Enjoying - and Suffering - Passions). Or we have to speak in metaphors of our virtue: "Watch for every hour, my brothers, in which your spirit wants to speak in metaphors: there lies the origin of your virtue" (Za I, On the Gift-Giving Virtue 1). Since the eternal coming again of the same is not only a metaphor but also an infinitely self-reproductive metaphor, it is not merely a metaphor for the virtue of *necessary* "self-overcoming" itself but also Zarathustra's metaphor for the origin of all virtues.[76)] The appropriate attitude towards *necessary* "self-overcoming" is of course "amor fati".

However, this does not mean to say simply "Yes" to all and everything. As Zarathustra says: "Verily, I also don't like those who call everything good and this world the best. I call those the all-satisfied. All-satisfaction, which likes everything to taste, that is not the best taste. I honor the recalcitrant choosy tongues and stomachs, which have learned to say "I" and "Yes" and "No". But to chew and digest everything - that is truly a swine's manner. Always to bray Yea-Yuh - that is only an ass has learned, and whoever is of his spirit" (Za III, On the Spirit of Gravity 2). This does surely *not* require us to affirm Hitler, his, and other's atrocities. If it is the same Zarathustra who also teaches the eternal recurrence and coming again, the opposition to the constant Yes-sayers should not only be compatible with, but even a necessary consequence of it. We only have to turn our eyes away from the past-oriented form of eternal recurrence to the future-oriented form of eternal coming again and the necessarily required self-overcoming inherent in it, to see how this is possible.

Nietzsche too was definitely someone who did clearly say "I" and "Yes" and "No". He called himself "the *anti-ass* par excellence" (EH, Why I write such Good Books 2) and considered himself to be someone who contradicted "as has never been contradicted before", but to be "nevertheless the opposite of a no-saying spirit" (EH, Why I am a Destiny 1). It is the same "psychological problem" as in

76) Cf. Hunt, Lester H.: Nietzsche and the Origin of Virtue. London: Routledge, 1991, where virtues in their relation to metaphors are nevertheless not discussed.

Zarathustra: "how he that says No and *does* No to an unheard-of degree, to everything to which one has so far said Yes, can nevertheless be the opposite of a no-saying spirit" (EH, Thus spoke Zarathustra 6). Not only did he question "eternal idols" but also the idols of his time like Richard Wagner. Accordingly, he was not only not a proto-fascist but an Anti-Nazi already one generation before Nazism even existed and went mad at the beginning of the year Hitler was born. He said openly "No" to all of the three main movements and several other "modern ideas" of "progress" that lead into National Socialism: (German) Nationalism, Socialism and anti-Semitism. He had overcome himself as a German, being at least a "*good* European", disgusted by the proto-fascist society around him, as a "social" person, since he loved his solitude and never appealed to the masses or the herd-mentality (EH, Why I am a Destiny 1), and as a Christian, who realized that anti-Semitism had it's religious and most forceful roots in Christianity itself.[77] He proposed instead "international values" (Nachlass 1886/87, KSA 12, 7 [47]), the over-*human* being one of them, a self-confident individualism, and as religion his own "Zarathustrism" (Nietzsche to Heinrich Köselitz, July 25, 1884, KSB 6, Nr. 522), with the teaching of eternal recurrence and coming again as its highest metaphor and symbol. Despite his "No", or more accurately, because of his "No", Nietzsche was able to say "Yes" to his own life, not wanting anything different, "not forward, not backward, not in all eternity. Not only to endure necessity or even conceal it [...] but to *love* it..." (EH, Why I am so Clever 10). Here we can find a Yes that requires a No or a No that does not exclude a Yes at all.

Self-overcoming is simply not possible without a "No" and even No-doing towards the Self that has to be overcome and a 'Yes' to the Self that is to be created.[78] Self-overcoming is going under (Untergang) and going over (Übergang), from a Self that belongs to the past to a Self that is projected into the future. Self-overcoming is Nietzsche's idea of "real progress" in opposition to modern ideas of progress (cf. GM II, 12). It is a necessity, to which we can only relate in mainly two ways: either in a positive attitude towards it, at best as "amor fati", or in a preserving and conserving attitude hostile towards self-overcoming, which he

77) For the latter cf. Cohen, Jeremy (ed.): Essential Papers on Judaism and Christianity in Conflict. From late Antiquity to the Reformation. New York: New York University Press, 1991.

78) "In yes-saying negating and destroying are conditions" (EH, Why I am a Destiny 4).

discovered in his time and "culture" with scathing criticism.

With advancing years Nietzsche's memory turned more and more into prophecy, "a soothsayer-bird spirit who *looks back* when relating what will come" (Nachlass 1888, KSA 13, 11 [411]). He could sense already in his environment what would grow out of it in less than a generation: nihilism European style (cf. Nachlass 1886-87, KSA 12, 5 [71]). Looking back he discovered the roots in the European and especially Christian morality with its two complementary sides of unconditional claims and categorical imperative or cool conditioned calculation and quantifiable utility, looking forward he had the premonition of nihilistic self-destruction by way of destroying others (ibid.). He cried sometimes like a "madman" and as loud as he could "I seek God!" (FW 125) and that "the human is something that shall be overcome" (Za I, Prologue 3), cursed Christianity and asked for an "act of supreme self-reflection" (EH, Why I am a Destiny 1), but most people heard only "God is dead", only the "human, all too human" recurred and no one, but rather the opposite of whom he was looking for, got interested. "And in the end", he writes to the publisher of the "Anti-Semitic Correspondence", Th. Fritsch, sending him back the unsolicited mailed issues of this paper, "what do you think I am feeling, when I hear the name Zarathustra in the mouth of anti-Semites?..." (Nietzsche to Theodor Fritsch, March 29, 1887, KSB 8, Nr. 823). Even his own sister got married to one of them and tried still after his death to make him compatible with the Nazi movement.[79] Reasons enough to go mad. It is obviously another case of "world-historical irony" (AC 36), that he, who predicted nihilism, fought against it and overcame it in himself, could later be held even responsible for advocating what he had foretold and rejected.

Nietzsche experienced in himself the *necessity* of "self-overcoming" in its double sense of self-negation and self-affirmation, as "decadent and new beginning" at the same time (EH, Why I am so Wise 1). He realized and whispered it into the *Conservatives* ears, that "a reversion, a turning back in any sense and to any degree, is not even possible. [...] One has to go forward, which is to say step by step further into decadence (- this is *my* definition of modern 'progress'...). One can put the brake on this development and, through hindrance, dam and

79) As Nietzsche confessed in *Ecce Homo*, his own most "abysmal thought" and objection to "eternal coming again", have always been his "mother and sister" (EH, Why I am so Wise 3).

gather up degeneration itself and make it more vehement and sudden: more one cannot do" (GD, Skirmishes 43). As a solitary scattered wanderer and philosopher Nietzsche could under these circumstances be nothing but "a brake-shoe in the wheel of time" (Nachlass 1972/73, KSA 7, 19 [17]) and describe what was coming and could no longer come differently: "the advent (Heraufkunft) of nihilism", because "necessity itself is at work here" (Nachlass 1888, KSA 13, 11 [411]). However, as an artist and poet, especially of *Thus Spoke Zarathustra*, Nietzsche was more than a brake-shoe or descriptive narrator and envisioned the future beyond the nihilistic catastrophe.

DREI VERWANDLUNGEN UND EIN FREIER GEIST

I.

Der Mensch ist ein sich verwandeln, sich entwickeln und lernen könnendes Wesen, sowohl als Individuum als auch als Gattung. Es gibt verschiedene Modelle der Verwandlung und Entwicklung des Menschen, sowohl als Einzelwesen als auch als Spezies. Eines der ältesten Modelle in der europäischen Philosophie finden wir bei Platon in seinem bekannten Höhlengleichnis. Der Mensch ist anfänglich in der Unwahrheit, gefangen in einer dunklen, unterirdischen Höhle, in der er nur die Schatten der Dinge, die von einem Feuer an die Wand geworfen werden, sieht. Er ist gefesselt von der unmittelbaren Sinnlichkeit, aber er hält dies für die Wahrheit. Die Ähnlichkeit dieser Höhle, in der man nur die Abbilder der Dinge sieht, mit einem Kino oder dem Fernsehen, ist verblüffend und schockierend zugleich, vielleicht ein Anzeichen für eine im Wesentlichen unveränderte und möglicherweise sogar unveränderbare Eigenschaft des Menschen.

Was uns Platon im Höhlengleichnis zeigen will, ist im Grunde ein Befreiungs- und Erkenntnisgeschehen, das zugleich die Idee der Bildung, der Paideia, darstellt. Denn die Fesseln des an den Sinnenschein gebundenen Menschen können gelöst und der Weg aus der Dunkelheit der Höhle ans Licht der Sonne außerhalb gefunden werden. Doch dies geht nicht ohne Schmerzen und Widerstände. Sagte man den in der Höhle Gefangenen etwa, dass das, was sie hören und sehen gar nicht die wahre Wirklichkeit sei, so schenkten sie wohl dem, der solches behauptete kaum Glauben und verspotteten ihn schließlich noch. Denn das Gewohnte halten wir auch für das Wahre und wer uns etwas anderes und gar Gegenteiliges erzählt, der wird mindestens mit Skepsis und Misstrauen angesehen. Versuchte man aber die Gefangenen gar durch die Tat und nicht mehr bloß durch Worte von ihren Fesseln zu befreien und aus der Höhle heraus ans Licht zu führen, so würden sie den, der sie befreien will, vielleicht sogar töten. Das Schicksal des Sokrates stand Platon hier nur allzu deutlich vor

Augen. Denn die ans Dunkel gewöhnten Augen sind vom Licht geblendet und das Sehen der Wahrheit stellt alles bislang Gewohnte auf den Kopf. Die Wahrheit der Ideen ist nicht mehr sinnlich, sondern nur noch im Denken zugänglich, Wissen und nicht mehr bloße Meinung. Die Sonne aber, die allen Dingen die Sichtbarkeit erst verleiht, repräsentiert die höchste Idee, die Idee der Ideen, die Platon die Idee des Guten nennt und am schwierigsten zu erkennen ist.

Diese Geschichte lässt sich in drei Hauptphasen einteilen: die erste Stufe der gefesselten Gefangenen, die zweite Stufe der Befreiung von den Fesseln und des Aufstiegs, und schließlich die dritte Stufe außerhalb der Höhle, wo die Dinge in ihrem wahren Sein angeschaut werden können. Diesen "drei Verwandlungen" folgt aber noch eine vierte Phase. Denn der Befreite übernimmt nun die Aufgabe, den Weg zurück in die Höhle zu gehen und auch die anderen Menschen von ihren Fesseln zu befreien und zur Wahrheit zu führen, eine Aufgabe, die wie gesagt nicht ganz ungefährlich ist, und zu der daher neben dem Wissen auch Mut gehört. Beides, sowohl der Aufstieg zu den Ideen als dem wahrhaft Seienden, als auch das trotz allen Schwierigkeiten und Hindernissen überzeugte Festhalten an den Idealen schwingt in dem Begriff "Idealismus" mit.

Eine ähnliche Entwicklungsfolge wie die soeben geschilderte findet man in Asien im Buddhismus. Zwar ist das Dasein wesentlich Leiden und ein Leben in der Unwissenheit, aber es gibt ein Ende des Leidens, auf einem Weg, den Buddha gewiesen hat. Insbesondere im Zen-Buddhismus finden wir die auch in Korea oft an Tempeln dargestellte Geschichte vom Suchen und Finden des Ochsen. Der Ochse steht auch hier für die Wahrheit oder das wahre Selbst und auch hier folgt dem Sein in der Unwahrheit und dem umherirrenden Suchen, Finden und Zähmen seiner selbst, die Erleuchtung und schließlich die Rückkehr unter die Menschen.

Das Schwergewicht der Entwicklung liegt in den beiden erwähnten Bildungsprozessen auf dem Aufstieg aus der Dunkelheit und dem Unwissen zur Wahrheit. In Nietzsches *Also sprach Zarathustra* (1883-85) finden wir dagegen eine veränderte Situation und einen anderen Ausgangspunkt. Nietzsches Zarathustra beginnt nicht mit dem Aufstieg, sondern bereits mit dem Ende, d.h. dem Abstieg und Untergang unter die Menschen. Nachdem Zarathustra zehn Jahre im Gebirge und der Einsamkeit gelebt und sich seines Geistes erfreut hat, tritt er eines morgens aus seiner Höhle heraus vor die Sonne und vergleicht sich mit ihr. Wie das Glück der

Sonne nichts wäre ohne die, welchen sie leuchtet, so ist auch Zarathustra unvollständig ohne die, die seine Weisheit aufnehmen können. Sein Bedürfnis nach Mitteilung kommt wie bei der Sonne aus dem Überreichtum und Überfluss, und will an alle austeilen, wie ein überfließender Becher, ohne Rücksicht auf Armut oder Reichtum, Weisheit oder Torheit. Auch die Sonne scheint "für alle und keinen", wie der Untertitel von *Also sprach Zarathustra* lautet. Und schließlich muss auch Zarathustra wie die Sonne untergehen, obwohl auch dieser Untergang nur scheinbar ist, in Wahrheit aber der Weg zu einem neuen Morgen.

Der Anfang von *Also sprach Zarathustra* steht noch in anderer Hinsicht umgekehrt zum Höhlengleichnis Platons. Obwohl auch Zarathustra in einer Höhle wohnt, liegt diese nicht unter der Erde aus der heraus der Aufstieg zur Sonne erfolgen muss, sondern sie liegt auf der Höhe eines Gebirges und die Sonne kommt selber hinauf zu dieser Höhle, zu Zarathustra und seinen Tieren. Wie die Sonne zu Zarathustra kommt, so will Zarathustra seine Weisheit zu den Menschen bringen. Aber die Menschen, zu denen Zarathustra will, verhalten sich umgekehrt nicht so, wie Zarathustra sich zur Sonne verhält. Sie warten nicht auf ihn, nehmen ihm seinen Überfluss nicht ab und segnen ihn auch nicht dafür. Vielmehr lachen sie ihn aus und vertreiben ihn.

Zehn Jahre der Einsamkeit haben Zarathustra unbedarft, unvoreingenommen und gewissermaßen naiv wie ein Kind werden lassen. Auf dem Weg in die Täler trifft er einen alten Greis, der ihn so beschreibt: "Rein ist sein Auge, und an seinem Munde birgt sich kein Ekel. Geht er nicht daher wie ein Tänzer? Verwandelt ist Zarathustra, zum Kind ward Zarathustra, ein Erwachter ist Zarathustra." Auf das Attribut des Kindes werde ich noch zu sprechen kommen. Dass er ein Erwachter ist, stellt ihn in eine Reihe mit dem Buddha.

In seiner ursprünglichen Naivität und obwohl ihn der Greis vor den Menschen gewarnt hat, begeht Zarathustra die Torheit dessen, der lange Einsiedler war: als er in die nächste Stadt kommt, stellt er sich mitten auf den Marktplatz und verkündet unmittelbar und ohne Umschweife das, was ihm am meisten am Herzen liegt: den Übermenschen. Der Mensch sei etwas das überwunden werden müsse. Er wird ausgelacht, denn die meisten Menschen und insbesondere diejenigen auf dem Marktplatz, wollen sich gar nicht selbst überwinden, sondern sich ganz im Gegenteil selbst behaupten, mit sich zufrieden und vor allem glücklich sein. Aber auch dies sind sie nicht, obwohl sie es am liebsten sein möchten. Die Alternative zum Übermenschen ist daher der Zustand, in dem das Glück erfunden wäre. Erfunden deshalb, weil das Glück nicht etwas ist, was schon da ist oder natürlicherweise vorhanden ist, also nicht gefunden oder entdeckt werden kann.

Die Menschen, die das Glück erfunden hätten, wären "die letzten Menschen". Denn sie lebten am längsten, als das eigentliche Ende des Menschen. Die Erfindung ihres Glücks besteht hauptsächlich darin, dass sie sich in der Mittelmäßigkeit eingerichtet haben und alles zum Ausgleich kommt. Zarathustra charakterisiert sie z.B. als diejenigen, die zwar noch arbeiten, aber nur noch zur Unterhaltung, denn sonst langweilt man sich. Zu viel braucht man auch nicht zu arbeiten, weil alle gleich gut versorgt sind. Den Unterschied zwischen arm und reich gibt es nicht mehr, ebensowenig den zwischen Herrschenden und Beherrschten. Alle sind gleich und alle wollen und fühlen das gleiche. "Wer anders fühlt, geht freiwillig ins Irrenhaus." Nichts wird mehr übertrieben und da man klug ist und alles weiß, gibt es auch genug, womit man sich beschäftigen, worüber man spotten und manchmal auch ein bisschen streiten kann. Zum Glück gehören auch die Drogen, aber nicht zu viel, denn das ist ungesund, außer in der letzten Stunde, damit auch das Sterben noch angenehm bleibt. Nach Zarathustras Schilderung des letzten Menschen jubeln die Leute auf dem Markt und schnalzen mit der Zunge. Sie wollen diese Zukunft des Menschen, in der das Streben des Menschen nach dem Glücklichsein insofern erfüllt ist, als es ein erfundenes, ein zurechtgemachtes Glück ist. Wenn Zarathustra die Menschen zu solchen letzten Menschen machen kann, dann, so sagen sie, wollen sie ihm dafür den Übermenschen geben. Vielleicht wollte Nietzsche damit darauf hinweisen, dass die Bedingungen der Entstehung für beide möglicherweise dieselben sind.

Dies sind die beiden Zukunftsperspektiven oder die positive und die negative Utopie, die Zarathustra in seiner Vorrede aufstellt, die des Übermenschen und die des letzten Menschen. Dabei scheint der Mensch dem letzten Menschen näher zu stehen als dem Übermenschen, da er sich zu diesem wie der Affe zum Menschen verhält: "Was ist der Affe für den Menschen? Ein Gelächter oder eine schmerzliche Scham. Und ebendas soll der Mensch für den Übermenschen sein: ein Gelächter oder eine schmerzliche Scham." Dies scheint immer noch das aussagekräftigste Bild zum Verständnis des Übermenschen zu sein, das zugleich verhindert, dass man bloß einen bevorzugten Typus Mensch oder Einzelnen zum Übermenschen stilisiert.

Trotz der darwinistischen Anklänge ist der Übermensch nicht eine neue Spezies, die auf den Menschen folgt. Der Übermensch ist nicht darwinistisch als das Resultat einer natürlichen Auslese zu verstehen. Dazu gibt Zarathustra einige Hinweise. Der Übermensch ist vor allem abhängig vom Willen des Menschen, d.h. er muss ausdrücklich gewollt bzw. "gezüchtet" werden (vgl. auch JGB 203, KSA 5, S. 126). Da er abhängig vom Willen des Menschen ist und im Bereich der wenn auch fernen und beschwerlichen Schaffensmöglichkeiten des Menschen liegt, ist er weder ein reines Naturgeschöpf noch eine bloß "überirdische Hoffnung" ("der Mensch kann nicht übersprungen werden"). Der Übermensch kann nur ein Resultat der höchsten Selbstüberwindung des Menschen, d.h. der Kultur sein. Während der letzte Mensch zudem am längsten lebt, sowohl im Sinne seiner individuellen Lebensdauer als auch im Sinne der Gattung (er ist "unaustilgbar wie der Erdfloh"), ist der Übermensch plötzlich da und nur von begrenzter Lebensdauer (vgl. auch GM II, 17, KSA 5, S. 324f.). Zarathustra vergleicht ihn mit einem Blitz, der aus der dunklen Wolke Mensch herausschlägt, aber in diesem Moment alles erleuchtet und die Spannung des Menschen erlöst. Zarathustra selbst versteht sich als ein Verkündiger dieses Blitzes, als einen "schweren Tropfen" aus der Wolke Mensch, nicht selber schon als Blitz. In diesem Sinne schreibt Nietzsche:

> Nicht, was die Menschheit ablösen soll in der Reihenfolge der Wesen, ist das Problem, das ich hiermit stelle (- der Mensch ist ein Ende -): sondern welchen Typus Mensch man züchten soll, wollen soll, als den höherwertigeren, lebenswürdigeren, zukunftsgewisseren. (AC 3, KSA 6, S. 170)

Es ist daher auch nicht verwunderlich, dass Nietzsche zugestehen kann, dass es Blitze aus der dunklen Wolke Mensch, oder zumindest eine "Art Übermensch", durchaus schon gegeben hat, sowohl als Individuum als auch als Gemeinschaft. Aber dies waren Glücksfälle, nicht gewollte Ergebnisse: "Dieser höherwertigere Typus ist oft genug schon dagewesen: aber als ein Glücksfall, als eine Ausnahme, niemals als gewollt." (ebd.). Denn es gebe

> ein fortwährendes Gelingen einzelner Fälle an den verschiedensten Stellen der Erde und aus

den verschiedensten Culturen heraus, mit denen in der That sich ein höherer Typus darstellt: Etwas, das im Verhältniss zur Gesammt-Menschheit eine Art Übermensch ist. Solche Glücksfälle des grossen Gelingens waren immer möglich und werden vielleicht immer möglich sein. Und selbst ganze Geschlechter, Stämme, Völker können unter Umständen einen solchen Treffer darstellen. (AC 4, KSA 6, S. 171)

Daher sind vor allem die Bedingungen und Voraussetzungen für das Gelingen eines solchen "Treffers" zu erforschen, andererseits aber auch die Gefahren für sein Entstehen. Denn im großen und ganzen war die Geschichte des Menschen bisher ein Geschehen ohne Sinn und vom bloßen Zufall regiert: "ein Possenreißer kann ihm zum Verhängnis werden".

Eine andere Textstelle aus dem Zarathustra zeigt jedoch, warum die Größten der bisherigen Geschichte für Nietzsche doch nur eine "Art" Übermensch sind. In dem Kapitel *Von den Priestern* heißt es: "Niemals noch gab es einen Übermenschen. Nackt sah ich beide, den größten und den kleinsten Menschen: - Allzuähnlich sind sie noch einander. Wahrlich, auch den Größten fand ich - allzumenschlich!" (Za II, KSA 4, S. 119). Der Unterschied zwischen Mensch und Übermensch ist anderer Art als der zwischen "klein" und "groß", ähnlich dem zwischen Affe und Mensch. Nietzsche spricht deshalb von einem anderen "Typus". Sofern bereits Übermenschliches am Menschen erscheint, tritt es in der Form der Krankheit oder des Wahnsinns auf. Ein weiteres Merkmal charakterisiert den Übermenschen daher als "Wahnsinn", so wie der Mensch im Verhältnis zum Tier das "wahnsinnige Tier" ist (vgl. Nachlass 1882/83, KSA 10, S. 158, 162, 217). Wird mit dieser Bestimmung die traditionelle Wesensbestimmung des Menschen als "animal rationale" oder als "vernünftiges Tier" umgekehrt - denn das animal irrationale wäre bloß der Gegensatz auf derselben Ebene -, so ist der Übermensch der Wahnsinn in einem neuen und anderen 'Sinn', jedenfalls aus der Perspektive des Tieres bzw. des Menschen gesehen.

Nietzsche hat *Also sprach Zarathustra* als den jasagenden, positiven Teil seines Werkes bezeichnet und Zarathustra nennt den Übermenschen den "Sinn der Erde" und den Sinn des Seins des Menschen. Aber auch schon in der zweiten Unzeitgemässen Betrachtung *Vom Nutzen und Nachteil der Historie für das Leben* (1874) stellt Nietzsche den Satz auf, dass "das Ziel der Menschheit" nicht an ihrem Ende, "sondern nur in ihren höchsten Exemplaren" liegen könne (HL 19, KSA 1, S.

317). Und in der dritten Unzeitgemässen Betrachtung über *Schopenhauer als Erzieher* (1874) lesen wir:

> Eigentlich ist es leicht zu begreifen, dass dort, wo eine Art an ihre Grenze und an ihren Übergang in eine höhere Art gelangt, das Ziel ihrer Entwicklung liegt, nicht aber in der Masse der Exemplare und deren Wohlbefinden, oder gar in den Exemplaren, welche der Zeit nach die allerletzten sind, vielmehr gerade in den scheinbar zerstreuten und zufälligen Existenzen, welche hier und da einmal unter günstigen Bedingungen zu Stande kommen; und ebenso leicht sollte doch wohl die Forderung zu begreifen sein, dass die Menschheit, weil sie zum Bewusstsein über ihren Zweck kommen kann, jene günstigen Bedingungen aufzusuchen und herzustellen hat, unter denen jene grossen erlösenden Menschen entstehen können. (SE 6, KSA 1, S. 384)

In diesen "großen erlösenden Menschen" und dem Konzept von der "Erzeugung des Genius" als dem Ziel aller Kultur sowie dem Kampf gegen den Missbrauch der Kultur durch Staat, Wirtschaft, Wissenschaft und die "Bildungsphilister" aus den *Unzeitgemässen Betrachtungen*, ist die Idee des Übermenschen bereits präfiguriert. Doch auf dem Weg von diesen frühen Schriften zu *Also sprach Zarathustra* wird, wie bereits gesagt, die Idee des immer noch menschlichen Genius zum Übermenschen verschärft, da Nietzsche die kleinsten und die größten Menschen immer noch allzu ähnlich und allzu menschlich findet. Zu dieser Entwicklung hat sicher auch Nietzsches Abwendung von seinen früheren Heroen und Idolen Arthur Schopenhauer und vor allem Richard Wagner beigetragen.

II.

Zarathustra lernt aus seiner Erfahrung und seinem Ausgelachtwerden auf dem Markt. Auch daran zeigt sich, dass Zarathustra eine andere Art Weiser ist als die herkömmlichen Weisen. Von nun an will er nicht mehr zum Volk oder zu Massen reden, denn diese verstehen ihn sowieso nicht. Zu allen zu reden, das ist wie das Reden zu keinem. Zudem wird ihm geraten, die Stadt zu verlassen. Denn auch Zarathustra ist wie der Befreier in Platons Höhlengleichnis in Gefahr, und viele in der Stadt hassen ihn bereits. Dass er sich lächerlich gemacht hat, hat ihn vorerst gerettet. Zarathustra will darum in Zukunft nur noch zu Einzelnen reden, die er von der Herde weglocken kann. Der Hirte der Herde soll zum Räuber werden. Als Schaffender sucht Zarathustra die Mitschaffenden, die die alten Wertetafeln zerbrechen und neue Werte auf neue Tafeln schreiben. Sie werden auch die Miterntenden und Mitfeiernden sein.

Die erste Rede Zarathustras schildert in drei Verwandlungen den Werdegang des Schaffenden und gibt zugleich Einblick in den eigenen Werdegang Zarathustras. Damit wird auch jener andere Teil der Entwicklung sozusagen nachgeliefert, der bisher fehlte: der Aufstieg von unten aus den Tälern in die Höhe, die Bildung des freien Geistes. Bezeichnend für Nietzsche ist, dass dies kein Weg zur wahren Erkenntnis ist, sondern zum Schaffen neuer Werte, einem schöpferischen Tun.

Auch für Nietzsche sind die Menschen wie im Platonischen Höhlengleichnis zuerst wie Gefangene in Fesseln. Sie sind gebundene, nicht freie Geister. Bei Platon waren diese Fesseln die des Unwissens der Wahrheit dessen, was wirklich ist, wobei dieses Unwissen die Ideen und vor allem die Idee der Ideen, d.h. die Idee des Guten, betraf. Die Befreiung besteht daher in der Erkenntnis der Wahrheit und damit der Idee des Guten, die in der klassischen Dreiheit auch mit der Idee des Schönen vereint ist. Da Erkenntnis für Platon aber eigentlich Wiedererinnerung ist, kann man auch sagen, dass die stärkste Bindung vorgängig in der Fesselung durch die Idee des Guten besteht. Sie und die Ideen sind immer schon da und brauchen nur erkannt zu werden in jener höchsten Weise menschlichen Nichts-Tuns, die Theorie, d.h. Schau der Ideen, heißt. Etwas wirklich Neues kann es in dieser Welt nicht geben.

Welches sind also für Nietzsche die stärksten Fesseln des Geistes? In der *Vorrede* zu *Menschliches, Allzumenschliches* (1886) heißt es:

> Man darf vermuten, dass ein Geist, in dem der Typus "freier Geist" einmal bis zur Vollkommenheit reif und süss werden soll, sein entscheidendes Ereignis in einer grossen Loslösung gehabt hat, und dass er vorher um so mehr ein gebundener Geist war und für immer an seine Ecke und Säule gefesselt schien. Was bindet am festesten? welche Stricke sind beinahe unzerreissbar? Bei Menschen einer hohen und ausgesuchten Art werden es die Pflichten sein: jene Ehrfurcht, wie sie der Jugend eignet, jene Scheu und Zartheit vor allem Altverehrten und Würdigen, jene Dankbarkeit für den Boden, aus dem sie wuchsen, für die Hand, die sie führte, für das Heiligthum, wo sie anbeten lernten, - ihre höchsten Augenblicke selbst werden sie am

festesten binden, am dauerhaftesten verpflichten. (MA I, Vorrede 3, KSA 2, S. 15ff.)

Pflicht und Ehrfurcht vor dem Heiligsten, beide im “du sollst” zusammengefasst, sind auch die Stichworte der ersten der drei Verwandlungen des Geistes, die durch das Kamel, den Löwen und das Kind symbolisiert werden. Wie das Kamel, das beladen wird, kniet der ehrfürchtige Geist nieder und will auf sich nehmen, was ihm zu tragen aufgegeben wird. Er macht es sich nicht einfach, vielmehr will er das Schwere und Schwerste tragen, um dadurch seine Stärke unter Beweis zu stellen. Sein Verhalten ist heldenhaft. Wenn es am schwierigsten ist, sich zu erniedrigen, um seinem Hochmut weh zu tun, so wird er es tun. Er wird seine Torheit zeigen, um seiner Weisheit zu spotten. Er trennt sich von dem, wofür er gekämpft hat gerade dann, wenn seine Sache siegreich ist. Oder er setzt sich willentlich der Versuchung aus, um dann zu entsagen. Wenn er krank ist, will er nicht getröstet werden, und er schließt Freundschaft mit denen, die ihn sowieso nicht verstehen. Um der Wahrheit willen, nimmt er die größten Entbehrungen auf sich, auch wenn es zu seinem eigenen Schaden ist oder wenn die Wahrheit hässlich ist. Er liebt auch die, die ihn verachten, und dem, wovor man sich eigentlich fürchtet, reicht er die Hand. Dieser Geist will leiden, entbehren und entsagen. Er verhält sich so, weil er an den unbedingten Wert dessen glaubt, was er soll. Die Form seines Tuns ist das “du sollst” der Moral. Sein Ideal ist das asketische Ideal. Es wird angemessen durch das Kamel symbolisiert, das geduldig und genügsam ist und dessen Lebensraum die Wüste ist.

Um sich die Trag- und Reichweite der drei Verwandlungen des Geistes klar zu machen, und um besser zu verstehen, wie und warum es zu einer Verwandlung des “du sollst” des Kamels in das “ich will” des Löwen kommt, ist es hilfreich, einen Blick auf eine spätere Behandlung des asketischen Ideals durch Nietzsche in der dritten Abhandlung seiner *Genealogie der Moral* (1887) zu werfen. Diese Abhandlung trägt den Titel: “Was bedeuten asketische Ideale?” Sie gehört zu den neinsagenden, kritischen Schriften, die dem Zarathustra folgten. Ihre Sprache ist demgemäß eine andere als in den Gleichnisreden des Zarathustra. Die beißende Schärfe des Nein dieser kritischen Schriften versteht man jedoch nur richtig, wenn man sie als eine Folge von Nietzsches ebenso emphatischem Ja begreift.

Die Bedeutung des asketischen Ideals liegt in einem ersten Sinne für Nietzsche vor allem darin, dass es das bisher vorherrschende, wenn nicht einzige wirklich sinnstiftende Ideal gewesen ist. Denn das asketische Ideal gibt eine Antwort auf die Frage nach dem Sinn des Leidens und beantwortet insofern die Sinnfrage des Menschen. Durch das asketische, sich selbstverneinende Leiden und Leben soll ein besseres, wahreres Leben als dieses verwirklicht werden. Diese Besserung ist der Sinn des Leidens. Es setzt damit zugleich dieses Dasein, in dem es nicht moralisch zugeht, in Beziehung zu einem ganz andersartigen Dasein, das idealerweise nur noch moralisch ist. Es verneint dieses Dasein, weil es jenes bejaht und betrachtet das asketische Leben als den Weg von diesem zu jenem.

> Der Asket behandelt das Leben wie einen Irrweg, den man endlich rückwärts gehn müsse, bis dorthin, wo er anfängt; oder wie einen Irrthum, den man durch die Tat widerlege - widerlegen solle: denn er fordert, dass man mit ihm gehe, er erzwingt, wo er kann, seine Werthung des Daseins. (GM III, 11, KSA 5, S. 362)

Nietzsche fragt, was eine solche Wertungsweise bedeutet, insbesondere angesichts der Tatsache, dass sie kein Ausnahmefall und Kuriosum in der Menschheitsgeschichte sei, sondern eine der breitesten und längsten Tatsachen, die es gebe, so dass man die Erde als den eigentlich “asketischen Stern” bezeichnen könne (ebd.). Seine Antwort ist, dass ein solcher Selbstwiderspruch des Lebens gegen das Leben selbst nur scheinbar und ein Missverständnis sein muss; dass in Wahrheit vielmehr ein elementares Interesse des Lebens selbst darin liegen muss, so zu werten, aber der Wille eines degenerierenden Lebens ist, das sich auf diese Weise doch noch am Leben erhält:

> das asketische Ideal entspringt dem Schutz- und Heilinstinkte eines degenerirenden Lebens, welches sich mit allen Mitteln zu halten sucht und um sein Leben kämpft; es deutet auf eine partielle physiologische Hemmung und Ermüdung hin, gegen welche die tiefsten, intakt gebliebenen Instinkte des Lebens unausgesetzt mit neuen Mitteln und Erfindungen ankämpfen. Das asketische Ideal ist ein solches Mittel: es steht also gerade umgekehrt als es die Verehrer dieses Ideals meinen,- das Leben ringt in ihm und durch dasselbe mit dem Tode und gegen den Tod, das asketische Ideal ist ein Kunstgriff in der Erhaltung des Lebens. (GM III, 13, KSA 5, S. 366)

Es zeigt sich also, dass das asketische Ideal trotz seiner lebensverneinenden Haltung im Grunde doch noch von einer tieferen, ihm selbst aber unsichtbaren

Lebensbejahung getragen wird: "es ist und bleibt ein Wille!" Denn "lieber will der Mensch noch das Nichts wollen, als nicht wollen..." (GM III, 28, KSA 5, S. 412).

Das asketische Ideal hat zwar für verschiedene Menschentypen auch verschiedene Bedeutung, wobei Nietzsche vor allem den Künstler, den Philosophen und den asketischen Priester näher unter die Lupe nimmt. Während es kurz gesagt bei einem Künstler wenig bedeutet, wenn er ein solches Ideal vertritt, kann es bei Philosophen sogar eine positive Bedeutung haben, sofern das asketische Leben für ihn die "günstigste Vorbedingung hoher Geistigkeit" ist. Für den asketischen Priester aber ist dieses Ideal das eigentliche Werkzeug seiner Macht, womit er über Leidende herrscht.

Wichtiger noch als diese Verschiedenheit ist, dass das asketische Ideal selbst eine innere Entwicklung im Sinne einer immer weitergehenden Verfeinerung und Sublimierung durchlaufen hat. Als sein eigentlicher Kern kristallisiert sich der unbedingt gewordene Wille zur Wahrheit heraus, der sich aus der "Beichtväter -Feinheit des christlichen Gewissens" zum wissenschaftlichen Gewissen und zur intellektuellen Sauberkeit um jeden Preis sublimiert hat (vgl. GM III, 27, KSA 5, S. 409). Diesem Willen zur Wahrheit wurde in der Geschichte ein Glaube nach dem andern geopfert. Durch ihn wurde die Erde und mit ihr der Mensch nicht nur aus dem Zentrum des Universums vertrieben - "seit Copernikus rollt der Mensch aus dem Centrum ins x" (Nachlass 1885/86, KSA 12, 2 [127], S. 127) - , nicht nur ist der Mensch durch ihn vom Ebenbild Gottes zum Nachfahren des Affen geworden (Darwin) und nicht nur ist er durch die Entdeckung des Unbewussten nicht einmal mehr Herr in seinem eigenen Bewusstsein (Schopenhauer, Nietzsche, Freud), der Wille zur Wahrheit ist es auch, der dem Menschen schließlich den Glauben an Gott selbst verbietet und ihm das durchbohrende Gefühl seiner Nichtigkeit in einer radikal entzauberten, entgöttlichten Welt gegeben hat (vgl. GM III, 25, KSA 5, S. 404). Nietzsches Pointe ist, dass selbst der Atheismus nicht im Gegensatz zum asketischen Ideal und seinem Willen zur Wahrheit steht, "er ist vielmehr nur eine seiner letzten Entwicklungsphasen, eine seiner Schlussformen und inneren Folgerichtigkeiten, - er ist die Ehrfurcht gebietende Katastrophe einer zweitausendjährigen Zucht zur Wahrheit, welche am Schlusse sich die Lüge im Glauben an Gott verbietet." (GM III, 27, KSA 5, S. 409).

Tiefgreifender als der Atheismus und der "Tod Gottes" und an die Wurzel des asketischen Ideals gehend ist daher erst das Infragestellen dieses Willens zur Wahrheit. Am Sich-bewusst-werden des Willens zur Wahrheit als asketisches Ideal und der Frage nach dem Wert der Wahrheit geht nach Nietzsche allererst die Moral selbst in einem Akt der Selbstaufhebung zugrunde:

> Alle grossen Dinge gehen durch sich selbst zu Grunde, durch einen Akt der Selbstaufhebung [...] Dergestalt ging das Christentum als Dogma zu Grunde, an seiner eignen Moral; dergestalt muss nun auch das Christentum als Moral noch zu Grunde gehn. [...] Nachdem die christliche Wahrhaftigkeit einen Schluss nach dem andern gezogen hat, zieht sie am Ende ihren stärksten Schluss, ihren Schluss gegen sich selbst; dies aber geschieht, wenn sie die Frage stellt "was bedeutet aller Wille zur Wahrheit?" (GM III, 27, KSA 5, S. 410)

Dieses zu Grunde gehen der Moral ist für Nietzsche das entscheidende Geschehen seiner und unserer Zeit, das er mit dem Titel des Nihilismus bezeichnet hat. In ihm vollendet sich der Wille zum Nichts des asketischen Moralideals, indem es sich in die Freiheit des Wollens verwandelt.

Doch hat nach Nietzsche bisher niemand diesen Willen zur Wahrheit ernsthaft in Frage gestellt oder nach dem Wert der Wahrheit gefragt. Selbst in der Philosophie, die den Willen zur Wahrheit als ihre eigentliche Aufgabe angenommen hat, fehlt nach Nietzsche bisher völlig ein Bewusstsein darüber, inwiefern der Wille zur Wahrheit selbst einer Rechtfertigung bedarf, und zwar deshalb, weil auch die Philosophie unter der Herrschaft der Moral, d.h. des asketischen Ideals, stand. Dieses sei sogar die einzige Erscheinungsform und Verkleidung gewesen, unter der die Philosophie gerade wegen ihrer ansonsten anzweifelnden untergrabenden und in Frage stellenden Haltung bisher erlaubt gewesen sei. Ohne asketische Hülle und Einkleidung, ohne ihre asketische Darstellungsform und das dazugehörige Selbstmissverständnis der Philosophen wäre Philosophie bisher gar nicht möglich gewesen. Nur unter dieser Maske konnte sie an sich glauben machen und Glauben finden. Daher ist es Nietzsches Forderung, dass sich der philosophische Geist nunmehr von dieser "Raupenform" seiner Existenz zu befreien habe, wozu es vor allem der "Freiheit des Willens" bedürfe (GM III, 10, KSA 5, S. 361). Das Sich-bewusst-werden und In-Frage-stellen des Wertes der Wahrheit sieht Nietzsche als seine eigenste Errungenschaft und Aufgabe an, um damit jene "Philosophen der Zukunft" zu ermöglichen, die nicht mehr primär Wahrheitserkennende sind, sondern Schaffende,

“Befehlende und Gesetzgeber” (JGB 211). In der Selbstüberwindung der Moral durch das Sich-bewusst-werden des Willens zur Wahrheit haben wir auch den Übergang von der Stufe des tragsamen, moralisch- asketischen Kamels zu der Freiheit des Willens zu suchen, die durch den raubenden Löwen symbolisiert wird.

Die zweite Stufe der Verwandlung ist freilich nur eine Zwischenstufe und insofern zweideutig, je nachdem, ob der Blick vor allem melancholisch-romantisch zurück dem Verlorenen nachblickt und -trauert oder heiter und erwartungsvoll dem Kommenden entgegensieht (vgl. FW 343). Das Entscheidende der Freiheit liegt für Nietzsche nicht schon darin, dass sie eine Freiheit *von* etwas, von der Moral, ist, sondern dass sie eine Freiheit *zu* etwas Neuem darstellt:

> Frei nennst du dich? Deinen herrschenden Gedanken will ich hören und nicht, dass du einem Joche entronnen bist. Bist du ein Solcher, der einem Joche entrinnen durfte? Es gibt manchen, der seinen letzten Wert wegwarf, als er seine Dienstbarkeit wegwarf. Frei wovon? Was schiert das Zarathustra! Hell aber soll mir dein Auge künden: frei wozu? (Za I, Vom Wege des Schaffenden, KSA 4, S. 80)

Zarathustra redet deshalb von einem “heiligen Nein” vor der Pflicht, weil und wenn dieses Nein einem neuen “heiligen Jasagen” schon versprochen ist.

Nach rückwärts gewandt hat der sich befreiende Geist mit dem Gefühl der Schuld zu kämpfen. Denn der raubende Löwe ist als Räuber und vor allem aus der Sicht der sich ewig gebenden Moralwerte ein Gesetzesbrecher. Insofern besteht das Problem der dritten Verwandlung zunächst darin, wie das Schuldgefühl des raubenden Löwen in die Unschuld des Kindes verwandelt werden kann, das der Schaffung neuer Werte fähig ist. Ist der Löwe aber als Räuber unmoralisch, so trägt er als Löwe doch schon die Unschuld in sich. Denn dem Löwen steht es nicht frei, sich seine Beute zu rauben oder nicht, es ist seine Natur. In der *Genealogie der Moral* macht Nietzsche auf den weitverbreiteten Irrtum aufmerksam, der zudem in der Sprache seinen beständigen Anwalt findet, wonach man den Täter (das Subjekt) von seinem Tun (dem Prädikat) beständig abtrennt und dadurch eine verführerische Verdoppelung in alles Geschehen hineininterpretiert.

> Ebenso nämlich, wie das Volk den Blitz von seinem Leuchten trennt, und letzteres als Thun, als

Wirkung eines Subjektes nimmt, so trennt die Volks-Moral auch die Stärke von den Äußerungen der Stärke ab, wie als ob es hinter dem Starken ein indifferentes Substrat gäbe, dem es freistünde, Stärke zu äußern oder auch nicht. Aber es gibt kein solches Substrat; es gibt kein "Sein" hinter dem Thun, Wirken, Werden; "der Thäter" ist zum Thun bloss hinzugedichtet, - das Thun ist Alles. Das Volk verdoppelt im Grunde das Thun, wenn es den Blitz leuchten lässt, das ist ein Thun-Thun: es setzt dasselbe Geschehen einmal als Ursache und dann noch einmal als deren Wirkung. [...] damit gewinnen sie ja bei sich das Recht, dem Raubvogel es zuzurechnen, Raubvogel zu sein." (GM I, 13, KSA 5, 279f.)

Die sprachliche Subjekt - Prädikat Unterscheidung wird also ins Moralische gewendet und für eine moralische Zurechnung von Schuld ausgenutzt.

Nicht nur sollte man es also dem Löwen nicht als moralische Schuld zurechnen wenn er sich Freiheit raubt, oder dem Willen, wenn er sich als Willen will, auch das Kind ist nichts anderes oder getrennt von seiner Unschuld, seinem Vergessen und seinem Spiel. Vermutlich spricht Nietzsche deshalb von "Verwandlung", vor der wir wie bei der Verwandlung einer Raupe in einen Schmetterling oder der Geburt eines Kindes immer noch mit Erstaunen stehen, weil plötzlich eine neue Seinsweise entstanden ist, deren Möglichkeit wir nicht hätten erschließen können, wäre sie uns nicht durch die Erfahrung vor Augen geführt worden.

Der Geist des Löwen, der sich das Recht zu neuen Werten raubt, vermag sich nur die Freiheit zu schaffen zu neuem Schaffen, nicht aber vermag er das Schaffen neuer Werte selbst. Dazu bedarf es einer weiteren Verwandlung des Geistes, die Nietzsche durch das Kind symbolisiert. Das Kind steht für ein Neubeginnen, einen anderen Anfang, in dem Unschuld, Vergessen und Spiel vereinigt sind: "Unschuld ist das Kind und Vergessen, ein Neubeginnen, ein Spiel, ein aus sich rollendes Rad, eine erste Bewegung, ein heiliges Ja-sagen." Solange sich der freie Geist noch rückwärts gewandt mit seiner möglichen Schuld beschäftigt, ist er noch nicht wirklich frei von der Moral und ständig in der Gefahr, in das Raupenstadium der Philosophie zurückzufallen. Fliegen kann die Philosophie erst dann, wenn sie sich nicht mehr fragt, was sie wollen *soll*, sondern vorwärts gewandt fragt, was der freie Wille eigentlich will, wenn er will, d.h. dem Sinn des Wollens. Die Antwort Nietzsches ist offenbar: Macht. Denn Wille ist wesentlich Wille zur Macht. Auch der Wille der asketischen Selbstverneinung ist noch ein solcher Wille, wie gesagt, aber in einer verdrehten Form und Richtung, als ein Wille, der das Sollen will und als solcher *nicht* will, konsequenterweise die Auflösung allen Wollens im Nichts will. Aber was ist Macht? Oder besser noch gefragt, da es sehr viele verschiedene Formen der Macht und der Machtausübung gibt, was ist die höchste und größte Macht? Ist es die Macht und Gewalt des Tyrannen und Despoten, der unterdrückt und dem alles nach seinem Willen geht? Oder sind diese gewöhnlichen Formen der Macht nur degenerierte Erscheinungsformen? Woran denkt insbesondere Nietzsche, wenn er Macht sagt? Denn meistens geht man so vor, dass man von einem vorgefertigten gewöhnlichen Vorverständnis von Macht und Wille zur Macht ausgeht und daraus dann verstehen will, warum Nietzsche z.B. die Kunst vom Künstler aus gesehen als die durchsichtigste Gestalt des Willens zur Macht bestimmt, als umgekehrt eben von der Kunst her sich klar zu machen, was Nietzsche damit gemeint haben könnte. Auf diese Weise bestätigt man nur die eigenen Vorurteile.

Haben wir die eigentliche Macht vielleicht im Symbol des Kindes zu suchen, das sich aus eigener Mächtigkeit heraus wie ein aus sich rollendes Rad bewegt und eine wirklich anfängliche Bewegung ist, das unschuldig vergessend und spielend leicht schafft und immer Neues schaffen kann? Ist Macht nicht eigentlich die Unerschöpflichkeit des Schaffen- und Zerstörenkönnens, des Entstehens und Vergehens? Vielleicht am treffendsten hat Nietzsche diese Vision des spielenden Kindes und der Welt als Wille zur Macht in seiner Schilderung der Philosophie Heraklits in seiner nachgelassenen Aufzeichnung über *Die Philosophie im tragischen Zeitalter der Griechen* (1873) dargestellt:

> Ein Werden und Vergehen, ein Bauen und Zerstören, ohne jede moralische Zurechnung, in ewig gleicher Unschuld, hat in dieser Welt allein das Spiel des Künstlers und des Kindes. Und so, wie das Kind und der Künstler spielt, spielt das ewig lebendige Feuer, baut auf und zerstört, in Unschuld - und dieses Spiel spielt der Aeon mit sich. Sich verwandelnd in Wasser und Erde thürmt er, wie ein Kind Sandhaufen am Meere, thürmt auf und zertrümmert; von Zeit zu Zeit fängt er das Spiel von Neuem an. Ein Augenblick der Sättigung: dann ergreift ihn von Neuem das Bedürfnis, wie ein Künstler zum Schaffen das Bedürfniß zwingt. Nicht Frevelmuth, sondern der immer neu erwachende Spieltrieb ruft andere Welten ins Leben. Das Kind wirft einmal das Spielzeug weg: bald aber fängt es wieder an, in unschuldiger Laune. Sobald es aber baut, knüpft und fügt und formt es gesetzmäßig und nach inneren Ordnungen. (KSA 1, S. 830f.; vgl. KSA 11, S. 610f.)

Hier finden wir den Gegensatz zur moralischen Zurechnung, das Kind, das Spiel und den Spieltrieb, die Unschuld, das Neubeginnen, sogar die Verwandlung und schließlich den Künstler, der ebenfalls ein spielend Schaffender ist. Das Spiel ist aber zugleich auch Weltsymbol und als solches höchste Mächtigkeit, die über das Zerstören und Vergehen hinaus zum Schaffen immer wieder neuer Formen fähig ist.[80)] Die Verbindung zwischen Spiel, Macht und dem dionysischen Weltenkind wird prägnant in einer Nachlassaufzeichnung aus dem Jahr 1885/86 ausgedrückt, in der es heißt: "'das Spiel', das Unnützliche, als Ideal des mit Kraft Überhäuften, als 'kindlich'. Die 'Kindlichkeit' Gottes, παῖς παίζων." (Nachlass 1885/86, KSA 12, 2 [130], S. 129).

Auch in der *Genealogie der Moral* wird vor allem die Kunst dem asketischen Ideal entgegengesetzt. Denn anders als z.B. in der Wissenschaft oder eben im asketischen Ideal, sei in der Kunst die Lüge geheiligt und habe der Wille zur Täuschung das *gute* Gewissen zur Seite. Als Zeuge dieses Gegensatzes von asketischem Ideal und Kunst nennt Nietzsche Platon und Homer. Platon gilt hier sowohl als der große und sogar größte Kunstfeind, den Europa bisher hervorgebracht habe, als auch als der große "Verleumder des Lebens", Homer dagegen als der "unfreiwillige Vergöttlicher" des Lebens, die goldene Natur (GM III, 25, KSA 5, S. 402f.). Die Kunst ist für Nietzsche die eigentliche Gegenbewegung zum Nihilismus, sofern sie die eigentliche Sinnstifterin des Lebens ist (vgl. z.B. Nachlass 1888, KSA 13, S. 521). Durch sie erhält das Leiden einen anderen Sinn als im asketischen Ideal. Beispiel ist auch hier wieder das Kind: ohne die "Wehen der Gebärerin" gibt es kein Kind, kein "Werk". Dieses bedingt das Leiden, aber es rechtfertigt es auch (vgl. GD, Was ich den Alten verdanke 4, KSA 6, S. 159).

III.

Nietzsche hat seine eigene Philosophie schon früh als "umgedrehten Platonismus" bezeichnet (Nachlass 1870/71, KSA 7, 7 [156], S. 199). Während in der Tat das Höhlengleichnis ein Erkenntisgeschehen darstellt und den Weg aus der Unwahrheit zur wahren Erkenntnis, zur Wahrheit und zur höchsten Idee des Moralisch-Guten

80) Vgl. Fink, Eugen: Spiel als Weltsymbol. Stuttgart 1960.

zum Inhalt hat, führen uns die drei Verwandlungen Zarathustras von der Moral des "du sollst" zum Spiel des Schaffens und zur Kunst. Die Rangordnung der Werte ist umgekehrt. Die Kunst ist ein höherer Wert als die Wahrheit (Nachlass 1888, KSA 13, 14 [21], S. 227, 522). Und obwohl es sich in beiden Entwicklungen um ein Befreiungsgeschehen handelt, ist auch der Sinn und die Richtung dieser Befreiung umgekehrt.

So wie die Ideen und die Idee des Guten bei Platon nur der Wiedererinnerung der Seele bedürfen, weil sie ihr schon eingeboren, wenn auch zunächst verborgen sind und daher ein eigentliches produktives Hervorbringen der Ideen unmöglich und unnötig ist, so sind auch die Werte des "du sollst" auf der ersten Stufe der Verwandlungen schon da und haben als solche Ewigkeitswert: "Aller Werth ward schon geschaffen. [...] Wahrlich, es soll kein 'Ich will' mehr geben!" (Za I, Von den drei Verwandlungen, KSA 4, S. 30). Auch das Wissen um das, was gut und böse ist, ist bereits vorhanden. Daher braucht es kein Wollen und Schaffen mehr. Demgegenüber hebt Zarathustra die Priorität des Schaffens der Werte, inbesondere auch des Guten und Bösen hervor:

> was gut und böse ist, das weiss noch Niemand: - es sei denn der Schaffende! - Das aber ist Der, welcher des Menschen Ziel schafft und der Erde ihren Sinn giebt und ihre Zukunft: Dieser erst schafft es, dass etwas gut und böse ist. (Za III, Von alten und neuen Tafeln 2, KSA 4, S. 246f.)

Von der Macht und Herrschaft der sich ewig gebenden Werte, die die Ohnmacht, das Überflüssige und die Verwerflichkeit des Wollens und Schaffens festschreiben, muss sich der Wille des Löwen daher vor allem befreien, um sich die Freiheit zu neuem Schaffen zu schaffen. Das Schaffen wiederum richtet sich nicht primär auf gut und böse, sondern auf das "Ziel" und den "Sinn", im Hinblick worauf etwas gut oder böse genannt wird.

Die drei Verwandlungen spiegeln auch Zarathustras eigenen Werdegang wieder. Zunächst gibt die Selbstüberwindung der Moral zur Freiheit des Willens und schließlich zum Spiel des Schaffens eine Erklärung dafür ab, warum Nietzsche gerade den Namen des altpersischen Religionsstifters Zarathustra gewählt hat. Nietzsches Zarathustra soll das Gegenteil des historischen Zarathustra darstellen. Denn dieser "hat zuerst im Kampf des Guten und des Bösen das eigentliche Rad im

Getriebe der Dinge gesehn - die Übersetzung der Moral in's Metaphysische, als Kraft, Ursache, Zweck an sich, ist sein Werk." Aber weil Zarathustra "diesen verhängnisvollsten Irrthum, die Moral", schuf, "muss er auch der Erste sein, der ihn erkennt." (EH, Warum ich ein Schicksal bin 3, KSA 6, S. 367). Zarathustra bedeutet die Selbstüberwindung der Moral in den Immoralisten Nietzsche.

Zarathustra ist selbst wie ein "Kind". Nicht nur ist er unschuldig wie ein Kind und ein neuer Anfang, und nicht nur wird er von dem alten Heiligen am Anfang von *Also sprach Zarathustra* als "Kind" bezeichnet, dieses Attribut wird ihm auch indirekt von Nietzsche selbst beigelegt, wenn er in ihm das Ideal eines Geistes verkörpert sieht, "der naiv, das heißt ungewollt und aus überströmender Fülle und Mächtigkeit mit allem spielt, was bisher heilig, gut, unberührbar, göttlich hieß" (EH, Za 2, KSA 6, S. 338). So spielen Nietzsche und mit ihm Zarathustra auch mit der philosophischen und religiösen Tradition, z.B. mit Platon und Elementen der Bibel, ein Spiel, das man Dekonstruktion nennen kann, wenn man dabei die konstruktive Seite nicht übersieht. Denn das Spielen ist zugleich ein Versuchen und Wagen von Neuem, ein Experimentieren sogar mit sich selbst und anderen.

Eine physiologisch-leibliche Voraussetzung für das experimentierende Spiel ist das, was Nietzsche "die grosse Gesundheit" nennt, d.h. eine solche, die "man nicht nur hat, sondern auch beständig noch erwirbt und erwerben muss, weil man sie immer wieder preisgiebt, preisgeben muss." (ebd., S. 338). So finden wir Zarathustra in der Tat nicht einfach gesund, sondern des öfteren krank und schließlich als Genesenden (vgl. z.B. Za II, Der Wahrsager, Za III, Der Genesende). Die große Gesundheit ist nicht einfach der Gegensatz der Krankheit, sondern umfassender, sofern sie die Krankheit benutzen kann als "Mittel und Angelhaken der Erkenntnis". Denn wenn die Wahrheit auch nicht mehr der oberste Wert ist, so braucht und will der freie Geist nicht auf Erkenntnis verzichten. Nur ist seine Wissenschaft eine "fröhliche", er "hat" die Wahrheit nicht, sondern er versucht und schafft sie. Die große Gesundheit erlaubt es dem freien Geist "auf den Versuch hin leben und sich dem Abenteuer anbieten zu dürfen: das Meisterschaftsvorrecht des freien Geistes!" (MA I, Vorrede 4, KSA 2, S. 17f.; vgl. auch Nachlass 1888, KSA 13, S. 618). Auch die Überwindung des Menschen wäre ein solcher Versuch, der nichtsdestoweniger erst einmal gewollt werden musste (vgl. M 501, KSA 3, S. 294).

PROZESS UND VERWANDLUNG BEI KAFKA, NIETZSCHE UND RILKE

I.

Spätestens die 1997 erschienene Process-Edition von Roland Reuß und Peter Staengle im Rahmen ihrer "Historisch-Kritischen Ausgabe sämtlicher Handschriften, Drucke und Typoskripte" Franz Kafkas hat gezeigt, dass die bisher bekannten Ausgaben des 'Romans' - von Max Brod bis Malcolm Pasley - auf fragwürdigen editorischen Vorentscheidungen beruhen (z.B. über mehr oder weniger abgeschlossene Kapitel und die vermutliche Handlungsanordnung), die gar nicht Kafkas eigene waren. Die definitive Gestalt des Prozess-Romans liegt im Dunkeln. Anfang, Ende und Mitte des Prozesses können überall sein, und der Leser muss sein eigenes Licht mitbringen, wenn er sich in dieser Dunkelheit zurechtfinden will. Wie sich zeigen wird, birgt die Licht- und Schattensymbolik viele Hinweise, die zu einem besseren Verständnis des Prozesses beitragen können.

Schon der erste Satz des bekannten Prozess-Romans beginnt mit mit einer Vermutung, einer Dunkelheit: "Jemand mußte Josef K. verleumdet haben, denn ohne daß er etwas Böses getan hätte, wurde er eines Morgens verhaftet."[81)] Man könnte sagen, dieser Satz enthält bereits den ganzen Prozess, der diese Dunkelheit aufzuhellen und Licht in sie zu bringen sucht. Aber Licht und Dunkel sind bereits von Anfang an zugleich präsent und eine vollkommene Aufklärung der Dunkelheit ist nicht möglich, da Licht und Schatten untrennbar zusammen gehören. Andererseits ist eine vollkommene Aufhellung auch gar nicht nötig, um etwas zu sehen. Man muss nicht alles sehen, um etwas sehen zu können.

Wie der erwähnte erste Satz mit der "Verleumdung" zeigt, hat der "Prozess" und

81) Kafka, Franz: Der Proceß. Frankfurt am Main 1990. S. 7.

seine Licht- und Schattensymbolik neben der “erkenntnistheoretischen” Seite immer auch eine “ethisch-moralische” Bedeutung, wobei das Licht dann zur Metapher des Guten, das Dunkel zur Metapher des Bösen wird und Fragen des Gerichts, der Schuld und des freien Willens zur Verhandlung stehen. Aber was von jener gilt, kann auch auf diese in metaphorischer Weise übertragen werden. Daher ist im Folgenden vor allem vom “erkenntnistheoretischen” Aspekt des Prozesses die Rede. Dabei zeigt sich einmal mehr, “that the world of Nietzschean ideas is very much a part of Kafka's world”[82] und umgekehrt.

Dass Kafka Nietzsche bereits in seiner Schulzeit gelesen hat, belegt ein Brief an Max Brod aus dem Jahre 1900 von Selma Robitschek (geb. Kohn), Kafkas “erster Liebe”, in dem es heißt: “Unter dieser Eiche sind wir Kinder, Franz und ich, oft gesessen und er hat mir Nietzsche vorgelesen”.[83] Da Kafkas Nietzsche-Lektüre vermutlich auf seine

---

82) Bridgwater, Patrick: Kafka and Nietzsche. Bonn 1974. S. 7. Die zahlreichen Verbindungen und Brücken, die nicht nur Bridgwater, sondern auch viele andere zwischen Kafka und Nietzsche aufgezeigt haben, stehen in starkem Kontrast zur Einschätzung Max Brods, der solche kategorisch abgelehnt hat, den Einfluss Nietzsches für “radikal verderblich” hielt und daher “ohne alle Zweideutigkeit und vollständig eliminiert” wissen wollte (Über Franz Kafka. Frankfurt am Main 1977. S. 258). Max Brod traf und trifft damit nicht nur bei vielen anderen jüdischen (und nicht-jüdischen) Nietzsche-Lesern auf andere Meinungen (vgl. Stegmaier, Werner und Krochmalnik, Daniel (Hg.): Jüdischer Nietzscheanismus. Berlin, New York 1997), sondern stieß schon bei Kafka selbst auf “starken Widerspruch” (Brod, a.a.O., S. 46). Jacob Golomb rechnet Kafka zu den “Grenzjuden”, die aus der in ihrer Erfahrung doppelter (im Falle Kafkas sogar mehrfacher) Marginalität begründeten Identitätskrise heraus ein leidenschaftliches Interesse an Nietzsche und seiner Konzeption einer neuen Authentizität entwickelten, wobei sie zu ganz anderen oder gegenteiligen Urteilen kamen und kommen als Max Brod (Nietzsche und die “Grenzjuden”. In: Stegmaier/Krochmalnik, a.a.O., S. 228-246). Es genügt hier, darauf hinzuweisen, dass die jüdische Nietzscherezeption schon lange vor der nationalsozialistischen einsetzte und z.B. der erste, der 1888 über Nietzsche öffentliche Vorlesungen hielt und Nietzsche damit sozusagen entdeckte, Georg (Morris Cohen) Brandes in Kopenhagen war, und Martin Buber schon 1895 so von Nietzsches Zarathustra begeistert war, dass er eine Übersetzung desselben ins Polnische begann (vgl. Mendes-Flohr, Paul: Zarathustras Apostel. Martin Buber und die ‘Jüdische Renaissance’. In: Golomb, Jacob (Hg.): Nietzsche und die jüdische Kultur. Wien 1998. S. 225-235).

83) Kafka, Franz: Briefe 1902-1924. Frankfurt am Main 1975. S. 495. “Having discovered him [Nietzsche] while in Gymnasium, Kafka remained faithful to Nietzsche's thinking until his death.” (Kurz, Gerhard: Nietzsche, Freud, and Kafka. In: Anderson, Mark (Hg.): Reading Kafka. Prague, Politics and the Fin de Siècle, S. 138). Vgl. Ries, Wiebrecht: Kafka und Nietzsche. In: Nietzsche-Studien. 2 (1973). S. 258-275. In einem vergleichbaren Alter las 1916 auch *Hans-Georg Gadamer* Zarathustra, gestand aber unumwunden zu, dies sei “damals einfach zu früh” und “weit über seinen Horizont” hinausgegangen (Gadamer, Hans-Georg: Das Drama Zarathustras. In: Nietzsche-Studien 15, (1986). S. 1). Nietzsche selbst hatte sich “jugendlichen Anstürmen” gegenüber eher kühl verhalten, denn er schreibe “ganz und gar nicht für die

Freundschaft mit Oskar Pollak und dem von diesem herausgegebenen 'Kunstwart' zurückgeht, könnte auf diese Lektüre auch zutreffen, was der knapp Zwanzigjährige 1904 an seinen Freund schreibt:

> [...] wenn man so ein Leben überblickt, das sich ohne Lücke wieder und wieder höher türmt, so hoch, daß man es kaum mit seinen Fernrohren erreicht, da kann das Gewissen nicht zur Ruhe kommen. Aber es tut gut, wenn das Gewissen breite Wunden bekommt, denn dadurch wird es empfindlicher für jeden Biß. Ich glaube, man sollte überhaupt nur Bücher lesen, die einen beißen und stechen. Wenn das Buch, das wir lesen, uns nicht mit einem Faustschlag auf den Schädel weckt, wozu lesen wir dann das Buch? Damit es uns glücklich macht, wie Du schreibst? Mein Gott, glücklich wären wir eben auch, wenn wir keine Bücher hätten, und solche Bücher, die uns glücklich machen, könnten wir zur Not selber schreiben. Wir brauchen aber die Bücher, die auf uns wirken wie ein Unglück, das uns sehr schmerzt, wie der Tod eines, den wir lieber hatten als uns, wie wenn wir in Wälder verstoßen würden, von allen Menschen weg, wie ein Selbstmord, ein Buch muß die Axt sein für das gefrorene Meer in uns.[84)]

Über *Also sprach Zarathustra*, das Buch, aus dem Kafka seiner Freundin vermutlich vorlas[85)], schreibt wiederum Nietzsche: "An diesem Werk muß Einem jedes Wort einmal wehgethan und verwundet, und wieder einmal tief entzückt haben: - was man nicht *so* verstanden hat, hat man gar nicht verstanden." (Nachlass 1887, KSA 12, S. 338). Die Lektüre Nietzsches könnte also sehr wohl für Kafka wie ein erweckender Faustschlag auf den Schädel und wie eine Axt für das gefrorene Meer in ihm gewirkt haben, so dass er nun auch seine Freundin damit erwecken und das Eis brechen wollte.

Wenn Licht eine Metapher der Wahrheit ist[86)], dann ist der Schatten und die Dunkelheit eine Metapher des Irrtums, der Täuschung und der Lüge. Wie Licht und Schatten zusammengehören, sind auch Wahrheit und Falschheit relativ. So stellt Nietzsche die Frage, ob es überhaupt einen wesenhaften Gegensatz von "wahr" und "falsch" gebe und es nicht vielmehr genüge, "Stufen der Scheinbarkeit [...] und gleichsam hellere und dunklere Schatten und Gesammttöne des Scheins"

---

gährende und unreife Altersklasse." (Brief an Franziska Nietzsche, 2. August 1888, KSB 8, Nr. 1080).

84) Kafka, Franz: Briefe 1902-1924, a.a.O., S. 27f.

85) Vgl. Bridgwater, a.a.O., S. 10; vgl. auch Wagenbach, Klaus: Franz Kafka in Selbstzeugnissen und Bilddokumenten. Reinbek 1964. S. 40f.

86) Vgl. Blumenberg, Hans: Licht als Metapher der Wahrheit. In: Studium Generale X, 1957.

anzunehmen: Warum dürfte die Welt, die uns etwas angeht - nicht eine Fiktion sein? (JGB 34, KSA 5, S. 53f.).

Nun ist die Prozesswelt Kafkas sicherlich eine Fiktion, aber dies bedeutet nicht, dass sie uns nichts anzugehen hätte und nicht sogar eine stufenmäßig, d.h. relativ "höhere Wahrheit" enthalten könnte, sofern sie die Wirklichkeit noch einmal, aber in einer "Auswahl, Verstärkung, Correctur" (GD, Die "Vernunft" in der Philosophie 6, KSA 6, S. 79) darstellt. Sie könnte uns gerade zeigen, dass die Wahrheit nicht etwas ist, "was da wäre und was aufzufinden, zu entdecken wäre, - sondern *etwas das zu schaffen ist* und das den Namen für einen Prozeß abgibt, mehr noch für einen Willen der Überwältigung, der an sich kein Ende hat" (Nachlass 1887, KSA 12, 9 [91], S. 385).

In Kafkas Prozess herrscht die Dunkelheit, d.h. der Irrtum, die Täuschung und die Lüge vor, die dem Prozess der Wahrheitserzeugung zu Grunde liegen müssen und ihn ermöglichen. Wie bei Nietzsche, so ist und bleibt auch hier "das ganze menschliche Leben [...] tief in die Unwahrheit eingesenkt" (MA 34, KSA 2, S. 54), so dass man es nicht ohne die Gefahr seiner Beschädigung aus diesem "Brunnen" herausziehen kann. Die "letzte Wahrheit vom Fluß der Dinge" vertrage sogar die Einverleibung nicht, denn "unsere Organe (zum Leben) sind auf den Irrthum eingerichtet." (Nachlass 1881, KSA 9, S. 503f.; vgl. FW 110, KSA 3, S. 469ff.).

Bereits die Erzähltechnik Kafkas lässt den Vorrang der Dunkelheit im Prozess erkennen, die keinen allwissenden Erzähler kennt und durch eine monopolisierende Perspektivität gekennzeichnet ist. Die Erzählperspektive ist auf den Gesichtskreis der Hauptfigur beschränkt und der Blickwinkel K.s schlägt meist auch den Leser in seinen Bann. Auch für Nietzsche steht nach dem Tod des allwissenden und -sehenden Gottesauge fest: "Es gibt nur ein perspektivisches Sehen, nur ein perspektivisches 'Erkennen'", und dies bedeutet für ihn, dass wir nur dadurch 'objektiver' werden können, dass wir uns mehr und verschiedene Augen einzusetzen wissen (GM III, 12, KSA 5, S. 365) und insbesondere auch die umgekehrte und gegensätzliche Perspektive einzunehmen lernen. Es bedarf der Verwandlung durch viele Seelen und Individuen, um den jeweiligen *blinden Fleck* einer Perspektive einsehen und vermeiden zu können, ohne dabei aber dem Gesetz der Perspektivität selbst jemals endgültig entgehen zu können.

Im Dom, d.h. an einem Ort, an dem traditionellerweise das Licht des Geistes am hellsten leuchtete, ist es für K. am dunkelsten: “Das war kein trüber Tag mehr, das war schon tiefe Nacht. Keine Glasmalerei der großen Fenster war imstande, die dunkle Wand auch nur mit einem Schimmer zu unterbrechen. Und gerade jetzt begann der Kirchendiener, die Kerzen auf dem Hauptaltar, eine nach der anderen, auszulöschen.”[87] Bei Nietzsche, der den “Tod Gottes” in der *Fröhlichen Wissenschaft* von einem “tollen Menschen” verkünden lässt, der schon “am hellen Vormittage eine Laterne anzündete, auf den Markt lief und unaufhörlich schrie: ‘Ich suche Gott! Ich suche Gott!’”, heißt es in vergleichbarer Weise: “Was taten wir, als wir diese Erde von ihrer Sonne losketteten? Wohin bewegt sie sich nun? Wohin bewegen wir uns? [...] Kommt nicht immerfort die Nacht und mehr Nacht? Müssen nicht Laternen am Vormittage angezündet werden?” Schließlich dringt “der tolle Mensch” in verschiedene Kirchen ein und stimmt darin sein Requiem aeternam deo an. “Hinausgeführt und zur Rede gesetzt, habe er immer nur dies entgegnet: ‘Was sind denn diese Kirchen noch, wenn sie nicht die Grüfte und Grabmäler Gottes sind?’” (FW 125, KSA 3, S. 481f.). Damit sind wir bei dem ‘truism’ angelangt, “that Nietzsche's proclamation of the ‘death of God’ is the background against which Kafka's work has to be considered.”[88]

Ein wesentlicher Unterschied zwischen dem tollen Menschen und Josef K. besteht darin, dass jener mehr außerhalb als innerhalb der Kirche ist und sich frei hin und her bewegen kann, während dieser in der Kirche gefangen bleibt und am Ende des Kapitels nicht einmal mehr den Ausgang zu finden weiß. Der Geistliche ist dementsprechend ein Gefängniskaplan und gehört somit selbst zu dem Gericht, das sich gegen Josef K. verschworen zu haben scheint. Josef K. stirbt schließlich auch “wie ein Hund”[89], während der “tolle Mensch” im doppelten Sinn des Wortes “toll” sein könnte. Der eine scheint “lieber noch zum Thiere zurückgehn”, der andere “den Menschen überwinden” zu wollen (Za I, Vorrede 3, KSA 4, S. 14). Beides ist tragikomisch.

Die Worte des Geistlichen und sein Gleichnis von dem Mann vorm Gesetz

---

87) Kafka, Franz: Der Proceß, a.a.O., S. 290.

88) Bridgwater, a.a.O., S. 7. Vgl. auch Günther Anders: “Von der Situation ‘Gott ist tot’ geht nun alles, was Kafka schreibt, aus.” (Kafka pro und contra. München 1972, S. 84) Nach Anders war Kafka “ungläubig. Aber er hatte nicht den Mut zu seiner eigenen Ungläubigkeit.” (ebd., S. 74)

89) Kafka, Franz: Der Proceß, a.a.O., S. 312

scheinen K. nur noch mehr zu verwirren und bringen ihn keiner Erleuchtung näher. Es ist bekannt, dass je weniger man hört oder sieht, man zwar einerseits schärfer wahrnimmt, aber andererseits auch oft desto mehr hinzuhört und -sieht, was es gar nicht gibt. Das Fehlen eines Gesamtüberblicks und die umgebende Dunkelheit steigern den Deutungs- und Interpretationscharakter unseres Sehens, Hörens und Verstehens und lassen ihn so auf besondere Weise deutlich werden. Perspektivität und Interpretation gehen Hand in Hand. Sobald K. die Geschichte vom Türhüter gehört hat, fängt er "sofort" an zu deuten, so dass der Geistliche ihn schließlich ermahnt, er solle nicht zuviel auf Meinungen achten: "Die Schrift ist unveränderlich und die Meinungen sind oft nur ein Ausdruck der Verzweiflung darüber."[90] Für Nietzsche bedeutet der perspektivische Charakter des Daseins sogar, dass die Welt "noch einmal 'unendlich' geworden ist: insofern wir die Möglichkeit nicht abweisen können, dass sie unendliche Interpretationen in sich schließt". Er warnt jedoch zugleich davor, "dieses Ungeheure von unbekannter Welt nach alter Weise sofort wieder [...] vergöttlichen" zu wollen, denn es seien "zu viele ungöttliche Möglichkeiten der Interpretation mit in dieses Unbekannte eingerechnet" (FW 374, KSA 3, S. 627).[91]

Die Geschichte vom Türhüter nimmt im Prozess eine zentrale Stellung ein, so dass man sagen kann, sie spiegelt denselben noch einmal in einer nochmaligen Auswahl, Verstärkung und Korrektur. Es ist die Geschichte einer Täuschung, obwohl nicht ganz klar ist, wer wen täuscht. Zunächst scheint es K., dass der Türhüter den Mann vom Lande täuscht, denn er sagt zuerst zu ihm, daß er ihm jetzt den Eintritt zum Gesetz nicht gewähren könne, aber am Schluss, dass der Eingang, vor dem er gewartet habe, nur für ihn bestimmt gewesen sei. Bestünde zwischen diesen beiden Erklärungen ein Widerspruch, dann hätte der Türhüter den Mann getäuscht. Aber der Widerspruch lässt sich durch die Zeitbestimmung aufheben, da der Türhüter nur sagte, er könne ihn jetzt nicht einlassen, vielleicht aber später. Im Gespräch mit dem Geistlichen scheint es K. dann, dass nicht der Mann vom Lande, sondern auch der Türhüter der Getäuschte sein könnte, und schließlich sogar beide. Die Geschichte endet damit, dass der Geistliche feststellt, dass man überhaupt nicht alles für wahr, sondern nur für notwendig halten müsse. Damit wird nicht die Lüge

90) Kafka, Franz: Der Proceß, a.a.O., S. 298.

91) Vgl. Anders, a.a.O., S. 85, der im Gegensatz dazu bei Kafka immer wieder die Negation des Religiösen in ein religiöses Negativum bzw. ein Positivum umschlagen sieht.

zur Weltordnung gemacht, wie K. vorläufig und voreilig bemerkt, sondern der Unterschied von Wahrheit und Lüge selbst unterlaufen.[92)]

Auch Nietzsche erzählt uns in der *Götzen-Dämmerung* unter dem Titel: "Wie die 'wahre Welt' endlich zur Fabel wurde" die "Geschichte eines Irrthums". Die Geschichte endet mit der Abschaffung der wahren und der scheinbaren Welt, denn "mit der wahren Welt haben wir auch die scheinbare abgeschafft". Nietzsche kommentiert dieses Ereignis als "Mittag; Augenblick des kürzesten Schattens; Ende des längsten Irrthums; Höhepunkt der Menschheit; INCIPIT ZARATHUSTRA" (GD, Wie die "wahre Welt" endlich zur Fabel wurde, KSA 6, S. 81). Der historische Zarathustra war der erste gewesen, der die Mächte des Lichts und der Finsternis in einem erbitterten langen Sreit, aber mit dem endgültigen Sieg des Lichts am Ende vorausgesagt hatte. Für Nietzsches Zarathustra ist dieser Dualismus ein Irrtum. Seine Antwort ist aber nicht der Monismus des Einen, sondern die "Nicht-Zweiheit". Begann der historische Zarathushtra mit der Lehre der Zweiheit, so Nietzsches Zarathustra mit der Lehre der "Nicht-Zweiheit", die jene nicht einfach negiert, sondern im dreifachen Sinne des Wortes "aufhebt". Am Ende von *Jenseits von Gut und Böse* folgt *Aus Hohen Bergen* ein *Nachgesang*, in dem es wiederum am Ende heißt:

Nun feiern wir, vereinten Siegs gewiss,
Das Fest der Feste:
Freund Zarathustra kam, der Gast der Gäste!
Nun lacht die Welt, der grause Vorhang riss,
Die Hochzeit kam für Licht und Finsterniss...
(JGB, Aus hohen Bergen. Nachgesang; KSA 5, S. 243)[93)]

Nach *Stanley Corngold* hat sich für Kafka, der ebenso wie Nietzsche nie heiratete, im Unterschied zu diesem aber viele Jahre seines Lebens in ständigem Kampf damit verbrachte, die Hochzeit von Licht und Finsternis im Schreiben ereignet: "als Form

---

92) Vgl. Kafka, Franz: Der Proceß, a.a.O., S. 303. Für Nietzsche sind Perpektiven "Arten zu sehen, denen man mit Gründen und Widerlegungen nicht beikommt. [...] Die Begriffe 'wahr' und 'unwahr' haben [...] in der Optik keinen Sinn." (WA, Epilog).

93) Die Adagio-Stimmung zu dieser Fortissimo-Stelle findet Erich Heller in einem frühen Gedicht Rilkes. Vgl. Heller, Erich: Rilke und Nietzsche. In: Nirgends wird Welt sein als innen. Frankfurt am Main 1975. S. 78f.

des Gebets"[94]. Zumindest im Schreiben konnte er vollkommene Dunkelheit mit so großer Klarheit darstellen wie noch keiner vor ihm.[95]

Was für Kafka das Schreiben, das waren für Nietzsche das Lachen und das Tanzen im "Fest des Denkens".[96] Das Lachen, weil der unversöhnliche Dualismus von Licht und Finsternis überwunden ist, so dass Zarathustra das Lachen sogar "heilig" spricht (Za IV, Vom höheren Menschen 20, KSA 4, S. 368), und das Tanzen, nicht nur weil Denken und Schreiben für Nietzsche Arten des Tanzens sind und wie Tanzen gelernt sein wollen (GD, Was den Deutschen abgeht 7, KSA 6, S. 109f.), so dass für ihn der Geist eines Philosophen nichts mehr zu sein wünscht als "ein guter Tänzer", sondern auch weil Tanzen damit "sein Ideal, auch seine Kunst, zuletzt auch seine einzige Frömmigkeit, sein 'Gottesdienst'" ist (FW 381, KSA 3, S. 635). Auch "Zarathustra ist ein Tänzer" (EH, Za 6, KSA 6, S. 345). Sollte auch dies ein dunkles Gleichnis sein, so könnte man durch andere Gleichnisse und Metaphern, die allerdings wiederum neues Dunkel enthalten, Licht in es bringen, ohne allerdings in diesem Prozess jemals zu mehr als einem wiederum nur vorläufigen Ende zu gelangen, so dass man die Einsicht in die Prozesshaftigkeit mit Kafka auch in ein Verstehen oder auch Missverstehen von Gleichnishaftigkeit umformulieren kann:

> Alle diese Gleichnisse wollen eigentlich nur sagen, dass das Unfaßbare unfaßbar ist, und das haben wir gewußt. Aber das, womit wir uns jeden Tag abmühen, sind andere Dinge.
> Darauf sagte einer: 'Warum wehrt ihr euch? Würdet ihr den Gleichnissen folgen, dann wäret ihr selbst Gleichnisse geworden und damit schon der täglichen Mühe frei.'
> Ein anderer sagte: 'Ich wette, daß auch das ein Gleichnis ist.'
> Der erste sagte: 'Du hast gewonnen.'
> Der zweite sagte: 'Aber leider nur im Gleichnis.'
> Der erste sagte: 'Nein, in Wirklichkeit; im Gleichnis hast du verloren.'[97]

---

94) Kafka, Franz: Hochzeitsvorbereitungen auf dem Lande, a.a.O., S. 252. Dabei griff Kafka nach Corngold auf seine "unauslöschliche Leseerfahrung" von Nietzsches *Also sprach Zarathustra* aus seiner Jugendzeit zurück (Corngold, Stanley: Nietzsche, Kafka und die literarische Vaterschaft. In: Golomb (Hg.): a.a.O., S. 157ff.). Nach Corngold geht man inzwischen allgemein davon aus, daß Kafka Nietzsche nur deshalb nicht namentlich erwähnte, "weil er in seinem Werk so präsent war wie Salz im Meerwasser." (ebd., S. 154).

95) Heller, Erich: Franz Kafka. München 1974. S. 93, vgl. S. 7.

96) "Das abstrakte Denken ist für Viele eine Mühsal, - für mich, an guten Tagen, ein Fest und ein Rausch." (Nachlass 1885, KSA 11, 34 [130], S. 463).

Der Interpret der Gleichnisse gibt es schließlich entweder auf oder er muss sich selbst in ein Gleichnis verwandeln, womit sich auch der Prozess selbst in Verwandlung verwandelt.

II.

Versuchen wir also den Gleichnissen zu folgen, indem wir den Blick von der sogenannten Wirklichkeit abwenden und nach jenem sagenhaften Drüben sehen, von dem die Weisen reden und versuchen es etwas näher zu bezeichnen und zu bestimmen, wenn dies in Kafkas Aphorismus auch scheinbar als nutzlos zurückgewiesen werden mag. Nietzsches Gleichnis für dieses Drüben ist bekanntlich der "Übermensch". Denn Gott mag zwar tot sein, aber damit hat nicht auch schon das Transzendieren des Menschen über sich hinaus ein Ende. Dieses kommt vielmehr jetzt erst gerade ins Spiel, da das Spiel mit dem einen Gott bevor es richtig beginnen konnte auch immer schon zu Ende war: "Nun erst kreisst der Berg der Menschen-Zukunft. Gott starb: nun wollen w i r, - dass der Übermensch lebe." (Za IV, Vom höheren Menschen 2, KSA 4, S. 357). "Wir", das sind in diesem Falle Zarathustra und die "höheren Menschen", die sich zu ihm auf den Weg gemacht haben und um ihn versammelt sind. Sie stellen sich mit ihm in den "Kreis der Kultur", den Nietzsche schon in seiner zweiten Unzeitgemässen Betrachtung über *Schopenhauer als Erzieher* gezogen hatte. Danach ist die Kultur

> das Kind der Selbsterkenntniss jedes Einzelnen und des Ungenügens an sich. Jeder der sich zu ihr bekennt, spricht damit aus: "ich sehe etwas Höheres und Menschlicheres über mir, als ich selber bin, helft mir alle, es zu erreichen, wie ich jedem helfen will, der Gleiches erkennt und am Gleichen leidet: damit endlich wieder der Mensch entstehe, welcher sich voll und unendlich fühlt im Erkennen und Lieben, im Schauen und Können, und mit aller seiner Ganzheit an und in der Natur hängt, als Richter und Werthmesser der Dinge." (SE 6, KSA 1, S. 385)

In *Also sprach Zarathustra* hat Nietzsche die Entstehung des Übermenschen als einen

---

97) Kafka, Franz: Von den Gleichnissen. In: Beschreibung eines Kampfes. Novellen, Skizzen, Aphorismen aus dem Nachlaß. Frankfurt am Main 1980. S. 72.

dreistufigen Verwandlungsprozess beschrieben, der im Gleichnis gesprochen vom gehorsamen Kamel über den freiheitsliebenden Löwen zum spielend-schaffenden Kind führt. Sofern Verwandlungen Prozesse besonderer Art sind, die zielgerichtet und irreversibel sind, lassen sie sich am besten als ein Prozess in drei Stufen oder Stadien zu beschreiben, in denen das mittlere die einfache Umkehrung und den Rückschlag von Anfang und Ende verhindert, so dass eine wirkliche Veränderung möglich wird. Ein naheliegendes Beispiel wäre die Metamorphose der Raupe in Puppe und Schmetterling. Zum ersten Mal und prägend wurde Nietzsche dies bei der Betrachtung der *Transfiguration* Raffaels in der *Geburt der Tragödie* deutlich, da in diesem Gemälde die dargestellten Menschen in drei Grade eingeteilt sind: die "rathlos Leidenden, die verworren Träumenden, die überirdisch Entzückten". Zwar blicken wir nach Nietzsche heute nicht mehr so in die Welt "und auch Raffael dürfte es jetzt nicht mehr", sondern würde eine neue Transfiguration mit Augen sehen (M 8, KSA 3, S. 21), aber das Problem der Transfiguration und Verwandlung ließ Nietzsche nicht mehr los und bleibt ein wichtiger Hinweis zum Verständnis seiner selbst und seines Werkes.[98] Es zeigt sich nicht nur bei der Frage der Verwandlung des Menschen in Übermenschen und im Bild der drei Verwandlungen des Geistes, sondern z.B. auch schon in der bereits erwähnten, für eine zukünftige 'Objektivität' notwendigen Verwandlung durch viele Individuen hindurch, und kehrt bei der Frage der Einverleibung des Ewige-Wiederkunfts-Gedankens wieder: denn "wenn du dir den Gedanken der Gedanken einverleibst, so wird er dich verwandeln." (Nachlass 1881, KSA 9, 11 [143], S. 496; vgl. FW 341).

Der Prozess im engeren Sinne der Verwandlung ist auch ein zentrales Thema Kafkas. Er hat ihr nicht nur eine ganze Erzählung mit diesem Titel gewidmet, in der Gregor Samsa in ein monströses Insekt verwandelt wird, sondern sie erscheint auch in anderen Romanen und Erzählungen. Wenn Josef K. am Ende des Prozess-Romans "wie ein Hund" stirbt, so grenzt der Prozess damit selbst an das Phänomen der

98) Die Einteilung von Nietzsches philosophischer Entwicklung in drei Phasen geht bis auf Lou Andreas-Salomé zurück, war aber auch von Anfang an schon umstritten. Zur Interpretation von Raffaels Transfiguration bei Nietzsche vgl. Hofmann, Gert: Theaterphilosophie. Nietzsches Ästhetik der Transfiguration. In: Schweigende Tropen. Studien zu einer Ästhetik der Ohnmacht. Tübingen und Basel 2003. S. 195-225.

Verwandlung, und zwar ebenfalls in der besonderen Form der Verwandlung des Menschen in ein Tier. In beiden Fällen handelt es sich im Unterschied zu der von Nietzsche anvisierten Verwandlung in Übermenschen aber um eine Rückverwandlung bzw. Regression. Zwar kennt auch Zarathustra, wie oben erwähnt, die Möglichkeit der Rückverwandlung des Menschen in Richtung Tier, aber sie wird durch die mögliche Vorwärtsverwandlung des Menschen zum Übermenschen kompensiert und überboten. Da für Nietzsche streng genommen keine vollständige Rückverwandlung des Menschen zum Tier möglich ist, stellt sich für ihn nur die Alternative zwischen der Stagnation bzw. der Entwicklung zurück zu einem "letzten Menschen" oder über den Menschen hinaus zu einem "Übermenschen". Die weit zurückliegende Verwandlung des Affen zum Menschen, wie sie in Kafkas *Bericht für eine Akademie* rekonstruiert wird, kann dafür höchstens ein erstes, wenn auch ungenügendes Vor-Bild und Gleichnis sein. Ganz darwinistisch berichtet darin der ehemalige Affe Rotpeter über seine Entwicklung zum Menschen wobei jedoch offen bleibt, ob diese Enwicklung überhaupt eine positive oder nicht vielmehr negativ ist. Er will eben nur berichten. Anders als Nietzsche, der die Möglichkeit, wenn auch nicht die Notwendigkeit eines Fortschritts ins Auge fasste (vgl. MA 24, KSA 2, S. 45), scheint Kafka sogar diese Möglichkeit in Frage gestellt zu haben, so dass sich bei ihm auch nirgendwo die Darstellung einer progredierenden Vorwärtsentwicklung des Menschen über diesen hinaus findet. Kafkas erwägt Fortschritt lediglich in der Umkehrung des Turmbaus von Babel als ein ebenso babylonisches Graben: "Was baust du? - Ich will einen Gang graben. Es muß ein Fortschritt geschehn. Zu hoch oben ist mein Standort." Worin der Fortschritt bei diesem "Schacht von Babel"[99] bestehen soll, bleibt unklar, denn ob Turm oder Schacht, es bleibt ein babylonischer der Hybris und der Sprachverwirrung. Es sind letzten Endes Labyrinthe, die Nietzsche als die dem modernen Menschen am meisten entsprechende Architektur empfand (M 169, KSA 3, S. 152).

Nietzsches Zarathustra vergleicht den vermittelnden Weg des Menschen zwischen Tier und Übermensch mit einem Seil, das in der Höhe und über einen Abgrund gespannt ist, so dass ein Absturz von ihm tödlich ist. So geschieht es mit dem Seiltänzer, der die Balance verliert, als ihn ein hinter ihm herkommender und

99) Kafka, Franz: Hochzeitsvorbereitungen auf dem Lande, a.a.O., S. 280.

über ihn hinwegspringender Possenreißer zum Absturz und damit zu Tode bringt. Kafka stimmt mit Nietzsche zwar darin überein, dass es einen "wahren Weg" gibt und dieser Weg über ein Seil führt, aber sowohl der Ort als auch die Funktion dieses Seils sind andere. In den 1917/18 enstandenen, von Kafka selbst aber nicht so benannten *Betrachtungen über Sünde, Leid, Hoffnung und den wahren Weg*, heißt es in einer offenbaren Abwandlung, wenn nicht Umkehrung des Zarathustra-Motivs: "Der wahre Weg geht über ein Seil, das nicht in der Höhe gespannt ist, sondern knapp über dem Boden. Es scheint mehr bestimmt stolpern zu machen, als begangen zu werden."[100] Danach ist das Seil nicht in der Höhe, sondern am Boden gespannt und eher zum Stolpern als zum Begehen und Balancieren bestimmt. Um nicht zu stolpern muss man ständig auf den Boden schauen, um nicht abzustürzen schaut man besser nicht nach unten, sondern nach vorn. Das zum Stolpern bestimmte Seil lässt uns zögern und dies erzeugt erst den Weg, den es für Kafka eigentlich nicht gibt: "Es gibt ein Ziel, aber keinen Weg; was wir Weg nennen, ist Zögern."[101] Damit wird die anvisierte Verwandlung zunächst wieder auf einen Prozess reduziert, der nur das Umschlagen von Gegenteilen ineinander kennt, wenn nicht auch das Stolpern und Zögern Wirklichkeit hätte. Dem entspricht bei Nietzsche, dass auch die zielgerichtete Verwandlung in den Übermenschen durch die ewige Wiederkehr des gleichen Prozesses ausgeglichen wird, so dass sich auch die Verwandlung immer wieder als die gleiche wiederholt. Dies jedenfalls ist eine Implikation der Lehre von der ewigen Wiederkunft des Gleichen. Verwandlung und Prozess wären demnach als zwei nicht aufeinander reduzierbare, sich vielmehr streitbar-ergänzende Begriffe bei Kafka und Nietzsche anzusehen. Während Nietzsche die beiden Begriffe jedoch nicht nur aufeinander bezieht, sondern zugleich auch scharf trennt, gehen sie bei Kafka unvermittelt immer wieder ineinander über. Dies wir besonders deutlich, wenn wir den Blick noch auf einen anderen von Nietzsche stark beeinflussten Dichter werfen, dei dem ganz die Verwandlung im Vordergrund steht.

100) Ebd., S. 30.

101) Ebd., S. 32. Das Sück wurde von Kafka zwar durchgestrichen, jedoch nicht aus dem Zettelkonvolut entfernt, ein Widerspruch, der die Ambiguität zwischen Weg und Nicht-Weg angemessen widerspiegelt.

III.

Bei Rainer Maria Rilke erscheint die Verwandlung in der doppelten Form der Verwandlung der Welt in den Menschen und der ihr korrespondierenden Verwandlung des Menschen in Welt bzw. über sich hinaus. In Rilkes neunter Elegie, die nicht zufällig auf Beethovens neunte Symphonie anspielt und wie diese von der "Freude" inspiriert ist, lautet die Schlüsselfrage:

> Erde, ist es nicht dies, was du willst: *unsichtbar*
> in uns erstehn? - Ist es dein Traum nicht,
> einmal unsichtbar zu sein? - Erde! unsichtbar!
> Was, wenn Verwandlung nicht, ist dein drängender Auftrag?

Rilke hat diesen Auftrag der Erde ebenso wie Nietzsche und Kafka angenommen, indem auch er die Dinge so zu sagen vermochte, "wie selber die Dinge niemals innig meinten zu sein". Für Rilke und vor ihm schon für Nietzsche nimmt dieses Sagen jedoch eine neue und andere Form an als bei Kafka einerseits und in den vorausgehenden Konventionen europäischer Verständigungsverhältnisse andererseits. Rilke nannte es das Rühmen und Preisen der Dinge, die dem traditionellen Schlecht- und Übelreden der Dinge und Menschen, der Erde und der Welt, diametral entgegengesetzt sind und daher als "eine Katastrophe in der Geschichte der Sprache"[102] beschrieben werden kann. Denn wer oder was hielt sich unter dem breiten Mantel der europäischen Religionen und Metaphysiken schon in sich selbst für rühmenswert? Dagegen heißt es in den *Sonetten an Orpheus*: "Rühmen, das ists!", und sogar die Klage darf nur "im Raum der Rühmung" gehen. Im Grunde ist das eigentlich rühmenswerte die Verwandlung selbst und die eigentliche Verwandlung die Rühmung.

Wie Rilke in seinem bekannten Brief an Witold Hulewicz erläutert, gelte es, "das Hiesige nicht nur nicht schlecht zu machen und herabzusetzen, sondern gerade, um seiner Vorläufigkeit willen, die es mit uns teilt, sollen diese Erscheinungen und Dinge von uns mit einem innigsten Verstande begriffen und verwandelt werden"; unsere Aufgabe sei es, "diese vorläufige, hinfällige Erde uns so tief, so leidend und

---

102) Sloterdijk, Peter: Über die Verbesserung der guten Nachricht. Nietzsches fünftes "Evangelium". Frankfurt am Main 2001. S. 7.

leidenschaftlich einzuprägen, daß ihr Wesen in uns 'unsichtbar' wieder aufersteht." Die Menschen seien "die Bienen des Unsichtbaren".[103] Rilke konnte sich dabei auf Nietzsches Zarathustra berufen, der die Voraussetzung der "schenkenden Tugend" in der verwandelnden Aneignung aller Dinge sieht: "Ihr zwingt alle Dinge zu euch und in euch, dass sie aus eurem Borne zurückströmen sollen als die Gaben eurer Liebe." (Za I, Von der schenkenden Tugend 1, KSA 4, S. 98). In diesem verwandelnden Kreisen vollzieht sich der "Sinn der Erde".

Indem der Mensch die Welt in sich und sein unsichtbares Innere verwandelt, transformiert er sich zugleich selbst auf das hin, was ihm als das Ziel der Verwandlungen, d.h. als ihre Vollendung vorschwebt. Heißt das Ziel bei Nietzsche "Übermensch", so nennt der Rilke der Elegien diese Vollendungsgestalt "Engel": "Der Engel der Elegien ist dasjenige Geschöpf, in dem die Verwandlung des Sichtbaren in Unsichtbares, die wir leisten, schon vollzogen erscheint."[104] Entsprechend ist der Übermensch bei Nietzsche dasjenige Wesen, in dem die "notwendige 'Selbstüberwindung'" des Menschen schon vollendet erscheint. Der Übermensch ist für Nietzsche, was der Engel für Rilke ist: beide sind "Geschöpfe der Immanenz, die die Immanenz in der Verwirklichung einer noch tieferen Immanenz übersteigen."[105] Insofern sind sie die über die Illusion des egoistischen Individuums, über "mich" und "dich" hinausgehenden Versuche, kosmisch zu empfinden und zwar in dem von Nietzsche auch Goethe zugeschriebenen Glauben, "dass nur das Einzelne verwerflich ist, dass im Ganzen sich Alles erlöst und bejaht." (GD, Streifzüge eines Unzeitgemässen 49, KSA 6, S. 152; vgl. Nachlass 1881, KSA 9, 11 [7], S. 443).

Hat der Mensch für Rilke schon immer Sichtbares rühmend in Unsichtbares verwandelt, so erscheint ihm diese Aufgabe zu seiner Zeit dringender als je zuvor. Denn noch "für unsere Großeltern war ein 'Haus', ein 'Brunnen', ein ihnen vertrauter Turm, ja ihr eigenes Kleid, ihr Mantel: unendlich vertraulicher, fast jedes Ding ein Gefäß, in dem sie Menschliches vorfanden und Menschliches hinzusparten. Nun drängen von Amerika her, leere gleichgültige Dinge herüber, Schein-Dinge,

---

103) Brief an Witold Hulewicz vom 13. 11. 1925. In: Fülleborn, Ulrich und Eigel, Manfred: Materialien zu Rainer Maria Rilkes 'Duineser Elegien'. Frankfurt am Main 1980. S. 320f.

104) Ebd., S. 322.

105) Heller, Erich: Rilke und Nietzsche, a.a.O., S. 106ff.

Lebens-Attrappen."[106]

Inzwischen hat sich die Situation seit Nietzsche und Rilke noch einmal verschärft und ist in einem neuen Sinne gefährlich geworden. Im Zeitalter der Telekommunikation und der Computer hat sich der Bereich der virtuellen Scheinrealität ins Ungeheure erweitert und fordert die Menschen heraus, ihnen mit einer eigenen Scheinrealität zu entsprechen. *Virtuell reality* ist paradoxerweise fast ebenso unsichtbar, jedenfalls unfassbar, wie die verwandelte Wirklichkeit und kann daher leicht mit ihr verwechselt werden.

Zugleich haben auch Werbemanager und Politiker inzwischen begriffen, dass sich etwas am besten verkaufen lässt, wenn es in den höchsten Tönen gelobt und angepriesen wird. Sogar die Verlierer gewinnen heute. Sie mussten es nicht einmal von Nietzsche oder Rilke lernen. Sobald ein neues Lied entsteht, entsteht unvermeidlich zugleich auch ein entsprechendes "Leier-Lied", so dass es auch hier unweigerlich zu Verwechslungen kommt (vgl. Za III, Der Genesende, KSA 4, S. 275). Alles kommt bereits dual zur Welt, Einheit ist nur als Nicht-Zweiheit. Auch Prozess und Verwandlung sind ein solches Paar. Darum bedarf es entsprechender Einschränkungen des Gesagten. Sie lassen sich in die drei Formeln fassen, mit denen Nietzsche schon die zu seiner Zeit "avantgardistischste" Kunst, diejenige Wagners, kritisiert hat: "Dass das Theater nicht Herr über die Künste wird. Dass der Schauspieler nicht zum Verführer der Echten wird. Dass die Musik nicht zu einer Kunst zu lügen wird." (WA, KSA 6, S. 39). Man hat die erste Formel heute nur so zu verstehn, dass mit "Theater" nicht nur die Oper, sondern auch all das mitgemeint ist, was Kino, Video, Fernsehen und die ganze multimedial erzeugte *virtual reality* einschließt. Die dunkle Höhle Platos kann nicht der einzige und vornehmste Aufenthaltsort des Menschen sein. Schauspieler und Musik sind in der ersten Formel im Grunde schon impliziert. Die Kunst kann nicht nur ein Ausdruck der Wahrheit, sondern auch der Lüge sein, wenn sie zu einer bloßen Affirmation des Bestehenden oder veralteter und reaktionärer Mythologien wie bei Wagner wird. Gedichte, die wie Werbeanzeigen für Massenprodukte klingen, sind mehr als suspekt. Die Kunst darf ihren vorausweisenden utopischen Charakter nicht verlieren, der sie immer auch zu einem Kritiker des Bestehenden

106) Brief an Witold Hulewicz, a.a.O., S. 324.

und Überholten werden lässt. Sie kann nur miskroskopisch genaue Darstellung des reinen Prozesses wie bei Kafka und Nietzsche werden, in der die Darstellung schon selbst die Kritik ist, oder sie verlangt wie bei Nietzsche und Rilke die völlige Verwandlung des Menschen in Gestalten, die Gleichnisse und Vor-Scheine der Wahrheit sind, denen gegenüber die sogenannte Wirklichkeit zum Schein gerinnt.

Schon für *Theodor W. Adorno* war die These, dass Kunst Lobpreisung ist, nur wahr, wenn sie kritisch gemeint ist: "Angesichts dessen, wozu Realität sich auswuchs, ist das affirmative Wesen der Kunst, ihr unausweichlich, zum Unerträglichen geworden."[107] Aber so wenig Kunst auf die generelle Formel des Protestes zu bringe sei, so auch nicht einfach auf dessen Gegenteil. Als geradezu "axiomatisch" für eine in diesem Sinne umorientierte Ästhetik gilt für Adorno dabei "die vom späten Nietzsche gegen die traditionelle Philosophie entwickelte Erkenntnis, daß auch das Gewordene wahr sein kann."[108] In der Tat ist der werdend-gewordene Übermensch bei Nietzsche immer auch kritisch gemeint, sofern er dem "letzten Menschen", der vor allem dadurch gekennzeichnet ist, dass er sich nicht mehr verwandeln will, gegenübergestellt ist. Und vielleicht ungewollt kommt Adorno dabei auch Rilke nahe: "Kunst ist die gesellschaftliche Antithesis zur Gesellschaft, nicht unmittelbar aus dieser zu deduzieren. Die Konstitution ihres Bereichs korrespondiert der eines inwendigen der Menschen als des Raums ihrer Vorstellung: vorweg hat sie teil an der Sublimierung."[109]

Peter Sloterdijk macht in seiner Rede *Über die Verbesserung der guten Nachricht* bei Nietzsche zwei weitere beachtenswerte Einschränkungen. Einerseits sei das, was Nietzsche im Sinne habe nicht "der kriterienlose Jubel über sich selbst als bloßes Dasein". Denn Nietzsche halte "mit aller Macht an der Vorstellung fest, daß sich das Dasein seinen Jubel verdienen muß oder, besser, daß es in seinen Jubel hineinwächst. Wie kein anderer Moderner tritt Nietzsche für die *adaequatio iubilationis et intellectus* ein. Soll zwischen dem eigenen Dasein und der guten Nachrede eine Entsprechung möglich sein, muß sich ein Dasein so gesteigert haben, daß Bestes von ihm zu sagen ist."[110] Schließlich gibt auch die von Sloterdijk zuvor

107) Ästhetische Theorie. Frankfurt am Main 1970. S. 10f.

108) Ebd., S. 12.

109) Ebd., S. 19.

110) Sloterdijk, Peter: Über die Verbesserung der guten Nachricht. Nietzsches fünftes "Evangelium",

gemachte Feststellung, "daß Nietzsches Poetik die Regeln der indirekten Eulogik aufgehoben und Fremdlob durch Selbstlob ersetzbar gemacht habe", nur die äußere Schicht des Umbruchs zu sehen. Auf einer tieferen Ebene bleibe Nietzsches affirmative Sprache vielmehr "dem Lob des Fremden verpflichtet -, ja, sie lobt das Nicht-Selbst, wie es noch nie gefeiert worden ist."[111)] Authentische Kunst[112)] steht daher immer auch am Rande des Verstummens und Schweigens, sei es, dass es sich um eigentlich Nicht-Mitteilbares handelt, sei es dass es um die Mitteilung "hässlicher Wahrheiten" oder schließlich auch darum geht, dass die Welt "um die Stunde des vollkommnen Mittags" immer schon vollkommen ist (Za IV, Mittags, KSA 4, S. 342). Nicht wir loben, die Welt lobt sich dann schweigend selbst.

Letzten Endes wird man sogar sagen müssen, dass Nietzsche nicht nur *kritisch* lobt, wie Adorno fordert, die Angemessenheit der Rühmung an die Sache und umgekehrt beachtet, sowie das Eigenlob dem Fremdlob unterordnet, wie Sloterdijk feststellt, sondern dass er schließlich auch das Loben und das ihm entsprechende kritische Tadeln selbst aufgegeben hat. "Es ist nichts zu loben und zu tadeln." (Nachlass 1880; KSA 9, 1 [65], S. 20). Nicht nur fehlt es für Niezsche dem Lobenden mehr noch als dem Tadelnden an Scham, wenn er sich durch sein Lob dem Gelobten gleich oder über ihn stellt[113)], und nicht nur wird im Zarathustra die Lobpreisung von allem und jedem mit der Anbetung eines Esels, der zu allem jasagt, eigens parodiert (Za IV, Die Erweckung 2), sondern in dem Dionysos-Dithyrambus *Ruhm und Ewigkeit* (DD, KSA 6, S. 402-405) wird von Nietzsche, in dem paradoxen Stil, der seinen Ruhm begründet, auch der Ruhm seiner selbst entschieden zurückgewiesen.[114)] Angesichts dieser Einschränkungen des verwandelnden Rühmens

---

a.a.O., S. 44f.

111) Ebd., S. 67. Dabei kann man nicht nur wie Sloterdijk an die "Fülle von Fremdheit namens Welt" denken, sondern auch an den einst "aus Asien heranstürmenden" fremden Gott und Philosophen Dionysos (Die dionysische Weltanschauung, KSA 1, S. 556), als dessen Jünger sich Nietzsche bezeichnet hat (EH, Vorwort 2, KSA 6, S. 258, vgl. S. 160), sowie an Menschen wie die Griechen, Schopenhauer, Wagner, Lou Andreas-Salomé, oder Bizet und vor allem an den im Titel seines Hauptwerkes stehenden Zarathustra, von dem es heißt: Ich mußte Zarathustra, einem Perser, die Ehre geben." (Nachlass 1884, KSA 11, 25 [148], S. 53).

112) Nietzsche nennt sie "monologische Kunst" und setzt sie der "Kunst vor Zeugen" entgegen (FW 367, KSA 3, S. 616).

113) "Im Lobe ist mehr Zudringlichkeit als im Tadel." (JGB 170, vgl. Nachlass 1884, KSA 11, 32 [9], S. 404). Vgl. auch Nietzsche über Emerson im Nachlass 1881, KSA 9, 12 [68], S. 588.

114) Vgl. auch Nachlass 1882/83, KSA 10, S. 212: "Was können Alle? - Loben und Tadeln. Dies ist die

könnte man also sagen, dass Niezsche nicht nur durch seinen emphatischen Begriff der Verwandlung, den er mit Rilke teilt, über Kafkas Prozessdenken hinausgeht, sondern andererseits auch über Rilke, sofern er dessen Defizit an Prozessdenken deutlich macht. Verwies der Prozess zunächst auf Verwandlung, so diese wieder zurück auf jenen.

Tugend des Menschen, dies ist der Wahnsinn des Menschen." (Vgl. ebd., S. 158).

NIETZSCHES REGENSCHIRM
Sprachphilosophie mit “Gänsefüßchen”

I.

Jeder hat es vermutlich schon einmal erlebt: spätestens wenn es aufgehört hat zu regnen, vergisst man leicht den Regenschirm. Wenn der Regen einen nicht mehr daran erinnert, dass man ihn braucht, lässt man ihn irgendwo stehen. Denn Regenschirme haben auch etwas Lästiges an sich, da man sie herumtragen muss, so dass man sie nicht ganz ungern vergisst. Nur dass man dann wieder einen neuen kaufen muss.

Nietzsche hatte einen roten Schirm[115)], der ihn bei Regenwetter gegen den Regen, bei Sonne vielleicht zum Schutz seiner Augen auch gegen das starke Sonnenlicht schützte und deshalb sowohl Regen- als auch Sonnenschirm war. Er trug ihn daher fast immer bei sich. Und rot war der Schirm vielleicht deshalb, damit er auffällig genug war, um ihn nicht so leicht irgendwo stehen zu lassen, also zu vergessen. Dass diese Möglichkeit nicht ganz von der Hand zu weisen ist, wird schon allein dadurch belegt, dass ihm die Kinder immer wieder Steinchen in den abgestellten Schirm warfen, die ihm beim Öffnen desselben zur Erheiterung der Kinder auf den Kopf fielen, so “zerstreut” oder wohl richtiger “konzentriert” war der Professor.[116)]

Ob Nietzsche seinen Schirm wirklich vergessen hat oder nicht, wissen wir nicht

---

115) Adorno, Theodor W.: Aus Sils Maria. In: Ohne Leitbild. Parva Aesthetica. Frankfurt am Main 1967. S. 50f. Resa von Schirnhofer spricht 1884 von einem grauen, Emily Fynn 1889 von einem weißen Sonnenschrim (Leis, Mario: Frauen um Nietzsche. Hamburg 2000. S. 94, 116).

116) Denn, wie eines der erwachsen gewordenen Kinder später berichtet, “der Mann mit dem Riesenschnauz achtete ja nicht, was um ihn herum vor sich ging. Wir nannten ihn nur ‘il narr’.” (Friedrich Nietzsche. Chronik in Bildern und Texten. Im Auftrag der Stiftung Weimarer Klassik, zusammengestellt von Raymond J. Benders, Stephan Oettermann. München - Wien 2000. S. 700).

genau und wir können es nach Jacques Derrida auch nicht und nie genau wissen, obwohl sich in Nietzsches Werken sogar der Satz "'ich habe meinen Regenschirm vergessen'" findet. (Nachlass 1881, KSA 9, 12 [62]). Derrida behauptet: "Wir werden niemals *sicher* wissen, was Nietzsche hat tun oder sagen wollen, als er diese Worte notierte. Nicht einmal, ob er irgend etwas *gewollt* hat."[117)] Aber wissen wir denn von irgendeinem Satz oder Text, sei es der Nietzsches oder eines anderen, jemals *sicher*, was der Autor hat tun oder sagen wollen, als er seinen Text schrieb? Ist es nicht immer eine Frage der Interpretation? Müssen wir überhaupt zum Verständnis eines Satzes wissen, was der Autor damit hat tun oder sagen wollen? Und selbst wenn wir es wissen, kann er nicht immer noch mehr oder auch weniger gesagt haben, als er sagen wollte?

Zudem scheint der Satz über den Regenschirm doch sonnenklar. So klar, dass man sich mit Derrida auch fragen kann, was so ein Satz eigentlich in den nachgelassenen Fragmenten der Werke Nietzsches zu suchen hat. Gehört er nicht zu jenen Notizen, die wie "Briefentwürfe und -dispositionen, Notizen und Bemerkungen von äußerlichem und zufälligem Inhalt, z.B. Andeutungen finanzieller Fragen, Berechnungen, Notizen über Preise, Reisen, Spazierwege, Besuche und dergleichen" (KSA 14, S. 18f.) eigentlich nicht ins Werk aufgenommen werden sollten?

Der Satz hat jedoch eine Besonderheit, die ihn aus gewöhnlichen Sätzen heraushebt, nämlich den Umstand, dass er in Anführungszeichen steht. Es ist wie bei gewissen Gegenständen der Alltagswelt, die dadurch zu Kunstwerken werden, dass sie aus diesem Zusammenhang heraus genommen und z.B. in einem Museum ausgestellt werden. Man spricht dann von objet trouvé, ready-made oder Objektkunst. In einem vergleichbaren Sinne wird die Aussage, dass Nietzsche seinen Regenschirm vergessen hat, durch die Anführungszeichen zu einem Gegenstand des Nachdenkens, an dem man nicht nur ästhetische Betrachtungen anstellen kann. Um genau zu bleiben sollte man daher auch nicht sagen, dass Nietzsche seinen Regenschirm vergessen hat, sondern dass "ich" seinen oder ihren Regenschirm vergessen hat. Zur Diskussion steht insofern allein der Satz: "ich habe meinen Regenschirm vergessen", denn dass dieses "ich" gerade Nietzsche ist, geht aus diesem Satz nicht unmittelbar hervor. Dass Nietzsche aber Sätze dieser Art als

117) Derrida, Jacques: Sporen. Die Stile Nietzsches. In. Hamacher, Werner (Hg.): Nietzsche aus Frankreich. Frankfurt am Main, Berlin 1986. S.129-168. S. 158.

Beispielsätze verwendet, zeigt z.B. seine *Darstellung der antiken Rhetorik* aus dem Jahre 1874, in der er Sätze wie "der Stein ist hart" oder "die Blätter sind grün" als Beispiele für die rhetorische Metonymie verwendet (KGW II-4, S. 427, vgl. WL 1, KSA 1, S. 878).

Derrida will also sagen, dass wir nicht wissen können, welche Art von Betrachtung Nietzsche mit diesem Satz anstellen wollte, ja ob er überhaupt etwas damit wollte. Vielleicht ist der Satz auch ein Kunstwerk, das ganz für sich steht. In diesem Sinne ließe sich dann auch die weitergehende Suggestion Derridas verstehen, dass die Gesamtheit von Nietzsches Text [...] vielleicht, in höchstem Maße, vom Typ 'ich habe meinen Regenschirm vergessen' ist. Mit dieser Ästhetisierung fällt zuletzt auch der Begriff einer Gesamtheit von Nietzsches Text und sei sie auch nur fragmentarisch und aphoristisch, dahin.[118)]

Ästhetik an Stelle von oder als Philosophie also? Die von Nietzsche bekannte "Artisten-Metaphysik"[119)]? Vielleicht nicht nur, denn so, wie der Alltagsgegenstand im Museum uns die ästhetischen Qualitäten dieses Gegenstandes und der Alltagswelt im allgemeinen aufzeigen kann, könnte uns auch der Satz aus der Alltagssprache etwas über die im weitesten Sinne grammatischen Qualitäten dieses Satzes und vielleicht der Sprache überhaupt lehren. Darauf, was dies sein könnte, will sich Derrida jedoch nicht einlassen. Er nennt die Veröffentlichung dieses Satzes vielmehr "das Monument eines hermeneutischen Somnambulismus",[120)] in dem die Herausgeber ihren Editionskriterien gemäß mit schlafwandlerischer Sicherheit, aber ohne Wissen, angenommen hätten, dass dieser Satz mit irgendeiner ausgeführten Arbeit Nietzsches verbunden sein müsse.[121)] Einen Vorschlag Sarah Kofmans, der diesen Satz diesem Verfahren entsprechend auf einen Aphorismus aus *Menschliches, Allzumenschliches* (MA 430) beziehen würde, weist Derrida aus den verschiedensten Gründen, die er jedoch nicht eigens nennt, als unwahrscheinlich zurück.[122)] Ich möchte daher zunächst einen anderen Vorschlag machen und diesen dann durch einige weitere Perspektiven erweitern, die zusammen zeigen werden,

---

118) Ebd., S. 162.

119) Vgl. Wohlfart, Günter: Artisten-Metaphysik. Würzburg 1991.

120) Derrida, J.: Sporen, a.a.O., S. 159.

121) Zur Diskussion zwischen Dekonstruktion und Hermeneutik vgl. die Debatte zwischen J. Derrida und H.- G. Gadamer in Forget, Philippe (Hg.): Text und Interpretation. München 1984.

122) Derrida, J.: Sporen, a.a.O., S. 167.

dass man Nietzsche nicht nur ästhetisch oder dekonstruktivistisch, sondern auch philosophisch und konstruktiv lesen kann.[123] Dabei wird sich zeigen, dass man in diesem Satz Nietzsches Sprachphilosophie in nuce finden kann.

II.

Eines der grammatischen Merkmale des Regenschirm-Satzes ist, dass er im Perfekt steht. Denn das Vergessen hat es insbesondere mit der in die Gegenwart hereinreichenden Vergangenheit zu tun. Davon handelt ein Aphorismus aus der *Morgenröthe*, die im selben Jahr 1881 veröffentlicht wurde, aus dem auch jener Satz stammt:

> Das Ich will alles haben. - Es scheint, dass der Mensch überhaupt nur handelt, um zu besitzen: wenigstens legen die Sprachen diesen Gedanken nahe, welche alles vergangene Handeln so betrachten, als ob wir damit etwas besäßen ("ich habe gesprochen, gekämpft, gesiegt": das ist, ich bin nun im Besitze meines Spruches, Kampfes, Sieges). Wie habsüchtig nimmt sich hierbei der Mensch aus! Selbst die Vergangenheit sich nicht entwinden lassen, gerade auch sie noch haben wollen! (M 281)

Im Falle des vergessenen Regenschirms zeigt sich diese Habsucht des Menschen sogar in einer gesteigerten Form. Denn der Regenschirm ist nicht nur durch das besitzanzeigende "mein" schon in Beschlag genommen und nicht nur betrifft das Vergessen-haben ein Vergangenes, das wir gerade nicht mehr haben, sondern das

123) Derridas Diskussion dieses Satzes hat schon des öfteren die Aufmerksamkeit der Interpreten gefunden. Vgl. Künzli, R. E.: Nietzsche und die Semiologie: Neue Ansätze in der französischen Nietzsche-Interpretation. In: Nietzsche-Studien 5 (1976). S. 263-288. S. 285f.; Norris, Christopher: Deconstruction: Theory and Practice. London 1982. S. 70-73; Behler, Ernst: Derrida - Nietzsche, Nietzsche - Derrida. München 1988. S. 124ff.; Schrift, Alan D.: Nietzsche and the Question of Interpretation. New York 1990. S. 106f.; Ellrich, Lutz: Der Ernst des Spiels. Zu drei Versuchen einer dekonstruktiven Nietzsche-Lektüre. In: Kopperschmidt, J., Schanze, H. (Hg.): Nietzsche oder "Die Sprache ist Rhetorik". München 1994. S. 197-218. S. 216. Jordan, Lothar: Nietzsche: Dekonstruktionist oder Konstruktivist? In: Nietzsche-Studien 23 (1994). S. 226-240. Cafard, Max: Nietzschean Anarchy and the Post-Mortem Condition. In: Moore, John (Hg.): I am not a Man, I am Dynamite! Friedrich Nietzsche and the Anarchist Tradition. Brooklyn 2004. S. 85-106. S. 99ff.

Vergessen ist auch schon von sich aus solches, das nicht in unserer Macht steht. Das Wort "Vergessen" steht eher in einer Lücke unserer Macht, als dass es ein besonderes Vermögen bezeichnen würde. Gerade darüber aber täuscht uns das Wort "Vergessen" hinweg, wie aus einem weiteren Aphorismus der *Morgenröthe* hervorgeht:

> Vergessen. - Dass es ein Vergessen giebt, ist noch nicht bewiesen; was wir wissen, ist allein, dass die Wiedererinnerung nicht in unserer Macht steht. Vorläufig haben wir in diese Lücke unserer Macht jenes Wort "Vergessen" gesetzt: gleich als ob es ein Vermögen mehr im Register sei. Aber was steht zuletzt in unserer Macht! - Wenn jenes Wort in einer Lücke unserer Macht steht, sollten nicht die anderen Worte in einer Lücke unseres Wissens um unsere Macht stehen? (M 126)

Wenn unser Wille, uns zu erinnern scheitert, nennen wir diese größere Kraft, die nicht in unserer Macht steht "Vergessen", das dadurch zugleich zu einem scheinbar bekannten Vermögen von uns wird.

Dies deutet auf ein weiteres Merkmal dieses Satzes, nämlich seine Subjekt-Prädikat-Struktur. Das Ich will nicht nur alles haben, sogar das Vergessen, es wird auch als Subjekt und Ursache, das Vergessen aber als eine seiner Wirkungen verstanden, die ihm zugesprochen, d.h. von ihm prädiziert werden können. Den Ursprung dieses Ursache-Wirkung-Denkens sieht Nietzsche in unserem Glauben an unser Wollen-Können, von wo es dann auf alles andere übertragen wird, auch auf das Vergessen. Im "ich will" haben wir gleichsam das Urbild aller Verursachung vor uns.

> Ursache und Wirkung. Wir verstehen darunter im Grunde eben das, was wir denken, wenn wir uns selber als Ursache eines Schlages usw. denken. "Ich will" ist Voraussetzung, eigentlich ist es der Glaube an eine magisch wirkende Kraft, dieser Glaube an Ursache und Wirkung - der Glaube, daß alle Ursachen so persönlich-wollend sind, wie der Mensch. Kurz, dieser Satz a priori ist ein Stück Urmythologie - nichts mehr! (Nachlass 1881, KSA 9, 12 [63])

Dieses Fragment steht nicht mehr in einem der ausgeführten Werke Nietzsches, sondern im Nachlass und zwar unmittelbar auf das Regenschirm-Fragment folgend, nur durch die äußerliche Nummerierung der Herausgeber davon getrennt! Hätte Derrida die Deutung des Satzes nicht nur in seiner Beziehung zu den jenseits desselben liegenden ausgeführten Werken, sondern auch zu der unmittelbaren näheren und weiteren Textumgebung selbst gesucht, vielleicht wäre er dann fündig geworden. Man könnte die nachtwandlerische Sicherheit, mit der hier am unmittelbaren Kontext vorbeigegangen wird, als dekonstruktivistischen Somnambulismus bezeichnen. Nietzsches Aufzeichnungen aus dem Nachlass stehen nicht nur in einem Verhältnis zu den veröffentlichten Werken, sondern selbst in einem bestimmten Kontext und Zusammenhang, der ebenfalls zum Verständnis beitragen kann.

Das Vergessen bzw. Erinnern steht an der Schwelle der anthropomorphischen Übertragung des "ich will" auf alles andere, da wir gerade auch diese Übertragung vergessen oder sogar ableugnen, sofern wir uns nicht an sie erinnern können. Sie geschieht unbewusst. Das Kausalitätsgesetz als Mythologie ist Metaphorik und damit zugleich eine sprachliche Eigenschaft. Demenstprechend findet unser Verständnis der Welt und unserer selbst am Leitfaden des uns apriorisch erscheinenden Kausalitätsgesetzes in der Grammatik der Sprache seinen beständigen Anwalt.

Sollten wir aber meinen, mit diesem "ich will" endlich festen Boden unter die Füße zu bekommen, so wie Descartes einst mit seinem "ich denke" ein *fundamentum inconcussum* entdeckt zu haben glaubte, so werden wir abermals enttäuscht. Sowohl das "Ich" als auch das "Wollen" und ihre Beziehung werden von Nietzsche "dekonstruiert". Zunächst ist das Wollen nur als Wort eine Einheit, in Wahrheit aber etwas Kompliziertes, in dem Gefühle, Denken und Affekte zusammenspielen (JGB 19). Wie so oft, steckt auch hier das Vorurteil in der Sprache, die mit dem Einen Wort "Wollen" auch nur Eine Sache zu bedeuten scheint. Dennoch verbürgt auch in diesem Falle "die Einheit des Wortes Nichts für die Einheit der Sache." (MA 14). Außerdem wollen wir schon aus Gewohnheit nur dort, wo wir auch eine entsprechende Wirkung erwarten können. Wo dies nicht der Fall ist, wollen wir auch nicht oder nicht mehr. Schließlich glauben wir auch, dass wir in unserem Wollen frei sind, was für Nietzsche ebenfalls ein Irrtum ist. Die beiden zuletzt genannten Aspekte kommen in einem weiteren Aphorismus der *Morgenröthe* gemeinsam zur Sprache:

> Was ist Wollen! - Wir lachen über Den, welcher aus seiner Kammer tritt, in der Minute, da die Sonne aus der ihren tritt, und sagt: "ich will, dass die Sonne aufgehe" und über Den, welcher ein Rad nicht aufhalten kann und sagt: "ich will, dass es rolle" und über Den, welcher

> im Ringkampf niedergeworfen wird und sagt: "hier liege ich, aber ich will hier liegen!" Aber, trotz allem Gelächter! Machen wir es denn jemals anders als einer von diesen Dreien, wenn wir das Wort gebrauchen: "ich will"? (M 124)

Der Unterschied zwischen Wollen und Vergessen ist unter diesem Gesichtspunkt lediglich der, dass wir im letzteren Falle ein Wort in einer Lücke unserer Macht stehen haben, im Falle des Wollens aber ein Wort in einer Lücke des Wissens um unsere Macht.

Letzten Endes und insbesondere ist auch das "Ich" selbst, das Wollen, Vergessen oder auch Denken könnte, für Nietzsche ein Irrtum. Ebenfalls aus dem Jahre 1881 stammt eine Nachlassaufzeichnung, die den Titel trägt: "Hauptgedanke" und in der es heißt: "In Wahrheit giebt es keine individuellen Wahrheiten, sondern lauter individuelle Irrthümer - das Individuum selber ist ein Irrthum." (Nachlass 1881, KSA 9, 11 [7]).[124]

Wenn aber selbst das Ich eine Illusion ist, wer hat dann den Regenschirm vergessen? Schon die Frage nach dem Wer? suggeriert, dass irgendjemand oder irgendetwas etwas anderes vergessen haben muss und setzt damit wiederum zu viel voraus: "es giebt kein solches Substrat; es giebt kein Sein hinter dem Thun, Wirken, Werden; der Thäter ist zum Thun bloss hinzugedichtet, - das Thun ist Alles." (GM I, 13). Sich gegen den Aberglauben der Logiker wendend, dass Gedanken kommen, wenn der Denkende will und das "Ich" die Ursache seiner Gedanken sei, hebt Nietzsche in *Jenseits von Gut und Böse* die "kleine kurze Thatsache" hervor,

> dass ein Gedanke kommt, wenn "er" will, und nicht, wenn "ich" will; so dass es eine Fälschung des Thatbestandes ist, zu sagen: das Subjekt "ich" ist die Bedingung des Prädikats "denke". Es denkt: aber dass dies "es" gerade jenes alte berühmte "Ich" sei, ist, milde geredet, nur eine Annahme, eine Behauptung, vor Allem keine "unmittelbare Gewissheit". Zuletzt ist schon mit diesem "es denkt" zu viel gethan: schon dies "es" enthält eine Auslegung des Vorgangs und gehört nicht zum Vorgange selbst. Man schliesst hier nach der grammatischen Gewohnheit "Denken ist eine Thätigkeit, zu jeder Thätigkeit gehört Einer, der thätig ist, folglich -". Ungefähr nach dem gleichen Schema suchte die ältere Atomistik zu der "Kraft", die wirkt, noch jenes Klümpchen Materie, worin sie sitzt, aus der heraus sie wirkt, das Atom;

---

124) Wem dies zu "nihilistisch" erscheint, möge sich daran erinnern, dass die Lehre vom Nicht-Selbst auch im Buddhismus eine zentrale Rolle spielt. Vgl. Zen Master Seung Sahn: The Compass of Zen. Boston 1997. S. 77ff.; Thich Nhat Hanh: The Heart of the Buddha's Teaching. New York 1999. S. 133ff.

> strengere Köpfe lernten endlich ohne diesen "Erdenrest" auskommen, und vielleicht gewöhnt man sich eines Tages noch daran, auch seitens der Logiker ohne jenes kleine "es" (zu dem sich das ehrliche alte Ich verflüchtigt hat) auszukommen. (JGB 17)

Philosophen und Sprachwissenschaftler, in deren Ausgangssprachen der Subjektbegriff weniger ausgebildet ist und die an Stelle der Subjekt-Prädikat-Objekt-Grammatik eine andere oder umgekehrte Struktur haben, wie dies z.B. in der ural-altaischen Sprachfamilie (zu der auch das Koreanische gehört) der Fall ist, werden daher nach Nietzsche mit großer Wahrscheinlichkeit auch ein anderes Weltbild mit anderen Philosophien und Theorien entwickeln als diejenigen, in denen dies der Fall ist, also im indogermanischen Sprachbereich. Das später von Edward Sapir und Benjamin Lee Whorf so genannte "sprachliche Relativitätsprinzip" findet sich bereits bei Nietzsche[125]:

> Die wunderliche Familien-Ähnlichkeit alles indischen, griechischen, deutschen Philosophirens erklärt sich einfach genug. Gerade, wo Sprach-Verwandtschaft vorliegt, ist es gar nicht zu vermeiden, dass, Dank der gemeinsamen Philosophie der Grammatik - ich meine, Dank der unbewussten Herrschaft und Führung durch gleiche grammatische Funktionen - von vornherein Alles für eine gleichartige Entwicklung und Reihenfolge der philosophischen Systeme vorbereitet liegt: ebenso wie zu gewissen andern Möglichkeiten der Welt-Ausdeutung der Weg wie abgesperrt erscheint. (JGB 20)

Was nach der Destruktion des Subjektbegriffes bleibt, sind für den sich seiner grammatischen Voreingenommenheit bewusst gewordenen Philosophen das Tun, Denken, Vergessen und Wollen selbst, die weder Einheiten noch Vermögen oder Fähigkeiten sind, sondern im Grunde nur Resultanten aus mehreren anderen Faktoren, die wiederum Resultanten aus anderen Faktoren sind.[126] Darin mögen dann auch die Sprecher verschiedener Sprachfamilien übereinstimmen können.

Für uns bleibt nach der Betrachtung des Satzes vom vergessenen Regenschirm und der Destruktion seiner grammatischen Struktur, vom Perfekt bis zum Subjekt,

125) Vgl. Albrecht, Jörn: Friedrich Nietzsche und das "Sprachliche Relativitätsprinzip". In: Nietzsche-Studien 8 (1979). S. 225-244. Zur Destruktion des cartesianischen "Ich denke" vgl. Lee, Jin, Woo: Politische Philosophie des Nihilismus. Berlin 1992. S. 112ff.

126) Auch dieser Gedanke findet im Buddhismus in der Lehre von "dependent origination" oder "co-dependent-arising" eine Entsprechung. Vgl. z.B. Seung Sahn, The Compass of Zen, a.a.O., S. 85ff.; Thich Nhat Hanh: The Heart of the Buddha's Teaching, a.a.O., S. 221ff.

vorerst nur noch der Regenschirm. Dass auch er nur eine ganz relative Wahrheit bezeichnet, zeigt sich schon daran, dass er einen Gegenstand nur nach seiner Funktion bestimmt, nämlich gegen den Regen zu schützen. Wie bei allen Worten handelt es sich auch hier um eine Metapher, deren Ursprung aus einem metaphorischen Prozess wir vergessen haben. Denn Metaphern sind ursprünglicher als "eigentliche" Bedeutungen und Begriffe, die unkenntlich gewordene und verhärtete Metaphern sind.[127)] Die Wahrheit, die man in den Worten zu finden glaubt, sind "Illusionen, von denen man vergessen hat, dass sie welche sind, Metaphern, die abgenutzt und sinnlich kraftlos geworden sind, Münzen, die ihr Bild verloren haben und nun als Metall, nicht mehr als Münzen in Betracht kommen." (WL 1, KSA 1, S. 881). Käme es bei den Worten auf einen adäquaten Ausdruck an, gäbe es nicht so viele Sprachen (ebd., S. 879).

Bringt man sich also wie an unserem Satz "die Grundvoraussetzungen der Sprach-Metaphysik, auf deutsch: der Vernunft", zu Bewusstsein, so gewinnt man mit Nietzsche einen Einblick in die "rudimentäre Psychologie" und das entsprechende "grobe Fetischwesen", das ihr zugrunde liegt:

> Das sieht überall Thäter und Thun: das glaubt an Willen als Ursache überhaupt; das glaubt an's "Ich", an's Ich als Sein, an's Ich als Substanz und projicirt den Glauben an die Ich-Substanz auf alle Dinge - es schafft erst damit den Begriff "Ding"... Das Sein wird überall als Ursache hineingedacht, untergeschoben; aus der Conception "Ich" folgt erst, als abgeleitet, der Begriff "Sein" ... Am Anfang steht das grosse Verhängniss von Irrthum, dass der Wille Etwas ist, das wirkt, - dass Wille ein Vermögen ist ... Heute wissen wir, dass er bloss ein Wort ist ... (GD, Die "Vernunft" in der Philosophie 5)

Die Sprache ist für Nietzsche wie schon für Herder und Schopenhauer das Erzeugnis eines Instinkts[128)], d.h. das Ergebnis einer weitgehend unbewussten

127) Nietzsche zitiert zustimmend Jean Paul, der in seiner "Vorschule der Ästhetik" schrieb: "Wie im Schreiben Bilderschrift früher war, als Buchstabenschrift, so war im Sprechen die Metapher, insofern sie Verhältnisse u. nicht Gegenstände bezeichnet, das frühere Wort, welches sich erst allmählich zum eigentl. Ausdruck entfärben mußte. Das Beseelen und Beleiben fiel noch in Eins zusammen, weil noch Ich u. Welt verschmolz. Daher ist jede Sprache in Rücksicht geistiger Beziehungen ein Wörterbuch erblaßter Metaphern." (KGW II-4, S. 442f.).

128) Vgl. KGW II-2, S. 185ff. Der "Sprach-Instinkt" ist weder eine neue Entdeckung und geht auch nicht erst auf Darwin zurück, wie S. Pinker annimmt, sondern wurde schon vor Darwin mindestens von Herder, Schopenhauer und Nietzsche angenommen. Vgl. Pinker, Steven: The Language Instinct. Harmondsworth 1994. S. 19f. Zu Nietzsches früher Sprachphilosophie, die sich u. a. auf

Tätigkeit, die uns viel stärker bedingt als unser ganzes Bewusstsein. Daher bedarf es sowohl einiger Anstrengung, um Einsicht in das Arbeiten dieses Instinktes zu gewinnen, als es unmöglich, unnötig und auch gar nicht wünschenwert wäre, die Illusionen der Sprach-Metaphysik völlig zu beseitigen. Instinkte sind solches, durch das man höchstens hindurch sehen, aber deshalb noch nicht hindurch kann:

> Weil Etwas für uns durchsichtig geworden ist, meinen wir, es könnte uns nunmehr keinen Widerstand leisten - und sind dann erstaunt, dass wir hindurchsehen und doch nicht hindurch können! Es ist die selbe Thorheit und das selbe Erstaunen in welches die Fliege vor jedem Glasfenster geräth. (M 444)[129)]

Die instinktive Sicherheit, Gewissheit und scheinbare Freiheit in der Handhabung der Vernunft-Kategorien hat jedoch andererseits viele Philosophen zu falschen Schlussfolgerungen geführt. Denn da diese Kategorien offenbar auch nicht aus der Erfahrung stammen konnten, da sie ihr sogar widersprachen und andererseits ihr dennoch die Regel vorschrieben, hat man "in Indien wie in Griechenland" den gleichen Fehlschluss begangen:

> "wir müssen schon einmal in einer höheren Welt heimisch gewesen sein (- statt in einer sehr viel niederen: was die Wahrheit gewesen wäre!), wir müssen göttlich gewesen sein, denn

---

Gustav Gerbers 1871 erschienenes Werk "Die Sprache als Kunst" bezieht, vgl. Stingelin, Martin: Nietzsches Wortspiel als Reflexion auf poet(olog)ische Verfahren. In: Nietzsche-Studien 17 (1988). S. 336-349; Meijers, Anthonie: Gustav Gerber und Friedrich Nietzsche. Zum historischen Hintergrund der sprachphilosophischen Auffassungen des frühen Nietzsche. In: Nietzsche-Studien 17 (1988). S. 369-390; Kopperschmidt, J. / Schanze, H. (Hg): Nietzsche oder "Die Sprache ist Rhetorik". München 1994. Zur Kritik an den in diesen Aufsätzen vertretenen Auffassungen vgl. Crawford, Claudia: The Beginnings of Nietzsche's Theory of Language. Berlin 1988.

129) Man vergleiche damit Wittgenstein, Ludwig: Philosophische Untersuchungen § 309, wo es heißt: "Was ist dein Ziel in der Philosophie? - Der Fliege den Ausweg aus dem Fliegenglas zeigen." Es scheint, dass Nietzsche zwar einerseits pessimistischer hinsichtlich eines solchen Ausweges ist, die Fliege aber andererseits auch größere Freiheit genießt, da sie in keinem Fliegenglas eingesperrt ist. Freiheit und Zwang oder Notwendigkeit schließen sich vielleicht logisch, nicht aber unbedingt auch in Wirklichkeit aus. Nietzsche schreibt im Nachlass: "wir hören auf zu denken, wenn wir es nicht in dem sprachlichen Zwange thun wollen, wir langen gerade noch bei dem Zweifel an, hier eine Grenze als Grenze zu sehen. Das vernünftige Denken ist ein Interpretiren nach einem Schema, welches wir nicht abwerfen können." (Nachlass 1886/87, KSA 12, 5 [22]). Aber es scheint auch, dass es Wittgensteins Ziel war, zu denken aufhören zu können: "Denn die Klarheit, die wir anstreben, ist allerdings eine *vollkommene.* Aber das heißt nur, daß die philosophischen Probleme *vollkommen* verschwinden sollen." (PU § 133).

> wir haben die Vernunft!" [...] Ich fürchte, wir werden Gott nicht los, weil wir noch an die Grammatik glauben ... (GD, Die "Vernunft" in der Philosophie 5)

Mit der Einsicht in den meist unbewussten (Aber-)Glauben an die metaphysische Bedeutung der Grammatik werden auch zahlreiche grundlegende Glaubensartikel, die in der Sprache ihren beständigen Anwalt und Fürsprecher finden, hinfällig oder verlieren zumindest eine ihrer mächtigsten Stützen (vgl. z.B. WS 11).[130]

III.

Der "Sprach-Instinkt" mit seinen sowohl einschränkenden und begrenzenden Funktionen, die bisher im Vordergrund standen, als auch in seinen befreienden und offenen Möglichkeiten, die bislang im Hintergrund blieben, ist immer noch tätig. Die Grammatik ist wie ein Regenschirm, der uns zwar gegen den Regen schützt, uns aber zugleich auch das Wagnis der Sprache vorenthält, das darin besteht, sich ihrem metaphorisch-metonymischen Ursprung anvertrauend die ewig scheinenden Regeln der Grammatik zu verletzen, zu dekonstruieren und durcheinander zu werfen, um zugleich in neuen und vielleicht verbotenen Metaphern und bislang unerhörten Begriffsfügungen sprechen zu können. Denn

> [j]enes ungeheure Gebälk und Bretterwerk der Begriffe, an das sich klammernd der bedürftige Mensch sich durch das Leben rettet, ist dem freigewordenen Intellekt nur ein Gerüst und ein Spielzeug für seine verwegensten Kunststücke: und wenn er es zerschlägt, durcheinanderwirft, ironisch wieder zusammensetzt, das Fremdeste paarend und das Nächste trennend, so offenbart er, dass er jene Nothbehelfe der Bedürftigkeit nicht braucht, und dass er jetzt nicht von Begriffen sondern von Intuitionen geleitet wird. Von diesen Intuitionen aus führt kein regelmässiger Weg in das Land der gespenstischen Schemata, der Abstraktionen: für sie ist das Wort nicht gemacht, der Mensch verstummt, wenn er sie sieht, oder redet in lauter verbotenen Metaphern und unerhörten Begriffsfügungen, um wenigstens durch das Zertrümmern und Verhöhnen der alten Begriffsschranken dem Eindrucke der mächtigen gegenwärtigen Intuition schöpferisch zu entsprechen. (WL 2, KSA 1, S. 888f.)

---

130) Vgl. Simon, Josef: Grammatik und Wahrheit. In: Salaquarda, Jörg (Hg.): Nietzsche. Darmstadt 1980. S. 185-218.

Damit sind wir nach der massiven Sprachkritik Nietzsches, von der wir nur einen, wenn auch wichtigen Teil berührt haben, bei seinem positiven Verständnis der Sprache angelangt.[131] Wie der zuletzt angeführte Text zeigt, öffnen sich prinzipiell zwei Wege oder Möglichkeiten, die letzten Endes jedoch eine gemeinsame Wurzel haben. Die naheliegendste Reaktion angesichts unmittelbar gegenwärtiger intuitiver Einsichten und Erlebnisse ist das Verstummen, da die Verständigung mit anderen darüber entweder nicht nötig oder gar nicht möglich scheint. Es ist das Problem der Mitteilbarkeit, d.h. die Frage, ob und wie letzte Einsichten und Erlebnisse überhaupt kommunizierbar sind und sein können.[132] In den Worten Zarathustras:

> Wie lieblich ist es, dass Worte und Töne da sind: sind nicht Worte und Töne Regenbogen und Schein-Brücken zwischen Ewig-Geschiedenem? Zu jeder Seele gehört eine andre Welt: für jede Seele ist jede andre Seele eine Hinterwelt. [...] Aber das vergessen wir bei allen Tönen; wie lieblich ist es, dass wir vergessen! [...] Es ist eine schöne Narrethei, das Sprechen: damit tanzt der Mensch über alle Dinge. (Za III, Der Genesende 2, KSA 4, S. 272)

Vielleicht kann man sagen, dass das Sprechen um so tiefer ist, je mehr es seine Quelle und seinen Ursprung im Schweigen hat und daher letzten Endes mit diesem zusammenfällt. Schweigen ist dann nicht bloß die Negation des Sprechens und auch nicht mehr nur sein Ursprung und seine Quelle, sondern seine Vollendung, die selbst das Singen noch als ungenügend erscheinen lässt. Nachdem Zarathustra sich selbst zunächst geraten hatte, nicht mehr zu sprechen, sondern zu singen (vgl. Za III, Von der grossen Sehnsucht), übersteigt er schließlich um die Stunde des vollkommenen Mittags, "wo kein Hirt seine Flöte bläst" und alles schläft, auch diesen Trost des Singens und spricht seiner ebenfalls schlafenden Seele schweigend zu: "Singe nicht! Still! Die Welt ist vollkommen." (Za IV, Mittags).[133]

---

131) Vgl. Habermas, Jürgen: Nachwort zu Nietzsches Erkenntnistheoretischen Schriften, Frankfurt am Main 1968, der allerdings nicht sehen kann, inwiefern Nietzsche "von der Möglichkeit, seine eigene Theorie, auch seine Erkenntnistheorie unter diesem Gesichtspunkt indirekten Sprechens zu rechtfertigen", Gebrauch gemacht hat (S. 251).

132) Zu der vergleichbaren Situation, in der sich Buddha befand und dem Verhältnis von Nietzsches Sprachverständnis zu dem des Buddhismus im allgemeinen vgl. insbesondere Sonoda Muneto: The Eloquent Silence of Zarathustra. In: Parkes, Graham (Hg.): Nietzsche and Asian Thought. Chicago 1991. S. 226-243. Auch für den Zen-Buddhismus ist das Nichthaften an der Sprache essentiell: "Zen teaching simply means not attaching to language." (Seung Sahn: The Compass of Zen, a.a.O., S. 244)

Kommt es jedoch zum Sprechen, kann sich die Inkommensurabilität allgemeiner, öffentlicher Sprachregeln und individueller Intuition nur im Zertrümmern, Durcheinanderwerfen und Neuverbinden der abstrakten Regeln und Konventionen äußern, d.h. eine solche Rede wird paradox, widersprüchlich und dunkel erscheinen, im positiven Sinne aber als Sprach-Spiel. Zarathustra selbst bedient sich solcher Rede, wenn er zu Beginn seines Ganges unter die Menschen in verbotenen Metaphern und unerhörten Begriffsfügungen vom "Übermenschen" und vom "letzten Menschen" spricht. Nicht zufällig wird er dafür entweder ausgelacht oder angefeindet.

Zwischen dieser zweiten Möglichkeit und der ersten des gänzlichen Verstummens, liegt wie ein dritter Weg das Selbstgespräch, in dem man zumindest zu sich selber und den Dingen offen und ehrlich reden kann, wenn auch gewissermaßen wiederum schweigend. Von solchem Selbstgespräch handelt nicht ohne Grund am ausführlichsten das Kapitel *Die Heimkehr* in *Also sprach Zarathustra*, in dem Zarathustra endlich wieder in seine "Heimat Einsamkeit" zurückgekehrt ist und sich nicht mehr an die einschränkenden und immer verallgemeinernden Regeln des Zusammenlebens und -sprechens zu halten braucht, so dass er erfährt:

> Hier kommen alle Dinge liebkosend zu deiner Rede und schmeicheln dir: denn sie wollen auf deinem Rücken reiten. Auf jedem Gleichniss reitest du hier zu jeder Wahrheit. Aufrecht und aufrichtig darfst du hier zu allen Dingen reden: und wahrlich, wie Lob klingt es ihren Ohren, dass Einer mit allen Dingen - gerade redet! [...] Hier springen mir alles Seins Worte und Wort-Schreine auf: alles Sein will hier Wort werden, alles Werden will hier von mir reden lernen. (Za III, Die Heimkehr, KSA 4, S. 232f.)

Während es gewöhnlich der Sprechende ist, der nach Worten sucht, so sind es hier die Dinge selbst, die sich anbieten, um Sprache zu werden und zu Wort kommen wollen. "Alles bietet sich als der nächste, der richtigste, der einfachste Ausdruck" an, wie Nietzsche in der Wiederaufnahme der zitierten Passage aus *Also sprach*

133) Sowohl Zen-Meister Seung Sahn als auch Sonoda Muneto erzählen die Geschichte von Manjushri und Vimalakirti, der auf die Frage nach der Bedeutung des "Nicht-Zwei" einfach mit Schweigen antwortete. "He did not open his mouth at all. This was the best answer of all! It is the complete answer, and the deepest answer. That is because if you open your mouth, it's already *not* not-two. Opening your mouth to express it is already making two things. If you want to understand Buddha-nature, don't open your mouth: speech and words cannot touch it." (Seung Sahn: The Compass of Zen, a.a.O., S. 305; vgl. S. Muneto: The Eloquent Silence of Zarathustra, a.a.O., S. 240ff.).

Zarathustra in *Ecce homo* feststellt (EH, Also sprach Zarathustra 3). Es ist eine Sprache, die der "Gänsefüßchen" nicht mehr bedarf, weil sie den Unterschied zwischen "eigentlicher", wörtlicher Bedeutung und metaphorischer Bedeutung nicht zu kennen bzw. nicht zu machen braucht. Und sie kann den Regenschirm getrost vergessen, weil sie sich weder schützen muss, noch ein stilistisches Instrument braucht, mit dem sie verhärtete und vergessene Illusionen angreifen kann.

Mit dieser dreifachen Möglichkeit ursprünglichen Sprechens (außer dem konventionell-üblichen) sollte auch deutlich geworden sein, dass Anführungszeichen nicht nur zweckdienliche Mittel des Zitierens sind oder die "uneigentliche", metaphorische Bedeutung eines Wortes anzeigen können; dass sie auch nicht nur Worte und Sätze als Gegenstände des Nachdenkens und der Betrachtung in die Schwebe bringen können, sondern auch, dass und inwiefern es sich bei dem Satz vom vergessenen Regenschirm um ein Stück aus Nietzsches "Einsiedler-Philosophie" handelt, die, selbst wenn sie "mit einer Löwenklaue geschrieben wäre, [...] doch immer wie eine Philosophie der 'Gänsefüßchen'" aussehen würde (Nachlass 1885, KSA 11, 37 [5]; vgl. JGB 289). In diesem Sinne hätte Derrida Recht, wenn er den Satz vom vergessenen Regenschirm als typisch für Nietzsches Gesamtwerk betrachtet. Dabei muss die Kleinheit der Füße und ihr eher lautloses Kommen nicht in Widerspruch mit der Größe und Stärke ihrer Wirkung stehen. Denn wie Zarathustras "stillste Stunde" lehrt, sind es die stillsten Worte, welche den Sturm bringen: "Gedanken, die mit Taubenfüssen kommen, lenken die Welt." (Za II, Die stillste Stunde, KSA 4, S. 189).

Als neues Rätsel und an Stelle des Regenschirmsatzes möchte ich ein anderes Fragment aus dem Nachlass des Jahres 1873 vorschlagen, das nicht nur ohne "Gänsefüßchen" daherkommt, sondern auf das Derridas Charakterisierung auch noch viel besser passen würde: "Ika! Ika! Bäh- Bäh-" (Nachlass 1873, KSA 7, 29 [5]).[134)]

134) "Ob [...] "Ika! Ika! Bäh- Bäh-" sich auf Lichtenbergs Polemik gegen die Homer-Übersetzung von Johann Heinrich Voß bezieht, ist zwar möglich, aber ungewiß, da sich in dieser das "Ika Ika" nicht findet" (Stingelin, Martin: "Unsere ganze Philosophie ist Berichtigung des Sprachgebrauchs". Friedrich Nietzsches Lichtenberg-Rezeption im Spannungsfeld zwischen Sprachkritik (Rhetorik) und historischer Kritik (Genealogie). München 1996. S. 86, Anm. 32).

NIETZSCHES WELTLICHE RELIGIOSITÄT UND IHRE PARADOXIEN

Nietzsches Stellung zur Religion und einzelnen Religionen, insbesondere zu Christentum und Buddhismus[135], ist das Thema vieler Arbeiten, Nietzsches eigene Religiosität und Religionswelt im Ganzen dagegen, die jener zu Grunde liegt, ist bisher weniger beachtet worden.[136] Nietzsche selbst eine tiefe Religiosität zusprechen zu wollen, scheint gerade mit seinen Äußerungen über Religion

135) Vgl. Mistry, Freny: Nietzsche and Buddhism. Prolegomenon to a Comparative Study. Berlin, New York 1981. Mistry erkennt viel Buddhistisches in Nietzsche und Zarathustra und umgekehrt: "Nietzsche would probably have admitted astonishment at the relevance and appeal of his personal ethic to the practising Buddhist. Zarathustra [...] speaks in Buddhist tones" (ebd., S. 3). Nietzsches Perspektive des Übermenschen sieht sie als eine Bestätigung dessen, was auch Buddha im *Dhammapada* (VIII, 4) lehre: "If a man were to conquer in battle a thousand times a thousand men, and another conquer one, himself, he indeed is the greatest of conquerors." (ebd., S. 3). Sie kommt zu dem Schluss: "Nietzsche and the Buddha spoke differently, but their message is recognisably affiliated and attests to the proximity of their ethical philosophy." (ebd., S. 9). Morrison, Robert G.: Nietzsche and Buddhism. A Study in Nihilism and Ironic Affinities. Oxford 1997. Zur Diskussion vgl. Parkes, Graham: Nietzsche and Early Buddhism. In: Philosophy East & West 50:2 (2000), S. 254-267; Ders.: Reply to Robert Morrison, ebd., S. 279-284; Morrison, Robert G.: Response to Graham Parkes' Review, ebd., S. 267-279.

136) Nach religiösen, d.h. insbesondere christlichen Antrieben in Nietzsches Denken hat K. Jaspers gesucht (vgl. Jaspers, Karl: Nietzsche und das Christentum. München 1952). Eine neuere Arbeit ist die von Roberts, Tyler T.: Contesting Spirit. Nietzsche, Affirmation, Religion. Princeton, New Jersey 1998. Roberts stellt vor allem die asketischen, mystischen und jasagenden Elemente in Nietzsches Religiosität heraus, wobei auch er überraschende Parallelen zu christlichem Gedankengut herzustellen vermag. Aber erst wenn der ganze Umfang des "Religiösen" über den engeren Kreis der jüdisch-christlich-islamischen Tradition hinaus in Betracht gezogen wird (vgl. M 61), ist der entscheidende Schritt zu einer Neubewertung des Verhältnisses Nietzsches zur Religion gemacht. Im Hinblick auf Nietzsche bedeutet dies, dass man insbesondere auch die Religion Zoroasters und ihr Verhältnis zu Nietzsches Zarathustra und beider zu Nietzsche selbst in Erwägung ziehen muss. Dieser Aufgabe wird auch der ansonsten aufschlussreiche Sammelband von Lippitt, John/Urpeth, Jim (Hg.): Nietzsche and the Divine. Manchester 2000, noch nicht gerecht. Eine ganze Reihe von Beiträgen zum Thema "Nietzsche und die Religion" enthalten sowohl das *Journal of Nietzsche Studies* 19, 2000, als auch die *New Nietzsche Studies* 4:3/4, 2000-2001.

weitgehend unvereinbar zu sein oder zumindest in einem paradoxen Verhältnis zu ihnen zu stehen. Das größte Paradox an Nietzsches weltlicher Religiosität liegt vielleicht darin, dass es gar keine Religiosität zu sein, vielmehr nur aus lauter Verneinungen herkömmlicher Religiosität zu bestehen oder sich als Religion zu negieren scheint. Letzteres ist der Fall, wenn Nietzsche z.B. von sich selber sagt, er wolle "lieber noch ein Hanswurst" (EH, Warum ich ein Schicksal bin 1) als ein Heiliger sein und in ihm sei nichts von einem Religionsstifter. Er habe es sogar nötig, sich "die Hände nach der Berührung mit religiösen Menschen zu waschen." (ebd.). Das erstere ist der Fall, wenn man z.B. davon ausgeht, dass eine Religion zumindest einen Gott haben müsse, denn dann ist Nietzsches Religiosität offenbar eine Religion ohne Gott. In *Menschliches, Allzumenschliches* konstatiert Nietzsche sogar: "noch nie hat eine Religion, weder mittelbar noch unmittelbar, weder als Dogma, noch als Gleichniss, eine Wahrheit enthalten." (MA 110). Aber genauso wie das Händewaschen nach der Berührung mit religiösen Menschen möglicherweise auf ein tieferes religiöses Reinigungsbedürfnis verweist, könnte auch die Feststellung des Fehlens jeglicher Wahrheit in den bisherigen Religionen auf eine neue Religiosität vorausdeuten, der erstmals eine Grundwahrheit oder zumindest Grundwahrscheinlichkeit (vgl. Nachlass 1883/84, KSA 10, 24 [2]) zu Grunde liegen würde. In Anlehnung an die Postmodernität, zu der viele Interpreten Nietzsche zählen oder sogar als deren Urheber ansehen[137)], könnte man auch von Nietzsches "Postreligiosität"[138)] oder "paradoxer Religiosität" sprechen. Da sie ebenso weltlich wie religiös ist, könnte sie auch als "Welt-Religion" im eigentlichen Sinne bezeichnet werden.

Um sie in ihren Hauptzügen darzustellen, werde ich im folgenden ersten Abschnitt zuerst Nietzsches Atheismus und die Selbstaufhebung der Moral durch Zarathustra im Hinblick auf eine von Nietzsche gezogene Parallele mit dem Buddhismus erörtern. Im zweiten Abschnitt wird der Vergleich mit dem Buddhismus mit dem Hinweis auf dabei zu beachtende Gesichtspunkte zunächst fortgesetzt, um

---

137) "It is difficult to discuss postmodernism without invoking Nietzschean themes, and it is difficult to discuss Nietzsche without involving issues now widely associated with postmodernity." (Koelb, Clayton (Hg.): Nietzsche as Postmodernist. Essays Pro and Contra. Albany 1990. S. 7).

138) "Such a gesture at once asserts and withdraws a claim about the religiosity of Nietzsche's writings." (Roberts: Contesting Spirit, a.a.O., S. 204). Vgl. Stausberg, Michael: Die Religion Zarathushtras. Geschichte - Gegenwart - Rituale. Bd. 1, Stuttgart 2002. S. 451.

dann auch Differenzen zwischen Buddha und Nietzsches Zarathustra sowohl in Hinsicht auf Ressentiment und Rache als auch Nietzsches eigenen Grundgedanken aufzuzeigen. Im dritten Abschnitt werden sodann die Verschiedenheiten zwischen dem historischen Zarathustra und Nietzsches Zarathustra zusammengefasst, durch verbleibende Gemeinsamkeiten und die Beziehung zu Heraklit erweitert, um schließlich auch die Frage des Verhältnisses Zarathustras zu Nietzsche selbst aufzuwerfen, wodurch der Gedankengang wieder zum Ausgangspunkt zurückgeführt wird. Religiös ausgedrückt könnte man es den Weg vom christlichen Gott über Buddha zu Zarathustra und Dionysos nennen, der zugleich einen Kreis beschreibt.

I. Von Nietzsche zu Buddha

1. Nietzsches historischer Atheismus

Für Nietzsches "Atheismus" oder "Gottlosigkeit" muss man nicht erst besondere theoretische Beweise oder Begründungen suchen. Der Atheismus versteht sich bei Nietzsche vielmehr so von selbst, wie sich eine Erfahrung von selbst versteht. In Nietzsches autobiographischer Spätschrift *Ecce homo* heißt es: "Ich kenne den Atheismus durchaus nicht als Ergebniss, noch weniger als Ereigniss: er versteht sich bei mir aus Instinkt." (EH, Warum ich so klug bin 1, KSA 6, 278). Allerdings liegt darin, dass Nietzsche ein "Atheist" ist, nicht die Besonderheit Nietzsches und es bedeutet auch nicht, dass ihm keine Religiosität zu Grunde liegen könnte. Man vergisst immer allzu leicht, dass auch der Atheismus eine lange Geschichte hat und zum ersten Mal ausdrücklich in Indien schon vor Buddha in der Carvaka- und Samkhya-Philosophie auftrat und dadurch auch zur Voraussetzung des Buddhismus wurde, für den auch die Götter dem Kreislauf von Geburt und Tod unterworfen, also sterbliche Götter sind. Nietzsche steht nur am vorläufigen Ende einer langen Geschichte des Atheismus, in der es viele verschiedene Gestalten und Formen des Atheismus gab und aus ganz verschiedenen Gründen nicht an Gott geglaubt wurde. Deshalb ist mit dem Ausdruck "Atheismus" noch wenig über die Besonderheit von

Nietzsches Atheismus ausgesagt.

Nietzsches Formel "Gott ist tot" bedeutet etwas anderes als einfach zu sagen, "dass es keinen Gott gibt". Nur was einmal gelebt hat, kann auch tot sein bzw. was tot ist, hat einmal gelebt. "Dass Gott tot ist" hat ebenso sehr den Charakter einer Feststellung und Nachricht als es die Beschreibung eines Faktums und der Ausdruck eines Verlustes ist und beinhaltet zudem die Vorstellung, dass auch Götter sterblich sind. 1871 schreibt Nietzsche: "Ich glaube an das urgermanische Wort: alle Götter müssen sterben." (Nachlass 1870/71, KSA 7, 5 [115]). "Gott ist tot" ist eine historisch-geschichtliche Erfahrung, die ebenso endgültig ist wie die Erfahrung des Todes eines Menschen oder der Vergangenheit überhaupt, die nicht mehr ungeschehen gemacht werden kann. Die Besonderheit an Nietzsches Atheismus ist, dass es ein *historischer Atheismus* ist. Gott ist nicht logisch, sondern historisch und d.h. "endgültig" widerlegt (vgl. M 95).

Andererseits schließt die Geschichtlichkeit nicht aus, dass es in Zukunft keine neuen Götter geben könnte, vorausgesetzt dass der "gottbildende Instinkt" wieder erwacht. Denn dem "Atheismus aus Instinkt" steht bei Nietzsche der mindestens ebenso starke "gottbildende Instinkt" gegenüber, den Nietzsche den eigentlich "religiösen Instinkt" nennt und den er bei sich selber des öfteren aufleben sieht. Für diesen Instinkt gilt: "wie viele neue Götter sind noch möglich." (Nachlass 1888, KSA 13, 17 [4], S. 525). Gottbildender Instinkt und atheistischer Instinkt sind hier sogar zwei Seiten derselben Sache bzw. Person. Denn von sich selber sagt Nietzsche: "wie anders, wie verschieden hat sich mir jedes Mal das Göttliche offenbart! ... So vieles Seltsame gieng schon an mir vorüber, in jenen zeitlosen Augenblicken, die in's Leben wie aus dem Monde fallen, wo man schlechterdings nicht mehr weiß, wie alt man schon ist und wie jung man noch sein wird... Ich würde nicht zweifeln, daß es viele Arten Götter giebt.." (ebd., S. 526). Den gottbildenden Instinkt sah Nietzsche vor allem auch im Polytheismus als der wundervollen "Kunst und Kraft, Götter zu schaffen" (FW 143) wirkend, dessen Nutzen für den Menschen im Unterschied zum Schaden des Monotheismus man nach Nietzsche nicht hoch genug einschätzen kann.[139] Denn "im Polytheismus lag

139) Vgl. Figl, Johann: 'Tod Gottes' und die Möglichkeit 'neuer Götter'. In: Nietzsche-Studien 29 (2000). S. 82-101. Auch Figl weist darauf hin, dass Nietzsche auch den christlichen Gott in die Reihe der sterblichen Götter einordnet (ebd., S. 91) und zugleich "die Möglichkeit neuer Religiosität in

die Freigeisterei und Vielgeisterei des Menschen vorgebildet: die Kraft, sich neue und eigene Augen zu schaffen und immer wieder neue und noch eigenere: sodass es für den Menschen allein unter allen Tieren keine ewigen Horizonte und Perspectiven giebt." (ebd.).

Die historische Widerlegung Gottes und die Möglichkeit vieler Arten von Göttern und neuer Götter schließen sich nicht aus, ergänzen und erläutern sich vielmehr gegenseitig, sofern sie nicht nur die Möglichkeit offen lassen, dass es in Zukunft neue Götter geben könne, sondern auch, dass nur ein bestimmter Gott oder eine bestimmte Art von Göttern widerlegt bzw. tot ist. Wenn Nietzsche erklärt, dass eigentlich "nur der moralische Gott widerlegt" ist (Nachlass 1885, KSA 11, 39 [13]) oder dass Gott nur seine "moralische Haut" ausziehe und man ihn bald jenseits von gut und böse wiedersehen könne (vgl. Nachlass 1882, KSA 10, 3[1], S. 105), dann ist klar, dass Nietzsche vor allem die Gottesverehrung der jüdisch-christlich-islamischen Tradition im Auge hat.

Auf die Frage, wie dieser moralische Gott historisch widerlegt wurde oder woran er gestorben ist, gibt es eine Reihe von Antworten. Sie reichen im *Zarathustra* von der eher tragikomischen Lösung, dass sich die Götter bei der Behauptung eines Gottes, es gebe nur einen Gott und kein anderer Gott sei daneben mehr erlaubt, zu Tode gelacht haben[140], über die Möglichkeit, dass er an seinem allzu großen Mitleid mit den Menschen gestorben sei (vgl. Za II, Von den Mitleidigen, KSA 4, S. 115; Za IV, Ausser Dienst), bis zu dem Mord des "häßlichsten Menschen", der Gott tötet, weil er aus eigener Scham Gottes aufdringliche Zeugenschaft bei allem und jedem nicht mehr erträgt (vgl. Za IV, Der hässlichste Mensch). Diese verschiedenen

---

Betracht zieht, und zwar einerseits in einer überwiegend nicht-theistischen und andererseits in einer pluralen Gestalt." (ebd., S. 101). Die Wiederkunftslehre schließt jedoch nicht notwendig die Religionen aus, wie Figl meint (ebd., S. 98), soll sie doch nach Nietzsche selbst Religion und sogar die "Religion der Religionen" (Nachlass 1885, KSA 11, 34 [199]) sein. Ausgeschlossen bzw. ungenügend sind nur alle die Religionen, "welche dies Leben als ein flüchtiges verachten und nach einem unbestimmten anderen Leben hinblicken lehrten" (Nachlass 1881, KSA 9, 11 [159] Fraglich ist auch, ob die Wiederkunftslehre zwingend eine Verneinung Gottes überhaupt einschließt (Figl: 'Tod Gottes' und die Möglichkeit 'neuer Götter', a.a.O., S. 98) oder nur die Verneinung eines "willkürlichen", nicht aber eines nicht-willkürlichen, d.h. notwendigen Gottes.

140) Mit der durchaus Ernst zu nehmenden Begründung: "'Ist das nicht eben Göttlichkeit, dass es Götter, aber keinen Gott giebt?'" (Za III, Von den Abtrünnigen 2, KSA 4, S. 230). Ebenso muss es auch "viele Übemenschen geben", denn "Ein Gott wäre immer ein Teufel!" (Nachlass 1885, KSA 11, 35 [72]).

Möglichkeiten des Todes Gottes widersprechen sich aber für Zarathustra keineswegs, denn "wenn Götter sterben, sterben sie immer viele Arten Todes." (Za IV, Ausser Dienst, KSA 4, S. 324).

"Mord" ist es auch, wodurch Gott in dem bekannten Aphorismus der *Fröhlichen Wissenschaft* gestorben ist: "Wir haben ihn getödtet, - ihr und ich! Wir Alle sind seine Mörder!" ruft der "tolle Mensch" den auf dem Markt herumstehenden Leuten, "welche nicht an Gott glaubten" zu (FW 125). Offenbar ist es derselbe Markt, derselbe Menschentypus und dasselbe Unverständnis, denen auch Zarathustra begegnet, wenn er seine Lehre vom Übermenschen zum ersten Male vorträgt. Den dadurch hergestellten inneren Zusammenhang zwischen dem Mord Gottes und der Lehre vom Übermenschen bringt der "tolle Mensch" treffend in seiner Frage zum Ausdruck: "Ist nicht die Grösse dieser That zu gross für uns? Müssen wir nicht selber zu Göttern werden, um nur ihrer würdig zu erscheinen?" (ebd.).

Da Mord und Mitleid wie die zwei entgegengesetzten Extreme einer moralischen Skala erscheinen, verwundert es nicht, dass Nietzsche in der *Fröhlichen Wissenschaft* und am Schluss der *Genealogie der Moral* in der Moralität selbst den entscheidenden Faktor für den Tod Gottes erkennt: "Was, in aller Strenge gefragt, hat eigentlich über den christlichen Gott gesiegt? [...] die christliche Moralität selbst, der immer strenger genommene Begriff der Wahrhaftigkeit, die Beichtväter-Feinheit des christlichen Gewissens, übersetzt und sublimirt zum wissenschaftlichen Gewissen, zur intellektuellen Sauberkeit um jeden Preis." (GM III, 27; vgl. FW 357). Der "unbedingte redliche Atheismus" folgt demnach aus einem immer schärfer genommenen Wahrheitsbegriff und ist "die Ehrfurcht gebietende Katastrophe einer zweitausendjährigen Zucht zur Wahrheit" (GM III, 27), in der die Moral aus Wahrhaftigkeit sich schließlich "die Lüge im Glauben an Gott" (ebd.) verbietet.

Wie sich bereits in der Frage des "tollen Menschen" nach den Konsequenzen dieser Tat für den Menschen andeutete, bleibt mit dem Tod Gottes durch die Moral jedoch noch ein weiterer entscheidender Schritt zu tun, um den Kreis zu schließen. Denn eine Moral, die zum Mord führt, ist in einen Selbstwiderspruch verwickelt und hebt sich selbst auf. Nachdem das Christentum als Dogma an seiner eigenen Moral zu Grunde gegangen ist, hat daher in einem letzten Schritt auch noch die christliche Moral selbst als Moral zu Grunde zu gehen: "Nachdem die christliche

Wahrhaftigkeit einen Schluss nach dem andern gezogen hat, zieht sie am Ende ihren stärksten Schluss, ihren Schluss gegen sich selbst; dies aber geschieht, wenn sie die Frage stellt 'was bedeutet aller Wille zur Wahrheit?'" (ebd.). Der Wille zur Wahrheit ist der Kern des moralischen Willens, an dem der moralische Gott gestorben ist. Am "Sich-bewusst- werden des Willens zur Wahrheit" muss daher auch die Moral selbst zu Grunde gehen und dabei "jenes grosse Schauspiel in hundert Akten" aufführen, das den nächsten zwei Jahrhunderten Europa's aufgespart bleibt, das furchtbarste, fragwürdigste und vielleicht auch hoffnungsreichste aller Schauspiele." (ebd.). Ein anderer Name für dieses Geschehen und Schauspiel ist "Nihilismus" (vgl. Nachlass 1887/88, KSA 13, 11 [411]).

Um den Nihilismus, der eine Folge der Moral und ihrer schließlichen Selbstauflösung ist, von Grund auf zu überwinden, muss die Moral in ihren Ursprung und ihre Wurzel zurückkehren und sich ihres moralischen "Willens zur Wahrheit" bewusst werden. Erst dann werden auch Gott und der gottbildende Instinkt des Menschen wieder von der Moral befreit sein und neue Götter oder Übermenschen werden jenseits von gut und böse möglich. Die Moral muss sich um Gottes bzw. des Übermenschen willen aufheben. Ursprünglich wurde die Moral aber nicht von Jesus oder Buddha gestiftet, sondern beiden voraus von dem persischen Religionsstifter Zarathustra, für den auch die Wahrhaftigkeit oberstes Gebot war.

2. Die Selbstüberwindung der Moral

In *Ecce homo* hat Nietzsche die wesentliche Begründung dafür gegeben, warum er, der sich doch als "Immoralist" verstehe, gerade Zarathustra, dessen "ungeheure Einzigkeit" darin liege, "zuerst im Kampf des Guten und Bösen das eigentliche Rad im Getriebe der Dinge gesehn" zu haben, als zentrale Bezugsfigur seiner eigentlich positiven Philosophie gewählt habe. Die Frage enthält bereits die Antwort: "Zarathustra schuf diesen verhängnisvollsten Irrtum, die Moral: folglich muß er auch der erste sein, der ihn erkennt. [...] Die Selbstüberwindung der Moral aus Wahrhaftigkeit, die Selbstüberwindung des Moralisten in seinen Gegensatz - in mich - das bedeutet in meinem Munde der Name Zarathustra. (EH, Warum ich ein Schicksal bin 3). Weil Zarathustra derjenige war, der die Moral ins "Meta-Physische" übersetzt hat, muss er auch derjenige sein, der diesen Irrtum erkennt und die Moral wieder ins "Physische" zurückübersetzen kann.

Nietzsche führt zudem zwei Gründe dafür an, was Zarathustra zu dieser Selbstüberwindung[141)] befähigt habe und wie er dazu gekommen sei. Erstens habe Zarathustra die längste Erfahrung in Fragen der Moral, da er der Stifter dieses Irrtums gewesen und die ganze Geschichte nichts anderes als "die Experimental-Widerlegung vom Satz der sogenannten 'sittlichen Weltordnung'" sei (EH, Warum ich ein Schicksal bin 3). Aber auch das Machen dieser langen Erfahrung bedeutet noch nicht notwendig die Selbstüberwindung der Moral. Vielleicht wäre es gut, weiter an die "sittliche Weltordnung" zumindest zu glauben, auch wenn es sie gar nicht gibt. Die "sittliche Weltordnung" wäre dann eine "heilige Lüge", also eine gerechtfertigt geglaubte Lüge. Deshalb bedarf es eines weiteren und wichtigeren Grundes: Die Wahrheit muss als oberster Wert angesehen werden, nicht der des Guten oder Bösen. Wahrheit heißt hier Wahrhaftigkeit im Sinne des Muthabens, sich auch widersprechen zu können, wenn man durch Erfahrung zu einer anderen oder gegenteiligen Auffassung gekommen ist. Diese Eigenschaft aber ist dem persischen Zarathustra schon immer zugesprochen worden: "Wahrheit reden und gut mit Pfeilen schießen, das ist die persische Tugend." (ebd.). Aus dieser Wahrhaftigkeit heraus muss Zarathustra wieder sprechen und widersprechen, auch wenn er lieber schweigen würde.[142)]

---

141) Wir benutzen im folgenden die "schönen Worte" vom Überwinden und der Selbst-Überwindung, obwohl der Philosoph schöne, unbescheiden und pathetisch moralisch klingende Worte wie diese eigentlich nicht liebt (vgl. WA, Vorwort; M, Vorrede 4; JGB 230). Trotzdem hat auch Nietzsche diese Worte immer wieder benutzt, vielleicht einfach deshalb, weil es keine besseren für den damit bezeichneten Sachverhalt gibt. Die moralische Formel von der "Selbstüberwindung des Menschen" wird von ihm zugleich in einem übermoralischen Sinn verstanden (JGB 257). Zum Begriff der "Selbstaufhebung" bei Nietzsche vgl. Stegmaier, Werner: Philosophie der Fluktuanz. Dilthey und Nietzsche. Göttingen 1992. S. 299f.; Zittel, Claus: Selbstaufhebungsfiguren bei Nietzsche. Würzburg 1995; Grau, Gerd-Günther: Selbstaufhebung. In: Ottmann, Henning (Hg.): Nietzsche-Handbuch. Stuttgart, Weimar 2000. S. 324f.

142) Zarathustra widerspricht mit Nietzsche "wie nie widersprochen worden ist" und ist trotzdem der "Gegensatz eines neinsagenden Geistes" (EH, Warum ich ein Schicksal bin 1). Dementsprechend ist das eigentlich "psychologische Problem im Typus des Zarathustra [...], wie der, welcher in einem unerhörten Grade Nein sagt, Nein thut, zu Allem, wozu man bisher Ja sagte, trotzdem der

Das Zentrum von Nietzsches *Also sprach Zarathustra* liegt insofern weder am Anfang in der Lehre des Übermenschen noch am Ende in der Wiederkunftslehre, sondern genau in der Mitte des zweiten Teils, zwischen dem *Grablied* und dem Kapitel *Von der Selbst-Ueberwindung*, in dem Zarathustras Selbstüberwindung eigens zur Sprache kommt. In einer Vorstufe heißt dieses Kapitel auch *Von gut und böse*. Das Kapitel beginnt nicht zufällig mit einem "Sich-bewusst-werden des Willens zur Wahrheit": "'Wille zur Wahrheit' heisst ihr's, ihr Weisesten, was euch treibt und brünstig macht? Wille zur Denkbarkeit alles Seienden: also heisse ich euren Willen." (Za II, Von der Selbst-Ueberwindung, KSA 4, S. 146). Für Zarathustra ist die Moral bereits in ihren immoralischen Grund zurückgegangen, aus dem sie hervorgegangen ist, ihn selbst und seinen eigenen *Willen zur Macht*. Zarathustra spricht zwar von den Weisesten, aber im Grunde spricht er der Überschrift des Kapitels gemäß auch von sich selbst und seiner eigenen Selbstüberwindung und Selbsterkenntnis. Auch und zuerst seine Wahrhaftigkeit und seine "Übersetzung der Moral in's Metaphysische" waren im Grunde Wille zur Macht. Was Zarathustra auszeichnet ist, dass er dies schließlich wiederum aus Redlichkeit, in die sich seine Wahrhaftigkeit verwandelt hat und die er die "jüngste der Tugenden" nennt (Za, I, Von den Hinterweltlern, KSA 4, S. 37), einsieht und ausspricht, also darüber redet.[143)]

Das "Geheimnis" des Willens zur Macht ist, dass er "sich immer selber überwinden muss." (Za II, Von der Selbst-Ueberwindung, KSA 4, S. 148). Daher

---

Gegensatz eines neinsagenden Geistes sein kann." (EH, Also sprach Zarathustra 6). Auch Jesus hätte nach Zarathustras Meinung zu der Wahrhaftigkeit des Sich-Widersprechens den Mut gehabt, wenn er nur lange genug gelebt hätte: "Glaubt es mir meine Brüder! Er starb zu früh; er selber hätte seine Lehre widerrufen, wäre er bis zu meinem Alter gekommen! Edel genug war er zum Widerrufen!" (Za I, Vom freien Tode, KSA 4, 95; vgl. Nachlass 1880, KSA 9, 3 [73]). Jesus wird hier zu einem *jungen* Zarathustra. Schon 1876/77 notiert sich Nietzsche: "Wer sich erlaubt öffentlich zu sprechen ist verpflichtet sich auch öffentlich zu widersprechen, sobald er seine Meinungen ändert" (Nachlass 1876/77, KSA 8, 21 [23], vgl. 21 [66]), mit der kurz darauf folgenden Anwendung auf sich selbst: "Lesern meiner früheren Schriften will ich ausdrücklich erklären, daß ich die metaphysisch-künstlerischen Ansichten, welche jene im Wesentlichen beherrschen, aufgegeben habe: sie sind angenehm, aber unhaltbar." (ebd. 23 [159]).

143) "Reden wir nur davon, ihr Weisesten, ob es gleich schlimm ist. Schweigen ist schlimmer; alle verschwiegenen Wahrheiten werden giftig." (Za II, Von der Selbst-Ueberwindung, KSA 4, S. 149). Vgl. White, Alan: The Youngest Virtue. In: Schacht, Richard (Hg.): Nietzsche's Postmoralism. Essays on Nietzsches's Prelude to Philosophy's Future. Cambridge 2001. S. 63-78.

gibt es auch kein "Gutes und Böses, das unvergänglich wäre [...] Aus sich selber muss es sich immer wieder überwinden." (ebd., S. 149). Das Gesetz dieser "nothwendigen "Selbstüberwindung" im Wesen des Lebens" (GM III, 27) wird im Gedanken der ewigen Wiederkunft auf die Formel gebracht und liegt *Also sprach Zarathustra* zu Grunde. In ihrer Notwendigkeit ist die Selbstüberwindung ebenso aufgehoben wie sie gefordert bleibt. Gut und Böse sind keine ewigen und unvergänglichen Bestimmungen und Werte mehr, wie der historische Zarathustra gelehrt hatte, sondern sie sind sich aus sich selber heraus immer wieder überwindende Werte in einer fortgesetzten "Umwertung aller Werte". Deshalb muss Zarathustra auch seine eigene Lehre von Gut und Böse und damit sich selbst überwinden, also zum Immoralisten werden, der nicht einfach ohne Moral ist, sondern eine höhere Moral hat, die zwar jenseits von gut und böse der alten Moral, aber nicht jenseits von gut und schlecht liegt (vgl. GM I, 17). Denn die "Selbst-Kritik der Moral ist zugleich ein moralisches Phänomen" (Nachlass 1884, KSA 11, 25 [447]).

Sofern Zarathustras Lehre eine Lehre der Selbst-Überwindung ist, die niemand einem anderen abnehmen kann, ist es nur konsequent, wenn Zarathustra schließlich auch sich selbst als Lehrer und Vermittler aufhebt, indem er seine Schüler von sich wegschickt und damit auf sich selbst verweist (vgl. Za II, Von der schenkenden Tugend 3). Zur Humanität eines Meisters gehört es für Nietzsche, "seine Schüler vor sich zu warnen" (M 447), d.h. sie mindestens ebenso sehr Misstrauen als Vertrauen zu lehren. "Sich überflüssig machen – das ist der Ruhm aller Großen." (VM 407). Zarathustra macht sich nicht nur überflüssig, er ist auch überflüssig in dem Sinne, in dem die Sonne, mit der er sich vergleicht, überflüssig ist. Dieser "Überfluss" wird vor allem durch den zu Grunde liegenden Wiederkunftsgedanken ermöglicht, der es auf ewig verwehrt, in einen Gott, eine jenseitige wahre Welt oder auch ins Nichts auszufließen, so dass der Mensch höher steigen muss und höchstens überfließen kann (vgl. FW 285). Zarathustra lehrt sowohl den umfassenden Ring als auch das Höhersteigen, das Nietzsche schon 1875, als der "Übermensch" noch "Genius" hieß, seine "Religion" genannt hat:

> Meine Religion, wenn ich irgendetwas noch so nennen darf, liegt in der Arbeit für die Erzeugung des Genius; Erziehung ist alles zu Hoffende, alles Tröstende heisst Kunst. Erziehung ist Liebe zum Erzeugten, ein Überschuss von Liebe über die Selbstliebe hinaus.

Religion ist "Lieben über uns hinaus". Das Kunstwerk ist das Abbild einer solchen Liebe über uns hinaus und ein vollkommnes. (Nachlass 1875, KSA 8, 5 [22])

Hier wird Religion als "Lieben über uns hinaus", in Zarathustras Sprache als "Liebe zum Übermenschen" oder "*Über* uns hinaus schaffen" (Nachlass 1882/83, KSA 10, 5[1], S. 209) bestimmt, Erziehung als die Liebe zum Erzeugten und somit auch zum Erzeugen selbst, während die Kunst über die unzureichende Wirklichkeit hinweg zu trösten vermag, sofern sie das Geliebte schon vorwegnehmend in seiner Vollkommenheit darzustellen vermag. "Das Kunstwerk verhält sich ähnlich zur Natur wie sich der mathematische Kreis zum natürlichen Kreis verhält." (Nachlass 1872/73, KSA 7, 19 [252], S. 498; vgl. Nachlass 1881, KSA 9, 11 [151]). *Also sprach Zarathustra* ist für Nietzsche ein Kunstwerk in diesem Sinne.

3. Eine historische Parallele

Mit der geschilderten Dynamik sieht Nietzsche sich und in seiner Folge Europa in wesentlichen Stücken eine Entwicklung wiederholen, die sich in Indien "unter dem Volke der Denker" (M 96) schon vor einigen Jahrtausenden zugetragen habe.[144)]

144) "Derselbe Entwicklungsgang in Indien, in vollkommner Unabhängigkeit, und deshalb etwas beweisend; dasselbe Ideal zum gleichen Schlusse zwingend; der entscheidende Punkt fünf Jahrhunderte vor der europäischen Zeitrechnung erreicht, mit Buddha, genauer: schon mit der Sankhyam-Philosophie, diese dann durch Buddha popularisirt und zur Religion gemacht." (GM III, 27). In einem Brief an Paul Deussen nennt Nietzsche die indische Entwicklung "die einzige große Parallele [..] die es zu unserer europäischen Philosophie giebt." (3. Januar 1888, KSB 8, Nr. 969). Kritisch wendet er sich dabei z.B. gegen die Anhänger A. Comtes, die "ganz naiv Gesetze für eine historisch-nothwendige Entwicklung und Folge der philosophischen Hauptdifferenzen construiren, bei denen die Inder gar nicht in Betracht kommen" oder der indischen Entwicklung sogar widersprechen (ebd.). In den Sûtras des Vedânta sei "der Scharfsinn der modernsten europäischen Systeme (Kantismus, Atomistik, Nihilismus usw) einige Jahrtausende früher vorweg genommen" (Nietzsche an Heinrich Köselitz, 8. September 1887, KSB 8, Nr. 903). Als Quellen für Nietzsches Auffassung einer historischen Folgerichtigkeit in der Entwicklung des Buddhismus im indischen Denken kommen sowohl C. F. Koeppens *Die Religion des Buddha* (1857/59) als auch J. Wackernagels *Ueber den Ursprung des Brahmanismus* (1876), die Nietzsche beide kannte, in Frage (vgl. Brusotti, Marco: Opfer und Macht. Zu Nietzsches Lektüre von Jacob Wackernagels "Über den Ursprung des Brahmanismus". In: Nietzsche-Studien 22 (1993). S. 222-242. S. 241; Spannhake, Barbara: Umwertung einer Quelle. In: Nietzsche-Studien 28 (1999). S. 156-193. S. 163). F. Mistry (Mistry: Nietzsche and Buddhism, a.a.O., S. 37-39) weist neben

Dort habe man schrittweise zuerst die Götter, dann die Bräuche (Gebete, Zeremonien, Opfer, Lieder, Metren), in denen die Macht der Priester lag, und schließlich auch die Priester und Vermittler selbst für überflüssig und unnötig erklärt und damit für Buddha, den "Lehrer der Religion der Selbsterlösung" den Weg bereitet (ebd.). Während die Stufenfolge hier scheinbar von den Göttern über die Moral zu denjenigen führt, die sich selbst erlösen, geht der Weg in Wirklichkeit jedoch zumindest ebenso umgekehrt. Denn die alten Brahmanen wussten, "dass die Priester mächtiger seien als die Götter" und die Macht der Priester in der Moral begriffen liege (ebd.). Der eigentliche Ausgangspunkt liegt daher eher in der Selbstüberwindung der Priester, die ihre Machtausübung über Götter und Menschen mit Hilfe der Bräuche und der Moral aufgeben und jeden zunächst auf die eigene Selbsterlösung verweisen.

Im indischen wie im buddhistischen Denken sind die Götter ebenso wie der Mensch dem Kreislauf von Geburt und Tod unterworfen, also sterbliche Götter.[145] Der Fokus des Menschen sind daher nicht die Götter, sondern der umfassendere Kreislauf von Geburt, Alter, Krankheit und Tod selbst, dem man zu entkommen sucht. Die erste Lektion, die man in Europa zu lernen hat, ist also die von der Sterblichkeit der Götter und insbesondere die vom Tod des moralischen Gottes. Ihr muss die Selbstüberwindung der Moral und schließlich auch der Moralvermittler folgen, wenn eine "Religion der Selbsterlösung" möglich werden soll. Die reale Geschichte wird jedoch auch hier von der Selbstüberwindung der "Priester" ausgehen müssen, die ihren Willen zur Macht über andere aufgeben, um zunächst Macht über sich selbst zu gewinnen und sich selbst überflüssig zu machen.

Einstweilen sei Europa noch sehr ferne von dieser Stufe der Kultur und "noch lange nicht reif" für den Buddhismus (AC 22). Reif ist Europa zunächst nur für eine "Europäische Form des Buddhismus" (Nachlass 1886/87, KSA 12, 5 [71], S. 213), den Nihilismus, der aus der Selbstauflösung der christlichen Moral folgt. Die

---

Koeppen auch auf H. Oldenberg (Oldenberg, Hermann: Budhha. Sein Leben, seine Lehre, seine Gemeinde. Berlin 1881) und M. Müller (Müller, Max: Essays, II. Beiträge zur vergleichenden Mythologie und Ethnologie. Basel 1877) hin.

145) Aus zen-buddhistischer Sicht ist für M. Abe (Abe, Masao: Zen and Nietzsche. In: Ders.: Zen and Western Thought. Honolulu 1985. S. 135-151) daher der "Tod Gottes" und der getötete Gott gar kein besonderes Problem, das besonderer Aufmerksamkeit bedürfte, sondern vielmehr die aus Nietzsche erst interpolierte ganz andere Behauptung, Gott sei eine "heilige Lüge".

Bestimmung des Nihilismus als "europäische Form des Buddhismus" drückt sowohl eine Verwandtschaft von Buddhismus und Nihilismus aus, zugleich aber auch einen Unterschied, der dem Buddhismus durch die "europäische Form" verliehen wird. Diese Form ist geschichtlich bedingt durch die Herkunft aus dem Christentum und erhält seine Dynamik aus der Erfahrung des Sinnverlustes. Wenn man den Nihilismus die europäische Form des Buddhismus nennt, könnte man den Buddhismus die asiatische Form des Nihilismus nennen.

In beiden, sowohl im Nihilismus als auch im Buddhismus spielt zwar das Nihil und Nichts die entscheidende Rolle, aber eine durchaus verschiedene Funktion. Im Falle des europäischen Nihilismus eine negative Funktion als Verneinung und Verlust von Sinn, Ziel und Bedeutung, im Buddhismus dagegen eine positive Funktion als Aufhebung von Leiden und von sinnlos gehaltener Wiedergeburt. Im ersten Fall reagiert der Nihilismus auf eine vorangehende Sinngebung, im zweiten auf eine vorangehende Erfahrung leidvollen Daseins und Sinnlosigkeit. Im ersten Fall wird ein Sinn verloren, im zweiten wird überhaupt erst ein Sinn gewonnen. Deshalb ist auch die Dynamik jeweils eine andere und entgegengesetzte. Aufgrund der verschiedenen Bedingungen in Europa und Indien nimmt der Nihilismus eine vom Buddhismus ganz verschiedene Gestalt an und kann nicht unabhängig von diesen geschichtlich und kulturell verschiedenen Voraussetzungen verstanden werden.[146)]

In Europa stellt sich der Nihilismus daher als ein "aktiver Nihilismus" dar: "das Nein-thun, nachdem alles Dasein seinen "Sinn" verloren hat." (ebd., S. 216). "Der Nihilismus ist nicht nur eine Betrachtsamkeit über das "Umsonst!", und nicht nur der Glaube, daß Alles werth ist, zu Grunde zu gehen: man legt Hand an, man richtet zu Grunde. [...] Der Ver-Nichtsung durch das Urtheil sekundirt die

146) In ähnlichem Sinne auch Kogaku Arifuku: "Das Gefühl der Wertlosigkeit von Welt und Dasein entspringt bei Nietzsche einer historischen Erfahrung. Es setzt die europäische Metaphysik (und das Christentum) als seine Vorgeschichte voraus. Das Vergänglichkeitsgefühl im Buddhismus ist dagegen als geschichtsunabhängig zu sehen. Es drückt ein kosmologisches Grundprinzip der Welt und des Daseins aus, es kann zu jeder Zeit erfahren werden." (Arifuku, Kogaku: Der aktive Nihilismus Nietzsches und der buddhistische Gedanke von śunyata (Leerheit). In: Simon, Josef (Hg.): Nietzsche und die philosophische Tradition Bd. 1. Würzburg 1985. S. 108-121. S. 111f.). Auch das "Himmelreich" und "Reich Gottes" Jesu, dieses "Buddha auf einem sehr wenig indischen Boden" (AC 31) wird von Nietzsche als ein ungeschichtlicher "Zustand des Herzens", der "überall" und "nirgends da" ist beschrieben (AC 34).

Ver-Nichtung durch die Hand." (Nachlass 1887/88, KSA 13, 11 [123]). Kein Zweifel, dass Nietzsche damit die selbstzerstörerischen Katastrophen des 20. Jahrhunderts vorausgesehen hat, in denen sich "der Wille zur Zerstörung als Wille eines noch tiefern Instinkts, des Instinkts der Selbstzerstörung, des Willens ins Nichts" (Nachlass 1886/87, KSA 12, 5 [71], S. 215) offenbart hat. Ihren Kulminationspunkt erreicht die Geschichte des Sinnverlustes jedoch in der extremsten Form des Nihilismus: "das Nichts (das 'Sinnlose') ewig!" (ebd., S. 213; vgl. 9 [83]), d.h. als "ewige Wiederkehr" des "Nichts".

Dem Buddhismus fehlt dieser nach außen gerichtete zerstörerische Zug dagegen ganz, er bleibt bei der Kontemplation des Nichts stehen und ist "passivischer Nihilismus" (Nachlass 1887, KSA 12, 9 [35]).[147] Denn das Nirvana ist zugleich höchste Positivität.[148] Auch Nietzsche war es nicht fremd, dass der Nihilismus "als *Leugnung* einer wahrhaften Welt, eines Seins, eine göttliche Denkweise" (Nachlass 1887, KSA 12, 9 [41]) sein kann. Aber damit erhält der Nihilismus bereits eine asiatische Form und wird zum eigentlichen Buddhismus.

Eine "Selbst-Erlösung" mutet freilich wie der Versuch des Münchhausen an, "sich selbst aus dem Sumpf des Nichts an den Haaren in's Dasein zu ziehn" (JGB 21). Wie soll dies möglich sein? Logisch gesehen sieht es wie ein "Selbst-Widerspruch" aus, existenziell wie der Versuch einer "Selbst-Überwindung". Die "Selbst-Überwindung" spaltet das Individuum in ein "dividuum" (MA 57), d.h. in ein Selbst, das untergehen muss und ein Selbst, zu dem überzugehen ist. Für Zarathustra ist daher das, was geliebt werden kann am Menschen, "dass er ein Übergang und ein Untergang ist." (Za I, Vorrede 4). Sowohl für Zarathustra als auch für Buddha ist solche Selbstüberwindung nicht nur möglich, sondern auch die eigentliche Aufgabe des Menschen.[149] Da dieses Selbst aber zunächst nur jeweils ein einzelnes Selbst ist

147) Vgl. Suzuki, Daisetz T.: Passivity in the Buddhist Life. In: Essays in Zen Buddhism. Second Series. London 1953. S. 268-346.

148) Nach Keiji Nishitani hat das "Nirvana" die Bedeutung des "Erwachens" und ist "einerseits eine absolute Negativität und zugleich eine absolute Positivität." In ihm öffnet sich "der Standpunkt, wo sich das absolute Nichts zugleich als die gründlichste Positivität erweist." (Nishitani, Keiji: All-Einheit als eine Frage. In: Henrich, Dieter (Hg.): All-Einheit. Wege eines Gedankens in Ost und West. Stuttgart 1985. S. 13-21. S. 19).

149) Das "kleine ego" zu überwinden ist auch im Buddhismus eine vordringliche Aufgabe. Dass der Mensch in aller Regel sein eigentliches Selbst noch nicht gefunden habe, ist nach J. Salaquarda schon ein wichtiges Thema der dritten *Unzeitgemässen Betrachtung* über *Schopenhauer als Erzieher*

und die Selbst-Erlösung nicht unmittelbar bedeutet, dass andere auch erlöst oder erleuchtet wären, wird es im Mahayana-Buddhismus zur obersten Regel, nach der eigenen Erlösung auch für die Erlösung aller anderen und von allem tätig zu werden, d.h. die Einsicht wird relevant, dass die Erlösung des einzelnen Selbst nur als Erlösung aller und von allem möglich ist. Das Bodhisattva-Ideal tritt an die Seite des Buddha-Ideals.

Wollte man sich den Ausgangspunkt von Nietzsches Zarathustras in einem buddhistischen Vergleich vergegenwärtigen, dann könnte man an die zehn Ochsenbilder denken, die im Buddhismus gut bekannt sind. Darin geht ein junger Ochsenhirt auf die Suche nach sich selbst, versinnbildlicht durch den Ochsen, den er sucht. Er sucht ihn, findet ihn und zähmt ihn dann, bis er durch eine Verwandlung hindurch (angezeigt dadurch, dass der Ochse im mittleren Bild seine Farbe verändert) ganz mit sich selbst eins geworden ist. Er vergisst den Ochsen und schließlich sogar sich selbst, was durch einen Kreis dargestellt wird. Er lebt vielleicht wie Zarathustra zehn Jahre alleine in den Bergen, bis es ihn eines Tages wieder zu den Menschen in die Täler treibt, wo er lachend auf dem Markt seine Weisheiten von sich gibt.[150] An diesem Endpunkt in der Entwicklungsgeschichte der

---

und sei dem zen-buddhistischen Gedanken vergleichbar, "daß unser vielfältiges empirisches Ich uns daran hindert, zu unserem wahren Selbst vorzudringen." (Salaquarda, Jörg: Der ungeheure Augenblick. In: Nietzsche-Studien 18 (1989). S. 317-337. S. 324). Nach Salaquarda ist Nietzsches Denken von einer "genuin mystischen Erfahrung" bestimmt, die aber in ihrer Tendenz "rein 'diesseitig'" sei. Es könne in dieser Hinsicht "am ehesten mit den Lehren der großen Zen-Meister verglichen werden." (ebd., S. 337).

150) Ein Text zur Beschreibung des letzten Bildes heißt etwa: "Barfuss und mit offener Brust den Markt betretend, mit zerrissenen Kleidern und staubig, aber lächelnd, braucht er keine magischen Kräfte, damit vertrocknete Bäume vor ihm wieder lebendig werden." (vgl. Reps, Paul (Hg.): Zen flesh, Zen bones. Harmondsworth 1957. S. 145). Erscheint der Erwachte in diesem Bild zwar einerseits ebenso kindlich-unbedarft wie Zarathustra, so ist es in Hinsicht auf seine Wirkung bei den Menschen von Zarathustras Erfahrungen her gesehen eher romantisierend. Denn wie schon der historische Zarathustra trifft auch Nietzsches Zarathustra auf dem Markt zunächst auf Ablehnung und Widerstand. Er lernt schnell, dass er zu keinem redet, wenn er zu allen redet (Za IV, Vom höheren Menschen 1) und wendet sich daher in Zukunft nur noch an Einzelne. Nietzsche kritisiert dementsprechend das Bestreben der Morallehrer "Vorschriften für Alle" geben zu wollen, denn dies heisse, "im Unbestimmten schweifen und Reden an die Thiere halten, um sie zu Menschen zu machen: was Wunder, dass die Thiere diess langweilig finden! Man sollte begränzte Kreise sich aussuchen und für sie die Moral suchen und fördern, also zum Beispiel Reden vor den Wölfen halten, um sie zu Hunden zu machen." (M 194). Die Vorrede des *Zarathustra* scheint dies noch einmal eigens demonstrieren zu wollen und damit auch den Untertitel des Buches "für Alle und

zehn Ochsenbilder beginnt Nietzsches Zarathustra, indem er wie auch im platonischen Höhlengleichnis wieder in das Dunkel der Menschenwelt hinabsteigt, um sie von ihren Fesseln zu befreien bzw. ihnen ein Geschenk zu bringen. In diesem Sinne lässt sich auch der Untergang Zarathustras mit der Verwirklichung des Bodhisattva-Ideals vergleichen.[151)]

II. Von Buddha zu Zarathustra

1. Nietzsche und Buddhismus: drei Präliminarien

Um der von Nietzsche aufgezeigten historischen Parallele[152)] zwischen der europäischen und indischen Entwicklung, insbesondere dem Buddhismus, weiter nachgehen zu können, sollte man m. E. vorbereitend zunächst dreierlei bedenken. Erstens schließt ein solcher Vergleich nicht nur eine bestimmte Vorstellung dessen ein, was bzw. wen man dabei unter Nietzsche versteht, sondern auch eine Bestimmung dessen, was dabei unter Buddhismus zu verstehen ist. Denn der Buddhismus ist kein einheitliches Gebilde, sondern sowohl geschichtlich als auch systematisch in verschiedene Richtungen differenziert, z.B. den älteren Hinayana- oder Theravada-Buddhismus, den Mahayana-Buddhismus und den Zen-Buddhismus.[153)]

Keinen" zu erläutern.

151) G. Parkes sieht in Zarathustras Abstieg unter die Menschen die Verwirklichung des Bodhisattva-Ideals, da Zarathustra wie dieser aus vollendeter Weisheit heraus zu überfließender Freigiebigkeit und erneutem Engagement in und mit der Welt geführt werde (vgl. Parkes, Graham: Nature and the human 'redivinised': Mahayana Buddhist themes in Thus spoke Zarathustra. In: Lippitt/Urpeth (Hg.): Nietzsche and the Divine, a.a.O., S. 181-199, S. 183). S. Heine sieht das Bodhisattva-Ideal darüber hinaus auch im Übermenschen reflektiert: "Nietzsche's overman, the creator and legislator of new values, reflects the bodhisattva's ideal of realizing enlightenment in and through social commitment, rather than by withdrawing from the world." (Heine, Steven: Dionysos against the Buddha: Nietzsche's 'Yes' and the Buddhist 'No'. In: Katz, Nathan (Hg.): Buddhist and Western Philosophy. Bangalore 1981, S. 244-266. S. 262-263).

152) Anstelle von "Parallele" spricht Nietzsche auch von "isochronische[n] Cultur-Linien", die man durch die Geschichte ziehen könne und dabei den modernen Fortschrittsbegriff "artig auf den Kopf" stellen würden: "Man vergißt, um ein Beispiel zu geben, wie unsere europäische Cultur erst heute sich wieder jenem Zustand von philosophischer Mürbigkeit und Spätcultur annähert, aus dem die Entstehung eines Buddhism begreiflich wird." (Nachlass 1887/88, KSA 13, 11 [413]).

Andererseits ist man auch bei Nietzsche gewohnt, zwischen mehreren Phasen seiner Gedankenentwicklung zu unterscheiden. So differenziert man z.B. bereits seit Lou Andreas-Salomé zwischen drei Phasen in Nietzsches Gedankenentwicklung (die verschieden benannt werden), einer ästhetisch-metaphysischen, einer wissenschaftlich-positivistischen und einer schöpferisch-gestaltenden Phase, die ihre Entsprechung in den drei Verwandlungen Zarathustras finden (vgl. Za I, Von den drei Verwandlungen).[154] Aus der Nichtbeachtung dieser Unterschiede und dem In-Beziehung- Setzen verschiedener Phasen können erste Unstimmigkeiten entstehen. Schwerwiegender ist es allerdings noch, wenn man nicht das ganze Spektrum der Verschiedenheiten in den Blick nimmt und nur bestimmte Teile daraus isoliert, damit aber zugleich auch die Einheit und Kontinuität dieser Phasen aus den Augen verliert. So ist man sich heute in der Nietzscheforschung weitgehend darin einig, dass Nietzsche hauptsächlich nur den frühen Hinayana-Buddhismus gekannt habe und sich deshalb auch nur auf diesen beziehen lasse. Bestenfalls gesteht man ihm eine geistige Verwandtschaft mit dem Mahayana-Buddhismus zu, wie als erster wohl K. Nishitani, der zusammenfassend feststellt: "It was not in his nihilistic view of Buddhism but in such ideas as amor fati and the Dionysian as the overcoming of nihilism that Nietzsche came closest to Buddhism and especially to Mahayana."[155] Als Beispiele führt Nishitani Nietzsches Rede vom Dionysischen als "die große pantheistische Mitfreudigkeit und Mitleidigkeit" und dem "Einheitsgefühl von der Nothwendigkeit des Schaffens und Vernichtens" (Nachlass 1888, KSA 13, 14 [14]) an.[156] Vom "amor fati" ausgehend hat

153) So unterscheidet Zen-Meister Seung Sahn: The Compass of Zen. Boston, London 1997. Eine etwas andere Gliederung ist die in Urbuddhismus, Hinayana, Mahayana und Tantrayana (vgl. Heiler, Friedrich: Die Religionen der Menschheit. 4. Aufl. Stuttgart 1982. S. 228).

154) Vgl. Andreas-Salomé, Lou: Friedrich Nietzsche in seinen Werken. Herausgegeben von Ernst Pfeifer. Frankfurt am Main 1983, S. 30, 35f.; Löwith, Karl: Nietzsches Philosophie der ewigen Wiederkunft des Gleichen. Stuttgart 1956. S. 25ff. Da man bei dieser Drei-Phasen-Einteilung den spätesten Nietzsche (EH, AC) jedoch im allgemeinen nicht mehr in Betracht gezogen hat, hat W. Stegmaier eine vierte Phase im Denken Nietzsches angesetzt, in der er sein Wille-zur Macht-Denken vom Zeichen-Denken seines Typus Jesus her verfeinert habe (vgl. Stegmaier, Werner: Nietzsches Kritik der Vernunft seines Lebens. Zur Deutung von "Der Antichrist" und "Ecce homo". In: Nietzsche-Studien 21 (1992). S. 163-183). T. Brobjer unterscheidet sogar fünf Phasen, in denen sich Nietzsches Beziehung zum Christentum von frommer Kindheit bis zum Antichristentum entfaltet (vgl. Brobjer, Thomas: Nietzsche's atheism. In: Lippitt/Urpeth (Hg.): Nietzsche and the Divine, a.a.O., S. 1-13).

155) Nishitani, Keiji: The Self-Overcoming of Nihilism. Albany 1990. S. 180.

156) Im Anschluss an Nishitani hat G. Parkes Parallelen zwischen Nietzsches "dionysischen Pantheismus"

auch Ryogi Okôchi "eine Wesensverwandtschaft, die zwischen dem buddhistischen und Nietzsches Denken trotz äußerster Unterschiedlichkeit ihrer Herkunft besteht" erkannt, obwohl sich Nietzsches Buddhismuskenntnisse nur auf den Hinayana- bzw. Theravada-Buddhismus bezogen hätten. Vom "Standpunkt des Mahayana-Buddhismus aus gesehen" seien Nietzsches Kenntnisse sehr einseitig gewesen.[157)]

Während der Zen-Buddhismus dabei jedoch ohne weiteres in den Mahayana-Buddhismus integriert, nicht aber als eine eigenständige Form angesehen wird, gilt andererseits der Unterschied zwischen Hinayana und Mahayana als echter Unterschied. Dies wäre so, als wenn man zwar den frühen Nietzsche vom mittleren unterscheiden wolle, aber keinen wesentlichen Unterschied zwischen dem mittleren und dem späten Nietzsche mehr sehe. Wie Nietzsche jedoch selber meint, hätte vermutlich der ganze "Scharfsinn von zwei Jahrtausenden [...] nicht ausgereicht, zu errathen, dass der Verfasser von "Menschliches, Allzumenschliches" der Visionär des Zarathustra ist." (EH, Warum ich so klug bin 4). Was hier für Nietzsche gilt, trifft auch auf das Verhältnis von Zen und Mahayana-Buddhismus im allgemeinen zu, der seinerseits über den vorhergehenden Buddhismus hinausgegangen ist. Vom Zen-Buddhismus spricht man vielleicht auch deshalb kaum, weil Nietzsche diesen wohl ganz bestimmt nicht gekannt hat. Trotzdem ist nach G. Parkes die Form von Buddhismus, die Nietzsche vermutlich am nächsten kommt, der Zen-Buddhismus.[158)] Hier kann es sich kaum noch um gelehrte Bekanntschaft handeln, sondern es muss eine "Wesensverwandtschaft" vorliegen, die noch über diejenige mit dem Mahayana -Buddhismus hinausreicht und sich noch weniger in Worten als in bestimmten Geisteshaltungen und vielleicht Gebärden ausdrückt. Um Nietzsche und den

---

und dem Mahayana-Buddhismus aufgezeigt (vgl. Parkes: Nature and the human 'redivinised', a.a.O., S. 181-199).

157) Okôchi, Ryogi: Nietzsches amor fati im Lichte von Karma des Buddhismus. In: Nietzsche-Studien 1 (1972). S. 36-94. S. 39f. Vgl. ders.: Wie man wird, was man ist. Gedanken zu Nietzsche aus östlicher Sicht. Darmstadt 1995, wo Nietzsche als "ein tiefreligiöser Mensch aus östlicher Sicht" betrachtet wird (ebd., S. 65ff.). Für Zarathustra hat er jedoch ebenso wenig Verständnis wie Th. Mann, auf den er sich beruft (ebd., S. 77).

158) Parkes: The orientation of the Nietzschean Text. In: Nietzsche and Asian Thought, Chicago and London 1991. S. 3-19, S. 14. Für die eigentlichen "comparative studies per se", die über die bloße Frage des Einflusses hinausgehen, bietet nach G. Parkes der späte Buddhismus, der auch Zen einschließt, den eigentlich fruchtbaren Boden. (vgl. Parkes: Nietzsche and Early Buddhism, a.a.O., S. 265).

Buddhismus in ein angemessenes Verhältnis zu setzen, kann man also zweitens auch nicht bloß an Worten hängen bleiben, sondern muss auf das sehen, worauf sie wie der Finger auf den Mond nur semiotisch-symptomatisch zeigen.[159)]

Als Beispiel für eine nicht nur stilistisch, sondern auch inhaltlich bemerkenswerte Nähe Nietzsches zum Zen-Buddhismus[160)] kann Nietzsches Wort vom "Tod Gottes" dienen, dessen "Mörder" der Mensch ist. So befremdend dies in einem christlichen Kontext auch sein mag, im Zen-Buddhismus finden wir nicht nur die Feststellung, dass Gott tot ist und wir ihn getötet haben, sondern sogar die Aufforderung, Buddha zu töten, falls man ihm unterwegs begegnen sollte: "Wenn du Buddha triffst, so töte ihn!", was man zunächst so verstehen könnte, dass man sich kein Bildnis machen bzw. jedes gemachte Bild wieder zerstören soll. Zen-Meister Seung Sahn gibt einem Schüler den Rat: "When Buddha comes, you must kill Buddha; when God comes, you must kill God."[161)] Der Mörder Gottes findet in Zen seine Entsprechung in dem, der Buddha getötet hat, um selber Buddha sein zu können. Denn das Töten Gottes oder Buddhas ist bestenfalls immer nur ein Anfang. So wie der Mörder Gottes selber Übermensch werden oder letzter und hässlichster Mensch bleiben muss, so hat auch der Mörder Buddhas die Aufgabe, selber Buddha zu werden oder unerleuchtet zu bleiben. In beiden Fällen ist es eine Frage der Praxis, keine Theorie oder Lehre mehr. Anders auch als im Christentum, wo der Versuch, sich zu vergöttlichen oder Übermensch zu werden als Sakrileg, Hybris und eigentliches Teufelswerk angesehen wird, ist es im Buddhismus gerade das eigentliche Ziel, Buddha zu werden bzw. die eigene Buddha-Natur zu verwirklichen.[162)]

---

159) Es steht zwar "nicht in unserem Belieben, unser Ausdrucksmittel zu verändern", aber "es ist möglich, zu begreifen, in wiefern es bloße Semiotik ist." (Nachlass 1888, KSA 13, 14 [122]). Auch Zen-Meister Seung Sahn hebt das "Nonattachment to Language" als entscheidend für Zen hervor (vgl. Seung Sahn: The Compass of Zen, a.a.O., S. 205-223, 244-279).

160) Nach D. T. Suzuki ist auch Zen eine paradoxe Religion: "It is not a religion in the sense that the term is popularly understood; for Zen has no God to worship, no ceremonial rites to observe, no future abode to which the dead are destined, and, last of all, Zen has no soul whose welfare is to be looked after by somebody else and whose immortality is a matter of intense concern with some people. Zen is free from all these dogmatic and 'religious' encumbrances." (Suzuki, Daisetz T.: An Introduction to Zen Buddhism. New York 1964, S. 39).

161) Zen Master Seung Sahn: Dropping ashes on the Buddha. New York 1976. S. 183.

162) "Not depending on words, a special transmission outside the Sutras. Pointing directly to Mind: see your true nature, become Buddha." (Seung Sahn: The Compass of Zen, a.a.O., S. 205). Nietzsche stimmt darin offenbar mit dem Buddhismus überein, wenn er bemerkt: "Im Theages Plato's steht

Dass Nietzsche den Tod Gottes und den Tod Buddhas bewusst in Beziehung gesetzt hat, zeigt auch der Aphorismus *Neue Kämpfe* aus der *Fröhlichen Wissenschaft*, in dem das Wort "Gott ist tot" noch vor dem Aphorismus vom tollen Menschen (FW 125) zum ersten Mal Erwähnung findet:

> Nachdem Buddha todt war, zeigte man noch Jahrhunderte lang seinen Schatten in einer Höhle, - einen ungeheuren schauerlichen Schatten. Gott ist todt: aber so wie die Art der Menschen ist, wird es vielleicht noch Jahrtausende lang Höhlen geben, in denen man seinen Schatten zeigt. - Und wir - wir müssen auch noch seinen Schatten besiegen! (FW 108)

Dieser Aphorismus setzt Nietzsches Parallelisierung der europäischen mit der indischen Entwicklung aus der *Morgenröthe* fort und zeigt, dass der Vergleich mit Buddha am unmittelbaren Ursprungsort dieses Wortes steht und daher weder marginalisiert noch gar ganz außer Acht gelassen werden kann.[163)]

Das Dritte, was zu berücksichtigen wäre, ist der durchaus verschiedene Hintergrund, vor dem sich Nietzsches Begegnung mit dem Buddhismus abspielt, im Unterschied etwa zu jemandem, der in einem traditionell buddhistischen Land aufwächst. Denn Nietzsche war der Sohn eines protestantischen Geistlichen und wuchs in einem Pfarrhaus auf und in einem Land, das seit Jahrhunderten vom Christentum geprägt war. Nietzsches sich immer mehr verschärfende Kritik des Christentums ist wesentlich Selbstkritik und Selbstüberwindung und erhält von dort sowohl ihre ganze Schärfe als auch Rechtfertigung, da sie nicht von außen, sondern von innen kommt. Hätte Nietzsche mit seiner Kritik nur andere angegriffen, so könnte man sie vielleicht ungerecht nennen, da er aber zuerst immer sich selbst kritisiert und sich von seiner Kritik selbst nicht ausnimmt, hat sie existenzielle Authentizität. Dies trifft z.B. auch auf seine scharfe Kritik der Deutschen und anderer zu. Deshalb hat Nietzsche auch andererseits den Buddhismus selten in

---

es geschrieben: "jeder von uns möchte Herr womöglich aller Menschen sein, am liebsten Gott." Diese Gesinnung muß wieder da sein." (Nachlass 1884, KSA 11, 25 [137]).

163) Von der Beziehung zu Buddha ist z.B. in E. Bisers rein christlicher Behandlung des Wortes "Gott ist tot" weder im allgemeinen noch bei diesem Aphorismus die Rede (vgl. Biser, Eugen: 'Gott ist tot'. Nietzsches Destruktion des christlichen Bewußtseins. München 1962. S. 27, 29f., 37-40). Auch Heidegger lässt den Buddhismus im allgemeinen völlig außer Acht (Heidegger, Martin: Nietzsches Wort 'Gott ist tot'. In: Holzwege. Gesamtausgabe Bd. 5. Frankfurt am Main 1977. S. 209-267).

gleicher Weise kritisiert, bzw. er hat auch ihn nur insofern kritisiert als er sich darin wie zunächst in Schopenhauer selbst erkannte. Vielmehr hat er immer seine positiven Seiten hervorgehoben und sie gegen das Christentum abgehoben, um dadurch seine Selbstkritik zu verschärfen.[164)]

Nietzsche spricht immer von seinen eigenen Selbst-Überwindungen. Von sich selber sagt er: "Ich will das höchste Mißtrauen gegen mich erwecken: ich rede nur von erlebten Dingen und präsentire nicht nur Kopf-Vorgänge." (Nachlass 1884, KSA 11, 27 [77]). Und das gleiche gilt für seine Schriften: "Meine Schriften reden nur von meinen Überwindungen: "ich" bin darin, mit Allem, was mir feind war" (MA II, Vorrede 1). Im sogenannten "Ur-Ecce-homo" von 1888 heißt es im Hinblick auf das Christentum: "der Antichrist ist selbst die nothwendige Logik in der Entwicklung eines echten Christen, in mir überwindet sich das Christenthum selbst. (Nachlass 1888, KSA 13, 24 [1], S. 622).

Die Nähe dieser Formel zu derjenigen, die Zarathustra als die "Selbstüberwindung der Moral aus Wahrhaftigkeit" in den Immoralisten Nietzsche bestimmt, ist offensichtlich. Weder Moral noch Christentum waren für Nietzsche ein bloß von sich abzuwerfender Ballast, sondern durch ein "Übermoralisches" und "Überchristliches" tätig zu Überwindendes (vgl. Nachlass 1885, KSA 11, 41 [7]). Sein Weg führte daher auch nicht einfach zum Buddhismus, obwohl dieser für ihn ein herausragendes Vergleichsobjekt darstellte, sondern durch Moral und Christentum hindurch zu dem, was man mit Nietzsche vielleicht "Zarathustrismus" (Nietzsche an Heinrich Köselitz, 25. Juli 1884, KSB 6, Nr. 522) nennen könnte. Die Aufgabe, die sich aus der Berücksichtigung der genannten Präliminarien ergibt, besteht mithin darin, nicht nur Christentum und Buddhismus aus der Sicht Nietzsches voneinander abzugrenzen, sondern auch Buddhismus und Zarathustrismus zumindest in Ansätzen zu unterscheiden. Nietzsche setzt zwar ausdrücklich sowohl "Dionysos

164) E. Scheiffele nennt dies die Hinterfragung des Eigenen aus der Perspektive des Fremden. Auf diese Weise habe Nietzsche sein Land, seinen Glauben, seine Religion und schließlich das Ganze der europäischen Kultur vom Fremden her betrachtet und kritisiert (Scheiffele, Eberhard: Questioning One's 'Own' from the Perspective of the Foreign. In: Parkes: Nietzsche and Asian Thought, a.a.O., S. 31-47). Dies bedeutet jedoch nicht, dass Nietzsches Hinterfragung des Christentums aus der Perspektive des Buddhismus nur aus Gründen der Entgegensetzung erfolgte: "Nietzsche's opposition of Buddhism with Christianity has foundation in fact and is not essentially an expedient prop to highlight his polemic against Christianity in *The Antichrist*." (Mistry: Nietzsche and Buddhism, a.a.O., S. 44).

gegen den Gekreuzigten" (EH, Warum ich ein Schicksal bin 8) als auch "Buddha gegen den 'Gekreuzigten'" (Nachlass 1888, KSA 13, 14 [91]), die Aufgabe, Dionysos zu Buddha und vielleicht noch zu anderen Göttern in ein Verhältnis zu setzen, hat er uns überlassen.[165)]

2. Religion und Ressentiment

Der Buddhismus ist nach Nietzsche "die einzige eigentlich positivistische Religion" (AC 20)[166)], die die Geschichte zeigt, "auch noch in seiner Erkenntnistheorie (einem strengen Phänomenalismus)" (ebd.), da er einfach die Wirklichkeit anerkennt und ausspricht, wie sie ist: Berg ist Berg, Wasser ist Wasser, Leid ist Leid und Freude ist Freude. Das Leiden muss nicht als Strafe ausgelegt werden, die Freude nicht als

---

165) "For the completion of Nietzsche's own mission, a confrontation between his philosophy and Buddhism - Dionysos against the Buddha - must be prepared." (Heine: Dionysos against the Buddha: Nietzsche's 'Yes' and the Buddhist 'No', a.a.O., S. 246-247).

166) Dass Nietzsches Darstellung des Buddhismus in AC 20-23 nur den Hinayana-Buddhismus betreffe (vgl. Sommer; Andreas Urs: Ex oriente lux? Zur vermeintlichen 'Ostorientierung' in Nietzsches Antichrist. In: Nietzsches Studien 28 (1999). S. 194-214, S. 203), kann man nur solange behaupten, als man selber sowohl den Buddhismus als Ganzes, der auch den Zen-Buddhismus einschließt, außer Acht lässt, als auch ein "volkstümliches" Verständnis des Mahayana-Buddhismus zugrundelegt. Denn die meisten, wenn nicht alle der von Nietzsche angeführten Charakteristika wie der "positivistische" Zug, das "Jenseits von Gut und Böse" und die Freiheit von Ressentimentgefühlen, treffen auch auf den Mahayana- und Zen-Buddhismus zu. Andere Aspekte des *Antichrist* lassen sich dagegen nur dann zureichend verstehen, wenn man ihn vor dem Hintergrund des *Zarathustra* liest (vgl. AC, Vorwort). So ist z.B. der kriegerische Zug in Nietzsche, der ihn u.a. vom Buddhismus unterscheiden soll (ebd., S. 205), ein Zoroastrisch-Zarathustrisches (wie auch Heraklitisches) Merkmal, bei dem Rach- und Nachgefühle allerdings ausgeschlossen sind (vgl. EH, Warum ich so weise bin 7). Schon der historische Zarathustra nahm den Kampf gegen die falschen Götter (daevas) der bereits bestehenden Volksreligion auf. Im jüngeren Awesta gibt es dazu ein Gesetz "Gegen die Daevas" (Vendidad), das vor allem "Reinheitsgesetze" formuliert, um sich gegen die bösen Mächte zu schützen. Man könnte es mit Nietzsches "Gesetz wider das Christenthum" (AC, KSA 6, S. 254) vergleichen. Andererseits ist der *Antichrist* in wesentlichen Hinsichten auch ein Antizarathustra, nämlich jenes Zarathustra, dessen Lehren in das Christentum eingegangen sind und dort Verbreitung gefunden haben (neben den Gegensätzen von Gott und Teufel, Gut und Böse, Himmel und Hölle auch die Lehren von einem Individualgericht und einem Endgericht, zukünftiger Auferstehung des Leibes und "Personal-Unsterblichkeit"). "Mit Zarathustra" und "gegen Zarathustra" scheinen sich bei Nietzsche ungefähr die Waage zu halten, vergleichbar etwa der Selbstbeschreibung Nietzsches in *Ecce homo*, wonach er "décadent zugleich und Anfang" sei (EH Warum ich so weise bin 1).

himmlisches Geschenk von oben. Der Buddhismus "sagt nicht mehr 'Kampf gegen Sünde', sondern, ganz der Wirklichkeit das Recht gebend, 'Kampf gegen das Leiden'." (ebd.). Der Buddhismus habe die "Selbstbetrügerei" durch Moral-Begriffe bereits hinter sich und steht deshalb in Nietzsches Augen und in seiner Sprache geredet "jenseits von Gut und Böse" (ebd.).[167] Mit dieser Formel allein lässt sich also zwar ein wesentlicher Unterschied zwischen Buddhismus und Zarathustrismus einerseits, dem Christentum andererseits fassen, nicht aber auch die Differenz zwischen Buddhismus und Zarathustrismus selbst zureichend bestimmen. Beide müssten sich vielmehr nicht nur durch den Umfang, sondern auch durch die Art, wie und wodurch sie jenseits von gut und böse stehen unterscheiden lassen.

Hilfreich kann bei dieser Aufgabe ein weiteres Merkmal sein, durch das Nietzsche den Buddhismus vom Christentum abgrenzt. Nietzsche möchte den Buddhismus lieber als "Hygiene", nicht als "Religion" bezeichnet wissen, um beide nicht in die gleiche Kategorie zu stellen (vgl. EH, Warum ich so weise bin 6; Nachlass 1888, KSA 13, 24 [1], S. 618). Als Beleg für die Hygieneabsicht Buddhas führt Nietzsche öfters ein Wort aus dem *Dhammapada* (I, 5) an: "Nicht durch Feindschaft kommt Feindschaft zu Ende, durch Freundschaft kommt Feindschaft zu Ende." (ebd.; vgl. AC 20). Denn die Freiheit von Ressentiment und Rachgefühlen sei der erste Schritt zur seelischen Gesundheit überhaupt.

Das Beispiel der Rache[168] und die damit verbundene hygienische Behandlung im Buddhismus kann dazu dienen, charakteristische Unterschiede zwischen Christentum,

---

167) Dies schließt nicht aus, dass der Buddhismus in anderen Hinsichten für Nietzsche durchaus noch "im Bann und Wahne der Moral" (JGB 56) befangen bleibt und andererseits sogar das Christentum im Hinblick auf die Erreichbarkeit der "Erlösung" durch Tugend jenseits von Gut und Böse steht (vgl. GM III, 17, KSA 5, S. 380). Der Immoralismus Nietzsches und Zarathustras wäre im Unterschied dazu demnach darin zu sehen, dass er erstmals als Ganzes und in jeder Hinsicht jenseits von Gut und Böse ist.

168) Vgl. Wiehl, Reiner: Ressentiment und Reflexion. Versuchung oder Wahrheit eines Theorems von Nietzsche. In: Nietzsche-Studien 2 (1973). S. 61-90, wo die Eigentümlichkeit von Nietzsches Moralkritik in der Komplementarität der beiden Seiten ihrer Methode, nämlich "universale Metaphorik und absolute Umwertung aller Werte", gesehen wird (ebd., S. 89). Während R. Wiehl sich mit Nietzsche und Max Schelers Behandlung des "Ressentiment im Aufbau der Moralen" beschäftigt, setzt R. Comay auf der Suche nach einer nicht-metaphysischen Erlösung von der Rache Nietzsche in Beziehung zu W. Benjamin und M. Heidegger (vgl. Comay, Rebecca: Redeeming Revenge: Nietzsche, Benjamin, Heidegger, and the Politics of Memory. In: Koelb: Nietzsche as Postmodernist, a.a.O., S. 21-38).

Buddhismus und Zarathustrismus aus der Sicht Nietzsches aufzuzeigen. Denn die Rache ist zwar nach Nietzsche auch "das am meisten unevangelische Gefühl" (AC 40) und das "'widerstehe nicht dem Bösen' das tiefste Wort der Evangelien, ihr Schlüssel in gewissem Sinne" (AC 29), wird aber von Nietzsche auf eine "Unfähigkeit zum Widerstand" (ebd.) zurückgeführt. Und nach dem Tode Jesu sei gerade dieses eigentlich unevangelische Gefühl der Rache und des Richtens wieder aufgekommen. Dabei spielen die unterschiedlichen sozialen Schichten, in denen Christentum und Buddhismus verwurzelt sind und in denen sie Verbreitung fanden, für Nietzsche eine große Rolle. Im Falle des Buddhismus sind es "die höheren und gelehrten Stände" (AC 21), im Falle des Christentums aber unterworfene und unterdrückte Schichten, in denen Affekte und Ressentiments gegen Mächtige bestehen. Höchstes Ziel des Buddhismus sei "die Heiterkeit, die Stille, die Wunschlosigkeit" (ebd.), und dieses Ziel werde im Buddhismus durch sein hygienisches Verfahren auch erreicht, während im Christentum nur alles versprochen, aber nichts erreicht werde (vgl. AC 42).

Auch in Nietzsches *Zarathustra* heißt es: "Denn daß der Mensch erlöst werde von der Rache: das ist mir die Brücke zur höchsten Hoffnung und ein Regenbogen nach langen Unwettern." (Za II, Von den Taranteln, KSA 4, S. 128). Nietzsche selbst bekennt: "Reinigung von der Rache ist m e i n e Moral." (Nachlass 1883, KSA 10, 9 [49]).[169)] Zarathustras Erlösung vom Geist der Rache, die das Vergangene erlöst und in ein "So wollte ich es!" umschafft, ist jedoch eine andere als diejenige Buddhas, Jesus oder auch Schopenhauers.[170)] Denn dass Feindschaft durch Freundschaft und nicht wieder durch Feindschaft, also durch Rache zu Ende komme, ist für Buddha wie gesagt kein moralisches Gebot, sondern ein hygienisch-physiologisches: "so redet nicht die Moral, so redet die Physiologie" (EH, Warum ich so weise bin 6). Buddha ist zwar ein "tiefer Physiolog" (ebd.), aber er ist kein so tiefer Moralist wie Zarathustra, dem deshalb allein auch die Moral zum *moralischen* Problem werden kann.

Nietzsches Zarathustra geht in seiner Überwindung der Rache deshalb einen

---

169) "Was ist s c h l e c h t? [...] Alles, was aus [...] R a c h e stammt." (AC 57, KSA 6, S. 244). Eine andere Formel für Nietzsches Moral, die im Grunde dasselbe besagt, lautet: "'Liebe das, was nothwendig ist' - a m o r f a t i dies wäre meine Moral" (Nachlass 1881, KSA 9, 15 [20]).

170) Für Schopenhauer ist das Vergelten des Bösen mit Gutem ein wichtiger Bestandteil der asketischen "Mortifikation des Willens" zum Leben. Vgl. Schopenhauer, Arthur: Die Welt als Wille und Vorstellung. Sämtliche Werke Bd. 1. Frankfurt am Main 1986. S. 519.

Schritt weiter als Buddha. In dem Kapitel "Vom Biss der Natter", in dem Zarathustra von einer giftigen Schlange in den Hals gebissen wird, heißt es: "So ihr aber einen Feind habt, so vergeltet ihm nicht Böses mit Gutem: denn das würde beschämen. Sondern beweist, dass er euch etwas Gutes getan hat." (Za I, Vom Biss der Natter). Der Feindschaft des anderen mit Freundschaft zu begegnen wirkt auf den anderen beschämend und herabsetzend, wenn er nicht auch eine Rechtfertigung seines Verhaltens erhält. Erst so kann die Feindschaft dauerhaft beendet werden. Zarathustra rächt sich daher auch nicht an der Schlange, vergibt ihr auch nicht nur, sondern beweist, dass sie ihm mit diesem Biss etwas Gutes angetan hat: sie habe ihn nämlich zur rechten Zeit aus dem Schlaf geweckt. Das Gift aber, das sie ihm eingeflößt hatte, gibt er der Schlange wieder zurück, denn sie sei nicht reich genug, es ihm zu schenken: "Wann starb wohl je ein Drache am Gift einer Schlange?" (ebd.).[171)] Diese immoralistische Moral Zarathustras zeigt sich auch an den weiteren Beispielen und insbesondere auch in der Rede *Von den drei Bösen*, die Zarathustra gibt und das gleiche Prinzip zeigen. Auch nach Nietzsche soll man wie nach Christus nicht richten, aber nicht "auf dass" man nicht selber gerichtet werde (vgl. AC 45), sondern weil richten soviel ist wie ungerecht sein (vgl. MA 39) und man zwar gerecht, nicht aber Richter sein wollen soll (vgl. VM 33).

Der Immoralist wird andererseits auch nicht nur zu beweisen suchen, dass ihm durch das Böse etwas Gutes geschehen ist, er wird auch umgekehrt im Guten etwas Böses entdecken. Ein gutes Beispiel dafür ist das Mitleid, das ebenso wie das Vergelten von Bösem mit Gutem etwas mit Scham zu tun hat und sowohl im Christentum als auch im Buddhismus im Bodhisattva-Ideal eine große Rolle spielt. Nietzsche betont demgegenüber die negativen Seiten des Mitleids wie Beschämung und Herabsetzung des Bemitleideten (vgl. z.B. FW 338). An die Seite oder an die Stelle des Mitleids tritt bei Nietzsche die Mitfreude. "Mitfreude, nicht Mitleiden, macht den Freund." (MA 499). Denn das Mitleiden setzt immer Leidende und also Leid voraus und wird sie im Notfall deshalb sogar schaffen wollen, während die Freude und Mitfreude etwas aus sich selbst heraus Verbindendes ist und zudem das

171) Es gibt für Nietzsche auch eine selten beachtete "gute Rache": tätige Dankbarkeit (M 138; Nachlass 1887, KSA 12, 9 [79]; vgl. MA 44). Unter geeigneten Voraussetzungen ist auch Religion "eine Form der Dankbarkeit" (AC 16), d.h. eine Form der guten, nicht der schlechten Rache, wie sie für Nietzsche vor allem von Paulus repräsentiert wird (vgl. AC 45).

beste Mittel, um den Hang, “Andern wehe zu thun und Wehes auszudenken” zu verlernen (Za II, Von den Mitleidigen, KSA 4, S. 114).[172)]

Wie diese Beispiele zeigen, vollzieht sich Nietzsches “Selbstüberwindung des Christentums” und der Moral nicht einfach so, dass Nietzsche gewissermaßen vom Christen z.B. zum Buddhisten würde. Dies wäre vielleicht eine Überwindung, aber keine Selbstüberwindung. Es wäre das Austauschen einer Religion mit einer anderen, die man für besser hält. In der Selbstüberwindung erhält sich immer auch ein Selbst, dessen Tiefe oder Höhe in dieser Überwindung tiefer erfahren wird und sich dadurch selbst vertieft bzw. erhöht. Nietzsche ging es bei seiner historischen Parallele eher darum, seiner europäischen Perspektive und seinem europäischen Auge ein zweites Auge und eine zweite Perspektive zur Seite zu stellen, um aus diesen zwei Augen, die man beide zum Sehen benutzen sollte, die Welt zu sehen. Im Jahre 1876 schreibt Nietzsche: “Ich imaginire zukünftige Denker, in denen sich die europäisch-amerikanische Rastlosigkeit mit der hundertfach vererbten asiatischen Beschaulichkeit verbindet: eine solche Combination bringt das Welträtsel zur Lösung.” (Nachlass 1876, KSA 8, 17 [55]). Bis zur Heraufkunft dieser Philosophen der Zukunft gebe es eine vorbereitende Arbeit zu tun, nämlich alle die Schranken zu entfernen, die einer “Verschmelzung der Menschen” im Wege stünden: “Religionen Staaten monarchische Instinkte Reichthums- und Armutsillusionen, Gesundheits- und Rassenvorurtheile - usw.” (ebd.). Dies sei einstweilen die Aufgabe der “betrachtenden Freigeister” (ebd.). Der Freigeist aber sei einstweilen “der religiöseste Mensch”, den es jetzt gebe (Nachlass 1882, KSA 10, 1 [74]).

3. Buddha und Zarathustra

Zarathustra ist wie Buddha ein aus tiefem Traum “Erwachter” und sein “Rundgesang” fordert dazu auf, mit ihm darin ein- und übereinzustimmen, dass tiefer als der Tag, das Denken und das Leiden[173)], die Nacht, der Traum und die Lust sind, nicht indem sie jene ausschließen, sondern umfassen in einem Kreis. Der Name des Liedes ist deshalb “‘Noch ein Mal!’”, sein Sinn “‘in alle Ewigkeit!’” (Za

---

172) Vgl. Roberts: Contesting Spirit, a.a.O., S. 189-196.

173) Vgl. die “vier edlen Wahrheiten” Buddhas, die alle vom Leiden und der Aufhebung des Leidens handeln.

IV, Das Nachtwandler-Lied 12). Das Erwachen Zarathustras ist aber kein Erwachen zu einer reinen Leere, einer immerwährenden Helle oder einem absoluten Geist des reinen Sichselbstwissens, der alle Dunkelheit für immer hinter sich gelassen hätte, sondern eher dem Zustand eines "Nachtwandlers" vergleichbar, der "weiterträumen muss, um nicht hinabzustürzen" (FW 54, vgl. 59). An der Frage, wer in diesen Rundgesang einstimmen kann, muss sich letzten Endes auch entscheiden, wer daran gemessen "nihilistisch" zu nennen wäre.

Inwiefern Nietzsche den Buddhismus neben dem Christentum eine neinsagende, "nihilistische Religion" nennen kann (AC 20), könnte auch deutlicher werden, wenn man ihn zu den von Nietzsche als jasagend bezeichneten Religionen und seiner eigenen "höchsten Formel der Bejahung" in Beziehung setzt.[174)] Zu den jasagenden Religionen (vgl. Nachlass 1888, KSA 13, 14 [195]) gehören für Nietzsche die alte indische Gesetzgebung, wie sie sich im Gesetzbuch des Manu niederschlägt, das Gesetzbuch des Mohammed, das Judentum, wie es sich in den älteren Teilen des Alten Testaments zeigt,[175)] die heidnische[176)] und vor allem die griechische Religion mit dem Symbol des Dionysos (Nachlass 1888, KSA 13, 14 [89]).

Von diesen jasagenden Religionen bevorzugt Nietzsche die griechische Religion offenbar am meisten. Denn in ihr findet er "die religiöse Bejahung des Lebens, des ganzen, nicht verleugneten und halbirten Lebens [...] der in Stücke geschnittene Dionysos ist eine Verheißung ins Leben: es wird ewig wieder geboren und aus der Zerstörung heimkommen." (ebd.). Dionysos ist für Nietzsche das "geheimnißreiche Symbol der höchsten bisher auf Erden erreichten Welt-Bejahung und Daseins-Verklärung" (Nachlass 1885, KSA 11, 41 [7]) und die ewige Wiederkunft, an die die Griechen seiner Meinung nach in ihrer Mysterienlehre glaubten (Nachlass 1883, KSA 10, 8 [15], S. 340) die "höchste Formel der Bejahung, die überhaupt erreicht werden kann" (EH, Also sprach Zarathustra 1).[177)] Dieser

174) Zarathustra bezieht sich ein Mal fast direkt auf die legendarische Lebensgeschichte Buddhas, wenn er die "Prediger des Todes" kritisiert: "Ihnen begegnet ein Kranker oder ein Greis oder ein Leichnam; und gleich sagen sie "das Leben ist widerlegt!" Aber nur sie sind widerlegt und ihr Auge, welches nur das Eine Gesicht sieht am Dasein." (Za I, Von den Predigern des Todes).

175) Vgl. Golomb, Jacob: Nietzsche's positive religion and the Old Testament. In: Lippitt/Urpeth (Hg.): Nietzsche and the Divine, S. 30-56. Eine Untersuchung des Verhältnisses Nietzsches zum Islam im Spannungsfeld der Religionen steht bislang noch aus.

176) "Heiden sind Alle, die zum Leben Ja sagen, denen 'Gott' das Wort für das grosse Ja zu allen Dingen ist." (AC 55).

Gedanke ist auch die "Grundconception" (ebd.) von Nietzsches *Zarathustra*, dessen Religion diese Lehre zum Inhalt hat und damit zur jasagenden Religion par excellence wird. Als "Religion der Religionen" (Nachlass 1885, KSA 11, 34 [199]) steht die Wiederkunftslehre damit im Zentrum von Nietzsches weltlicher Religiosität und begründet sie in ihrer Weltlichkeit.

Nietzsches Stellung gegenüber dem Buddhismus ist von eindeutiger Zweideutigkeit bzw. Ambivalenz. Wenn er ihn dem Christentum gegenüber stellt, so ist er eindeutig positiv bewertet, stellt er ihn aber sich selbst und d.h. dem, was weder im Christentum noch im Antichristentum aufgeht gegenüber, dann erkennt er immer mehr noch einen Unterschied und ein Ideal, mit dem verglichen auch der

177) Wie J. Salaquarda festgestellt hat, beinhaltet der Wiederkunfts-Gedanke 1. die Wiederkehr *von allem*, 2. die Wiederkehr von allem *in der gleichen Reihe und Folge*, sowie 3. die sich *immer wieder* vollziehende, *ewige* Wiederkehr von allem in der gleichen Reihe und Folge (vgl. Salaquarda, Jörg: Die Grundconception des Zarathustra. In: Gerhardt (Hg.): Also sprach Zarathustra. Berlin 2000. S. 69-92, S. 76; Ders., Der ungeheure Augenblick, a.a.O., S. 330). Hinzuzufügen wäre noch die "absolute Necessität des gleichen Geschehens in einem Weltlauf wie in allen übrigen in Ewigkeit" (Nachlass 1887, KSA 12, 10 [138]). Die diesem Gedanken entsprechende Bejahung oder Verneinung (als höchste Formel der Bejahung und des Nihilismus) müsste daher die höchste sein, die überhaupt erreicht werden kann. M. Clark hat in einer "verbesserten Version" der ewigen Wiederkehr eine größere Bejahung des Lebens darin zu sehen versucht, dass man zwar eine Wiederholung der Vergangenheit wolle, aber "without the bad things." (Clark, Maudemarie: Nietzsche on Truth and Philosophy. Cambridge 1990, S. 281). Solche letztendlich willkürliche und ins Unendliche gehende Auswahl, die das Leben wiederum halbiert, wäre aber nicht nur keine höchste Bejahung, die überhaupt möglich ist, sie würde zudem ein zentrales Motiv von Nietzsches Bejahung der ewigen Wiederkehr auch alles Vergangenen verfehlen: nämlich die "Erlösung" dieses Vergangenen und gerade desjenigen Vergangenen, das einer solchen am meisten bedarf. Wird es nur ausgeschieden als das, was man nicht mehr wieder haben möchte, so wird es auch für immer unerlöst bleiben. "Wir müssen alles Leiden, das gelitten worden ist, von Menschen und Thieren, auf uns nehmen und bejahen, und ein Ziel haben, in dem es Vernunft erhält." (Nachlass 1882/83, KSA 10, 5[1], S. 210, vgl. 4 [84). Wenn dies als eine "übermenschliche" Aufgabe erscheint, so ist es das, was zu beweisen war. Vgl. auch Roberts: Contesting Spirit, a.a.O., S. 169-174. Als derjenige "größte Gedanke" (Nachlass 1883, KSA 10, 16 [63]), über den hinaus keine größere Bejahung oder Verneinung gedacht werden kann, lässt sich der Wiederkunftsgedanke mit Anselm von Canterburys Definition Gottes als aliquid quo maius nihil cogitari potest (Canterbury, Anselm von: Proslogion, Cap. 2) vergleichen, wobei die Betonung allerdings auf der Denkbarkeit liegt und Gott und Welt für Nietzsche identisch sind. E. Biser nennt zwar die Formel Anselms von Canterburys den "Anfang" zu dem von Nietzsche durch den Tod Gottes proklamierten "Ende" und stellt die "Denkbarkeit" Gottes als eine Forderung Zarathustras kritisch heraus (vgl. Za II, Auf den glückseligen Inseln, KSA 4, 109f.; AC 48), Nietzsches entsprechende Formel und ihre Beziehung zu derjenigen Anselms werden von ihm jedoch nicht diskutiert (vgl. Biser: 'Gott ist tot', a.a.O., S. 40-62).

Buddhismus noch nihilistisch erscheint. Religiös ausgedrückt heißt dieses Ideal Dionysos, ein Gott, der auch philosophiert (vgl. JGB 295), nur in einer gleichursprünglichen Vielheit existiert und sich bei dem Einfall eines Gottes, er sei der einzige, höchstens zu Tode lacht.

Nietzsches Beziehung zur Religion und den Religionen kann erst dann ganz deutlich werden, wenn man seine eigene Religiosität, auf die mit Dionysos, Zarathustra und ewiger Wiederkunft gedeutet ist, berücksichtigt. Von diesem Gesichtspunkt aus lässt sich allererst entscheiden, ob und inwiefern nicht nur das Christentum, sondern auch der Buddhismus, sei es Hinayana, Mahayana oder Zen[178] wie auch andere Religionen, "nihilistische Religionen" sind oder nicht. Denn in ihrem Selbstverständnis ist keine dieser Richtungen nihilistisch und ist auch Nietzsche selbst nicht nihilistisch gewesen, bis zu jenem "ungeheuren Augenblick", als ihn am See von Silvaplana der "E w i g e - W i e d e r k u n f t s - G e d a n k e" und damit die "Grundconception" des Zarathustra und dieser selbst "überfiel" (EH, Also sprach Zarathustra 1).[179] Dionysos ist für Nietzsche auch "ein Richter" (Nachlass 1885, KSA 11, 41 [7]), und ohne einen solchen Maßstab scheint die Frage, wer oder was nihilistisch ist, müßig.

III. Von Zarathustra zu Nietzsche

1. Der historische Zarathustra und Nietzsches Zarathustra

a. Gegensätze

Mit Zarathustra kommt einer der ältesten Religionsstifter überhaupt in den Blick, dessen Lebenszeit irgendwo zwischen 1400 und 600 v. Chr. angesetzt wird, jedenfalls vor Jesus und auch vor Buddha.[180] Auch geographisch ist er gewissermaßen in der

178) Vgl. Suzuki: Is Zen Nihilistic? In: An Introduction to Zen Buddhism, a.a.O., S. 48-57.

179) Im Herbst 1887 schreibt Nietzsche: "Man hat nur spät den Mut, zu dem, was man eigentlich w e i ß. Daß ich von Grund aus bisher Nihilist gewesen bin, das habe ich mir erst seit Kurzem eingestanden: die Energie, die Nonchalance, mit der ich vorwärts gieng, täuschte mich über diese Grundthatsache." (Nachlass 1887, KSA 12, 9 [123]; vgl. Nachlass 1887/88, KSA 13, 11 [411]).

180) Schon während seiner Studenten- und Militärzeit 1867/68 beschäftigt sich Nietzsche mit der Datierung Zoroasters. Nach Hermodor und Xanthus soll Zoroaster etwa 6000 Jahre vor der

Mitte zwischen Ost und West anzusiedeln, mit Verknüpfungen in beiden Richtungen. Joseph Campbell schreibt Zarathustra drei radikale Neuerungen zu:

> The first and most radical of the innovations [...] is the progressive, not deteriorating world cycle. [...] the Zorastrian version of the world course presents a creation by a god of pure light into which an evil principle entered, by nature contrary to and independent of the first, so that there is a cosmic battle in progress; which, however, is not to go on forever, but will terminate in a total victory of the light: whereupon the process will end in a perfect realization of the Kingdom of Righteousness on Earth, and there will be no continuation of the cycle. There is no idea here of eternal return. A second radical innovation, setting his mythology apart particularly from India, is to be seen in the responsibility that it places upon the individual to choose, of his own free will, whether and how he shall stand for the Light, in thought, word and deed. [...] And finally, a third principle, essential to the Zoroastrian world view, which sets it not merely apart from, but diametrically opposed to, the Indian, is that of engagement, not disengagement, as the way to the ultimate goal.[181)]

Zarathustra ist demnach der erste Prophet, der sich von der zyklischen Weltsicht des vorangehenden Denkens in immer wiederkehrenden Kreisen mit der mystischen Aussicht auf Erlösung abgesetzt hat und zu einer progressiven, zeitlich-linear orientierten Mythologie übergegangen ist, in der der Grundkonflikt im Kampf zweier Prinzipien, einem guten und einem bösen, mit dem schließlichen Sieg des Guten gesehen wird. Dass Nietzsches Zarathustra demgegenüber jenseits von gut und böse wenn auch nicht jenseits von gut und schlecht steht, wurde bereits als entscheidender

---

Einnahme Trojas gelebt haben (BAW 4, S. 22f.; vgl. auch BAW 3, S. 261, wo Zoroaster erwähnt wird). M. Boyce datiert Zoroaster um das Jahr 1200 v. Chr. (Boyce, Mary: Zoroastrians. Their Religious Beliefs and Practices. London, New York 2001. S. XIII; Dies. (Hg.): Textual Sources for the Study of Zoroastrianism. Chicago 1984. S. 11); vgl. Mehregan, Hushang: Zarathustra im Awesta und bei Nietzsche - eine vergleichende Gegenüberstellung. In: Nietzsche Studien 8 (1979). S. 291-308. S. 295; Stausberg: Die Religion Zarathushtras, a.a.O., S. 26ff. Schon in Nietzsches Vorlesungsaufzeichnungen aus seiner Studentenzeit in Bonn (1865) begegnet uns zumindest als Stichwort "der *Parsismus* (der Dualismus)" (vgl. Figl, Johann: Nietzsches frühe Begegnung mit dem Denken Indiens. In: Nietzsche-Studien 18 (1989). S. 456-471. S. 469). Es trifft demnach nicht zu, dass wir dem Namen Zoroaster bei Nietzsche zum ersten Mal erst in den nachgelassenen Fragmenten aus der Zeit September 1870 - Januar 1871 begegnen (vgl. Montinari, Mazzino: Zarathustra vor *Also sprach Zarathustra.* In: Ders.: Nietzsche lesen. Berlin, New York 1982. S. 79-91. S. 79).

181) Campbell, Joseph: Oriental Mythology. Harmondsworth 1962, S. 243-244; vgl. ders., Occidental Mythologie. Harmondsworth 1964, S. 189-212.

Ausgangspunkt Nietzsches dargestellt. Anders als für den historischen Zarathustra, der unbeschadet seines Dualismus zugleich einen Monotheismus vertreten zu haben scheint, ist für Nietzsches Zarathustra außerdem "Gott tot", aber nicht so, dass das Nichts oder der Nihilismus an die Stelle Gottes treten, sondern der "Übermensch", der nur in der notwendigen "Selbstüberwindung" und Verwandlung des Menschen verwirklicht wird.

Die vom historischen Zarathustra ausgeschlossene ewige Wiederkehr (eternal return) wird von Nietzsches Zarathustra wieder zurückgeholt, aber in neuer und verschärfter Weise, indem sie zur ewigen Wiederkunft des Gleichen wird, aus der es kein Entschlüpfen und kein Entrinnen in eine jenseitige "wahre Welt", einen transzendenten Gott oder das Nichts mehr gibt: "entschlüpfen ist nicht möglich!" (Nachlass 1883/84, KSA 10, 24 [7]). Dies unterscheidet Nietzsches Zarathustra auch von Buddha, der die ewige Wiederkunft des Rades von Leiden, Tod und Wiedergeburt gerade zu verhindern versprach (vgl. FW 353). Die Wiederkunftslehre ist keine Reinkarnationslehre in dem Sinne, dass eine Seele in verschiedenen Formen und Körpern wiedergeboren würde, bis sie vielleicht endlich den Kreislauf der Wiedergeburten verlassen könnte. Vielmehr wird nach der Lehre der ewigen Wiederkehr die gleiche leib-seelische Einheit wiedergeboren und immer wieder geboren, zu dem gleichen Leben in derselben Reihe und Folge. Sollte es Wiedergeburten geben, so würden auch sie innerhalb des Kreislaufs bleiben und sich ebenfalls unzählige Male als die gleichen wiederholen.

Auch das zweite Merkmal, das Campbell dem historischen Zarathustra zuschreibt, nämlich dass der Mensch einen freien Willen habe, und sich daher engagierend in den Kampf für den Sieg des Guten einzusetzen habe (das Engagement setzt den freien Willen schon voraus bzw. der freie Wille bedeutet auch schon Engagement, weshalb diese beiden Punkte zusammengehören), also nicht alles seinem Karma gemäß notwendig geschieht, wird von Nietzsches Zarathustra wieder revidiert und zugleich verschärft zum "ego fatum" (vgl. Nachlass 1884, KSA 11, 25 [158], 27 [67]), in dem "Willensfreiheit und Fatum" (vgl. BAW 2, S. 60ff.) letzten Endes zusammenfallen. Höchster Fatalismus und Zufall bzw. Schöpfersein sind keine sich ausschließenden Gegensätze, da Werte und Wertordnungen nicht in den Dingen schon vorgegeben und enthalten, sondern erst zu schaffen sind (vgl. Nachlass 1884, KSA 11, 27 [71]). Dadurch wird das schaffende Ich selber zum fatum, so dass

Nietzsches paradox klingende Antwort auf den Determinismus lautet: "'Ich bin für alles Kommende ein fatum!'" (Nachlass 1883, KSA 10, 16 [64]; vgl. 21 [6]). Was Nietzsche die "völlige Unschuld und Unverantwortlichkeit Jedermannes" (WS 81) oder die Lehre von der "völligen Unfreiheit des menschlichen Willens" nennt (VM 50; vgl. WS 61, MA 107), ist für Zarathustra der über allen Dingen stehende "Himmel Zufall, der Himmel Unschuld, der Himmel Ohngefähr, der Himmel Übermuth" (Za III, Vor Sonnen-Aufgang), durch den die Welt "von der Knechtschaft unter dem Zwecke" erlöst (ebd.) und die "Unschuld des Werdens" wieder hergestellt wird (vgl. GD, Die vier grossen Irrthümer 8).

Die durch den historischen Zarathustra erfolgte Abspaltung und Abtrennung des östlichen und des westlichen Weges wird durch Nietzsches Zarathustra wieder rückgängig gemacht, indem er kreisförmig wieder an den Ausgangspunkt zurückkehrt. Dadurch werden die beiden Wege wieder zusammengeführt und die Elemente, die vom historischen Zarathustra abgetrennt worden waren, zurückgeholt und in eine revidierte Weltsicht integriert, so dass beide Standpunkte aufgehoben bleiben. In Zarathustra sind "alle Gegensätze zu einer neuen Einheit gebunden" (EH, Also sprach Zarathustra 6).

b. Gemeinsamkeiten

Abgesehen von den Gegensätzen zwischen dem historischen Zarathustra und Nietzsches Zarathustra gibt es auch viele Parallelen zwischen beiden, sowohl hinsichtlich ihres Lebens als auch hinsichtlich ihrer Lehre.[182] Ohne solches, was sich auch gleich geblieben ist, wäre Nietzsches Bezug auf Zarathustra unvollständig. Zuletzt sind sowohl Nietzsche als auch Zarathustra *Lehrer*, welche die Pflicht haben, zu sagen, worin sie sich *gleich* bleiben und worin sie *andre* geworden sind (Nietzsche an Heinrich Köselitz, 20. August 1882, KSB 6, Nr. 282).

Besonders wichtig ist für Nietzsche dabei, dass bereits der historische Zarathustra ein großer "Geschichtsdenker" war, also einen "historischen Sinn" hatte: "Ich mußte Zarathustra, einem Perser, die Ehre geben: Perser haben zuerst Geschichte

182) Vgl. Mehregan: Zarathustra im Awesta und bei Nietzsche - eine vergleichende Gegenüberstellung, a.a.O., S. 291-308. H. Mehregan vergleicht die beiden sowohl hinsichtlich ihrer persönlichen Lebensumstände als auch hinsichtlich ihrer Lehre. Gemeinsamer Kernpunkt beider ist danach die Werdenslehre als dialektischer Kampf entgegengesetzter Kräfte (ebd., S. 302f.).

im Ganzen Großen gedacht. Eine Abfolge von Entwicklungen, jeder präsidiert ein Prophet. Jeder Prophet hat seinen hazar, sein Reich von tausend Jahren." (Nachlass 1884, KSA 11, 25 [148]).[183] Denn die Geschichte spielt auch für Nietzsches Zarathustra eine entscheidende Rolle. Zum einen hat die Selbstüberwindung Zarathustras wie jede Selbstüberwindung eine Geschichte, historisch gesehen vielleicht eine Zeitspanne von dreitausend Jahren; geschichtlich ist zum anderen aber auch sowohl Zarathustras Lehre vom Übermenschen, sofern sie den Menschen auf einem evolutionären Weg vom Tier zum Übermenschen sieht, als auch die Lehre von der ewigen Wiederkunft des Gleichen, die Geschichte im umfassendsten Sinne als welt-geschichtlichen Kreis denkt, jenseits dessen es keine größere Geschichte mehr geben kann. Mit dem Auftreten dieses Gedankens verband Nietzsche zudem den Beginn einer neuen Geschichtsepoche (Nachlass 1881, KSA 9, 12 [226]). Geschichtlich ist schließlich auch die Einverleibungszeit des Wiederkunftsgedankens, die von Nietzsche auf "viele Jahrtausende" geschätzt wird (Nachlass 1881, KSA 9, 11 [158]).

Wie schon der historische Zarathustra von den zwei Prinzipien des Guten und Bösen ausging, die miteinander im Kampf liegen, so ist auch Nietzsche ein Denker, der das Werden und die Geschichte in der Auseinandersetzung von Gegensätzen begreift, die allerdings immer wieder ineinander übergehen. Schon die "Geburt der Tragödie" basiert alles Nachdenken über die Kunst auf die zwei Prinzipien des Apollinischen und Dionysischen, an deren Duplizität jede Fortentwicklung der Kunst ebenso gebunden sei wie die Fortpflanzung des Menschen an die Zweiheit der Geschlechter (vgl. GT 1, KSA 1, S. 25). Während der historische Zarathustra jedoch noch den endgültigen Sieg des Guten über das Böse und damit das Ende des Kampfes voraussagte, hat Nietzsches Zarathustra eingesehen, dass dieser Kampf nie zu Ende sein wird und immer wieder gekämpft wird. Die beiden Grundprinzipien lassen sich nicht aufeinander reduzieren, liegen aber immer wieder im Kampf miteinander, weil jedes der Prinzipien immer das Eine einzige Prinzip sein will. Das

183) Die beiden letzten Sätze zitiert Nietzsche aus einem Werk von E. Renan über die Geschichte der Ursprünge des Christentums (vgl. KSA 14, S. 700). Zum "großen Jahr" und der Wiederkunft dreier Welterlöser oder Propheten (Saoshyant) mit einem tausendjährigen Reich im Zoroastrismus vgl. Boyce: Zoroastrians, a.a.O., S. 74-75; Dies.: Textual Sources for the Study of Zoroastrianism, a.a.O., S. 20-21.

beim historischen Zarathustra problematisch bleibende Verhältnis der beiden Prinzipien zu dem Einen Schöpfergott, findet bei Nietzsche eine Parallele darin, dass zwar mit dem Willen zur Macht scheinbar ein singuläres Prinzip angesetzt wird, dieses aber sogleich in zwei einander entgegengesetzte und miteinander in Streit liegende Machtwillen auseinander fällt, die von Nietzsche als "Wille zum Leben" und "Wille zum Nichts" bezeichnet werden (vgl. Nachlass 1888, KSA 13, 14 [123], 14 [140]).

Außerdem zeigt der Anfang von Nietzsches *Zarathustra*, dass auch für ihn, wie schon für den historischen Zarathustra, die Sonne und ihr Gang und damit auch das Feuer Erscheinungen von besonderer religiöser Bedeutung sind. In ihrem Kreisgang ist die Sonne selbst ein Symbol der ewigen Wiederkunft. In ähnlicher Weise hatte schon Goethe in seinen als Quelle Nietzsches für seinen Zarathustra kaum beachteten "Noten und Abhandlungen zu besserem Verständnis des Westöstlichen Divans" das "friedliche, gesitteteVolk der Perser" beschrieben:

> Auf das Anschauen der Natur gründete sich der alten Parsen Gottesverehrung. Sie wendeten sich, den Schöpfer anbetend, gegen die aufgehende Sonne, als der auffallend herrlichsten Erscheinung. Dort glaubten sie den Thron Gottes, von Engeln umfunkelt, zu erblicken. Die Glorie dieses herzerhebenden Dienstes konnte sich jeder, auch der Geringste täglich vergegenwärtigen. Aus der Hütte trat der Arme, der Krieger aus dem Zelt hervor, und die religiöseste aller Funktionen war vollbracht. [...] Reinlicher ist nichts als ein heiterer Sonnenaufgang, und so reinlich mußte man auch die Feuer entzünden und bewahren, wenn sie heilig, sonnenähnlich sein und bleiben sollten. [...] Alles, wozu die Sonne lächelte, ward mit höchstem Fleiß betrieben, vor anderem aber die Weinrebe, das eigentlichste Kind der Sonne, gepflegt.[184)]

Wie hier der Arme und der Krieger aus dem Zelt heraus vor die Sonne treten, so tritt auch Nietzsches Zarathustra eines Morgens aus seiner Höhle heraus vor sie hin und spricht zu ihr in einem geradezu vertraulichen Ton.[185)] Er vergleicht sich selbst

---

184) Goethe: Noten und Abhandlungen zu besserem Verständnis des West-Östlichen Divans. In: Goethes Werke. Hamburger Ausgabe in 14 Bänden. Bd. II. München 1981. S. 135f. Poetischer noch ausgedrückt im "Vermächtnis altpersischen Glaubens" (ebd., S. 104-106). Zoroaster selbst sowie der Priesterschaft schreibt Goethe allerdings zu, "die edle reine Naturreligion zuerst in einen umständlichen Kultus verwandelt zu haben." (ebd.). Schon bei Goethe zeigt sich also wie bei Nietzsche zugleich auch ein antizoroastrischer Zug.

185) Auch der Umgang des historischen Zarathustra mit dem höchsten Gott Ahura Mazda wird in den Gathas im Stile des vertrauten Umgangs mit einem Freund dargestellt. Nietzsche hat dieses Merkmal auch an den griechischen Göttern im Unterschied zum jüdisch-christlichen Gott

in zweifacher Hinsicht mit der Sonne. Wie bei der Sonne kommt auch Zarathustras Wirken aus Überfluss und Reichtum, nicht aus einem Mangel und auch nicht aus Mitleid mit, sondern aus Liebe zu den Menschen. Er ist aber anders als die Sonne seiner Weisheit überdrüssig, weil in seiner Einsamkeit niemand da ist, der ihm in gleicher Weise wie er der Sonne, seinen Überfluss abnimmt. Sein Glück ist daher unvollständig und er will zu den Menschen gehen, um ihnen seine Weisheit zu bringen. Dieses Hinabgehen in die Täler zu den Menschen vergleicht er zum zweiten Male mit der Sonne, nämlich ihrem Untergang, durch den sie auch noch der Unterwelt Licht bringt. Die "religiöseste Funktion" besteht hier darin, es der Sonne gleich zu tun und selber ein periodisches Wesen wie die Sonne und das Dasein selbst zu werden.[186)]

Reinlichkeit ist auch für Nietzsche ein auszeichnendes Merkmal, so dass er sie sogar mit Heiligkeit gleichsetzt: "Der höchste Instinkt der Reinlichkeit stellt den mit ihm Behafteten in die wunderlichste und gefährlichste Vereinsamung, als einen Heiligen: denn eben das ist Heiligkeit - die höchste Vergeistigung des genannten Instinktes." (JGB 271). An sich selbst stellt Nietzsche "eine vollkommen unheimliche Reizbarkeit des Reinlichkeits-Instinkts" fest (EH, Warum ich so weise bin 8). Seinen ganzen Zarathustra nennt er einen "Dithyrambus auf die Einsamkeit" bzw. "die Reinheit" (ebd.). Da das Feuer sowohl ein reinigendes als auch immer nach oben strebendes, sich verzehrendes und zugleich erhellendes Element ist, verwundert es nicht, dass sich Nietzsche selbst im Bild der Flamme dargestellt und damit ebenfalls der zoroastrischen Verehrung des Feuers Ausdruck gegeben hat, wie in dem Gedicht "Ecce homo" (FW, Scherz, List und Rache 62; vgl. auch den Dionysos-Dithyrambus *Das Feuerzeichen*).

Goethe hebt des weiteren hervor, dass die alten Parsen[187)] nicht nur das Feuer verehrt hätten, sondern auch die anderen Elemente wie Wasser, Erde und Luft rein zu erhalten bestrebt gewesen seien. Auch die bereits erwähnten Gebote: "nicht

---

hervorgehoben (vgl. MA 114).

186) "Wir dürfen nicht Einen Zustand wollen, sondern müssen periodische Wesen werden wollen = gleich dem Dasein." (Nachlass 1882, KSA 10, 1 [70]).

187) Parsen nennt man heute die in Indien lebenden Anhänger Zarathustras, die im 10. Jh. n. Chr. vor islamischer Verfolgung aus Persien flüchteten. Ihre Zahl beträgt heute etwa 82000 Menschen, während im Iran selbst heute nur noch etwa 25000 Anhänger dieser einst mächtigen Religion leben (vgl. Boyce: Zoroastrians, a.a.O. S. 226).

lügen, keine Schulden machen, nicht undankbar sein" werden von Goethe als fruchtbare Lehren der Parsen angeführt[188]. Und obwohl die Parsen nach Goethe ein friedliebendes Volk waren und ihre Religion zur Beschaulichkeit tendiert habe, habe es auch Gegenkräfte, die Weichlichkeit verhindern sollten, gegeben: "Sie trugen Waffen, auch im Frieden und geselligen Leben, und übten sich im Gebrauch derselben auf alle mögliche Weise."[189] Bezeichnenderweise hebt auch Nietzsche seinen kriegerischen Charakter hervor, denn "ein Philosoph, der kriegerisch ist, fordert auch Probleme zum Zweikampf heraus." (EH, Warum ich so weise bin 7).

Nachweislicher als Goethe hat *Ralph Waldo Emerson* zum Bild Zarathustras bei Nietzsche beigetragen. In dessen "Essays" hat Nietzsche eine Stelle mehrfach unterstrichen und angestrichen mit der Randbemerkung: "Das ist es!" Am bemerkenswertesten an dieser Beschreibung ist vielleicht, dass sie in einem Satz das wesentliche Charakteristikum Zarathustras, nämlich seine Wahrhaftigkeit, als selbst in seiner äußeren Erscheinung sichtbar werdend, hervorhebt: "Diese Gestalt und dieser Gang und Haltung können nicht lügen, und nichts als Wahrheit kann daraus hervorgehen."[190] Auch Nietzsches Zarathustra kommt in der Beschreibung des Heiligen im Walde reinen Auges und ohne Ekel am Munde "daher wie ein Tänzer", um sein "Feuer in die Täler" zu tragen (Za I, Vorrede 2).

Sehr nahe sind sich der historische Zarathustra und Nietzsches Zarathustra auch in ihrem Symbol, das bei Nietzsche im Bild der sich in Kreisen umeinander ringenden Tiere Adler und Schlange, d.h. Stolz und Klugheit, erscheint, beim historischen Zarathustra im Bild des "fravashi" oder "Flügelmenschen", der das unsterbliche Wesen eines Menschen versinnbildlichen soll.[191] Auch die von Nietzsches Zarathustra immer wieder benutzte Redewendung "Also sprach Zarathustra" greift eine Formulierung aus den heiligen Schriften der Zoroastrier, dem Awesta, auf.[192]

---

188) Goethe: Noten und Abhandlungen zu besserem Verständnis des West-Östlichen Divans, a.a.O., S. 136.

189) Ebd., S. 137.

190) KSA 14, S. 279. Das Zitat stammt aus Emersons Essay "Character".

191) Man vergleiche etwa die Abbildung in Heiler: Die Religionen der Menschheit, a.a.O., S. 269. Vgl. Boyce: Zoroastrians, a.a.O., S. XVI, 58. Vergleichbar auch die Darstellung des Kalaviṅka in buddhistischer Tempelkunst (Heo Gyun: Korean Temple Motifs. Pajubookcity 2005. S. 87-92).

192) Vgl. Heiler, a.a.O., S. 275. Auch die vorsokratischen Philosophen, unter ihnen auch Heraklit, eröffneten ihre Schriften mit "Also sprach..." (Vgl. Janz, Curt Paul: Friedrich Nietzsche.

2. Zarathustra und Heraklit

In sehr vielen Hinsichten wird man in Nietzsches *Zarathustra* auf Heraklit oder mindestens auf Nietzsches Heraklit, wie er ihn selbst in seiner frühen Schrift über *Die Philosophie im tragischen Zeitalter der Griechen* (1873) beschrieben hat, stoßen. Für G. Wohlfart ist Nietzsches Zarathustra mit Nietzsches Heraklit geradezu identisch, bzw. in seinem Heraklit "präfiguriert".[193] Auf die umgekehrten Spuren Zarathustras in Heraklit hätte Nietzsche schon durch das 1859 erschienene Werk von A. Gladisch über "Herakleitos und Zoroaster" kommen können, der darin versuchte, nicht nur Ähnlichkeiten zwischen Heraklit und dem historischen Zarathustra aufzuweisen, sondern sogar behauptete, Heraklit sei ein Anhänger desselben gewesen.[194] Und in F. Creuzers "Symbolik und Mythologie der alten Völker, besonders der Griechen", die Nietzsche schon während der Arbeit an der "Geburt der Tragödie" von der Universität Basel bezogen und sich dann angeschafft hatte, heißt es an einer Stelle, dass Heraklit "Zoroastrisch philosophirt" habe und "dass er gelehrt hat, wie der alte grosse Lichtlehrer Zerethoschtro, der Stern des Goldes." Diesen Identitätsthesen zwischen Zarathustra und Heraklit stehen jedoch die Oppositionsthesen J. Bernays und E. Zellers gegenüber.[195] Wohlfarts Behauptung, dass Nietzsche die "zweifellos unhaltbare" Identitätsthese Gladischs unkritisch ablehne und ebenso unkritisch die "kritikbedürftige" Oppositionsthese Bernays' übernehme, ist jedoch missverständlich, wenn sie nicht zwischen dem, was in Nietzsches Zarathustra und Heraklit anti-zoroastrisch und dem was immer noch zoroastrisch ist, differenziert.

Anti-Zoroastrisch und übereinstimmend mit Heraklit ist an Nietzsches Zarathustra, dass sie beide eine Position jenseits von Gut und Böse einnehmen.

Biographie Bd.2. München, Wien 1978. S. 223; Wohlfart, Günther: Wer ist Nietzsches Zarathustra? In: Nietzsche-Studien 26 (1997). S. 319-330. S. 319).

193) Wohlfart: Wer ist Nietzsches Zarathustra?, a.a.O., S. 328. Vgl. Hershbell, Jackson P./ Nimis, Stephen A.: Nietzsche and Heraclitus. In: Nietzsche-Studien 8 (1979), S. 17-38, bes. S. 19f; Hölscher, Uvo: Die Wiedergewinnung des antiken Bodens. Nietzsches Rückgriff auf Heraklit. In: Neue Hefte für Philosophie 15/16 (1979). S. 156-182. Zur Aufnahme heraklitischer Themen im Zarathustra vgl. insbes. S. 174ff.

194) Vgl. Mehregan: Zarathustra im Awesta und bei Nietzsche – eine vergleichende Gegenüberstellung, a.a.O., S. 293.

195) Vgl. Wohlfart: Wer ist Nietzsches Zarathustra, a.a.O., S. 323.

Dies ist der Hauptunterschied, den Nietzsche wie erläutert zum springenden Punkt seiner Wahl Zarathustras als zentraler Bezugsfigur gemacht hat. Der moralischen Metaphysik des historischen Zarathustra kann Nietzsche die ästhetische Metaphysik oder "Artisten-Metaphysik" Heraklits gegenüberstellen. Die Lehre von der ewigen Wiederkunft hätte nach Nietzsche auch schon von Heraklit gelehrt worden sein können (vgl. EH, Die Geburt der Tragödie 3). Ebenso der Übermensch. Nietzsche zitiert Heraklit: "Der weiseste Mensch ist Gott gegenüber ein Affe" (Nachlass 1873, KSA 7, 26 [2])[196)], was Nietzsche 1873 so interpretiert: "der klügste Philister (Mensch) ist dem Genie (Gott) gegenüber ein Affe." (Nachlass 1873, KSA 7, 27 [67]).

Übereinstimmungen bestehen aber z.B. darin, dass auch für Heraklit das Feuer eine "weltbildende Kraft" ist. Er glaubte an "einen periodisch sich wiederholenden Weltuntergang und an ein immer erneutes Hervorsteigen einer anderen Welt aus dem alles vernichtenden Weltbrande." (PHG 6, KSA 1, S. 829). Übereinstimmend mit Zarathustra ist auch, dass Heraklit alles Werden und Vergehen unter der "Form der Polarität", also entgegengesetzter Prinzipien, die im Kampf liegen, begriff: "Fortwährend entzweit sich eine Qualität mit sich selbst und scheidet sich in ihre Gegensätze: fortwährend streben diese Gegensätze wieder zu einander hin. [...] Aus dem Krieg des Entgegengesetzten entsteht alles Werden." (PHG 5, KSA 1, S. 825). Während aber für den historischen Zarathustra der Kampf der Gegensätze im Sieg des Guten einmal zu Ende sein wird, dauert für Heraklit der Streit an, solange die Gegensätze im "Spiel" sind, findet nur vorläufig ein Ende und beginnt dann von Neuem. Dieses ewige Werden wird von Heraklit mit dem unschuldigen Spiel eines Kindes oder dem Schaffen des Künstlers verglichen (vgl. PHG 7, KSA 1, S. 830f.).

Später hat Nietzsche diese "dionysische" Artisten-Welt des "Ewig-sich-selber-Schaffens, des Ewig-sich-selber-Zerstörens" als "Wille zur Macht – und nichts außerdem" (Nachlass 1885, KSA 11, 38 [12]) bestimmt, d.h. als eine Welt "Jenseits von Gut und Böse", als eine Welt "ohne Ziel, wenn nicht im Glück des Kreises ein Ziel liegt" und als eine Welt "ohne Willen, wenn nicht ein Ring zu sich selber guten Willen hat" (ebd.). In diesem "guten Willen" des Kreises zu sich selbst

196) "Der weiseste Mensch wird gegen Gott gehalten wie ein Affe erscheinen in Weisheit, Schönheit und allem anderen." (Diels, Hermann/Kranz, Walther: Die Fragmente der Vorsokratiker. Heraklit Fragment 83, vgl. 82).

als seinem Glücksziel kann man das "amor fati" Nietzsches wiedererkennen. 1884 heißt es dann im Nachlass: "Darin, daß die Welt ein göttliches Spiel sei und jenseits von Gut und Böse – habe ich die Vedantaphilosophie und Heraclit zum Vorgänger." (Nachlass 1884, KSA 11, 26 [193]).

Es ist jedoch bezeichnend, dass im Titel von Nietzsches "Hauptwerk" nicht der Name Heraklits oder überhaupt eines Griechen, sondern der Name des persischen Zarathustra steht. Heraklit ist wie alle vorplatonischen Philosophen ein großer "Einseitiger" (vgl. PHG 2, KSA 1, S. 810). Dem apollinischen Leitspruch des "Erkenne dich selbst" entsprechend findet Nietzsche Heraklit in einem starken "Hasse gegen das Dionysische Element" (Nachlass 1872/73, KSA 7, 19 [61], vgl. 19 [318]). Heraklit selbst sei ein "apollinisches Produkt" mit einem ebenso apollinischen Ideal: "alles Schein und Spiel" (ebd., 23 [8]).[197] Da bei Heraklit auch schon "moralische Interpretationen" eine Rolle spielen (Nachlass 1886/87, KSA 12, 7 [4], S. 259), ist der Einfluss Zarathustras auch bei ihm schon vorhanden und erst mit diesem kehrt die moralische Auslegung des Daseins an ihren Ursprung zurück.

Während Heraklit, wiederum "einseitig", nur in selbstgenügsamer Einsamkeit lebt, ist Zarathustra demgegenüber ein sich zwischen Einsamkeit und Zuwendung zu den Menschen hin- und her bewegender Wanderer, der nicht nur Weisheit sammelt, sondern auch schenken und austeilen will. Heraklit aber ist "ein Gestirn ohne Atmosphäre", von dem "kein übermächtiges Gefühl mitleidiger Erregungen, kein Begehren, helfen heilen und retten zu wollen" ausströmt: "Unter Menschen war Heraklit, als Mensch, unglaublich." (PHG 8, KSA 1, S. 834). Anders Zarathustra, der wieder Mensch werden und unter den Menschen untergehen will, der sich auf den Markt stellt, um seine Lehre zu verkünden und auch nach seinem ersten Misserfolg nicht davon abgehalten wird, weiterhin Gefährten zu suchen, der mit Freuden wieder zu seinen Freunden auf den "glückseligen Inseln" eilt und sich nur schweren Herzens wieder von ihnen trennt. Im "anderen Anfang" des vierten Teils kommen dann die Freunde oder zumindest diejenigen, die sich dafür halten, zu ihm.

Ebenso hat sich auch Nietzsche selbst nicht freiwillig von der Welt abgekapselt, sondern wurde zum "Einsiedler von Sils-Maria", weil er mindestens genauso wenig

197) Diese "andere" Seite Heraklits findet sich vielleicht nicht zufällig besonders in den zurückgehaltenen Aufzeichnungen zur *Philosophie im tragischen Zeitalter der Griechen*.

wie Zarathustra auf dem Markt geeignete Zuhörer fand oder immer nur die falschen Fische an seine “Angelhaken” (EH, Jenseits von Gut und Böse 1) anbissen. “Und zuletzt”, schreibt Nietzsche 1887 am Schluss eines Briefes an den Herausgeber der “antisemitischen Correspondenz” Theodor Fritsch in Leipzig, nachdem er sich die weitere Zusendung dieses Blattes an ihn entschieden verbeten hatte, “was glauben Sie, das ich empfinde, wenn der Name Zarathustra von Antisemiten in den Mund genommen wird?” (29. März 1887, KSB 8, Nr. 823). Die “wichtigste Frage aller Philosophie” schien ihm schon 1876 die Frage zu sein, “wie weit die Dinge eine unabänderliche Artung und Gestalt haben: um dann, wenn diese Frage beantwortet ist, mit der rücksichtslosesten Tapferkeit auf die Verbesserung der als veränderlich erkannten Seite der Welt loszugehen”, was die wahren Philosophen auch durch ihre Tat lehrten, “dadurch, dass sie an der Verbesserung der sehr veränderlichen Einsicht der Menschen arbeiteten und ihre Weisheit nicht für sich behielten.” (WB 3, KSA 1, S. 445). Dies schien Nietzsche um so dringlicher zu werden, je klarer ihm die Unvermeidlichkeit der bevorstehenden nihilistischen Katastrophen wurde, die sich insbesondere auch in Deutschland vorbereiteten, bis er schließlich den Verstand darüber verlor, dem Wort Lessings entsprechend: “Wer über gewisse Dinge den Verstand nicht verlieret, der hat keinen zu verlieren.” (Emilia Galotti, IV, 7). Nietzsches Ende im Wahnsinn ist so gesehen kein Zeichen seiner Krankheit, sondern vielmehr seiner geistigen Gesundheit.

3. Nietzsche und Zarathustra

Auch an Heraklit zeigt sich zuletzt wieder jenes ambivalente Verhältnis, das bereits in der Beziehung Zarathustras zu Buddha und zum historischen Zarathustra deutlich wurde, wenn auch in anderen Hinsichten. In keinem Fall ist die Frage nach Identität oder Gegensatz derselben mit Nietzsches Zarathustra in einem eindeutigen Sinne zu beantworten. Pro und contra scheinen sich vielmehr ungefähr die Waage zu halten. Ähnliches ließe sich vermutlich auch für die Beziehung Zarathustras zu Jesus feststellen. Nicht nur weil Jesus ein junger Zarathustra ist, der nur noch nicht alt genug geworden ist, um zu widerrufen, sondern auch weil Jesus selber ein “Antichrist” ist[198], und insofern nicht nur mit Nietzsche, sondern auch mit Zarathustra verglichen werden kann.

Identität und Differenz schließen einander nicht aus, sondern bedingen einander. Differenz ist allein schon dadurch gegeben, dass Zarathustra nicht nur mit einem, sondern mit allen irgendwie identisch ist. Er gleicht darin Nietzsche, der in seinem letzten Brief an Jacob Burckhardt schreibt: "Was unangenehm ist und meiner Bescheidenheit zusetzt, ist, daß im Grunde jeder Name in der Geschichte ich bin." (6. Januar 1889, KSB 8, Nr. 1256).[199] So gerne man diese Äußerung bereits als Zeichen des bevorstehenden oder bereits eingetretenen Wahnsinns ansehen könnte, findet sie doch ihre Entsprechung in weit früher von Nietzsche angestellten theoretischen Überlegungen. Grundlage ist Nietzsches "Hauptgedanke"[200], dass das Individuum selbst ein Irrthum ist und der Glaube daran den eigentlichen "Größenwahn" des Menschen ausmacht (Nachlass 1881, KSA 9, 11 [7], [8]). Denn der Einzelne ist in Wahrheit "nichts für sich, kein Atom, kein "Ring der Kette", nichts bloss Vererbtes von Ehedem, - er ist die ganze Eine Linie Mensch bis zu ihm hin selber noch." (GD, Streifzüge eines Unzeitgemässen 33). Er ist sowohl mehr als auch weniger als das, wofür er sich hält. Er ist mehr, sofern er die ganze Linie bis zu ihm hin ist, er ist weniger, sofern das, was er für sein ganz persönliches Individuum hält und worin er "egoistisch" eingeschlossen ist, objektiv gesehen ein Irrtum ist. Schon im Herbst 1881, nur kurze Zeit nachdem ihm der Wiederkunftsgedanke gekommen war, stellt Nietzsche dementsprechend seinen "adeligen Stammbaum" des Geistes (Nachlass 1881, KSA 9, 15 [70]) auf, der mit Zarathustra beginnt:

> In dem, was Zarathustra, Moses, Muhamed Jesus Plato Brutus Spinoza Mirabeau bewegte, lebe ich auch schon, und in manchen Dingen kommt in mir erst reif an's Tageslicht, was

198) "Man hat aus dem Gegensatz zum Evangelium die Kirche aufgebaut." (AC 36). "Das gerade, was im kirchlichen Sinn das Christliche ist, ist das Antichristliche von Vornherein." (Nachlass 1887/88, KSA 13, 11[365]).

199) Ein paar Tage vorher hatte er schon an Cosima Wagner geschrieben: "Ich bin unter Indern Buddha, in Griechenland Dionysos gewesen, - Alexander und Caesar sind meine Inkarnationen, insgleichen der Dichter des Shakespeare Lord Bakon. Zuletzt war ich noch Voltaire und Napoleon, vielleicht auch Richard Wagner ... Dies Mal aber komme ich als der siegreiche Dionysos, der die Erde zu einem Festtag machen wird. [...] Ich habe auch am Kreuze gehangen..." (3. Januar 1889, KSB 8, Nr. 1241). Wie der siegreiche Dionysos, der sich auch vom besiegten Dionysos der Griechen unterscheidet, fällt auch Nietzsche in eine Vielheit von Personen auseinander und versteht sich als einer, der viele oder alle und doch auch keiner von ihnen allein ist.

200) Man vergleiche damit die ebenso grundlegende Lehre Buddhas vom "Nicht-Selbst" (anatman).

embryonisch ein paar Jahrtausende brauchte. Wir sind die ersten Aristokraten in der Geschichte des Geistes - der historische Sinn beginnt erst jetzt. (Nachlass 1881, KSA 9, 15 [17])

Die Reihe dieses Stammbaums ist offenbar nicht fixiert und abgeschlossen, da Nietzsche ihm an verwandten Stellen auch Pascal, Goethe (Nachlass 1881, KSA 9, 12 [52]) und Voltaire (Nachlass 1882/83, KSA 10, 4 [2]) hinzufügt. In diesem Zusammenhang nennt Nietzsche auch Buddha: "ich könnte der Buddha Europas werden: was freilich ein Gegenstück zum indischen wäre." (ebd.). Wie wir an Zarathustra gesehen haben, schließt die Tatsache, ein Gegenstück zu sein, eine gewisse Identität nicht aus, setzt sie vielleicht sogar voraus.

Für die Identität Nietzsches mit Zarathustra spricht schon der Umstand, dass Nietzsche sich selbst als die Verwandlung und Selbstüberwindung des Moralisten Zarathustra in den Immoralisten Nietzsche bezeichnet hat (EH, Warum ich ein Schicksal bin 3) und er der Autor von *Also sprach Zarathustra* ist. Wie schon letzteres jedoch nicht dazu führen sollte, alle Äußerungen Zarathustras mit der Meinung Nietzsches unmittelbar gleichzusetzen, so gibt es auch noch andere Gründe dafür, sie nicht miteinander zu verwechseln.

Stellen an denen sich Nietzsche selbst von Zarathustra unterscheidet sind z.B. das Gedicht *Sils-Maria* (FW, Lieder des Prinzen Vogelfrei, KSA 3, S. 649) und die Schilderung des Inspirations- und Offenbarungserlebnisses, in dem ihn Zarathustra überfiel: "Der Begriff Offenbarung, in dem Sinne, dass plötzlich, mit unsäglicher Sicherheit und Feinheit, Etwas sichtbar, hörbar wird, Etwas, das Einen im Tiefsten erschüttert und umwirft, beschreibt einfach den Thatbestand." (EH, Also sprach Zarathustra 3). Dieses "Etwas" wird offenbar als etwas anderes oder ein anderer erlebt wie das oder der Zweite in dem Gedicht Sils-Maria. Auch das von Nietzsche auf Zarathustra und sich selbst angewandte Vater-Sohn-Verhältnis spricht sowohl für die Identität als auch Differenz beider. In einem Brief an die Schwester bezieht sich die Differenz auch auf die Meinungen, wenn er mahnt: "Glaube ja nicht, daß mein Sohn Zarathustra meine Meinungen ausspricht." (An Elisabeth Nietzsche, 7. Mai 1885, KSB 7, Nr. 600).[201)]

201) Methodisch wäre demnach so vorzugehen, dass man die Äußerungen Zarathustras von denen Nietzsches zunächst unterscheidet und dann erst auf Unterschiede oder Gemeinsamkeiten hin untersucht, gemäß Nietzsches "*Ein Mal eins.* – Einer hat immer Unrecht: aber mit Zweien beginnt die Wahrheit. – Einer

Die zuletzt genannte Vater-Sohn-Analogie könnte zudem die Frage nach der Mutter nahe legen und führt zum Schluss noch auf ein oder zwei weitere Merkmale von Nietzsches paradoxer Religiosität, die man auch nicht erwartet, wenn man Religion mit steifem Ernst und nicht mit Spiel verbindet: das Lachen und das Tanzen. Zarathustra selbst sieht sich als Sohn von "Vater Prinz Überfluss und Mutter das stille Lachen" (DD, Von der Armuth des Reichsten, KSA 6, S. 407; vgl. Nachlass 1883, KSA 10, 17 [21] und 22 [3], S. 629). Das Lachen wird von Zarathustra sogar heilig gesprochen.[202] Seine Rede an die "höheren Menschen" im vierten Teil des Zarathustra endet mit der Aufforderung, das Lachen und Tanzen zu lernen, insbesondere über sich selbst und über sich hinweg. Lachen stellt sich daher wohl auch dann ein, wenn man erkennt, dass die "sogenannten Paradoxien des Autors", an welchen der Leser Anstoß genommen hat, "gar nicht im Buche des Autors, sondern im Kopfe des Lesers" (MA 185) gestanden haben.

Ist das Lachen als der Ausdruck der Selbstaufhebung des eigenen Ernstes und der eigenen Wichtigkeit zu verstehen, so das Tanzen[203] als die Gebärde der Selbstaufhebung der eigenen Schwere und Gewichtigkeit. Es gibt für Nietzsche kaum etwas "was der Geist eines Philosophen mehr zu sein wünscht, als ein guter Tänzer. Der Tanz

---

kann sich nicht beweisen: aber Zweie kann man bereits nicht widerlegen." (FW 260).

202) In einem Brief an Malwida v. Meysenburg schreibt Nietzsche 1883: "ich habe alle Religionen herausgefordert und ein neues "heiliges Buch" gemacht! Und, in allem Ernste gesagt, es ist so ernst als irgend eines, ob es gleich das Lachen mit in die Religion aufnimmt." (20. April 1883, KSB 6, Nr. 404). Auch das Lachen verbindet Nietzsche mit Zen, wie K. Nishitani bemerkt: "A paradigmatic example of a religion that has attained the stage of being able to laugh is Zen Buddhism, the history of which also reverberates with laughter of various kind." (Nishitani: The Self-Overcoming of Nihilism, a.a.O., S. 66). Dieses Lachen sei "the self-overcoming of nihilism itself in Nietzsche." (ebd., S. 68). Während Nietzsches Zarathustra am Ende und zuletzt lacht - "wer heute am besten lacht, lacht auch zuletzt" (JGB 43) - soll der historische Zarathustra am Anfang, als er geboren wurde gelacht haben (Denkard 7. 3. 2; Boyce: Textual Sources for the Study of Zoroastrianism, a.a.O., S. 74).

203) Vgl. Reschke, Renate: Die andere Perspektive. Ein Gott, der zu tanzen verstünde. In: Gerhardt (Hg.): Also sprach Zarathustra, a.a.O., S. 257-284. Aus der Geschichte sind zwei tanzende Götter bekannt, Siva und Dionysos, deren Ähnlichkeit "bereits in der Antike [...] bekannt und selbstverständlich war." (ebd., S. 259). Nach A. Pieper "kann man beim Tanz durchaus auch an ein sich im Kreis Drehen denken, um zu zeigen, daß der Tanz eine Materialisierung des Kreis- und Gegensatzmodells in einem ist." (Pieper, Annemarie: "Ein Seil geknüpft zwischen Tier und Übermensch". Philosophische Erläuterungen zu Nietzsches erstem "Zarathustra". Stuttgart 1990. S. 107). Ebenso sehr kann man auch an die Worte und Töne denken, mit denen der Mensch in nachtwandlerischer Sicherheit über alle Dinge tanzt (Za III, Der Genesende, KSA 4, 272).

nämlich ist sein Ideal, auch seine Kunst, zuletzt auch seine einzige Frömmigkeit, sein "Gottesdienst"." (FW 381). Und Zarathustra bekennt von sich: "Ich würde nur an einen Gott glauben, der zu tanzen verstünde. [...] Jetzt bin ich leicht, jetzt fliege ich, jetzt sehe ich mich unter mir, jetzt tanzt ein Gott durch mich." (Za I, Vom Lesen und Schreiben). Wie uns Nietzsche zu verstehen gibt, ist Zarathustra aber trotzdem "bloß ein alter Atheist. [...] Zarathustra sagt zwar, er würde -; aber Zarathustra wird nicht..." (Nachlass 1888, KSA 13, 17 [4], S. 526). Da sich Nietzsche an der gleichen Stelle auch als derjenige bezeichnet, der nicht daran zweifeln würde, "daß es viele Arten Götter giebt" und noch "viele neue Götter" möglich sind, kann dies als weiterer Beleg dafür angesehen werden, dass Nietzsche sich auch darin eines Unterschieds zu Zarathustra dem "Gottlosen" wohl bewusst war.[204] Nicht, dass man sogleich wieder Zarathustra als den Atheisten und Nietzsche als den "Gottgläubigen" gegenüberstellen müsste, vielmehr könnten sowohl der Atheismus als auch der dazugehörige Gottesglaube jeweils ganz andere sein, weil sie aus verschiedenen Gründen, Voraussetzungen und Perspektiven kommen. Denn auch Zarathustra wird zwar von keinem Gottesbeweis, wohl aber von einem "Gottes-Schluss" gezogen: "wenn es Götter gäbe, wie hielte ich's aus, kein Gott zu sein! Also gibt es keine Götter." (Za II, Auf den glückseligen Inseln, KSA 4, S. 110).

Das Eigentümliche an Nietzsches weltlicher Religiosität[205] liegt nicht so sehr darin, dass er keinen Gott wiederfindet, "weder in der Geschichte, noch in der Natur, noch hinter der Natur" (AC 47), sondern dass er das, was als Gott bzw. als göttlich verehrt wurde und wird, nicht für "göttlich" hält (ebd.).[206] Göttlich wäre für Nietzsche jemand, um den herum alles zur "Welt" wird (JGB 150) und

---

204) C. G. Jungs "Haufenschluss", in dem überhaupt alle Figuren in *Also sprach Zarathustra* mit Nietzsche und den anderen Figuren identifiziert werden (vgl. Jung, C. G.: Nietzsche's Zarathustra. London 1989. S. 129ff., 9f.), ist irreführend, wenn nicht die mindestens ebenso notwendigen Differenzen dieser Figuren deutlich gemacht werden. Geschieht dies nicht, "all hope for an illuminating reading of the text is lost." (Parkes, Graham: Nietzsche and Jung: Ambivalent Appreciation. In: Golomb, Jacob/Santaniello, Weaver/Lehrer, Ronald L. (Hg.): Nietzsche and Depth Psychology. New. York 1999, S. 205-227, S. 218).

205) Ihre Weltlichkeit kommt auch in Zarathustras Absage an alle Hinterweltler und -welten mit seiner Aufforderung: "bleibt der Erde treu" (Za I, Vorrede 3; Von der schenkenden Tugend 2) treffend zum Ausdruck.

206) "The late Nietzsche's critique of Christianity is not so much based on the denial of the existence of God but on the questioning and denial of its value." (Brobjer: Nietzsche's atheism. In: Lippitt/Urpeth (Hg.): Nietzsche and the Divine, a.a.O., S. 6).

der sich nicht nur mit dem, was war und ist, abgefunden und vertragen gelernt hat, sondern es, so wie es war und ist, wieder haben will, in alle Ewigkeit hinaus, unersättlich da capo rufend, nicht nur zu sich, sondern zum ganzen Stücke und Schauspiele, und nicht nur zu einem Schauspiele, sondern im Grunde zu Dem, der gerade dies Schauspiel nöthig hat – und nöthig macht: weil er immer wieder sich nöthig hat – und nöthig macht - - Wie? Und dies wäre nicht - circulus vitiosus deus? (JGB 56)

Die ewige Wiederkunft ist dieser circulus vitiosus[207], dessen Gott hier nicht einmal mehr beim Namen genannt wird, nicht weil es ein unbekannter Gott ist, sondern weil er nur noch eine Form beschreibt: den Kreis.[208] Allerdings kann man auch hier ein Paradox finden. Denn Nietzsches Formel seines Glücks ist gerade kein Kreis, sondern "ein Ja, ein Nein, eine gerade Linie, ein Ziel..." (GD, Sprüche und Pfeile 44; vgl. AC 1). Das Paradoxe an Nietzsches Religiosität kommt also nicht nur daher, dass mit "populären" Namen von "Gott" und "Teufel" geredet (vgl. JGB 37, 227) und das Göttliche an den Maßstäben und Erwartungen des Alltagsverstandes gemessen wird, der sich umgekehrt ebenfalls als paradox erweisen würde: "Für wen nicht die landläufigen Vorurtheile anfangen paradox zu klingen, der hat noch nicht genug nachgedacht." (Nachlass 1880, KSA 9, 3 [72]; vgl. 1[37]). In diesem Sinne ist wohl die Formel vom "Gott am Kreuze" für Nietzsche eine "schauerliche Paradoxie" (GM I, 8, vgl. JGB 46).[209] Paradoxie und

207) Vgl. Klossowski, Pierre: Nietzsche et le Cercle vicieux. Paris 1975 (dt.: Nietzsche und der Circulus vitiosus deus. München 1986).

208) "Das Bild des Kreises, - eines ewigen Wechsels in einer ewigen Wiederholung, - steht wie ein wundersames Symbol und Geheimzeichen über der Eingangspforte zu seinen [Nietzsches, M.S.] Werken." (Andreas-Salomé: Friedrich Nietzsche in seinen Werken, a.a.O., S. 77). Die Bedeutung des Kreises und des Kreislaufmodells insbesondere in Nietzsches Zarathustra wird auch von A. Pieper hervorgehoben, wobei das Kreislaufmodell das Gegensatzmodell in sich schließe (vgl. Pieper: "Ein Seil geknüpft zwischen Tier und Übermensch", a.a.O., S. 25f., S. 101ff.). Das Symbol des Kreises spielt auch im Buddhismus und insbesondere in Zen eine ausgezeichnete Rolle. Für Zen-Meister Seung Sahn ist der "Zen-Circle" das wichtigste Lehrmittel überhaupt (vgl. Seung Sahn: The Compass of Zen, a.a.O., S. 291-305).

209) Auf die Frage, wie sich seine paradoxe weltliche Religiosität des Glaubens an die Wiederkunftslehre zu den umgekehrt paradoxen Vorurteilen und anderen Religionen bzw. den "Ungläubigen" verhält, würde Nietzsche vielleicht antworten: "Diese Lehre ist milde gegen die, welche nicht an sie glauben, sie hat keine Höllen und Drohungen. Wer nicht glaubt, hat ein flüchtiges Leben in seinem Bewußtsein." (Nachlass 1881, KSA 9, 11 [160]). Und: "Wenn der Gedanke der ewigen Wiederkunft aller Dinge dich nicht überwältigt, so ist es keine Schuld: und es ist kein Verdienst, wenn er es thut. - Von allen unseren Vorfahren denken wir milder als sie selber dachten, wir trauern über ihre einverleibten Irrthümer, nicht über ihr Böses." (Nachlass 1881, KSA 9, 11 [144]). Der Ewige-Wiederkunfts-Gedanke soll "die

Rätselhaftigkeit scheinen für Nietzsche vielmehr noch tiefer zu gehen als diese Umkehr dessen, was paradox ist, wenn er sich den "Zauber der entgegengesetzten Denkweise" (Nachlass 1886, KSA 12, 2 [155]) nicht nehmen lassen und der Welt ihren "beunruhigenden und änigmatischen Charakter" (ebd., 2[117]), der jeder Systematisierung immer wieder entgeht, nicht abstreiten will. Zuletzt sind es auch solche Rätselfreunde, die Nietzsche als seine wahren Leser sucht (EH, Warum ich so gute Bücher schreibe 3).

Religion der freisten heitersten und erhabensten Seelen sein - ein lieblicher Wiesengrund zwischen vergoldetem Eise und reinem Himmel!" (Nachlass 1881, KSA 9, 11 [339]).

GADAMER UND DAS DRAMA ZARATHUSTRAS
Eine hermeneutische Revision

I.

Gadamers eigenen Worten zufolge geht seine Bekanntschaft mit Nietzsche auf das Jahr 1916 zurück, als dem Sechzehnjährigen von seinem Vater die Benutzung seiner kleinen Privatbibliothek erlaubt wurde. Er sei jetzt alt genug und dürfe jetzt alles lesen, was in seiner Bibliothek stehe. Nur für zwei Bücher machte der Vater eine Ausnahme, indem er ihm von ihnen abriet, nämlich Nietzsches *Also sprach Zarathustra* und *Jenseits von Gut und Böse*. Gadamers Vater stand damit in einer Tradition, die Nietzsches *Jenseits von Gut und Böse* schon bei seinem ersten Erscheinen 1886 als "gefährliches Buch" charakterisiert hatte, mit dem Nietzsche sich um die "Abschaffung aller anständigen Gefühle bemühe" (EH, Warum ich so gute Bücher schreibe 1, KSA 6, S. 299). Nietzsche bezeichnete dies als eine mit bewundernswerter Folgerichtigkeit "auf den Kopf gestellte Wahrheit" (ebd.), denn niemand begriff offenbar, dass sich Nietzsche mit seiner Formel vom "Jenseits von Gut und Böse" nicht um die Abschaffung der Moral, sondern in Wahrheit um eine höhere Moral bemühte, die zwar gerade "Jenseits von Gut und Böse", aber nicht "Jenseits von Gut und Schlecht" steht und für die Zarathustra Bei- und Vorspiel sein sollte.

Die Warnung des Vaters verdeutlicht einerseits die Nietzsche gegenüber antipodisch eingestellte Atmosphäre des gebildeten Bürgertums, in dem Gadamer aufwuchs,[210] führte aber andererseits zunächst nur dazu, dass der junge Gadamer

210) Zum gesellschaftspolitischen Hintergrund vgl. Aschheim, Steven E.: Nietzsche und die Deutschen. Karriere eines Kults. Stuttgart 2000. S. 5f., 25, 119f. Ein besserer Titel für dieses Buch wäre jedoch *Die Deutschen und Nietzsche*, da in ihm sowohl Nietzsche selbst als auch seine eigene Sicht der Deutschen methodisch ausgeblendet werden, so dass sie nur so, wie sie sich im

wohl aufgrund der Anziehungskraft, die alles Antipodische hat (vgl. GM Vorrede 4), gerade diese "verbotenen Bücher" zuerst las, mit einem mehr oder weniger zu erwartenden Ergebnis. Denn wie Gadamer selbst einräumt, war diese Lektüre für ihn "damals einfach zu früh und ging weit über [s]einen Horizont."[211] Das Unverständnis des Sechzehnjährigen war echt und ebenso gerechtfertigt wie eine Generation vor ihm die Klage des zehn Jahre älteren Heinrich von Stein Nietzsche gegenüber, er habe kein Wort aus seinem Zarathustra verstanden. Nietzsche antwortete ihm, das sei ganz in Ordnung, denn "sechs Sätze daraus verstanden, das heisst: erlebt haben, hebe auf eine höhere Stufe der Sterblichkeit hinauf als "moderne" Menschen erreichen könnten." (EH, Warum ich so gute Bücher schreibe 1, KSA 6, S. 299). Inzwischen hat sich bestätigt, dass Zarathustra viel zu "unzeitgemäß" ist, als dass er ohne einen gebührenden hermeneutischen "Zeitenabstand"[212] und entsprechende Voraussetzungen des Verstehens überhaupt angemessen zu würdigen wäre. Wie Gadamer in *Wahrheit und Methode* darlegt, ist es oft allererst der Abstand und insbesondere der Zeitenabstand, der die eigentlich kritische Frage der Hermeneutik lösbar macht, "nämlich die *wahren* Vorurteile, unter denen wir *verstehen*, von den *falschen*, unter denen wir *mißverstehen*, zu scheiden."[213] Die falschen Vorurteile, unter denen wir missverstehen, haben jedoch die längste Zeit, insbesondere zu Lebzeiten Nietzsches und in der ersten Hälfte des zwanzigsten Jahrhunderts sowohl das Verstehen Nietzsches als auch seines Zarathustra bestimmt. Nietzsche erkannte dies bereits selbst und betrachtete sich deshalb schon zu seinen Lebzeiten als posthumen Menschen. Im Entwurf eines Briefes an Heinrich von Stein schreibt Nietzsche über Zarathustra: "Dies Werk - es braucht Ihnen nicht zu gefallen, Sie sollen sich ja keinen Zwang anthun! Werke dieser Art sind sehr anspruchsvoll, sie wollen Zeit. Da muß erst die Autorität von Jahrhunderten dazu kommen, daß so Etwas recht gelesen wird." (Mitte März 1885, KSB 7, Nr. 584;

(Zerr-)Spiegel der Deutschen von 1890 bis 1945 (abgesehen von einigen kurzen Ausflügen darüber hinaus) darstellen, darin vorkommen.

211) Gadamer, Hans-Georg: Das Drama Zarathustras. In: Nietzsche-Studien 15 (1986). S. 1-15. S. 1. Erstdruck auf Englisch-Deutsch in: D. Goicoechea (Hg.): The Great Year of Zarathustra 1881-1981. Lanham 1983. S. 339-369. Wiederabgedruckt in: Gesammelte Werke Bd. 4. Tübingen 1987, unter dem Titel: Nietzsche - Der Antipode. Das Drama Zarathustras. S. 448-462.

212) Vgl. Gadamer, Hans-Georg: Wahrheit und Methode. Grundzüge einer philosophischen Hermeneutik. Gesammelte Werke Bd. 1. Tübingen 1986. S. 296ff.

213) Ebd., S. 304. Vgl. Bd. 2, S. 8f., 64.

vgl. Nachlass 1881, KSA 9, 15 [40]).

Das Problem des Verstehens Nietzsches wie auch seines "Sohnes" Zarathustra und ihrer Handlungen kompliziert sich noch erheblich, wenn man auch auf Nietzsches Schriften anwenden kann, was er von seinen Handlungen sagt: "ich, lange Zeit dem praktischen Leben fremd, handle in 50 Fällen 49 Mal nach einem Motive, an welches man nicht denkt, wenn man mich handeln sieht. Daraus ergiebt sich, daß ich fast immer Mißdeutung errege und meist, in unglücklichen Fällen, das Opfer meiner Handlungsweise bin." (an Ida Overbeck, 14. August 1883, KSB 6, Nr. 448). Demnach hätte der Leser Nietzsches eine fast entmutigende achtundneunzigprozentige Wahrscheinlichkeit des Missverstehens in Kauf zu nehmen.[214)]

Anders ausgedrückt geht es um den auch von Nietzsche selbst gesehenen "hermeneutischen Zirkel", den er zur Erklärung seines Missverstanden-werdens heranzieht und so formuliert: "Zuletzt kann Niemand aus den Dingen, die Bücher eingerechnet, mehr heraushören, als er bereits weiss. Wofür man vom Erlebnisse her keinen Zugang hat, dafür hat man kein Ohr." Die Anwendung auf Zarathustra lautet: "Denken wir uns nun einen äussersten Fall, dass ein Buch von lauter Erlebnissen redet, die gänzlich ausserhalb der Möglichkeit einer häufigen oder auch nur seltneren Erfahrung liegen, - dass es die erste Sprache für eine neue Reihe von Erfahrungen ist. In diesem Falle wird einfach Nichts gehört, mit der akustischen Täuschung, dass wo Nichts gehört wird, auch Nichts da ist..." (EH, Warum ich so gute Bücher schreibe 1, KSA 6, S. 299f.). Aber nicht nur den hermeneutischen Zirkel, auch die ganze Problematik der Universalität des hermeneutischen Problems, die Gadamer beansprucht, findet sich bereits bei Nietzsche. Schon für ihn gibt es keine Tatsachen, "nur Interpretationen."[215)] (Nachlass 1886/87, KSA 12,

214) Sein Verstanden-werden beschreibt Nietzsche dementsprechend als ein nur unter bestimmten Bedingungen, dann aber notwendig eintretendes (vgl. AC, Vorwort). Zu diesen gehörten nicht nur bestimmte Eigenschaften wie Rechtschaffenheit, Gleichgültigkeit und Mut, neue Ohren, Augen und Gewissen, sondern auch das Verstehen Zarathustras, an dessen Verstanden-werden-können zu seiner Zeit Nietzsche allerdings "absolut nicht" glaubte, da er "die Werthschätzungen von ein paar Jahrtausenden gegen sich" habe, so dass niemand "heute" im Stande sei, "seinen Gesammt-Ton klingen zu hören: auch setzt sein Verstehen eine solche philologische und mehr als philologische Arbeit voraus, wie sie heute Niemand daran setzen wird, aus Mangel an Zeit." (Nachlass 1885, KSA 11, 38 [15]). Zur Frage des Verstehens bzw. Missverstehens Nietzsches vgl. auch Stegmaier, Werner: Nietzsches Zeichen. In: Nietzsche-Studien 29 (2000). S. 41-69.

215) Vgl. Figl, Johannes: Interpretation als philosophisches Prinzip. Friedrich Nietzsches universale

7 [60]). Nicht nur die Interpretation von Texten und Schriften, das Dasein selbst bewegt sich in Zirkeln des Verstehens bzw. des Missverstehens. Dabei wird von Nietzsche nicht nur die Auslegung von Sinn bedacht, die bei Gadamer das Übergewicht und Priorität genießt, sondern auch die Einlegung von Sinn. Auslegung und Einlegung von Sinn sind keine Alternativen oder Gegensätze, wie Gadamer suggeriert[216], sondern komplementäre Verhaltensweisen. Denn "der Mensch findet zuletzt in den Dingen nichts wieder als was er selbst in sie hineingesteckt hat: das Wiederfinden nennt sich Wissenschaft, das Hineinstecken – Kunst, Religion, Liebe, Stolz." (Nachlass 1885/86, KSA 12, 2 [174]). Nach Nietzsche brauchen wir beides.

Obwohl oder gerade weil die Lektüre Nietzsches in der Bibliothek seines Vaters für Gadamer unverständlich war, blieb *Also sprach Zarathustra* für ihn eine Herausforderung, der er sich offenbar erst im Alter ganz zu stellen wagte, als er über *Das Drama Zarathustras* eine Rechtfertigung zu geben suchte. Denn auch die nächste Begegnung mit Nietzsche Anfang der zwanziger Jahre in Marburg, als Nicolai Hartmann (bei dem er 1922 auch promovierte) ein Seminar über den "Willen zur Macht" hielt, führte zu keiner wirklichen Annäherung, sondern blieb rein akademisch: "ein blasser, akademisch gezähmter Nietzsche", wie Gadamer feststellt.[217] Obwohl es die Zeit war, in der "die Riesengestalt Friedrich Nietzsches mit seiner ekstatischen Kritik an allen, aber auch an allen Illusionen des Selbstbewußtseins"[218], hinter allem stand, auch hinter Lebensphilosophie, Existentialismus und schließlich philosophischer Hermeneutik, machte Gadamer nie, wie viele andere seiner Generation, eine wirkliche "Nietzschephase" durch.[219]

Theorie der Auslegung im späten Nachlaß. Berlin 1982. Ders.: Nietzsche und die philosophische Hermeneutik des 20. Jahrhunderts. Mit besonderer Berücksichtigung Diltheys, Heideggers und Gadamers. In: Nietzsche-Studien 10/11 (1981/82). S. 408-430. Figl kommt zu dem Schluss, "daß die sprachontologisch fundierte Herneneutik Gadamers nicht jene Radikalität und Weite auszeichnen, die für Nietzsches spätes Denken charakteristisch ist." (ebd., S. 429); Hofmann, Johann Nepomuk: Hermeneutik *nach* Nietzsche. Thesen und Überlegungen im Anschluß an Nietzsches Begriff der Interpretation. In: Nietzsche-Studien 25 (1996). S. 261-306. Figal, Günter: Nietzsches Philosophie der Interpretation. In: Nietzsche-Studien 29 (2000). S. 1-11.

216) Vgl. Gadamer, Hans-Georg: Text und Interpretation. In: Forget, Philippe (Hg.): Text und Interpretation. München 1984. S. 24-55. S. 27, 34; vgl. Das Drama Zarathustras, a.a.O., S. 4

217) Gadamer: Das Drama Zarathustras, a.a.O., S. 2.

218) Gadamer, Hans-Georg: Selbstdarstellung. In: Wahrheit und Methode. Gesammelte Werke 2. S. 478-508. S. 482.

Die nächste wichtige Station bilden dann Heideggers Nietzschevorlesungen aus den Jahren 1936-40, die 1961 veröffentlicht wurden und deren entscheidendes Verdienst Gadamer darin sieht, "die anscheinende Unvereinbarkeit des Willens zur Macht mit der ewigen Wiederkunft des Gleichen aufzulösen."[220] Beide Lehren gehören danach zusammen und sind "zwei Aspekte des Gleichen: Der Wille zur Macht, der nicht etwas will, sondern sich selber will, Wille zum Willen ist, und der Ring der Wiederkunft, der alles Wollen und Wählen, Fliehen und Hoffen als eine Art Wahn enthüllt."[221] Heidegger blieb nicht nur für die Entwicklung von Gadamers philosophischer Hermeneutik, sondern auch für sein Nietzscheverständnis von entscheidender Bedeutung. Denn im Unterschied zu Heidegger baute er sich nie seinen eigenen Nietzsche auf.[222]

Gadamer folgte Heidegger schließlich auch in der Verlagerung des Schwerpunktes der Interpretation Nietzsches, weg vom Nachlass der achtziger Jahre, in dem der Heidegger der Nietzschevorlesungen die "eigentliche Philosophie" Nietzsches zu finden glaubte, demgegenüber die veröffentlichten Schriften bloß "Vordergrund" seien[223], hin zu der Frage "Wer ist Nietzsches Zarathustra?", wie der Titel eines Vortrages Heideggers aus dem Jahre 1953 lautet.[224] Wie sich zeigen wird, ist Gadamers Beschäftigung mit dem Drama Zarathustras auch eine unausgesprochene Auseinandersetzung mit diesem Vortrag. Schließlich wurde durch die seit 1967 in verlässlicher und chronologischer Form veranstaltete Neuherausgabe des Nachlasses Nietzsches durch Georgio Colli und Mazzino Montinari endgültig klar, dass die bis dahin weitverbreitete Auffassung von einem im Nachlass verborgenen philosophischen Hauptwerk Nietzsches mit dem Titel "Der Wille zur Macht" einfach

219) Gadamer: Das Drama Zarathustra, a.a.O., S. 1.

220) Ebd., S. 3.

221) Ebd., S. 4.

222) Ebd., S. 1.

223) Heidegger, Martin: Nietzsche, Bd. 1. Pfullingen 1961. S.17.

224) Heidegger, Martin: Wer ist Nietzsches Zarathustra? In: Vorträge und Aufsätze. Pfullingen 1954. S. 97-122. Heideggers Frage nach Nietzsches Zarathustra ist Teil der weiteren Frage nach Zarathustra überhaupt, die uns der "König zur Rechten" im vierten Teil zu lernen empfiehlt: "Und wahrlich, zu deinem Berge und Baume richten sich heute viele Augen; eine grosse Sehnsucht hat sich aufgemacht, und Manche lernten fragen: wer ist Zarathustra?" (Za IV, Die Begrüssung, KSA 4, S. 349). Die Frage nach Nietzsches Zarathustra kann z.B. ohne den Blick auf den historischen Zarathustra nicht hinreichend beantwortet werden.

falsch ist. Das wirkliche Resultat der neuen Ausgabe ist auch für Gadamer, "daß 'Der Wille zur Macht' oder wie immer man den Nachlaß überschreiben mag, in authentischer Form einfach nicht existiert."[225] Damit aber rückt *Also sprach Zarathustra* "unleugbar ins Zentrum"[226] und "die übliche Tendenz, die Zarathustra-Phase abzuwerten, verkehrt sich in ihr Gegenteil."[227] In ihr finden wir nach Gadamer eine ganz "andere Lehre" als die von dem "in das 'Unwesen' der Metaphysik" tragisch verstrickten Nietzsche, wie sie Heidegger aus dem Nachlass entwickelt hatte.[228]

II.

Die Herausforderung, die *Also sprach Zarathustra* darstellt ist vielfältiger Art. Zunächst einmal weil sich das Werk nicht einfach in eine der bekannten literarischen Gattungen einordnen lässt. Nietzsche selbst hat es wie erwähnt als "die erste Sprache für eine neue Reihe von Erfahrungen" bezeichnet. Daher ist es im herkömmlichen Sinne weder ein philosophisches noch poetisches noch religöses Werk und doch hat es von allem etwas. Gadamer betrachtet es als ein "halbpoetisches Buch, das zur Gattung der Mimesis, der Imitation gehört. Es ist ein literarisches Kunstwerk."[229] Diese Ansatz beinhaltet für Gadamer mehreres:

1. Es ist problematisch und nicht leicht einen begrifflichen Inhalt aus dem Buch herauszuschälen. Zarathustra benutzt keine reine Begriffssprache, sondern eine Gleichnissprache. Nietzsche selbst hatte schon früh den Begriff als "Residuum einer Metapher" (WL 1, KSA 1, S. 882) verstanden. Metaphern sind für ihn

225) Gadamer: Das Drama Zarathustras, a.a.O., S. 4.
226) Ebd., S. 5.
227) Ebd., S. 13.
228) Ebd., S. 13, 15. Beides wird von E. Behler missverständlicherweise wieder in eins gesetzt, wenn er meint, Gadamer verstehe Zarathustra als das Drama des Scheiterns der abendländischen Metaphysik. Diese Charakterisierung trifft eher auf Heideggers Verständnis des Zarathustra zu. Vgl. Behler, Ernst: "Wer ist Nietzsches Zarathustra?" Eine Auseinandersetzung mit Martin Heidegger. In: Gerhardt, Volker (Hg.): Also sprach Zarathustra. Berlin 2000. S. 351-385. S. 369ff.
229) Gadamer: Das Drama Zarathustras, a.a.O., S. 13.

ursprünglicher als Begriffe und in Zarathustra sieht Nietzsche die "Rückkehr der Sprache zur Natur der Bildlichkeit." (EH, Also sprach Zarathustra 6). Nach Gadamer müssen wir daher "ein volles Bewußtsein des Problems besitzen, wie man die Botschaft eines Denkers zu Begriff bringen soll, der so zwischen begrifflichen und poetischen Reden geteilt ist."[230]

2. *Also sprach Zarathustra* als literarisches Kunstwerk zu betrachten bedeutet weiterhin, dass man Zarathustra nicht einfach mit Nietzsche und seine Reden nicht einfach mit Nietzsches Philosophie identifizieren kann, falls es eine solche Philosophie unabhängig von Zarathustra geben sollte. Die Frage nach der Beziehung Nietzsches zu Zarathustra stellt sich.
3. Besonders wichtig ist für Gadamer der Unterschied zwischen den Reden Zarathustras mit deren Inhalt und jeweiligen Adressaten einerseits, und der erzählten Handlung, in die die Reden eingebettet sind andererseits. Denn damit sind zwei verschieden Gesichtspunkte der Interpretation gegeben. Der erste Gesichtspunkt ist der des Redners, der eine Rede hält und seine Zuhörer vor sich hat, also zu verschiedenen Zuhörern auch verschieden spricht. Hier ist zu fragen, warum er zu dieser Zuhörerschaft gerade so spricht. Der zweite Gesichtspunkt ist der des Erzählers, der gegenüber den Intentionen des Sprechers, von dem erzählt wird, ein überlegenes Wissen hat. Dieses Geschehen, die erzählte Handlung als die Tragödie des Lehrers Zarathustra möchte Gadamer auf seine Bedeutung und auf seine Wahrheit bringen. Denn wer wie Zarathustra redet, der sagt zugleich etwas anderes nicht, das zum vollen Verständnis jedoch zumindest mitgedacht sein sollte. Auf dieses in den Reden Verschwiegene hin öffnen sich in der erzählten Handlung gleichsam immer wieder "Fenster".[231] Die Komposition des Ganzen ist kein äußeres Gewand oder bloßes Rahmenwerk für die lehrhaften Reden, sondern das Bedeutungsvollste daran.[232] Zum Zweck ihrer Aufklärung möchte Gadamer

230) Ebd. Vgl. auch Gadamer, H.-G.: Zwischen Wort und Begriff. Nietzsche und die Metaphysik. In: Riedel, Manfred (Hg.): "Jedes Wort ist ein Vorurteil." Philologie und Philosophie in Nietzsches Denken. Köln 1999. S. 15-22.

231) Ebd., S. 7.

232) Ebd., S. 6. Vgl. Ottmann, Henning: Kompositionsprobleme von Nietzsches *Also sprach Zarathustra*. In: Gerhardt (Hg.): Also sprach Zarathustra, a.a.O., S. 47-67. Von den dort erwogenen Kompositionsvorschlägen (musikalisch, dekadisch und biblisch), unterscheidet sich ein hermeneutischer

insbesondere jene Stellen ins Licht rücken, an denen man die Komposition des Ganzen wie an Gelenkstellen beobachten kann. Solche Gelenkstellen sind insbesondere der Anfang und das Ende von Büchern, aber auch die Mitte. Um so wichtiger wird die Frage, wie und ob die offenbar so ereignisarm und blass bleibende Handlung angemessen rekonstruiert wird.[233)]

Wie setzt Gadamer also diese hermeneutischen Gesichtspunkte in die Praxis der Interpretation um? Beginnend mit dem letzten Punkt fällt auf, dass Gadamer zwar darauf aufmerksam macht, dass sich Zarathustra in der Folge seiner Reden an verschiedene Zuhörer wendet und demgemäß auch verschieden zu Verschiedenen spricht, die Frage an wen sich *Also sprach Zarathustra* als Ganzes wendet, von ihm jedoch nur oberflächlich behandelt wird. Es sei das "großsprecherische, verlogene, neu-deutsche Reichs-und Scheinchristentum der zweiten Hälfte des 19. Jahrhunderts" an das sich Nietzsche wende, d.h. eine "weithin 'vergangene' Adresse'."[234)] Dass das Werk den Untertitel *Ein Buch für Alle und Keinen* trägt bleibt unberücksichtigt. Wie die Vorrede zeigt, wendet sich Zarathustra zunächst an alle, aber er lernt schnell, dass dies eine Torheit ist: Denn "als ich zu Allen redete, redete ich zu Keinem." (Za IV, Vom höheren Menschen 1). Deshalb wendet er sich mit seinen folgenden Reden an einzelne Gefährten, die sich mit ihm in den Kreis

---

Ansatz dadurch, dass er die Komposition aus dem Sinn des Werkes selbst entnehmen muss. Schon 1872/73 schrieb Nietzsche: "Jetzt weiß kein Mensch, wie ein gutes Buch aussieht, man muß es vormachen: sie verstehen die Composition nicht. Die Presse ruinirt dazu immer mehr das Gefühl." (Nachlass 1872/73, KSA 7, 19 [22]). Die Wichtigkeit der Komposition hebt auch Nietzsches eigene Antwort auf die Frage unter welche Rubrik eigentlich der Zarathustra gehöre, hervor: "unter die 'Symphonien'." (an Heinrich Köselitz, 2. April 1883, KSB 6, Nr. 397).

233) Heidegger z.B. versteht die Handlung Zarathustras als "Übergang" zum Übermenschen, und setzt ihn mit der "Erlösung vom Geist der Rache" gleich (vgl. Heidegger: Wer ist Nietzsches Zarathustra? a.a.O., S. 103ff.). Für W. Stegmaier hat die Erzählung Zarathustras dagegen ihre Einheit in der Gestalt Zarathustras und seinem "Untergang" unter die Menschen. Dabei breche sich der allgemeine Sinn der Lehren am individuellen Sinn der Handlungen, so dass nur individuell zu verstehende "Anti-Lehren" in dem doppelten Sinn der entgegengesetzten Lehren und der Lehren gegen das Lehren als solches übrig bleiben (vgl. Stegmaier, Werner: Anti-Lehren. Szene und Lehre in Nietzsches *Also sprach Zarathustra*. In: Gerhardt, Volker (Hg.): Also sprach Zarathustra, a.a.O., S. 191-224. S. 195). Übergang und Untergang gehören jedoch für Nietzsche und Zarathustra untrennbar zusammen und konstituieren gemeinsam die Figur der Selbstüberwindung. Vgl. auch Lampert, Laurence: Nietzsche's Teaching. An Interpretation of *Thus Spoke Zarathustra*. New Haven, London 1986. S. 4ff.

234) Gadamer: Das Drama Zarathustras, a.a.O., S. 8.

und Zirkel stellen, den er um sich zieht und den Nietzsche schon früh den "Kreis der Kultur" genannt hat. Danach ist die wahre Kultur

> das Kind der Selbsterkenntniss jedes Einzelnen und des Ungenügens an sich. Jeder, der sich zu ihr bekennt, spricht damit aus: "ich sehe etwas Höheres und Menschlicheres über mir, als ich selber bin, helft mir alle, es zu erreichen, wie ich jedem helfen will, der Gleiches erkennt und am Gleichen leidet: damit endlich wieder der Mensch entstehe, welcher sich voll und unendlich fühlt im Erkennen und Lieben, im Schauen und Können, und mit aller seiner Ganzheit an und in der Natur hängt, als Richter und Werthmesser der Dinge." (SE 6, KSA 1, S. 385)[235)]

In *Also sprach Zarathustra* heißt dieser zu schaffende Mensch als Richter und Wertmesser der Dinge dann der "Übermensch" und Zarathustra wird vermutlich nur von denjenigen ganz verstanden, die diese Voraussetzung teilen.

Obwohl Gadamer die Bedeutung von Anfang und Ende als entscheidende Gelenkstellen zum Verstehen der Komposition des Ganzen betont, werden die ganze Vorrede und das in ihr behandelte Geschehen von ihm mit der wenig hermeneutischen Begründung, dass es sich dabei um "bekannte und oft behandelte Dinge"[236)] handele, abgetan und beiseite geschoben. Da die erzählte Handlung jedoch bereits in der Vorrede beginnt, muss sich diese Vorentscheidung insbesondere auch auf die Aufklärung der Komposition des Ganzen negativ auswirken. Anstatt erneut nachzugraben und uns "die Dinge in einem neuen Licht" zu zeigen[237)], beginnt Gadamer mit der wohl ebenso bekannten und oft behandelten ersten Rede Zarathustras, die den Titel *Von den drei Verwandlungen* trägt. Denn an dieser Rede zeige sich das gesamte Paradox begrifflichen Sprechens, das zugleich immer ein Verschweigen sei und daher auf die zugrunde liegende Handlung verweise, besonders deutlich. Obwohl die erste Rede daher weniger im Hinblick auf die erzählte Handlung, als in Hinsicht auf das Paradox begrifflichen Sprechens gewählt ist, lässt sich Gadamer von dieser Rede, in der die drei Verwandlungen des Geistes zum Kamel, vom Kamel zum Löwen und vom Löwen zum Kind dargestellt werden auch die Problemstellung, den tragischen Knoten des Dramas Zarathustras vorgeben.

---

235) Nietzsche hat des öfteren auf die Bedeutung seiner *Unzeitgemäßen Betrachtung* über *Schopenhauer als Erzieher* für das Verständnis seiner Grundgesinnungen auch im Hinblick auf Zarathustra hingewiesen (vgl. KSB 6, Nr. 345, 352, 405, 524, KSB 8, Nr. 1014).

236) Gadamer: Das Drama Zarathustras, a.a.O., S. 6.

237) Ebd., S. 4.

In der Art und Weise, wie Gadamer diese Rede versteht, kann es sich dabei jedoch um gar keine mögliche Handlungsvorgabe handeln, wie er sogleich selbst hervorhebt. Denn "[w]ie kann man die Unschuld des Kindes als ein Ziel proklamieren? Wie kann der Botschafter einer neuen Lehre vom Übermenschen zu etwas aufrufen, das man gar nicht wollen kann?" Diese Spannung durchzieht für Gadamer das ganze Buch und wird von ihm mit der "alte[n] tragische[n] Erbschaft des deutschen Idealismus" gleichgesetzt, dem "Paradox der wiederhergestellten Unmittelbarkeit, der vermittelten Unmittelbarkeit."[238] Dass diese Verwandlungen aber ein Problem in diesem Sinne und gar ein tragisches Problem darstellen, geht aus dieser Rede, die diese Verwandlungen nur "nennt", gar nicht hervor. Es ist vielmehr umgekehrt anzunehmen, dass dieses idealistisch-tragische Problem für Nietzsche und Zarathustra eher ein komisches Problem ist, so komisch wie etwa die Frage: Wie sind Kinder möglich? (Vgl. Nachlass 1885, KSA 11, 34 [183]; vgl. JGB 11).

Die drei Verwandlungen beschreiben nichts Mysteriöses, sondern vielmehr einen Prozess, in dem das, was zunächst bewusst als Verpflichtung übernommen wurde, schließlich zur frei verfügbaren zweiten Natur und d.h. Kultur wird. Ihr Ziel ist der freie Geist, der Herr auch über seine Tugenden geworden ist und Gewalt über sein Für und Wider gewonnen hat, so dass er sie je nach seinem höheren Zweck beliebig aus- und wieder einhängen kann (vgl. MA I, Vorrede 6). Was zudem in dieser wie in den anderen Reden Zarathustras am besten verschwiegen bleibt, ist doch, dass das, was wie eine lineare Bewegung auf ein Ziel hin aussieht, in Wahrheit zugleich ein Kreislauf ist. Dies bedeutet erstens, dass es keinen absoluten Anfang oder Ende dieser Verwandlungen gibt, obwohl ihre Reihenfolge nicht gleichgültig ist, und zweitens, dass der Geist des Kindes auch wieder zum Geist des Kamels werden wird, wie es schon natürlicherweise geschieht: "Fast in der Wiege giebt man uns schon schwere Worte und Werthe mit: "gut" und "böse" – so heisst sich diese Mitgift. Um derenwillen vergiebt man uns, dass wir leben." (Za III, Vom Geist der Schwere 2, KSA 4, S. 242). So hat auch der freie Geist einen neuen Kreis von Pflichten.[239] Selbst der Übermensch wird wieder zum Menschen werden und vom kleinen Menschen überwunden werden, denn "die Schwachen werden immer wieder über die Starken Herr" (GD, Streifzüge 14), oder in Zarathustras Worten:

238) Ebd., S. 6f.

239) Vgl. z.B. "Die 10 Gebote des Freigeistes." (Nachlass 1876, KSA 8, 19 [77]).

"'ach, der Mensch kehrt ewig wieder! Der kleine Mensch kehrt ewig wieder!'" (Za III, Der Genesende 2, KSA 4, S. 274).

Die drei Verwandlungen des Geistes sind ebenso wie die Lehre vom Übermenschen vor dem Hintergrund der "Grundconception" des Zarathustra (EH, Also sprach Zarathustra 1), d.h. vom Wiederkunftsgedanken her, zu sehen. Sie beschreiben die Stufen der Kultivierung und Selbstüberwindung, deren Geist das Leben ist, das selber ins Leben schneidet. Eingeleitet von drei Liedern[240] kommt daher bereits in der Mitte des zweiten Teils dieses Zarathustra vom Leben selber verratene Gesetz des Lebens, "das Gesetz der nothwendigen "Selbstüberwindung" im Wesen des Lebens" (GM III, 27) ausdrücklich zur Sprache: "Siehe, sprach es, ich bin das, was sich immer selber überwinden muss." (Za III, Von der Selbst-Ueberwindung, KSA 4, S. 148). Aus diesem tiefsten Grund seiner Weisheit, da Zarathustra dem Leben selber ins Herz und "bis in die Wurzeln seines Herzens" gekrochen zu sein beansprucht (ebd., S. 147), löst Zarathustra auch die Frage von Gut und Böse: "Gutes und Böses, das unvergänglich wäre – das giebt es nicht! Aus sich selber muss es sich immer wieder überwinden." (ebd., S. 149). Mit dieser Rede an die Weisesten hat Zarathustra auch sein eigenes Rätsel gelöst und die ihm eigene Aufgabe gefunden. Er muss seine eigene Lehre vom Übermenschen aus sich selbst heraus überwinden und zum Lehrer seiner Selbst-Erfahrung von der Selbstüberwindung und ihrer ewigen Wiederkunft werden. Auch Zarathustra ist dem Gesetz von der *notwendigen* "Selbstüberwindung" unterworfen: "immer ergeht zuletzt an den Gesetzgeber selbst der Ruf: 'patere legem quam ipse tulisti.'" (GM III, 27). Daher erscheint vor allem in den Kapiteln *Von der Erlösung*, *Die stillste Stunde* und *Vom Gesicht und Rätsel* die ewige Wiederkunft wieder als das noch unausgesprochene, erschreckende aber schließlich im Lachen erlöste Gesicht und Rätsel. Zarathustras Früchte sind reif, aber er ist noch nicht reif für seine Früchte. Zarathustra erweist sich als ein Lehrer, der nicht nur redet und eine Lehre verkündet, sondern der auch tut, was er sagt und insofern ein Beispiel für das von

240) Das *Nachtlied* besingt für Nietzsche als "Dithyrambus der Sonnen-Vereinsamung im Lichte" das Leiden des Dionysos mit unerreichtem Pathos: "Dergleichen ist nie gedichtet, nie gefühlt, nie gelitten worden" (EH, Also sprach Zarathustra 8). *Das Tanzlied* weist auf *Das andere Tanzlied* am Ende des dritten Teils voraus und *Das Grablied* steht angemessen direkt vor dem Kapitel *Von der Selbst-Ueberwindung*: denn "nur wo Gräber sind, giebt es Auferstehungen." (Za II, Das Grablied, KSA 4, S. 145).

ihm Verkündete geben muss. Selbstüberwindung ist die eigentliche Handlung des Dramas Zarathustras und sie hat, was für Nietzsche die Handlung eines guten Dramas oder einer Oper wie Bizets Carmen auszeichnet: "die Logik in der Passion, die kürzeste Linie, die harte Nothwendigkeit." (WA 2).

Der Ewige-Wiederkunfts-Gedanke als ewige Wiederkehr auch des Menschen ist das notwendige Ende des Anfangs beim Übermenschen und umgekehrt, unter der tragenden Voraussetzung des Gesetzes von der notwendigen Selbstüberwindung. Denn beide Lehren verhalten sich zunächst gegensätzlich, wenn nicht ausschließend zueinander, was eine Voraussetzung dafür ist, dass beide in ein Verhältnis der Selbstüberwindung treten können. Zarathustra muss die gerade für ihn zunächst bittere Medizin der ewigen Wiederkehr des Menschen schlucken.[241)] Bei genauerem Zusehen jedoch führt die offene Konfrontation von Übermensch-Lehre und Wiederkunftslehre am Ende des dritten Teils, die den Lehrer des Übermenschen fast das Leben kostet, nicht dazu, dass die Lehre vom Übermenschen durch die Wiederkunftslehre überholt und ersetzt würde[242)], sondern vielmehr zu ihrer Präzisierung und der Ausschaltung von Missverständnissen. Der Übermensch verwirklicht sich nur in unlösbarer Einheit mit dem Menschen als die immer wieder aufs Neue geschehende und geforderte Selbstüberwindung des Menschen. Der Mensch kann nicht übersprungen werden. Die Wiederkunftslehre bringt Mensch und Übermensch ebenso sehr in einem Kreislauf zusammen, wie sie andererseits den Übermenschen fordert, da nur er oder ein Unmensch die ewige Wiederkunft des Gleichen wirklich wollen kann. Die Wiederkunftslehre fordert den Übermenschen, indem sie eine falsche Vorstellung desselben zerstört und zugleich selektierend wirkt. Der Übermensch liegt weder "jenseits" noch "unter", sondern "über" dem Menschen.[243)]

Es geht also nicht so sehr darum, nur die scheinbare Unvereinbarkeit von Wille zur Macht (bzw. Selbst-Überwindung) und ewiger Wiederkunft aufzulösen, sondern

241) Vgl. Nachlass 1881, KSA 9, 15 [50], 16 [11].

242) So argumentiert z.B. L. Lampert: "the clearly provisional teaching on the superman is rendered obsolete by the clearly definitive teaching on eternal return." (Lampert: Nietzsche's Teaching, a.a.O., S. 258).

243) "Wer die Präposition 'über' ganz begriffen hat, der hat den Umfang des menschlichen Stolzes und Elends begriffen. Wer über den Dingen ist, ist nicht in den Dingen - also nicht einmal in sich! Das letztere kann sein Stolz sein." (Nachlass 1876, KSA 8, 17 [33]).

die wechselseitige Herausforderung von Übermensch und Wiederkunftslehre aufzuklären und d h. das Verhältnis zumindest aller drei Lehren zu bestimmen, die in *Also sprach Zarathustra* prominent sind. In seinem Vortrag "Wer ist Nietzsches Zarathustra?" hatte Heidegger eine solche Bestimmung versucht, war jedoch über den Anblick eines Rätsels im Bild der beiden sich in Kreisen umringenden Tiere Zarathustras nicht hinausgekommen: den fragwürdigen "Bezug des Seins zum Lebewesen Mensch."[244] Das Rätsel lässt sich nur lösen, wenn man die Selbstüberwindung (des Geistes der Rache) als die vermittelnde Brücke zwischen den beiden so gegensätzlichen und von Natur aus einander feindlich gesinnten Tiere wie Adler und Schlange erkennt.

Während Zarathustras Lehre für Heidegger aber nicht die gesuchte Erlösung vom Geist der Rache bringt[245], geht Gadamer insofern über Heidegger hinaus, als er in den abschließenden Liedern des dritten Teils, insbesondere im *anderen Tanzlied*, also im "Gesang" eine reine Selbstbezüglichkeit ("ein aus sich rollendes Rad") jenseits aller "Lehre" findet. Denn "Gesang ist Dasein", wie Gadamer mit Rilke sagt, "nicht ein Gemeintes, sondern über alles Offenlegen von Gemeintem, über alle 'Entbergung' hinaus, ein hinter ihm Liegendes, das sich ganz in sich selbst erfüllt. Da ist kein Festhaltenwollen des Vergänglichen, kein 'Geist der Rache'."[246] Nietzsche nennt es "monologische Kunst" (FW 367), die den Zuschauer oder Leser weder ein-, noch ausschließt, weil sie auch den Unterschied zwischen Produzent und Rezipient vergessen hat: "Wer Ohren hat, der höre."[247] Zugleich damit nähert sie sich jener Vollkommenheit, die auch noch über das von Gadamer so genannte "letzte Siegel", das Zarathustra seiner Lehre aufdrücke, 'Singe, sprich nicht mehr'[248], hinausführt und auf die Zarathustra im vierten Teil deutet, wenn er seiner Seele um die Stunde des vollkommnen Mittags zuspricht: "Aber das ist die heimliche feierliche Stunde, wo kein Hirt seine Flöte bläst. Scheue dich! Heisser Mittag schläft auf den Fluren. Singe nicht! Still! Die Welt ist vollkommen." (Za IV, Mittags). Zu dieser

244) Heidegger: Wer ist Nietzsches Zarathustra?, a.a.O., S. 121.

245) Vgl. Müller-Lauter, Wolfgang: Der Geist der Rache und die ewige Wiederkehr. Zu Heideggers später Nietzsche-Interpretation. In: Korff, F. W. (Hg.): Redliches Denken. Festschrift für G.-G. Grau. Stuttgart-Bad Cannstatt 1981. S. 92-113.

246) Gadamer: Das Drama Zarathustras, a.a.O., S. 15.

247) Vgl. das Gedicht *An der Brücke* (EH, Warum ich so klug bin 7).

248) Gadamer: Das Drama Zarathustras, a.a.O., S. 14.

Kunst des redenden und singenden Schweigens gehören auch nicht nur die ausdrücklich so benannten Lieder Zarathustras, sondern wie der Untertitel zeigt, der ganze Zarathustra selbst, in dessen Gesang auch "Reden" mit weniger Pathos und mehr Handlung eingefügt sind. Bei genauerem Zusehen und -hören wird man die Erlösung vom Geist der Rache daher auch in der kunstvollen Komposition von Lehren, Liedern und Handlungen im Zarathustra finden.

Zu diesem Zweck muss man sie zuerst unterscheiden und z.B. die Lieder von der Handlung, die Gadamer auf ihre Wahrheit bringen wollte, trennen und als lyrisch gestimmte Musik oder Pathos begreifen, nicht wieder als eine Art Lehre, die alles Reden als unzulänglich erweisen soll. Zarathustra singt nicht, weil alles Reden nie an ein Ende gelangt und alles Langen und Verlangen Leiden bleibt[249)], sondern weil er alles gesagt und getan hat, was zu sagen und zu tun war. Nietzsche hat wiederholt vor der Verwechslung von Drama und Handlung im antiken Verständnis des Dramas, das auch das seinige war, gewarnt:

> Die alte Tragödie war [...] arm an Handlung und Spannung: man kann sogar sagen, daß es auf ihren früheren Entwicklungsstufen gar nicht auf das Handeln das δρᾶμα abgesehn war, sondern auf das Leiden das πάθοσ. Die Handlung trat erst hinzu als der Dialog entstand. [...] Was war die Tragödie ursprünglich anders als eine objektive Lyrik, ein Lied aus dem Zustande bestimmter mythologischer Wesen herausgesungen, und zwar im Kostüm derselben. (GMD, KSA 1, S. 527).
> Es ist ein wahres Unglück für die Aesthetik gewesen,dass man das Wort Drama immer mit "Handlung" übersetzt hat. Nicht Wagner allein irrt hierin; alle Welt ist noch im Irrthum; die Philologen sogar, die es besser wissen solten. Das antike Drama hatte grosse Pathosszenen im Auge - es schloss gerade die Handlung aus (verlegte sie vor den Anfang oder hinter die Scene). (WA 9, KSA 6, S. 32)

Kein Wunder also, dass auch die Handlung des Zarathustra relativ blass bleibt und eigentlich "kein Thun, sondern ein Geschehen" (ebd.) ist. Dennoch gibt es abgesehen vom Geschehen der Selbstüberwindung Zarathustras auch einige Höhepunkte der "Handlung" wie z.B. den Aufbruch Zarathustras aus seiner Höhle und den Auftritt und Tod des Seiltänzers in der Vorrede, das Wegschicken der Jünger, das Abbeißen des Schlangenkopfes oder das Händegeben mit dem abgründlichsten Gedanken (eine Handlung im wörtlichen Sinne)[250)], also immer in

249) Ebd.

besonders dialogartigen Szenen. Die abschließenden Lieder des dritten Teils sind im Hinblick auf die dramatische Handlung eher wie ein Abgesang, das Erteilen des Segens oder das "Dankgebet eines Genesenden" (Nachlass 1883, KSA 10, 16 [47], vgl. 16 [51]). In den Liedern findet Gadamer das Ende, das zu seinem Anfang der erstrebten, aber gar nicht unmittelbar zu verwirklichenden Leichtigkeit des Kindes passt. Sie sind jedoch nicht Höhepunkte der Handlung, wie Gadamer suggeriert, sondern Höhepunkte des musikalisch-dramatischen Pathos, als dessen Gleichnis und Sichtbarwerdung wir nach der *Geburt der Tragödie* das Geschehen der Tragödie zu verstehen haben.

III.

Das den dritten Teil abschließende "Ja- und Amen-Lied" ist Ausdruck des tragisch-jasagenden Pathos, das "über Schrecken und Mitleid hinaus, die ewige Lust des Werdens selbst zu sein" beansprucht und gerade im Opfer und Untergang seiner höchsten Typen und Helden wie Zarathustra der "eignen Unerschöpflichkeit" froh wird (GD, Was ich den Alten verdanke 5). Es schließt Verneinung und Vernichtung nicht aus, sondern ein bzw. fordert sie als Bedingungen der Bejahung: "in der Vernichtung auch des schönsten Scheins kommt das dionysische Glück auf seinen Gipfel." (Nachlass 1885/86, KSA 12, 2 [114]). Gadamers Feststellung, dass Zarathustras Botschaft letzten Endes das Ja-sagen zu allem sei, ist insofern missverständlich, als das ebenso notwendige Nein-sagen ausgespart bleibt. Auch in dem von Gadamer herangezogenen "Rundgesang" Zarathustras geht es weder um ein simples Ja zu allem noch um eine Leugnung und Ausschließung des Nein, sondern um ein bestimmtes Verhältnis der Tiefe beider zueinander. Wenn das Leiden auch das Vergehen des Leidens will, so ist doch "Lust - tiefer noch als Herzeleid", "sie ist durstiger, herzlicher, hungriger, schrecklicher, heimlicher als

250) Vgl. Nachlass 1885/86, KSA 12, 1 [16]: "Gedanken sind Handlungen." Da für Nietzsche "jede Handlung, deren ein Mensch nicht fähig ist [...] von ihm mißverstanden" wird (ebd., 1 [14]), kann man schließen, dass also auch jeder Gedanke, den ein Mensch nicht denken kann, von ihm missverstanden werden muss, z.B. der "Ewige-Wiederkunfts-Gedanke".

alles Weh" (Za IV, Das Nachtwandler-Lied 11). Die Lust ist in der Tiefe der Ewigkeit gegründet, das Leiden in der Oberfläche der Zeit. Auch Zarathustra sagt nicht einfach zu allem Ja[251] und was er die "höheren Menschen" lehren will, ist nicht, zu allem und jedem Ja zu sagen, sondern das rechte Verhältnis von Ja und Nein, von Lachen und Weinen zu lernen und also auch über sich selbst und die eigene Unzulänglichkeit hinweg lachen und tanzen zu können. Insofern ist *Also sprach Zarathustra* nicht nur eine Tragödie, sondern mindestens ebenso sehr auch eine Komödie, so dass sich das Werk auch darin letzten Endes der eindeutigen Kategorisierung entzieht. Schon dem dritten Teil mit seiner besonderen dramatischen Zuspitzung hatte Nietzsche das Motto vorangestellt: "Wer auf den höchsten Bergen steigt, der lacht über alle Trauer-Spiele und Trauer-Ernste." (vgl. Za I, Vom Lesen und Schreiben).

Dem Lachen über das Tragische entspricht andererseits das Weinen über das Heiterste wie in jener auch für Gadamer unvergesslichen "Szene von unendlicher Feinheit und Bezüglichkeit", in der dem mit dem als "Weib" bzw. Frau personifizierten Leben gemeinsam weinenden Zarathustra das Leben lieber war als je alle seine Weisheit.[252] Schon H. von Stein war vom *anderen Tanzlied* so sehr beeindruckt gewesen, dass er es (oder zumindest seinen dritten Teil) auswendig gelernt hatte als er Nietzsche im Oberengadin besuchte. Obwohl er sonst von Zarathustra "zwölf Sätze und nicht mehr", d.h. so gut wie nichts verstanden hatte, sah Nietzsche darin einen Beweis seines Dichtertums: "Wer nämlich gerade bei den Heiterkeiten Zarathustra's nicht Thränen vergießen muß, der gilt mir als noch ganz fern von meiner Welt, von mir." (an Franz Overbeck, 14. September 1884, KSB 6, Nr. 533).

---

251) Wie Zarathustra an anderer Stelle zu verstehen gibt, mag er solche nicht, "denen jegliches Ding gut und diese Welt gar die beste heisst. Solche nenne ich die Allgenügsamen. Allgenügsamkeit, die Alles zu schmecken weiss: das ist nicht der beste Geschmack! Ich ehre die widerspänstigen Zungen und Mägen, welche "Ich" und "Ja" und "Nein" sagen lernten. Alles aber kauen und verdauen – das ist eine rechte Schweine-Art! Immer I-a sagen – das lernte allein der Esel, und wer seines Geistes ist!" (Za III, Vom Geist der Schwere 2, KSA 4, S. 243f.). Dieses esel- und ekelhafte Ja-sagen wird dann in der Esels-Litanei des vierten Teils noch einmal besonders parodiert (Za IV, Die Erweckung 2). Auch Nietzsche selbst hat oft genug laut und deutlich "Nein" gesagt, aber es wurde meist überhört. Das psychologische Problem, das Nietzsche im Typus Zarathustras findet, ist auch sein eigenes: "wie der, welcher in einem unerhörten Grade Nein sagt, Nein thut, zu Allem, wozu man bisher Ja sagte, trotzdem der Gegensatz eines neinsagenden Geistes sein kann" (EH, Also sprach Zarathustra 6, vgl. Warum ich ein Schicksal bin 1).

252) Gadamer: Das Drama Zarathustras, a.a.O., S. 11, vgl. S. 15.

Auch in der Selbst-Überwindung gehören Ja-sagen zu einem höheren Selbst und Nein-sagen zu einem früheren und niedereren Selbst, Übergang und Untergang untrennbar zusammen. "In der Moral behandelt sich der Mensch nicht als individuum, sondern als dividuum." (MA 57). Anders ist auch Selbstüberwindung nicht möglich. Sofern diese Selbstüberwindung jedoch notwendig ist, ist sie zugleich außermoralisch und die einzig angemessene Haltung zu ihr ist amor fati. Wie Nietzsche in einem Brief an Franz Overbeck vom letzten Tag des Jahres 1882 selber verrät, stimmt er in diesem wichtigen Charakterzug mit Zarathustra völlig überein: "meine Selbst-Überwindung ist im Grunde meine stärkste Kraft: ich dachte neulich einmal über mein Leben nach und fand, daß ich gar nichts weiter bisher gethan habe. Selbst meine 'Leistungen' (und namentlich die seit 1876) gehören unter den Gesichtspunkt der Askese." (31. Dezember 1882, KSB 6, Nr. 366). Auch Nietzsches Geständnis, dass er "décadent zugleich und Anfang" sei (EH, Warum ich so weise bin 1), verweist auf die janusköpfige Gestalt der Selbstüberwindung.

Schließlich hat Nietzsche auch das Verhältnis von *Also sprach Zarathustra* zu den mit *Jenseits von Gut und Böse* beginnenden Schriften als das Verhältnis eines jasagenden Teils zu einer neinsagenden, neintuenden Hälfte charakterisiert (vgl. EH, Jenseits von Gut und Böse 1). Der negative Teil bleibt notwendig auf den positiven bezogen, da er in ihm allein den Maßstab seiner Kritik finden kann, der positive ist nur ganz verständlich, wenn man auch das darin Negierte bedenkt. Hätte Gadamer nicht nur *Zarathustra*, sondern auch *Jenseits von Gut und Böse*, vor dem ihm sein Vater ebenfalls gewarnt hatte, als Herausforderung angenommen, dann wäre ihm vielleicht das wichtigste negative Unterscheidungsmerkmal Zarathustras, dass er nämlich jenseits von Gut und Böse, aber nicht jenseits von Gut und Schlecht steht, also letztlich auf einer moralischen Problematik beruht, nicht verborgen geblieben. So aber ist Nietzsches (Im-) Moralismus für Gadamer nur die "Überempfindlichkeit" eines übersensiblen Moralisten geblieben.[253)] In *Ecce homo* heißt es dagegen mit unmissverständlicher Selbstbezüglichkeit: "Die Selbstüberwindung der Moral aus Wahrhaftigkeit, die Selbstüberwindung des Moralisten in seinen Gegensatz - in mich - das bedeutet in meinem Munde der Name Zarathustra." (EH, Warum ich ein Schicksal bin 3). In dieser Selbstüberwindung

253) Ebd., S. 6.

aus Wahrhaftigkeit liegt das Drama Zarathustras beschlossen, das in Zarathustras "Mensch-werdung" und der Lehre vom Übermenschen seinen Anfang, in der Wiederkunftslehre sein Ende und in der Lehre von der Selbst-Überwindung in der Mitte des zweiten Teils seine dritte und zentrale Gelenkstelle findet.

Während Gadamer zudem noch stärker als Heidegger im Horizont der europäisch-abendländischen Tradition, die bis zu den Anfängen der Philosophie bei den Griechen zurückreicht, befangen blieb, griff der mindestens ebenso große Griechenliebhaber und Altphilologe Nietzsche mit Zarathustra bewusst sowohl zeitlich als auch räumlich auf einen Perser hinaus und zurück (mit denen die Griechen bekanntlich meist im Krieg lagen), der gleichsam in der Mitte und am Anfang der Teilung zwischen Europa und Asien steht. Von den Vorsokratikern kommt ihm Heraklit noch am nächsten. Während der damit erweiterte Horizont "wirkungsgeschichtlichen Bewußtseins"[254] von Gadamer jedoch offensichtlich nicht gesehen oder zumindest nicht erschlossen wurde, hatte Nietzsche jenes "übereuropäische Auge", das ihn nicht nur die indische Philosophie einschließlich des Buddhismus als "die einzige große Parallele [...] die es zu unserer europäischen Philosophie" gibt (an Paul Deussen, 3. Januar 1888, KSB 8, Nr. 969), anerkennen, sondern darüber hinaus auch die "ungeheure Einzigkeit" (EH, Warum ich ein Schicksal bin 3) des persischen Religionsstifters Zarathustra in der Geschichte sehen ließ, so dass es notwendig wurde, zu ihm und einem anderen Anfang zurückzukehren.[255]

254) Vgl. Gadamer: Wahrheit und Methode, Bd. 1, a.a.O., S. 305ff.

255) In einem Brief an Marie Köckert bezeichnet Nietzsche seinen Zarathustra als das "morgenländischste Buch [...] das es giebt." (Mitte Februar 1885, KSB 7, Nr. 574).

ZARATHUSTRA-LEHREN
Übermensch, Wille zur Macht, Ewige Wiederkunft

I. Nicht-Zwei

In der neueren Nietzsche-Forschung ist es nicht nur fraglich geworden, ob man überhaupt von "Nietzsches Lehren"[256] und nicht vielmehr nur von Zarathustras Lehren sprechen könne, sondern auch, ob es sich dabei überhaupt um Lehren und nicht vielmehr um "Anti-Lehren" handelt. Nach Werner Stegmaier lehrt Nietzsche "'seine' Lehren ausschließlich in *Also sprach Zarathustra*"[257] und benutzt Zarathustra lediglich semiotisch für seine Anti-Lehren als Vermeiden jeglicher Lehre. Indem Nietzsche die Lehren vom Übermenschen, vom Willen zur Macht und der ewigen Wiederkunft in *Also sprach Zarathustra* in den Kontext einer Handlung versetze, werde die allgemeine Bedeutung der Lehre am individuellen Kontext der Handlung gebrochen: "So aber hat man, wenn man glaubt, die Lehre in ihrem allgemeinen Sinn verstanden zu haben, sie nur im Rahmen des individuellen Sinns verstanden, den man der Handlung gegeben hat. Man glaubt, die Lehre zu verstehen, und versteht doch nur sich selbst."[258] Sich selbst zu verstehen oder zumindest besser zu verstehen wäre jedoch kein schlechtes, sondern ein sehr gutes Ergebnis, wenn man es nur nicht mit dem Verstehen der Lehre verwechselte.[259]

256) Vgl. Lampert, Laurence: Nietzsche's Teaching. An Interpretation of *Thus Spoke Zarathustra*. Yale 1986. Zur Verwechslung von Autor und Werk vgl. GM III, 4.

257) Stegmaier, Werner: Philosophieren als Vermeiden einer Lehre. Inter-individuelle Orientierung bei Sokrates und Platon, Nietzsche und Derrida. In: Simon, Josef (Hg.): Distanz im Verstehen. Zeichen und Interpretation II. Frankfurt am Main 1995. S. 213-238. S. 227.

258) Stegmaier, W.: Anti-Lehren. Szene und Lehre in Nietzsches *Also sprach Zarathustra*. In: Gerhardt, Volker: Friedrich Nietzsche. Also sprach Zarathustra. Berlin 2000. S. 191-224. S. 195.

259) Bezüglich seiner Lektüre Schopenhauers schreibt Nietzsche: "Ich bin fern davon zu glauben, dass ich Schopenhauer richtig verstanden habe, sondern nur mich selber habe ich durch Schopemhauer ein weniges besser verstehen gelernt; das ist es, weshalb ich ihm die grösste Dankbarkeit schuldig

Wenn es zudem zuträfe, dass man andere gar nicht verstehen kann[260], wäre uns selbst zu verstehen ohnehin das einzige, was noch möglich sein könnte. Daher auch die Einschränkung, dass es sich bei Zarathustras Lehren nur nicht um Lehren "im gewöhnlichen Sinn" handeln kann.[261]

Im gewöhnlichen Sinne erwartet man von Handlungskontexten auch, dass sie zum besseren Verständnis von etwas als ohne diesen Kontext beitragen. So könnte der Handlungskontext des Zarathustra z.B. zum besseren Verständnis der aus dem Kontext genommenen Nachlassaufzeichnungen Nietzsches Wesentliches beitragen, ja sich als unumgänglich dafür erweisen. Die Lehren Zarathustras zu verstehen bedeutet dann, dass diese Lehren weder von Zarathustra als ihrem Lehrer noch voneinander getrennt werden können und in ihrer Zusammengehörigkeit gesehen werden müssen. Zarathustra lehrt im ersten Teil zuerst den Übermenschen vor einer Menge von Menschen auf dem Markt, den Willen zur Macht als "Selbst-Ueberwindung" zu wenigen Weisen im zweiten Teil, und die ewige Wiederkunft im dritten Teil bleibt zunächst ganz ihm und seinen Tieren vorbehalten, bevor er sie im vierten Teil vor ein paar "höheren Menschen" zur Sprache bringt, indem er sie lachen, tanzen und seinen "Rundgesang" singen lehrt. Für uns stellen sich daher zunächst die Fragen: 1. Warum müssen diese Lehren von Zarathustra gelehrt werden, wenn sich Nietzsche damit nicht nur distanzieren wollte, 2. warum werden sie auf diese Weise gelehrt und 3. wie gehören sie zusammen? 4. Warum brauchen diese "Gedanken" Nietzsches überhaupt einen Lehrer und welchen Sinn haben seine Lehren?

1. Eine Antwort auf die erste Frage bietet sich an, wenn man darauf achtet, wie Nietzsche "seinen" Zarathustra, den er auch seinen "Sohn" nennt, zu dem alten persischen Religionsstifter gleichen Namens in Beziehung setzt: "Die Selbstüberwindung der Moral aus Wahrhaftigkeit, die Selbstüberwindung des

---

bin. Aber überhaupt scheint es mir nicht so wichtig zu sein, wie man es jetzt nimmt, dass bei irgend einem Philosophen genau ergründet und an's Licht gebracht werde, was er eigentlich im strengsten Wortverstande gelehrt habe, was nicht: eine solche Erkenntniss ist wenigstens nicht für Menschen geeignet, welche eine Philosophie für ihr Leben, nicht eine neue Gelehrsamkeit für ihr Gedächtniss suchen: und zuletzt bleibt es mir unwahrscheinlich, dass so etwas wirklich ergründet werden kann." (Nachlass 1874, KSA 7, 34 [13]).

260) Stegmaier, Anti-Lehren, a.a.O., S. 193.

261) Ebd., S. 205.

Moralisten in seinen Gegensatz – in mich – das bedeutet in meinem Munde der Name Zarathustra." (EH, Warum ich ein Schicksal bin 3). Nietzsches Zarathustra ist demnach als der wiedergekehrte Zarathustra die Überwindung seiner selbst und damit zugleich das Bild eines Menschen, der sich selbst überwunden hat wie er es in seiner Rede über den Übermenschen fordert. Zarathustra ist also in einem eminenten Sinne auch das, was er lehrt, ein Lehrer als Beispiel.[262)]

Da Zarathustra der erste war, der Gegensätze, insbesondere den Gegensatz des Guten und Bösen, ins Metaphysische übersetzt hat[263)], muss er auch der erste sein, der diesen Irrtum erkennt und die Gegensätze wieder ins Physische zurückübersetzen kann. Dies bedeutet, dass die Gegensätze nicht mehr nach außen in eine transzendente Welt gesetzt werden, sondern einverleibt und leiblich dargestellt werden müssen. Nietzsches Zarathustra beginnt dementsprechend dort, wo die Geschichte des Dualismus einer wahren und einer scheinbaren Welt endet. In der *Götzen-Dämmerung* erzählt Nietzsche die "Geschichte eines Irrthums": "Wie die 'wahre Welt' endlich zur Fabel wurde." Die Geschichte endet mit der Abschaffung nicht nur der wahren Welt, sondern auch der scheinbaren: "Die wahre Welt haben wir abgeschafft: welche Welt blieb übrig? die scheinbare vielleicht? ... Aber nein! mit der wahren Welt haben wir auch die scheinbare abgeschafft!" In diesem Augenblick des kürzesten Schattens[264)] schließt sich ein Kreis, der nicht eigentlich mit Platon, sondern mit Zarathustra begann und deshalb auch zu ihm zurückführen muss. Zarathustra steht für Nietzsche am "Ausgang aus ganzen Jahrtausenden des Labyrinths" (AC 1), weil er auch an dessen Eingang stand. Der Beginn dieser Geschichte mit Platon gehört also selbst noch in die Geschichte des Irrtums.[265)] So wie Christentum nur "Platonismus für's 'Volk'" (JGB,

---

262) "Ich mache mir aus einem Philosophen gerade so viel als er im Stande ist ein Beispiel zu geben." (UB III, SE 3, KSA 1, S. 350).

263) "Der Grundglaube der Metaphysiker ist der Glaube an die Gegensätze der Werthe." (JGB 2). Nietzsches Zarathustra will mit seinen Lehren dementsprechend keine Gegensätze schaffen, sondern nur *Distanzen* aufreißen" (Nachlass 1887, KSA 12, 10 [63]). Distanzen sind zeitlich, räumlich oder auch gefühlsmäßig überbrückbar, Gegensätze höchstens logisch.

264) Vgl. Zupančič, Alenka: The Shortest Shadow: Nietzsche's Philosophy of the Two. Cambridge 2003. Die "Philosophie des (oder der) Zwei" steht in keinem notwendigen Gegensatz zu der hier präsentierten Philosophie des (oder der) "Nicht-Zwei" (vgl. ebd., S. 12f., 16f., 27f., 115f., 146f.).

265) In einer Vorstufe ist es nicht Platon, sondern Spinoza, mit dem die Geschichte beginnt. Dort heißt es nicht: "ich, Plato, bin die Wahrheit", sondern: "ich, Spinoza" (KSA 14, S. 415). Mit vielleicht noch mehr Recht, hätte es auch Jesus sein können, von dem dieses Wort berichtet wird (vgl. Joh. 14, 6; 18, 37f.; Za IV, Der hässlichste Mensch, KSA 4, S. 330; AC 46).

Vorrede) ist (und Antichristentum dementsprechend Antiplatonismus fürs “Volk”), so ist auch der Platonismus im Wesentlichen philosophisch gewordener Zarathustrismus und Heraklitismus. Denn es war die “ungeheure Einzigkeit” Zarathustras als erster mit der Idee des Guten an der Spitze im Kampf der Gegensätze des Guten und Bösen und damit auch einer wahren Welt der Ideen und einer scheinbaren Sinnenwelt, die treibende Kraft in allem Geschehen zu sehen. Mit dem Ende dieses Irrtums beginnt eine neue Geschichte, die in Nietzsches Zarathustra, dessen “Grundconception” der “Ewige-Wiederkunfts-Gedanke” ist (EH, Za 1), ihren wiedergekehrten Protagonisten hat. Der Augenblick ist gekommen, in dem Gegensätze nicht mehr ins Metaphysische transferiert, sondern einverseelt und einverleibt werden müssen.

Sofern mit dem Ende der Geschichte des Irrtums die alte Idee von Wahrheit und Lehre zu einem Ende gekommen ist, sind Zarathustras Lehren “Anti-Lehren”, wobei unter “Lehren” das verstanden wird, “was einer dem andern übermitteln kann, ohne daß der Sinn sich verändert, das, was alle trotz unterschiedlicher Voraussetzungen gleich verstehen können.”[266] Nicht nur Zarathustra, sondern auch Nietzsche war in der Tat stolz auf ‘seine’ Wahrheiten und wollte sie nicht ohne weiteres mit jedermann teilen (vgl. JGB 43). Seinen Gedanken von der ewigen Wiederkunft wollte er im Voraus verteidigen und sich “gegen die Leichtgläubigen und Schwärmerischen wohl wehren!” Eine Vorbereitung sei nötig: “Ihr müßt jeden Grad von Skepsis durchlebt haben und mit Wollust in eiskalten Strömen gebadet haben - sonst habt iht kein Recht auf diesen Gedanken.” (Nachlass 1881, KSA 9, 11 [339]). Im Untergang der Wahrheit im traditionellen Sinne taucht jedoch auch ein neuer Sinn von Wahrheit auf, die auch auf neue Weise zu lehren ist. Während die Wahrheit im traditionellen Sinne nicht nur etwas Allgemeines war, sondern aufgrund ihrer Allgemeinheit auch immer einfach und Einfachheit sogar das Kriterium der Wahrheit (vgl. Nachlass 1887, KSA 12, 9 [91], S. 386; Nachlass 1888, KSA 13, 18 [13]), sind Nietzsches und Zarathustras Wahrheiten nicht länger einfach, sondern wesentlich zwei- oder vielfach. “Alles, was einfach ist, ist bloß imaginär, ist nicht “wahr”. Was aber wirklich, was wahr ist, ist weder Eins, noch auch nur reduzirbar auf Eins.” (KSA 13: 15 [118], S. 478f.). Die Behauptung, dass alle Wahrheit einfach sei, ist daher für Nietzsche “zwiefach eine Lüge” (GD,

266) Stegmaier, W.: Anti-Lehren, a.a.O., S. 193.

Sprüche und Pfeile 4), und ein Ja und ein Nein zum Aus- und Einhängen zu haben gehört für ihn zur "Formel" seines hyperboreischen Glücks (AC 1, vgl. GD, Sprüche und Pfeile 44). Wenn wir etwas finden, das wir für einfach halten, sollten wir daher nach seinem Gegensatz Ausschau halten und wir kommen der Wahrheit näher, nicht ferner davon.[267] Mit einem Ausdruck, der aus östlichen Philosophien stammt, könnten wir auch von Wahrheiten der "Nicht-Zweiheit" sprechen, was zwei voraussetzt, aber dennoch weder auf eines von beiden noch überhaupt auf Eins reduziert werden kann.

Der Begriff des "Nicht-Zwei" lässt sich bis zur Vedanta-Philosophie zurückverfolgen, in der man den "Nicht-Dualismus" des Samkara, den "Dualismus" Madhvas und den "qualifizierten Nicht-Dualismus" des Ramanuja findet[268]. Auch im Buddhismus ist der Begriff verbreitet.[269] Nietzsche bewunderte die "großartigste[n]" Form der "doppelte[n]" Lüge der Philosophen des Vedanta: "zwei Systeme, in allen Hauptpunkten widersprüchlich, aber aus Erziehungszwecken sich ablösend, ausfüllend, ergänzend. Die Lüge des Einen soll einen Zustand schaffen, in dem des anderen Wahrheit

267) "Wenn wir allmählich die Gegensätze zu allen unsern Fundamentalmeinungen formuliren, nähern wir uns der Wahrheit." (Nachlass 1881, KSA 9, 11 [229]). Schon Karl Jaspers betrachtete es als die Aufgabe der Nietzsche-Interpretation, "die Widersprüche in allen Gestalten aufzusuchen, nirgends zufrieden zu sein, wo man nicht *auch* den Widerspruch gefunden hat, und dann vielleicht, diese Widersprüche in ihrer Notwendigkeit zu erfahren. Statt gelegentlich an Widersprüchen sich zu stoßen, ist vielmehr der Ursprung der Widersprüchlichkeit zu suchen." (Jaspers, Karl: Nietzsche. Berlin 1950. S. 17). Vgl. auch Müller-Lauter, Wolfgang: Nietzsche. Seine Philosophie der Gegensätze und die Gegensätze seiner Philosophie. Berlin 1971. Der Widerspruch ist das Salz der Lehre Nietzsches und macht seine Explosivität aus, die ihn veranlasste, sich selbst nicht als Mensch, sondern als "Dynamit" zu verstehn (EH, Warum ich ein Schicksal bin 1). Auch in diesem Sinne ist seine Lehre zugleich immer auch "Anti-Lehre", wie es insbesondere Nietzsches *Antichrist* im Titel selbst zum Ausdruck bringt. Schon das zuvor veröffentlichte *Ecce homo* endete mit dem Ruf nach dem Verstehen eines Widerspruchs: "Dionysos gegen den Gekreuzigten". Entsprechend sind auch die anderen Lehren in sich gewendete Gegen-Lehren: der Übermensch gegen den letzten Menschen, der Wille zur Macht gegen den Willen zur Ohnmacht und die ewige Wieder*kunft* des Gleichen gegen die ewige Wieder*kehr* des Gleichen und gegen die Einmaligkeit. "Die Bewahrung der Negativität, des 'Gegensatz-Charakters', ist der Grundgedanke von Nietzsches Neubestimmung der Wahrheit, die Bereitschaft, 'die Kehrseite der Dinge als nothwendig' zu verstehen." (Stegmaier, Werner: Nietzsches Neubestimmung der Wahrheit. In: Nietzsche-Studien 14 (1985). S. 69-95. S. 86). Zur mehrfachen Bedeutung des "Anti" vgl. Stegmaier, Werner: Philosophie der Fluktuanz. Dilthey und Nietzsche. Göttingen 1992. S. 361f.

268) Vgl. Deussen, Paul: Das System des Vedânta. Leipzig 1883; Radhakrishnan, Sarvepalli and Moore, Charles A. (Hg.): A Source Book in Indian Philosophy. Princeton 1957. S. 506-572.

269) Vgl. z.B. The Vimalakirti Sutra. Translated by Burton Watson. New York 1997.

überhaupt hörbar wird..." (Nachlass 1888, KSA 13, 15 [42], S. 434). Nietzsche wollte dementsprechend auch selber aus Erziehungszwecken nicht auf eine der zwei widersprüchlichsten Denkweisen, die es gibt, die weltbejahendste einerseits, die weltverneinendste andererseits, verzichten (vgl. Nachlass 1885, KSA 11, 34 [204]), sondern "der Herr vieler Philosophien" sein, "mächtig zu tiefstem Pessimismus und höchster Welt-Verklärung." (ebd., 34 [212]). Nietzsches dualistischer Nicht- Dualismus ist auch sichtbar in seiner Unterscheidung zwischen dem Exoterischen und dem Esoterischen (JGB 30), die in zwei und nicht nur in einem "System" hätte enden können (vgl. Nachlass 1886/87, KSA 12, 5 [9]), wäre er nur überhaupt "bornirt genug" zu einem System gewesen (Nachlass 1887, KSA 12, 10 [146]).[270)]

Zarathustras "Selbstüberwindung der Moral" und die Überwindung des Satzes vom Widerspruch gehen auch insofern Hand in Hand, als der letztere für Nietzsche im Grunde ein *moralischer Imperativ* ist, der bestimmt, "was als wahr gelten *soll*", nicht was wahr *ist*. Denn um letzteres behaupten zu können, müsste man die Wirklichkeit anderswoher bereits kennen, "was schlechterdings nicht der Fall ist." (Nachlass 1887, KSA 12, 9 [97]). Mit dem "längsten Irrthum" geht auch "der größte Irrthum, der begangen worden ist, das eigentliche Verhängniß des Irrthums auf Erden" zu Ende: dass man nämlich glaubte "ein Kriterium der Realität in den Vernunftformen zu haben, während man sie hatte, um Herr zu werden über die Realität, um auf eine kluge Weise die Realität mißzuverstehen..." (Nachlass 1888, KSA 13, 14 [153]). Im Satz vom Widerspruch verbirgt sich kein "Wille zur Wahrheit", sondern ein "Wille zur Macht", der allerdings noch nicht mächtig genug ist, um Herr auch über Widersprüche und deren Für und Wider zu sein.[271)]

Zarathustra widerspricht nicht nur anderen - er "widerspricht mit jedem Wort, dieser jasagendste aller Geister", bindet aber diese Gegensätze zugleich "zu einer neuen Einheit" (EH, Za 6) - er widerspricht vor allem auch sich selbst und bindet auch diesen Widerspruch zu einer neuen Einheit, die eine "Nicht-Zweiheit" ist. Zarathustras Selbstwiderspruch ist seine Selbstüberwindung, d.h. er überwindet

270) Dies hängt natürlich auch davon ab, was man unter "System" versteht. Vgl. z.B. Richardson, John: Nietzsche's System. Oxford 1996, oder Luhmann, Niklas: Soziale Systeme. Grundriss einer allgemeinen Theorie. Frankfurt am Main 1987.

271) Vgl. MA I, Vorrede 6; GM III, 12.

sich, indem er zum Sich-widersprechen-können fähig wird. Auch sich widersprechen können ist nicht nur für Zarathustra das Zeichen des Edlen (vgl. Za I, Vom freien Tode), sondern auch für Nietzsche der "Schritt aller Schritte des befreiten Geistes" (FW 297).

2. Die zweite Frage betrifft die Art und Weise des Lehrens, seine Methodik. Wie bereits erwähnt, lehrt Zarathustra als Beispiel. Er nennt sich selber ein "Vorspiel [...] besserer Spieler [...] Ein Beispiel!" (Za III, Von alten und neuen Tafeln 20). D.h. er lehrt nicht nur etwas, er ist selbst die Lehre. Zarathustra und seine Lehre sind "Nicht-Zwei". Eine zweite Antwort könnte darin zu suchen sein, dass ein guter Lehrer seine Lehre immer denjenigen anpassen wird, die er etwas zu lehren sucht. Die Lehre kann dieselbe sein, aber dennoch verschieden entsprechend den Personen, zu denen er spricht.[272] Zarathustra macht selbst darauf aufmerksam, wenn er bemerkt, mit Bucklichten dürfe man auch bucklicht reden (Za II, Von der Erlösung). So könnte für eine Menschenmenge auf dem Markt, die auf die spektakulären Kunststücke eines Seiltänzers hoch in der Luft wartet, die Lehre von einem Übermenschen am angemessensten sein, um das Gemeinte zu verdeutlichen. Für die wenigen Weisen dagegen dürfte ein "Stein", an dem sie ihre Weisheit prüfen können, passender sein.[273] Ist ihr "Wille zur Wahrheit" in Wahrheit vielleicht nur "Wille zur Macht", wie Zarathustra behauptet? Die Frage dagegen, ob jeder sein Leben, so wie er es jetzt lebt und gelebt hat noch einmal und noch unzählige Male leben wollte, mag wohl am besten jeder in seiner "einsamsten Einsamkeit" erwägen. Wenn weder die Leute auf dem Markt noch die Weisesten Zarathustra verstehen können, so kann er sich doch zumindest selbst verstehen. Und wenn dies auch eigentlich unmitteilbar ist, so kann er doch denen, die wie die "höheren Menschen" im vierten Teil ausdrücklich zu ihm auf dem Wege sind, wenigstens ein paar Hinweise und Zeichen geben.

---

272) "Ein Erzieher sagt nie was er selber denkt sondern immer nur, was er im Verhältniß zum Nutzen Dessen, den er erzieht, über eine Sache denkt." (Nachlass 1885, KSA 11, 37 [7]; vgl. JGB 63, MA 200).

273) Vgl. MA 183. Man vergleiche, was Goethes Mephisto vom "Stein der Weisen" sagt:
"Wie sich Verdienst und Glück verketten,
Das fällt den Toren niemals ein;
Wenn sie den Stein der Weisen hätten,
Der Weise mangelte dem Stein". (Faust. V. 5061-64)

3. Eine dritte Antwort betrifft über die Frage hinaus, warum diese Lehren in dieser Weise gelehrt werden, ihre Zusammengehörigkeit. Die drei Lehren Zarathustras entsprechen den drei Verwandlungen des Geistes zum Kamel, vom Kamel zum Löwen und vom Löwen zum Kind in Zarathustras erster Rede, die aufeinander aufbauen und nicht umkehrbar sind. Der Mensch, der die Aufgabe der Selbstüberwindung auf sich nimmt ist wie das Kamel ein Held, der fragt: "Was ist das Schwerste [...] dass ich es auf mich nehme und meiner Stärke froh werde"? (Za I, Von den drei Verwandlungen). Dieses Schwerste könnte auch "das größte Schwergewicht" sein, wie Nietzsche den Wiederkunftsgedanken nennt (FW 341). Doch so lange dieses Schwergewicht nur von außen auferlegt ist, kann der Geist nicht frei werden. Er muss sich also auch dagegen wehren und davon zu befreien suchen. Zarathustra schickt daher am Ende des ersten Teils seine Jünger ausdrücklich von sich weg, damit sie sich erst selbst finden und will erst dann wieder zu ihnen mit anderen Augen und einer anderen Liebe zurückkehren. In der "Wüste" der "einsamsten Einsamkeit" schließlich geschieht die dritte Verwandlung, in der sich der Kreis schließt und zum freien und leicht verfügbaren Besitz wird, was einst größtes Schwergewicht war. Wenn sich ein Selbst überwindet, entsteht immer auch ein neues Selbst, das wie ein Kind "Unschuld ist [...] und Vergessen, ein Neubeginnen, ein Spiel, ein aus sich rollendes Rad, eine erste Bewegung, ein heiliges Ja-sagen." (Za I, Von den drei Verwandlungen). Der "Geist", der durch diese drei Verwandlungen der Lehre Zarathustras geht, ist der Geist der "Nicht-Zweiheit", den er durch seine eigene Selbstüberwindung erreicht hat, und die nächste Aufgabe ist daher, diesen Geist in diesen drei Lehren deutlicher werden zu lassen. Dies ist nur möglich, wenn wir ihre Einheit und Zweiheit zugleich sehen.

Ihre Einheit ist nicht nur der Geist der "Nicht-Zweiheit", sondern auch ihre Kreisförmigkeit.[274)] Die drei Lehren Zarathustras bauen nicht nur aufeinander auf als drei Verwandlungen des Gleichen, sie schließen sich auch in einem Kreis zusammen. Schon am Anfang seines Unterganges weiß Zarathustra, dass dieser nur scheinbar ist und die Lehre vom Übermenschen notwendig zu der des Menschen

---

274) Sie erfüllen damit die beiden Grundbedingungen für Paradoxien: Selbstreferenz und Unentscheidbarkeit. Vgl. Esposito, Elena: Paradoxien als Unterscheidungen von Unterscheidungen. In: Gumbrecht, Hans Ulrich und Pfeiffer, K. Ludwig (Hg.): Paradoxien, Dissonanzen, Zusammenbrüche. Situationen offener Epistemologie. Frankfurt am Main 1991. S. 35-57.

und aller Dinge, die ewig wiederkehren, führen wird. Am Ende seines Unterganges weiß er, dass er wiederkommen wird und noch einmal und unzählige Male den Übermenschen und den "grossen Erden- und Menschen-Mittag[e]" lehren wird (Za III, Der Genesende 2). Der Übermensch fordert ebensosehr die Lehre von der Selbstüberwindung und der ewigen Wiederkunft, weil sie die Wiederkehr auch des Menschen und damit seine Überwindung durch ihn wieder einschließt, als die Wiederkunftslehre den Übermenschen fordert als denjenigen Menschen, der die Lehre erträgt, indem er sich selbst überwindet.[275] Linie und Kreis sind ebenso wie Anfang und Ende *in* jedem Kreis "Nicht-Zwei".

4. Der "Ewige-Wiederkunfts-Gedanke" ist nicht nur die "Grunconception" von *Also sprach Zarathustra* (EH, Za 1), *Also sprach Zarathustra* ist auch die "Grundconception" dieses Gedankens, sofern er wesensmäßig einen Lehrer braucht. Die Aufgabe dieses Lehrers ist es nicht, etwa die "Wahrheit" des Gedankens zu lehren, sondern die "neue Begierde", die sich in ihm ausdrücken lässt: "Begierde, alles noch einmal und ewige Male zu erleben." (Nachlass 1881, KSA 9, 11 [197]).

> Erst müssen die Menschen die neue Begierde lernen - und dazu muß Jemand da sein, der sie ihnen erregt, ein Lehrer: ich vertraue, daß sie dann schon fein und erfindsam genug sein werden, die Wege zur Befriedigung der Begierde selber zu finden - schritt- und versuchsweise, wie sie es gewöhnt sind. - Es thut nichts, wenn meine Vorschläge "unpraktikabel" sind - sie sollen nur dem Appetit Reiz geben (z.B. die Behandlung der Verbrecher). (Nachlass 1881, KSA 9, 11 [240])

Zarathustra soll zeigen, wie und unter welchen Bedingungen eine solche Begierde begreiflich wird und dementsprechende "Fingerzeige zu einem neuen Leben" geben (Nachlass 1881, KSA 9, 11 [195]). *Also sprach Zarathustra* ist der "Entwurf einer neuen Art zu leben" (ebd., 11 [197]), und seine "Lehren" haben den Sinn des Zeigens.[276] Da es sich dabei um das Zeigen einer "neuen" Art des Lebens handelt, deutet es zugleich auf eine "alte" Art, ist also ein eigentümlich doppeltes

---

275) Anders dagegen Abel, Günter: Nietzsche. Die Dynamik der Willen zur Macht und die ewige Wiederkehr. Berlin 1998. S. 249, 261.

276) Zur "Philosophie des Zeigens" vgl. Simon, Josef: Philosophie des Zeichens. Berlin 1989; Abel, Günter: Sagen und Zeigen. In: Stegmaier, Werner (Hg.): Kultur der Zeichen. Zeichen und Interpretation IV. Frankfurt am Main 2000. S. 61-98.

Zeigen, das januskopfig zugleich zurück- und vorausschaut. Dies zeigt sich auch an den größten Fingerzeigen Zarathustras, dem Übermenschen, dem Willen zur Macht und der ewigen Wiederkunft.

II. Übermensch und Wille zur Macht

Der Wille zur Macht taucht in *Also sprach Zarathustra* in der Mitte des zweiten Teils unvermittelt unter der Überschrift "Von der Selbst-Ueberwindung" auf, weil er von dieser her offenbar am besten zu verstehen ist. Denn obwohl Selbstüberwindung auf sich selbst gerichtet scheint, Wille zur Macht dagegen auf anderes, d.h. andere Willen zur Macht, sind Selbstüberwindung und Wille zur Macht dennoch "Nicht-Zwei". Selbstüberwindung setzt voraus, dass sich das Selbst als eine Zweiheit behandelt: "In der Moral behandelt sich der Mensch nicht als individuum, sondern als dividuum." (MA 57). Ein Selbst wird zurückgelassen, um zu einem anderen Selbst überzugehen. Selbstüberwindung ist eine Selbstbemächtigung. Der Wille zur Macht andererseits richtet sich dagegen auf andere Willen zur Macht, die jedoch insofern, als sie auch Willen zur Macht sind, im Prinzip gar nicht von ihm verschieden sind. Wille zur Macht ist insofern Selbstüberwindung.

An die Stelle des Gegensatzes zwischen Selbstüberwindung und Wille zur Macht tritt ein anderer Gegensatz, der sich zwischen Selbstüberwindung bzw. Wille zur Macht auf der einen und Selbsterhaltung bzw. "Wille zum Nichts" auf der anderen Seite auftut. Aber auch dieser Gegensatz ist kein ausschließender Gegensatz, da sich in der Selbstüberwindung immer auch ein Selbst erhält, so dass Selbst-Überwindung sogar als die eigentliche Selbst-Erhaltung angesehen werden kann, und der "Wille zum Nichts" immer noch ein Wille ist: "lieber will noch der Mensch das Nichts wollen, als nicht wollen..." (GM III, 28). Das "asketische Ideal" wird von Nietzsche daher als ein sich selbst missverstehender "Kunstgriff in der Erhaltung des Lebens" verstanden (GM III, 13).

Für Zarathustra stellt sich der sich selbst verstehende (gute) Wille zur Macht als der Wille zur Selbstüberwindung des Menschen, d.h. in der Gestalt des Übermenschen dar, der sich selbst missverstehende (schlechte) "Wille zur Macht" der Selbsterhaltung dagegen in der Figur des “letzten Menschen”. Der “letzte Mensch” ist dadurch charakterisiert, dass er sich nicht mehr selber überwinden, sondern nur noch erhalten will. Dies ist jedoch nicht nur deshalb illusorisch, weil es ein Wille zur Macht bleibt, sondern auch weil sowohl jeder Einzelne sterben muss als auch das Leben auf der Erde überhaupt gewiss einmal ein Ende haben wird. Nietzsche hat das darin enthaltene Paradox auf die Formel von der “nothwendigen ‘Selbstüberwindung’ im Wesen des Lebens” (GM III, 27) gebracht, in der die übliche Scheidung von Sein und Sollen unterlaufen[277)] bzw. in einer “Nicht-Zweiheit” aufgehoben ist. Sie findet sich auch in Zarathustra, wenn es im Kapitel *Von der Selbst-Ueberwindung* vom Leben heißt: “ich bin das, was sich immer selber überwinden muss.”[278)] Die Notwendigkeit des Müssens hebt das “Selbst” der Selbstüberwindung ebenso auf, wie umgekehrt dieses jenes, und es kann sich daher letzten Endes nur darum handeln, wie man sich dazu verhält. Übermensch (Selbstüberwindung, Selbstreferenz) und Wille zur Macht (Notwendigkeit) sind die zwei Seiten der “nothwendigen ‘Selbstüberwindung’”, die jeden Kreislauf kennzeichnet. Nietzsches empfohlene Haltung dazu ist bekanntlich “amor fati” bzw. der gute Wille zur Macht, der der Wille des Ringes ist, “der zu sich selber guten Willen hat” (Nachlass 1885, KSA 11, 38 [12]).

Derjenige, der über das Wie seines Verhaltens entscheidet oder über den entschieden wird, ist immer der gegenwärtige Mensch. Zwischen ihm und dem Übermenschen bzw. letzten Menschen besteht kein absoluter, sondern nur ein relativer Unterschied.[279)] Beide sind seine Möglichkeiten und der gegenwärtige Mensch ist beide und kann sogar als beides beschrieben werden. Verglichen mit dem Menschen der Steinzeit kann der gegenwärtige Mensch sowohl als Übermensch als auch als letzter Mensch verstanden werden und der Mensch der Zukunft in einem zeitlichen Abstand vergleichbarer Länge ebenfalls als

277) Vgl. Abel, Günter: Nietzsche, a.a.O., S. 256f.

278) Im Nachlass formuliert Nietzsche seine “Lehre” im gleichen Sinne: “so leben, daß du wünschen mußt wieder zu leben ist die Aufgabe – du wirst es jedenfalls!” (Nachlass 1881, KSA 9, 11 [163]). Vgl. Abel, G., a.a.O.., S. 191f.

279) Die Relativität des Übermenschen ist nicht erst eine später (vgl. AC 4) von Nietzsche gemachte Einschränkung oder “Entzauberung” (vgl. Fleischer, Margot: Der “Sinn der Erde” und die Entzauberung des Übermenschen. Darmstadt 1993), sondern von Anfang an in ihm gedacht, wie *Zarathustra* deutlich zeigt.

Übermensch oder letzter Mensch. Die Geschichte kann ebensosehr als Fortschritt wie als Verfall interpretiert werden (vgl. Nachlass 1882, KSA 10, 4 [177]).

Mensch und Übermensch sind also ebensosehr wie Mensch und letzter Mensch und sogar Übermensch und letzter Mensch "Nicht-Zwei", aber auch nicht eins. Was Nietzsche hinsichtlich der Begriffe "Ursache" und "Wirkung" sagt, gilt auch von ihnen: Man solle sich ihrer nur "als reiner Begriffe bedienen, das heisst als conventioneller Fiktionen zum Zweck der Bezeichnung, der Verständigung, nicht der Erklärung." (JGB 21). Der Unterschied zu diesen bereits konventionell verfügbaren Begriffen besteht hauptsächich darin, dass Nietzsche sich genötigt sah, neue Begriffe bzw. Zeichen zum Zweck der Verständigung einzuführen, die er als semiotische "Anti-Lehren" vor Verwechslungen bewahren wollte.[280)]

III. Die ewige Wiederkunft des Gleichen

1. Ein doppelgesichtiges Rätsel

Der "Ewige-Wiederkunfts-Gedanke" ist die "Grundconception" von *Also sprach Zarathustra* und Übermensch und Wille zur Macht können als ihre Vorstufen und Vorbereitungen angesehen werden. Deren "Nicht-Zweiheit" scheint hier in eine neue Einheit aufgehoben zu sein: "alles wird und kehrt ewig wieder" (Nachlass 1883/84, KSA 10, 24 [7]), sei es Mensch, letzter Mensch, Übermensch, Wille zur Macht oder Wille zum Nichts. Nichts und niemand kann diesem Kreislauf entschlüpfen. Dies scheint eindeutig genug und jegliche Zweiheit und Nicht-Zweiheit ausgeschlossen. Denn Nicht-Zweiheit setzt Zweiheit voraus.

Wenn *Also sprach Zarathustra* ein schwer verständliches, hermetisches Werk ist[281)], so

280) Mit der Schaffung neuer "Gegensätze" bzw. neuer Arten von Distanzen und Klüften erweisen sich zugleich viele alte Gegensätze als "falsch", z.B. "Krieg und *Frieden*! Vernunft und Leidenschaft! Subjekt Objekt" (Nachlass 1881, KSA 9, 11 [140]), Liebe und Grausamkeit (ebd., 11 [105]), Leben und Tod (ebd., 11 [150]), wahr und falsch (JGB 34), unegoistisch und egoistisch, Lust und Unlust (EH, Warum ich so gute Bücher schreibe 5), gut und böse (Nachlass 1884, KSA 11, 26 [300]).

281) Vgl. den Brief an Franz Overbeck, 5. August 1886, KSB 7, Nr. 729; Nachlass 1886/87, KSA 12, 6

ist es seine “Grundconception” mindestens genauso sehr, da sie einen geschlossenen Kreis präsentiert. Konnten wir in Zarathustra zumindest einen Schlüssel zum Verständnis von *Also sprach Zarathustra* finden, so scheint es unmöglich, einen Kreis auch nur zu “erschließen”. Nietzsche und Zarathustra haben es dementsprechend gleichermaßen zu verstehen gegeben, zu wem allein sie ihr “Gesicht und Rätsel” erzählen: “Euch, den kühnen Suchern, Versuchern, und wer je sich mit listigen Segeln auf furchtbare Meere einschiffte, - euch den Räthsel-Trunkenen, den Zwielicht-Frohen, deren Seele mit Flöten zu jedem Irr-Schlunde gelockt wird: denn nicht wollt ihr mit feiger Hand einem Faden nachtasten; und wo ihr errathen könnt, da hasst ihr es, zu erschliessen” (Za III, Vom Gesicht und Räthsel 1; EH, Warum ich so gute Bücher schreibe 3).

Bevor man anfängt zu raten,[282] ist es ratsam, erst einmal das Gesicht zu sehen und das Rätsel darin. Nicht nur ist bereits der Titel “Vom Gesicht und Räthsel” zwiefältig, auch das Gesicht selbst ist zwiefältig. Zuerst erzählt Zarathustra von der Begegnung mit einem Zwerg und dann, nachdem dieser verschwunden ist bzw. er ihn in die Flucht geschlagen hat, von einem Hirten, dem eine “schwarze schwere Schlange” aus dem Mund hängt, wo sie sich während des Schlafes festgebissen hatte. Die geschilderten Situationen sind gegensätzlich. Während der Zwerg Zarathustra zynisch als einen “Stein der Weisheit” herausfordert, der wie jeder Stein wieder fallen müsse, wie hoch er auch geworfen worden sein mag, so dass sich Zarathustra seiner zu erwehren hat, ist der Hirt selbst in Lebensgefahr und Zarathustra ist aufgefordert, ihm zu helfen.

Zarathustra begegnet dem Zwerg und seinem niederdrückenden Gedanken mit seinem schwersten Gedanken und “größten Schwergewicht”: Zarathustra wird nicht nur steigen und fallen, er wird immer wieder steigen und fallen und immer wieder dem Zwerg vor einem Torweg “Augenblick” begegnen in einer ewigen Wiederkehr des Gleichen. “Die ewige Sanduhr des Daseins wird immer wieder umgedreht - und du mit ihr, Stäubchen vom Staube!” (FW 341). Das Bild der Sanduhr mit ihren zwei

[4]). Zur philosophischen Hermetik im Unterschied zur Hermeneutik vgl. Rombach, Heinrich: Welt und Gegenwelt. Umdenken über die Wirklichkeit: Die philosophische Hermetik. Basel 1983; Der kommende Gott. Hermetik - eine neue Weltsicht. Freiburg 1991.

282) “Es ist viel, zu antworten, wenn ein solches Räthsel aufgegeben wird: und es ist viel, zu glauben, solch ein Räthsel gelöst zu haben. Schon bei dem Muth der Antwort auf das Räthsel des Lebens stürzt sich die Sphinx hinab (ego).” (Nachlass 1881, KSA 9, 17 [18], vgl. 13 [9]).

Kreisen, die in einem schmalen Übergang miteinander vebunden sind, entspricht den zwei Ewigkeiten, die sich im Torweg "Augenblick" gerade vor den Kopf stoßen. Denn auch der Torweg hat "zwei Gesichter. Zwei Wege kommen hier zusammen: die gieng noch keiner zu Ende. Diese lange Gasse zurück: die währt eine Ewigkeit. Und jene lange Gasse hinaus - das ist eine andre Ewigkeit." (Za II, Vom Gesicht und Räthsel 2). Das Gesicht des Augenblicks ist ein janusköpfiges Doppel-Gesicht. Sind aber Vergangenheit und Zukunft Ewigkeiten, muss dann nicht auch der Augenblick zwischen ihnen, der sie zugleich verbindet, ewig sein?

Wenn sich dies nicht beweisen, sondern nur erraten lässt, so erweist sich zumindest, dass der Gedanke der ewigen Wiederkehr des Gleichen nicht nur für Zwerge niederschmetternd und erdrückend ist. Denn Zarathustra schlägt den Zwerg zwar in die Flucht, aber es scheint, als kehrte der Vertriebene nur verwandelt als ein sich auf dem Boden windender Mensch, dem die Schlange der ewigen Wiederkehr des Gleichen im wahrsten Sinnes des Wortes zum Halse heraus hängt, wieder. Sollte dies die einzige "Wirkung" der Lehre sein, wäre es dann nicht besser, sie zu unterdrücken? Zarathustra versucht in der Tat zunächst die Schlange wieder aus dem Hals des Hirten herauszureißen, aber er sieht schnell ein, dass dies umsonst ist und die entscheidende Tat von dem Hirten selbst vollzogen werden muss, indem er der Schlange den Kopf abbeißt.[283)] Während im ersten Bild die verbindende Kraft des Augenblicks, die sogar Widersprüche zusammenhält, hervorgehoben wurde, so in diesem Fall die unterscheidende Kraft des Augenblicks, die Vergangenheit und Zukunft im Augenblick der Gefahr zu trennen vermag und damit einen Neubeginn ermöglicht.

Die "kritische" Situation des Hirten kann mit der trennenden und abstoßenden Kraft der "kritischen Historie", die Nietzsche in der zweiten *Unzeitgemässen Betrachtung* der "antiquarischen" und "monumentalischen" Historie, in denen

283) Im Nachlass wird das "Ringen" mit der "Wahrheit" des Wiederkunftsgedankens ebenfalls als eine Unmöglichkeit, den Gedanken wieder loszuwerden, beschrieben: "Wir ringen mit ihr - wir entdecken, daß unser einziges Mittel, sie zu ertragen das ist, ein Wesen zu schaffen, das sie erträgt: es sei denn, daß wir uns freiwillig wieder blendeten und blind gegen sie machten. Aber das vermögen wir nicht mehr!" Das Ergebnis ist der Entschluss: "der Schlange den Kopf abbeißen. Wir schufen den schwersten Gedanken - nun laßt uns das Wesen schaffen, dem er leicht und selig ist!" (Nachlass 1883, KSA 10, 21 [6]). Ging die Lehre vom Übermenschen zunächst in die der ewigen Wiederkunft über, so diese wieder in jene.

Vergangenheit bewahrt wird, gegenüberstellt, verglichen werden. Denn auch bei ihr geht es darum, eine die weitere Entwicklung des Lebens hindernde Vergangenheit "zu zerbrechen und aufzulösen, um leben zu können [...] Es ist immer ein gefährlicher, nämlich für das Leben selbst gefährlicher Prozess: und Menschen oder Zeiten, die auf diese Weise dem Leben dienen, dass sie eine Vergangenheit richten und vernichten, sind immer gefährliche und gefährdete Menschen und Zeiten." (HL 3, KSA 1, S. 269f.). Im Abstoßen der Vergangenheit kommt es zu einem Widerstreit, der eine erste Natur absterben lässt und zugleich den Keim einer neuen Gewöhnung, eines neuen Instinktes und einer neuen zweiten Natur anpflanzt: "Es ist ein Versuch, sich gleichsam a posteriori eine Vergangenheit zu geben, aus der man stammen möchte, im Gegensatz zu der, aus der man stammt." (ebd., S. 270). Das befreiende und befreite Lachen des Hirten, nachdem er dem Rat Zarathustras folgend der Schlange den Kopf abgebissen hat, ist der erste Keim einer solchen neuen zweiten Natur, die bestimmt ist, eine erste zu werden.

Das "entscheidende" Moment, das diesem sein Gewicht gibt, ist der Gesichtspunkt der Ewigkeit, der die ewige Wiederkunft des Gleichen zugleich von allen zeitlichen Wiederkünften des Gleichen unterscheidet. Wie sich zeigte ist diese Ewigkeit eine dreifache: die Ewigkeit der Vergangenheit, der Zukunft und des Augenblicks. Die erste entspricht der Wiederkehr, die zweite der Wiederkunft und die dritte der Wiederholung. Wiederkehr bezieht sich auf die ewige Vergangenheit, Wiederkunft auf die Ewigkeit der Zukunft und die Wiederholung auf die Ewigkeit des Augenblicks.[284)] Während das Gleichnis mit dem Zwerg vom Augenblick aus auf die beiden ersten Ewigkeiten verweist, weist das Gleichnis mit dem Hirten von diesen her auf die Ewigkeit des entscheidenden Bisses des Augenblicks selbst. Mit der Ewigkeit des entscheidenden Augenblicks ist die Ewigkeit offenbar vollkommen und wir stehen vor der Frage, ob eine vollkommene, vollendete Unendlichkeit möglich ist.[285)]

---

284) Die Zuordnung der Wiederkunft zur Zukunft, der Wiederkehr zur Vergangenheit ergibt sich auch bei der Betrachtung der Wortfamilien, denen diese beiden Worte zugehören. Während die Wiederkunft zur Wortfamilie von Zukunft, Rückkunft, Ankunft, Herkunft und den entsprechenden Verben mit der Wurzel "kommen" gehört, steht die Wiederkehr neben Worten wie Heimkehr, Rückkehr, Einkehr, Umkehr mit den entsprechenden Verben und ihrer Wurzel "kehren". Wiederkehren ist ein wiederholtes Umschlagen, Wenden oder Kehren von solchem, das schon war, Wiederkommen ein zukunftsorientiertes wiederholtes auf uns Zu-, bei uns An- und zu uns Her- und Zurückkommen von solchem, das noch aussteht.

285) Vgl. auch Abel, G.: Nietzsche, a.a.O., S. 201ff.

Nietzsche hat die Frage zweifach beantwortet. Der frühe Nietzsche war offenbar der Meinung, dass eine vollendete Unendlichkeit zwar ein Widerspruch sei, aber dies stelle im Grunde nur für die Logik eines Parmenides oder Zeno einen Einwand gegen die Wirklichkeit dar, die überall den Charakter der vollendeten Unendlichkeit zeige. Zeit, Raum und Bewegung sind alles Phänomene einer vollendeten Unendlichkeit (vgl. PHG 12, 15, KSA 1, S. 847f., 856f.). Der späte Nietzsche nimmt den Einwand auf, fordert aber dazu auf, "den Kopf, diesen Augenblick, als Schwanz zu fassen" (Nachlass 1888, KSA 13, 14 [188]), also die Unendlichkeit selbst zu vollenden, was nur möglich sei, wenn man den Kopf mit dem Schwanz verwechsle. Der späte Nietzsche bezweifelt offenbar, dass dies möglich ist, nicht aber, "den Streifen der Unendlichkeit in der Hand" zu halten (Nachlass 1883, KSA 10, 16 [63]). Auch von den Prämissen der Gegner ausgehend lässt sich also die vollendete Unendlichkeit der ewigen Wiederkunft des Gleichen nicht ausschließen. Dies genügt.[286)] Gedanken müssen nicht im traditionellen Sinne "wahr" sein, um zu wirken und ihre Kraft zu entfalten. Es genügt ihre Möglichkeit. Wie Zarathustra war auch Nietzsche davon überzeugt, dass "Gedanken, die mit Taubenfüssen kommen" die Welt lenken (Za II, Die stillste Stunde).

> Prüfen wir, wie der Gedanke, daß sich etwas wiederholt, bis jetzt gewirkt hat (das Jahr z.B. oder periodische Krankheiten, Wachen und Schlafen usw.) Wenn die Kreis-Wiederholung auch nur eine Wahrscheinlichkeit oder Möglichkeit ist, auch der Gedanke einer Möglichkeit kann uns erschüttern und umgestalten, nicht nur Empfindungen oder bestimmte Erwartungen! Wie hat die Möglichkeit der ewigen Verdammniß gewirkt! (Nachlass 1881, KSA 9, 11 [203])

"Die Gedanken sind Kräfte." (Nachlass 1884, KSA 11, 26 [38]). Liest man einen der "kosmologisch" klingenden Beweise mit der Endlichkeit der Kräfte in einer unendlichen Zeit unter diesem Gesichtspunkt, dass die Kräfte Gedanken sind, wird die ganze Unterscheidung zwischen kosmologisch-ontologischen und ethisch-existenziellen Argumenten hinfällig und die Bedeutung des "Ewige Wiederkunfts-Gedankens" als Gedanke erscheint in einem neuen Licht. Sind Gedanken immer bestimmte und insofern endliche Gedanken und im Geistigen keine Vernichtung, sondern nur eine Subordination von Gedanken möglich (Nachlass 1886/87, KSA 12, 7 [53]), so muss

286) Vgl. Abel, G., a.a.O., S. 378, 431.

in einer unendlichen Zeitdauer (bzw. auch einer endlichen Anzahl Denkender) jeder Gedanke als "der Gleiche" wiederkehren, was im "Ewige-Wiederkunfts-Gedanken" eigens gedacht wird, der sich damit als "Gedanke der Gedanken"[287] (Nachlass 1881, KSA 9, 11 [143]) erweist.[288]

Die Besonderheit des Wiederkunftsgedankens liegt dabei darin, dass er selber keine neue Kraft schafft, sondern "neue Bewegungsgesetze der Kraft" in Kraft setzt. Seine Bedeutung für den Menschen liegt daher darin, dass er als Doppel-Zeichen, das auf Neues und Altes, Wiederkunft und Wiederkehr zugleich deutet, Orientierung[289] gibt:

> Der mächtigste Gedanke verbraucht viel Kraft, die früher anderen Zielen zu Gebote stand, so wirkt er umbildend, er schafft neue Bewegungsgesetze der Kraft, aber keine neue Kraft. Darin beruht aber die Möglichkeit, die einzelnen Menschen in ihren Affekten neu zu bestimmen und zu ordnen. (Nachlass 1881, KSA 9, 11 [220])

In der Fröhlichen Wissenschaft stellt Nietzsche zudem den "Grundsatz" auf, der auch verständlich macht, warum der Wiederkunftsgedanke für Nietzsche der "mächtigste Gedanke" genannt werden kann:

---

287) Andere Ausdrücke Nietzsches sind: "Ring der Ringe" (Za III, Die sieben Siegel; Nachlass 1883, KSA 10, 18 [48]) und "Religion der Religionen" (Nachlass 1885, KSA 11, 34 [199]). *Also sprach Zarathustra* heißt dementsprechend auch das "Buch der Bücher" (an Reinhart von Seydlitz, 28. Juni 1888, KSB 8, Nr. 1053a; vgl. an Andreas Heusler, 30. Dezember 1888, KSB 8, Nr. 1226) und Zarathustra selbst der "Gast der Gäste", mit dem das "Fest der Feste" zu feiern ist (JGB, Aus hohen Bergen, KSA 5, S. 243). Man könnte die Wiederkunfts-Lehre als die "grösste[n] Lehre" (Nachlass 1881, KSA 9, 11 [141]) auch die "Lehre der Lehren" nennen. Danach gäbe es im strengen Sinne auch keine neuen Lehren, sondern immer nur die *gleichen* Lehren, die "Nicht-Zwei" sind.

288) Dass "die Welt kein Ziel, keinen Endzustand hat und des Seins unfähig ist", wird für Nietzsche durch die "Thatsache des 'Geistes' als eines Werdens" bewiesen (Nachlass 1885, KSA 11, 36 [15]). Er nimmt damit einen Gedanken auf, den er schon 1873 in der *Philosophie im tragischen Zeitalter der Griechen* gegen Parmenides entwickelt hatte: "wenn das Denken der Vernunft in Begriffen real ist, so muß auch die Vielheit und die Bewegung Realität haben, denn das vernünftige Denken ist bewegt, und zwar ist dies eine Bewegung von Begriff zu Begriff, also innerhalb einer Mehrheit von Realitäten. Dagegen giebt es keine Ausflucht, es ist ganz unmöglich, das Denken als ein starres Verharren, als ein ewig unbewegtes Sich-selbst-Denken der Einheit zu bezeichnen." (PHG 13, KSA 1, S. 850)

289) Vgl. Stegmaier, Werner: Kultur der Zeichen – Vernunft im Zeitalter der Orientierung. In: Ders. (Hg.): Kultur der Zeichen. Zeichen und Interpretation IV. Frankfurt am Main 2000. S. 7-33.

> Eine unvermeidliche Hypothese, auf welche die Menschheit immer wieder verfallen muss, ist auf die Dauer doch mächtiger als der bestgeglaubte Glaube an etwas Unwahres (gleich dem christlichen Glauben). Auf die Dauer: das heißt hier auf hunderttausend Jahre hin. (FW 133, vgl. auch Nachlass 1881, KSA 9, 11 [248])

Nietzsche war sich also von Anfang an darüber im Klaren, dass der Wiederkunftsgedanke theoretisch und wissenschaftlich gesehen eine Hypothese ist und bleiben muss, so dass alle "Beweis- oder Gegenbeweisversuche" unter diesem Aspekt gesehen werden müssen. Die "Wirkung" des Gedankens andererseits konnten weder Nietzsche noch Zarathustra voraussehen. Denn "der größte Gedanke wirkt am langsamsten und spätesten" (Nachlass 1883, KSA 10, 16 [63]), wobei sie offenbar an den Zeitraum von Jahrtausenden denken. Seine nächste Wirkung sei ein "Ersatz für den Unsterblichkeitsglauben", der damit vielleicht "den guten Willen zum Leben" stärken könne. Dass er nicht wahr sein könnte, also eine bloße Hypothese ist, fordert andere jedenfalls dazu auf, mit diesem Gedanken zu "ringen" (ebd.). In diesem Ringen wird er ganz langsam einverleibt.

Da der Gedanke nun einmal wach und da ist und nicht mehr ungedacht bleiben kann, gibt Nietzsche den "höheren Menschen" schließlich den Rat, den Gedanken auch wieder nicht zu Ernst zu nehmen und zu lernen, über ihn auch zu lachen.[290)] Dies geschieht nicht nur in der dritten Verwandlung des Hirten zu einem "Umleuchtete[n], welcher lachte" (Za III, Vom Gesicht und Rätsel 2), sondern auch im ganzen vierten Teil, in dem Zarathustra die "höheren Menschen" das Lachen, Tanzen und Singen seines "Rundgesanges" lehrt. In diesem Lachen vollendet sich das "Ringen" mit dem Ewige-Wiederkunfts-Gedanken.

Nach Kant "muß in allem, was ein lebhaftes erschütterndes Lachen erregen soll, etwas Widersinniges sein", und er bestimmt das Lachen als einen "Affekt aus der plötzlichen Verwandlung einer gespannten Erwartung in nichts."[291)] Nietzsche versteht das Lachen ähnlich als eine "Freude am Unsinn" und stellt fest:

> fast überall, wo es Glück giebt, giebt es Freude am Unsinn. Das Umwerfen der Erfahrung in's Gegentheil, des Zweckmässigen in's Zwecklose, des Nothwendigen in's Beliebige, doch so,

---

290) In der *Fröhlichen Wissenschaft* bestimmt Nietzsche das Erkennen in Anlehnung an Spinoza als ein "Resultat aus den verschiedenen und sich widerstrebenden Trieben des Verlachen-, Beklagen-, Verwünschen-wollens" (FW 333).

291) I. Kant, Kritik der Urteilskraft § 54, Anmerkung.

dass dieser Vorgang keinen Schaden macht und nur einmal aus Uebermuth vorgestellt wird, ergötzt, denn es befreit uns momentan von dem Zwange des Nothwendigen, Zweckmässigen und Erfahrungsgemässen, in denen wir für gewöhnlich unsere unerbittlichen Herren sehen; wir spielen und lachen dann, wenn das Erwartete (das gewöhnlich bange macht und spannt) sich, ohne zu schädigen, entladet. (MA 213)

Das Lachen bei der Wiederkunftslehre stellt sich dann ein, wenn der bange machende erwartete Umschlag der Erfahrung ins vorgestellte schlimme Gegenteil nur als eine Wiederkunft des Gleichen erfahren wird, so dass man nicht nur mehr wünscht, es wäre wahr. Der ewige Wiederkunftsgedanke ist keine "schwarze schwere Schlange", sondern der Gedanke einer Möglichkeit und, wenn man will, einer schönen Möglichkeit der "höchsten Bejahung", die überhaupt möglich ist.

Der Geist des "Nicht-Zwei" bzw. "des Gleichen" bewährt sich also auch am Wiederkunftsgedanken. Der Umschlag seiner beiden gegensätzlichen Möglichkeiten, des "extremsten Nihilismus" und der "höchste[n] Formel der Bejahung, die überhaupt erreicht werden kann", ineinander, zeigt, dass sie nicht zwei sind, sondern zusammen gehören und einander bedingen, ohne doch auf eines reduziert werden zu können. Auch die Wiederkunftslehre sieht mit jenem zugleich fruchtbaren und furchtbaren "Doppelblick in die Welt [...], welchen alle grossen Erkenntnisse haben..." (EH, MA 6).

2. Eine doppelte Formel

Dass der Ewige-Wiederkunfts-Gedanke eine Zweiheit enthält, wurde klar, als man die Nachlassaufzeichnungen Nietzsches studieren konnte. Dabei verlor man dann jedoch den Kontext und die Orientierung Zarathustras aus den Augen. Schon die ersten Herausgeber des Nachlasses teilten die entsprechenden Aufzeichnungen in eine "Darstellung und Begründung der Lehre" einerseits und eine "Wirkung der Lehre auf die Menschheit" andererseits ein (GA XII, S. 51-69). Karl Löwith unterschied dementsprechend zwischen einer "anthropologischen" und einer "kosmologischen" Gleichung für das Gleichnis der ewigen Wiederkehr, die ihm jedoch unvereinbar schienen.[292] Vor dem Hintergrund Zarathustras zeigt sich, dass

292) Vgl. Löwith, Karl: Nietzsches Philosophie der ewigen Wiederkehr des Gleichen. Stuttgart 1956. S.86-112. Vgl. Abel, G.: Nietzsche, a.a.O., S. 189f.

diese beiden Aspekte bereits in dem Kapitel "Vom Gesicht und Rätsel" angelegt und enthalten sind, die "kosmologische" These im ersten Teil, die "anthropologische" im zweiten. Beide erfüllen aber auch eine unterschiedliche Funktion, nämlich einmal den, alles Kleine und Zwergenhafte an die Größe und Ewigkeit des Kosmos zu erinnern, zum anderen den Menschen auf den Übermenschen zu verweisen, der über das, was dem Menschen unsäglich schwer fällt, einfach lachen kann, weil der Mensch für ihn das ist, was der Affe für den Menschen: "ein Gelächter oder eine schmerzliche Scham" (Za I, Vorrede 3).

Die Verdoppelung der Formel ist jedoch auch nicht zufällig und entspringt aus dieser selbst, wie sich an jedem ihrer einzelnen Bestandteile aufzeigen lässt. Soll sie nicht oder zumindest nicht nur zu einem einförmigen und einfältigen "Leier-Lied" werden, so ist ihre Doppeldeutigkeit zu betonen und nicht abzuschwächen. Nur dann besteht auch die Möglichkeit, ihre Widersprüchlichkeit in ihrer Notwendigkeit zu erfahren, da Wahrheit für Nietzsche nicht einfach, sondern immer mindestens zweifach zu denken ist.

Nietzsches Wort für die "Nicht-Zweiheit" ist "das Gleiche", das dieser Formel gemäß ewig wiederkehrt. Was gleich ist, ist eine Zweiheit, die dennoch unter einem bestimmten Gesichtspunkt als Einheit betrachtet wird, eben als Gleichheit. Sofern es Gleiches gibt, gibt es auch Ungleiches. Wenn Nietzsche von der ewigen Wiederkunft "des Gleichen" spricht, so meint er weder das Identische noch das Ähnliche, sondern eine Nicht-Zweiheit. Das Identische wäre der höchste Grad der Gleichheit, d.h. eine Übereinstimmung in allen möglichen Punkten, während das Ähnliche "kein Grad des Gleichen: sondern etwas vom Gleichen völlig Verschiedenes" ist (Nachlass 1881, KSA 9, 11 [166]). Die ewige Wiederkunft des Gleichen schließt insofern Identität gerade aus und wird nie zu einer Wiederkunft des Identischen. Das Gleiche und das Identische können höchstens wiederum als gleich betrachtet werden, aber nicht sein.[293)]

---

293) Vgl. Wiehl, Reiner: Die ewige Wiederkehr des Ungleichen - Zwischen Metaphysik und Erfahrung. In: Metaphysik und Erfahrung: Philosophische Essays. Frankfurt am Main 1996, S. 9-38. Nach R. Wiehl gehen "Gleichheit und Ungleichheit [...] immer zusammen, wo ein Vergleich ansteht", so dass die beiden Formeln (*die ewige Wiederkehr des Gleichen* bzw. *des Ungleichen*) erst dann in einen wirklichen Kontrast eintreten würden, "wenn nicht nur Gleichheit und Ungleichheit, sondern auch eine Wiederkehr und eine andere miteinander kontrastieren." (S. 9). Wie sich zeigt, ist diese "andere Wiederkehr" die "Wiederkunft" und Kontrast ein Hauptcharakteristikum der Formel selbst.

Die Nicht-Zweiheit dessen, was wiederkehrt, also des "Inhaltes" der Formel, spiegelt sich in der Nicht-Zweiheit ihrer Form als "ewige Wiederkunft". Den drei Ewigkeiten der Vergangenheit, Zukunft und Gegenwart entsprechen die drei Modi der Wiederkehr, der Wiederkunft und der Wiederholung, so dass sich vor allem die Frage stellt, weshalb Nietzsche in den meisten Fällen von ewiger Wiederkunft, nicht von Wiederkehr oder Wiederholung spricht, obwohl er auch diese Termini gebraucht.[294)] Wie auch sonst, so zeigt sich auch hier, dass die Zeitigung aus der Zukunft und deshalb die Wiederkunft sowohl für Nietzsche als auch für Zarathustra am bedeutendsten ist. Der "tiefste Instinkt des Lebens [...] ist der zur Zukunft des Lebens" (GD, Was ich den Alten verdanke 4). Der Übermensch ist der "Mythus der Zukunft" (Nachlass 1883, KSA 10, 21 [6]), nicht der Vergangenheit, und Dionyos "der kommende Gott"[295)], nicht der vergangene tote Gott. Der Zukunft kommt die Aufgabe zu, Vergangenheit und Gegenwart zu "erlösen", sofern in ihr "in Eins" gedichtet und zusammengetragen ist, "was Bruchstück ist und Räthsel und grauser Zufall." (Za II, Von der Erlösung). Diese Einheit ist eine Dichtung, die sich als Dichtung weiß und ihrer zwei- und vieldeutigen Herkunft bewusst ist.

Auf eine "Nicht-Zweiheit" verweist schließlich auch der Artikel "die", mit dem Nietzsche die Formel, wie sie sich im ersten Entwurf des Gedankens vom August

294) Vgl. Skirl, Miguel: Ewige Wiederkunft. In: Ottmann, Henning (Hg.): Nietzsche-Handbuch. Stuttgart. 2000. S. 222-230. Skirl zählt im ganzen Œvre Nietzsches 33mal Wieder*kehr*, davon 8mal "ewige Wiederkehr", 2mal als "Lehre" und nur einmal als "Gedanke", während die Wieder*kunft* 109mal erscheint, als "Lehre" 22mal und als "Gedanke" 23mal. Komposita mit "Lehre" oder "Gedanke" erscheinen nur mit Wiederkunft, es gibt keine "Wiederkehr-Lehre", keinen "Wiederkehr-Gedanken" und keinen "Wiederkehr-Lehrer". Skirl erwägt die Möglichkeit, dass Nietzsche einen terminologischen Unterschied zwischen Wiederkehr und Wiederkunft gemacht haben könnte und bezieht sich auf die Wiederkehr als "nihilistische Schwester der Wiederkunft", wobei es sich jedoch um eine "Abirrung" des Wiederkunftsgedankens handeln könnte (S. 223f.). Der Terminus "Wiederholung" wird von Skirl nicht erwähnt, obwohl Nietzsche ihn des öfteren gebraucht (vgl. Nachlass 1881, KSA 9, 11 [144], [146], [165], [202], [203], [245]). Dass Nietzsche seit 1887 keinen Gedanken mehr an den Gedanken der ewige Wiederkehr verschwendet habe, weil er ihn 1885 'erledigt' habe (S. 230), ist sicherlich unzutreffend, da Nietzsche mit diesem Gedanken als "Hammer" in der *Götzen-Dämmerung* philosophiert (vgl. Brobjer, Thomas H.: To Philosophize with a Hammer: An Interpretation. In: Nietzsche-Studien 28 (1999). S. 38-41) und ausdrücklich erwähnt (vgl. Was ich den Alten verdanke 4, 5), in *Ecce homo* mehrmals auf ihn Bezug nimmt, und im *Antichrist* auf ihn als "Schwergewicht des Lebens" (AC 43) anspielt.

295) "'Der werdende Gott' ist der mythologische Ausdruck für die wahren Vorgänge." (Nachlass 1880, KSA 9, 4 [96]). Vgl. Frank, Manfred: Der kommende Gott. Vorlesungen über die Neue Mythologie. Frankfurt am Main 1982.

1881 findet, eröffnet, sofern er an den dreifachen Unterschied des Weiblichen, Männlichen und Sächlichen erinnert.[296] Nach Nietzsche kann man diesen Unterschied nicht Ernst genug nehmen, da "Grad und Art der Geschlechtlichkeit eines Menschen [...] bis in den letzten Gipfel seines Geistes" hinaufreicht (JGB 75). Der Umstand, dass die Geschlechtlichkeit, die auf Dinge übertragen wird, ein Irrtum ist und niemand ernsthaft über die "Weiblichkeit oder Männlichkeit der Sonne" diskutieren wird (M 3), bedeutet nicht, dass Nietzsche nicht auch diese Besonderheit der deutschen Sprache in seinem Sinne als nützliche Zeichen gebraucht haben könnte, da er den Artikel auch hätte weglassen können. Schließlich verlangt auch der "Leitfaden des Leibes", diese "ontische" Differenz und höchst natürlichen Gegensatz nicht weniger Ernst zu nehmen als irgendeine "ontologische Differenz"[297], obwohl oder vielmehr gerade weil "das genus im grammatischen Sinn [...] ein Luxus der Sprache u. reine Metapher" ist (KGW II-4, S. 427).

Es ist daher nicht abwegig, in der ewigen Wiederkunft des Gleichen auch eine Formel für das "Ewig-Weibliche" oder umgekehrt zu sehen und damit auch den feministischen Interpretationen Nietzsches einen neuen Aspekt hinzuzufügen.[298] Schon das siebenfach versiegelte "Ja- und Amen-Lied" am Ende des dritten Teils besingt die Ewigkeit als das "Weib", das Zarathustra liebt und von dem er Kinder haben möchte. Ihre Hochzeit wird besiegelt mit "dem hochzeitlichen Ring der Ringe, - dem Ring der Wiederkunft" (Za III, Die sieben Siegel). Die Wiederkunft

296) W. Groddeck nennt die "Anthropomorphisierung eines Begriffes durch das Spiel mit der Doppelsinnigkeit des grammatikalischen Geschlechts als genus und als sexus [...] ein favorisiertes Stilmittel Nietzsches." (Groddeck, Wolfram: Friedrich Nietzsche - "Dionysos-Dithyramben" Bd. 2, Berlin 1991. S. 155).

297) Cf. Derrida, Jacques: Geschlecht: Différence sexuelle, différence ontologique. In: Psyché: Inventions de l'autre. Paris 1987.

298) Vgl. Oliver, Kelly / Pearsall, Marilyn (Hg.): Feminist Interpretations of Friedrich Nietzsche. Pennsylvania 1998. Dass es nur ein "Ewig-Weibliches" aber kein "Ewig-Männliches" bei Nietzsche gäbe, wie Linda Singer behauptet (Nietzschean Mythologies: The Inversion of Value and the War Against Women, ebd., S. 173-186. S. 175), ist unzutreffend. Es findet sich nicht nur in den entsprechenden Abschnitten von *Jenseits von Gut und Böse* (JGB 236), die sie selber anführt (S. 185, Anm. 5), sondern bereits in der zweiten Unzeitgemäßen Betrachtung, wo Nietzsche die Geschichte für das "Ewig-Männliche" hält (HL 5, KSA 1, S. 284), an deren hypertrophierten Bewusstsein seine Zeit erkrankt sei. "Der Wille zur Macht" als "das Ur-Faktum aller Geschichte" (JGB 259) ist dementsprechend auch ein weit männlicheres Phänomen und Prinzip als "die ewige Wiederkunft". Auch hier kann man von einer "Nicht-Zweiheit" sprechen, deren vollzogene neue Art von Einheit "das Übermenschliche" bzw. einen "Übermenschen" erzeugen könnte. Vgl auch Nachlass 1884, KSA 11, 28 [1].

ist zu einem Versprechen von Liebenden geworden, nachdem Zarathustra die Wiederkunft als ein Wissen dem Leben im *anderen Tanzlied* zuvor ins Ohr geflüstert hatte. Die Wiederkunft ist ein Gedanke, der sich verwandelnd immer wieder als der Gleiche zurückkommt und, weil er von selbst und von sich aus immer wieder kommt, auf die Dauer zum "mächtigsten" Gedanken wird. Denn von seiner Entstehung her kommt er wie jeder "wahre" Gedanke, der sich zuerst nur "als Gegensatz zu einem wirklich lebendigen Unwahren" denken lässt, ganz kraftlos und schwach als Begriff zur Welt und "muß sich durch Verschmelzung mit lebenden Irrtümern erst Kräfte geben!" (Nachlass 1881, KSA 9, 11 [171]). Für den "mächtigsten Gedanken" bedarf es für Nietzsche daher "vieler Jahrtausende – lange lange muß er klein und ohnmächtig sein!" (ebd., 11 [158]). Zarathustra erweist sich wieder als der Perser, der "zuerst Geschichte im Ganzen Großen gedacht" hat (Nachlass 1884, KSA 11, 25 [148]). Während es aber für den antiken Zoroaster das Gute war, das am Ende der Geschichte siegen würde, ist es für Nietzsches Zarathustra eher das Wahre, das man nicht ohne weiteres mit dem Guten oder auch Schönen verwechseln darf (vgl. Nachlass 1886/87, KSA 12, 7 [20], Nachlass 1888, KSA 13, 16 [40], S. 500). Der Glaube an die Macht der Wahrheit war zwar auch schon eine Glaube des historischen Zoroaster, scheint aber von ihm schon mit der des Guten gleich gesetzt worden zu sein.

Wird der Gedanke in dieser Weise selbst zum Kind, das lebt und wächst, so ist es in der *Götzen-Dämmerung* die "ewige Wiederkehr des Lebens", in der "die Zukunft in der Vergangenheit verheissen" und "das wahre Leben als das Gesammt-Fortleben durch die Zeugung, durch die Mysterien der Geschlechtlichkeit" bei den Griechen in den dionysischen Mysterien verehrt worden sei. In dieser Symbolik der Dionysien sind nach Nietzsche die "Wehen der Gebärerin" heilig gesprochen und "der tiefste Instinkt des Lebens, der zur Zukunft des Lebens, zur Ewigkeit des Lebens, religiös empfunden." (GD, Was ich den Alten verdanke 4). Schwangerschaft, Niederkunft und Wiedergeburt sind auch der Zusammenhang, in dem der "Ewige Wiederkunfts-Gedanke" in *Ecce homo* eingeführt wird (EH, Za 1), wo Nietzsche sich buddhistisch mit einem "Elephanten-Weibchen" vergleicht, das eine achtzehnmonatige Schwangerschaft hat.[299] So wie diese Schwangerschaft das Werk *Also sprach*

299) Der Buddha-Legende nach erschien Buddha seiner Mutter zuerst in der Gestalt eines weißen Elephanten. Nietzsches Anspielung auf Buddha setzt also nicht nur die Wiederkunftslehre und die

Zarathustra hervorbrachte, kann auch Zarathustras sieben tägige Krankheit im Licht der Geburt einer neuen Lehre betrachtet werden. Das Bild eines "schwangeren Leibes", der zugleich eins und zwei ist, scheint nicht nur ein Modell Nietzsches für das zugleich aktive und rezeptive Selbst und seine Metapher für das ideale Leben zu sein[300], sondern auch für die ewige Wiederkunft des Gleichen selbst. Ein wichtiger Unterschied zwischen leiblicher und geistiger Nachkommenschaft war für Nietzsche, dass man im zweiten Falle "Vater und Mutter in Einer Person" sein müsse, dass das Kind aber "wenn es geboren ist, keiner Erziehung mehr, sondern nur der Einführung in die Welt bedarf." (Nachlass 1876, KSA 8, 19 [38]).[301] Schließlich kann auch der Übermensch noch im Bild der Schwangerschaft und des Leibes, der eins und zwei zugleich ist, verstanden werden: "Schwanger geht die Menschheit, wunderlich sind ihre Schmerzen." (Nachlass 1882/83, KSA 10, 5 [12], vgl. 4 [215]).

3. Doppelte Herkunft und doppelte Zukunft

Der doppelten Zukunft, deren doppelte Möglichkeit Nietzsche auch die "zwei Wege" oder "Bewegungen" des Menschen zum Übermenschen oder zum letzten Menschen nennt (vgl. Nachlass 1883, KSA 10, 7 [21], 16 [48], 21 [3], Nachlass 1886/87, KSA 12, 5 [61], Nachlass 1887, KSA 12, 10 [17], [64], Nachlass 1888, KSA 13, 18 [17]), entspricht eine doppelte Herkunft, die ebenfalls auf einen Anfang und ein Ende verweist.[302] Sie zeigt sich vielleicht am deutlichsten an Nietzsche selbst, der sich in *Ecce homo*, so wie Zarathustra zuvor seinen Gedanken, zuerst in der Form eines Rätsels, das eine doppelte Herkunft habe, vorstellt:

> Das Glück meines Daseins, seine Einzigkeit vielleicht, liegt in seinem Verhängniss: ich bin, um

---

buddhistische Wiedergeburtslehre in ein Verhältnis, denn sie schließen sich einander nicht aus, sondern stellt Zarathustra auch als einen neuen Buddha dar, der mit einer neuen Legende erscheinen wird.

300) Hough, Sheridan: Nietzsche's Noontide Friend. The Self *as* Metaphoric Double. Pennsylvania 1997. S. 143f. Das Doppel Nietzsches war jedoch nicht nur ein metaphorisches, sondern wurde für ihn in der Gestalt Zarathustras, d.h. auch einer historischen Persönlichkeit, wirklich.

301) "Dass der Schaffende selber das Kind sei, das neu geboren werde, dazu muss er auch die Gebärerin sein wollen und der Schmerz der Gebärerin." (Za II, Auf den glückseligen Inseln, KSA 4, S. 111)

302) Zur "doppelten Zukunft" vgl. auch Canetti, Elias: Die gespaltene Zukunft. München 1972. S. 115f.

es in Räthselform auszudrücken, als mein Vater bereits gestorben, als meine Mutter lebe ich noch und werde alt. Diese doppelte Herkunft, gleichsam aus der obersten und der untersten Sprosse an der Leiter des Lebens, décadent zugleich und Anfang - dies, wenn irgend Etwas, erklärt jene Neutralität, jene Freiheit von Partei im Verhältniss zum Gesammtprobleme des Lebens, die mich vielleicht auszeichnet. Ich habe für die Zeichen von Aufgang und Niedergang eine feinere Witterung als je ein Mensch gehabt hat, ich bin der Lehrer par excellence hierfür - ich kenne Beides, ich bin Beides. (EH, Warum ich so weise bin 1)

"Lehrer par excellence" für die Zeichen des Aufgangs und des Niederganges und der "Lehrer der ewigen Wiederkunft" (GD, Was ich den Alten verdanke 5) zu sein, ist nicht zweierlei, sondern verhält sich spiegelbildlich zueinander, sofern die Wieder*kunft* dem "Aufgang", die Wieder*kehr* dagegen dem "Niedergang" entspricht. Nietzsche ergreift dabei nicht sogleich Partei, sondern bleibt den beiden Seiten gegenüber neutral, sofern sie beide von gleicher Bedeutung und Berechtigung sind. So wenig die "Erscheinung der décadence" etwas ist, das an sich zu verurteilen wäre, vielmehr ebenso notwendig wie ihr Gegenteil (Nachlass 1888, KSA 13, 14 [75]), sind auch die ihnen entsprechenden "Gegensatzformen in der Optik der Werthe [...] beide nothwendig: es sind Arten zu sehen, denen man mit Gründen und Widerlegungen nicht beikommt. [...] Wogegen man sich allein zu wehren hat, das ist die Falschheit, die Instinkt-Doppelzüngigkeit, welche diese Gegensätze nicht als Gegensätze empfinden will" (WA, Epilog, KSA 6, S. 51, vgl. Nachlass 1888, KSA 13, 15 [31]). Mit der Neutralität geht auch die "Wahrheit" verloren, die die Gegensätze anerkennt und doch um ihre "Nicht-Zweiheit" weiß.

Doppelte Zukunft und doppelte Herkunft zeigt sich auch in der Formel von der ewigen Wiederkunft des Gleichen selbst in deren Genitiv, der wesentlich zweideutig ist. Genitive haben viele Bedeutungen (subjectivus, objectivus, explicativus, partitivus, possessivus, qualitatis, auctoris), aber alle haben es mit zweien zu tun, deren Beziehung näher bestimmt werden soll.[303] Im Falle der

303) Hinsichtlich des Genitivs im "Sein *des* Seienden" vermerkt Heidegger, alles in allem vielleicht weniger neutral, da es keine Herkunft des Anwesens auch aus dem Anwesenden zu geben scheint: "Die sprachliche Form dieses rätselhaft vieldeutigen Genitivs nennt eine Genesis, eine Herkunft des Anwesenden aus dem Anwesen. Doch mit dem Wesen beider bleibt das Wesen dieser Herkunft verborgen." (Heidegger, Martin: der Spruch des Anaximander. In: Holzwege. Frankfurt am Main 1950. S. 335; vgl. Derrida, Jacques: la différance. In: Marges de la Philosophie, Paris 1972. S. 24).

ewigen Wiederkunft *des* Gleichen kann die ewige Wiederkunft als Herkunft und Ursprung des Gleichen gedacht werden, das Gleiche aber auch umgekehrt als Herkunft und Ursprung der ewigen Wiederkunft. Ist das eine Herkunft, so wird das andere entsprechend zur Zukunft, da es sich um einen Kreis handelt. Wie sich zeigte, entsprechen sich "Form" und "Inhalt" dieser Formel als "Nicht-Zweiheit" und der Geist der "Nicht-Zweiheit" erwies sich als ebenso wichtig wie der Geist der Kreisförmigkeit. Es gibt nicht nur einen Kreis, sondern wesentlich zwei, den Kreis der ewigen Wiederkehr und den Kreis der ewigen Wiederkunft, die im Torweg "Augenblick" wie in einem gordischen Knoten auf eine rätselhafte Weise als "Nicht-Zwei" zusammengeschlossen sind. Wir können diesen Knoten entweder immer fester binden, was wir meistens tun, oder müssen ihn in besonders kritischen Augenblicken durch einen entscheidenden Biss zertrennen und auflösen. Die einseitige Reduktion des Gedankens auf eines, wie z.B. entweder eine kosmologisch-theoretische oder eine ethisch-existenzielle Seite erweist sich auch unter diesem Gesichtspunkt als verfehlt.[304)] Die Wiederkunftslehre ist eine Doppel-Lehre des "Nicht-Zwei" bzw. "des Gleichen".

Schließlich hat auch Zarathustra eine doppelte Herkunft: "Schicksal und Lachen sind Zarathustra's Vater und Mutter; das grause Schicksal und das liebliche Lachen erzeugten sich zusammen solchen Sprößling." (Nachlass 1883, KSA 10, 22 [3], S. 629, vgl. 17 [21], DD, Von der Armuth des Reichsten, KSA 6, S. 407). Auch hier sind es wiederum zwei gegensätzliche Ursprünge, die in ihrer Zusammenkunft eine "ungeheure Einzigkeit" (vgl. EH, Warum ich ein Schicksal bin 3) erzeugen und einmal mehr auch die "Nicht-Zweiheit" von Nietzsche und Zarathustra belegen.[305)] Sollten wir noch eines weiteren Symbols für diese "Nicht-Zweiheit" bedürfen, so genügt vielleicht ein Blick auf die beiden Tiere Zarathustras, Adler und Schlange, die, von Natur aus einander feindlich gesinnt, doch freundschaftlich miteinander vereint sind, wenn sie sich selbst überwinden können: "Und siehe! Ein Adler zog in weiten Kreisen durch die Luft, und an ihm hieng eine Schlange, nicht einer Beute gleich, sondern einer Freundin: denn sie hielt sich um seinen Hals geringelt." (Za I,

---

304) Vgl. Abel, G., Nietzsche, a.a.O., S. 248, 256, 262; Marton, Scarlett: L'éternel retour du même: thèse cosmologique ou impératif éthique? In: Nietzsche-Studien 25 (1996). S. 42-63.

305) "Da, plötzlich, Freundin! wurde Eins zu Zwei - - Und Zarathustra gieng an mir vorbei..." (Sils-Maria, KSA 3, S. 649, vgl. JGB, Aus hohen Bergen, KSA 5, S. 243).

Vorrede 10). Die doppelte Zukunft Zarathustras und das Schicksal seiner “Lehre” liegt vielleicht darin, dass sie einerseits immer mehr zum “Leier-Lied” wird, sich aber andererseits auch immer mehr als der “mächtigste Gedanke” erweist.

ZARATHUSTRA-KONFIGURATION
Zum Verständnis einer Schlüsselfigur der Kultur

Im Folgenden geht es im "kon-figurativen Spiel von Identität und Differenz"[306] im Hinblick auf Zarathustra sowohl inhaltlich als auch formal um mehrere Doppelfiguren. So kann der Titel "Zarathustra-Konfiguration" sowohl die Konfiguration der Figur Zarathustras und ihrer Bedeutung meinen, als auch das, was jeweils von dieser Figur als "Lehre" konfiguriert wird, obwohl beides natürlich zusammengehört. Zarathustra-Konfigurationen in diesem doppelten Sinne finden sich im Laufe der Geschichte sehr viele und in verschiedenen Bereichen: nicht nur im religiösen Selbstverständnis der Zarathustrier, sondern auch in den verschiedenen Wissenschaften (Religions-, Geschichts-, Kultur-, Sprachwissenschaft) sowie in Dichtung, Kunst und Philosophie.[307] Vor dem Hintergrund eines kurzen Überblicks über die Rezeptionsgeschichte werde ich die besondere Bedeutung und Schlüsselstellung erörtern, die Zarathustra bei und durch Nietzsche erhalten hat, und zwar in einer weiteren Doppelfigur zunächst im Hinblick auf den Westen und die westliche Kultur und Religion (Judentum, Christentum, Islam), und dann im Hinblick auf den Osten und die östliche Kultur und Religion (insbesondere den

306) Brandstetter Figur und Inversion. Kartographie als Dispositiv von Bewegung. In: Brandstetter, G. / Peters, Sibylle (Hg.): de figura. Rhetorik – Bewegung – Gestalt. München 2002. S. 247.

307) Jenny Rose unterscheidet dementsprechend zwei Hauptströmungen in "cross-cultural translation": "the 'academic' approach [...] where primary materials and descriptions are used" und "the 'imaginative' approach [...] where history interacts with imagination" (Rose, Jenny: The Image of Zoroaster. The Persian Mage Through European Eyes. New York 2000. S. 5). Beides sind jedoch weniger unterschiedliche "levels", als die in jeder Geschichtsschreibung mehr oder weniger mitspielenden Faktoren des Findens und Erfindens, so dass es nur um eine unterschiedliche Gewichtung geht (vgl. White, Hayden: The Historical Text as Literary Artifact. In: Tropics of Discourse, Baltimore 1978, S. 81-120). Schon Aristoteles hielt die Poesie für philosophischer als die Geschichtsschreibung, sofern diese nur das, was einmal geschehen ist, jene aber das, was immer geschehen kann darstellt und insofern allgemeingültiger ist (Poetik, 1051 b5). Auch für Nietzsche stellt der Künstler die Realität "*noch einmal*, nur in einer Auswahl, Verstärkung, Correctur" dar (GD, Die "Vernunft" in der Philosophie 6).

Buddhismus).[308] Dabei werden sich sowohl Zarathustra als auch die von ihm bei Nietzsche vollzogene Selbstüberwindung als doppelsinnige Schlüsselfiguren der Kultur erweisen. Den Sinn dieser Selbstüberwindung bei Nietzsche werde ich dann am Schluss noch einmal an Hand der *Vorrede* von *Also sprach Zarathustra* präzisieren.

I. Rezeptionsgeschichtlicher Hintergrund

Von der Religionswissenschaft erfahren wir, dass Zarathustra im Laufe der Geschichte vom Stifter und Propheten einer der mächtigsten Religionen des Altertums, deren Einflussbereich sich über den gesamten Mittleren Osten von Indien bis Griechenland erstreckte, zu einer Hintergrundfigur geworden ist, die heute weltweit nur noch etwa 130.000 erklärte Anhänger hat (davon rund 75.000 in Indien, vor allem in Bombay, und etwa 25.000 noch im heutigen Iran)[309]. Die Religion Zarathustras wird also auch heute noch praktiziert und Zarathustra ist einer der ältesten, wenn nicht überhaupt der älteste Stifter einer Religion mit einer bis auf den heutigen Tag bestehenden kontinuierlichen Tradition. Schon in der Antike hat man Zoroaster, wie er von Griechen und Römern genannt wurde, in eine mythische Vorzeit 5000-6000 Jahre zurück datiert. Heute nimmt man eher eine Datierung um die Wende des zweiten zum ersten Jahrtausend v.u.Z. an, also mindestens 3000 Jahre zurück.[310]

Mit der arabischen Eroberung Persiens im Jahr 636, dem damit verbundenen Ende des Sasanidenreiches und der Verbreitung des Islam begann für die Zarathustrier die Zeit der Marginalisierung und der Migration. Im europäischen

308) Das besondere Gewicht, das auf die Religionen gelegt wird, ergibt sich nicht nur daraus, dass Zarathustra ein Religionsstifter war, sondern auch, wenn man mit T. S. Eliot davon ausgeht, “that no culture has appeared or developed except together with a religion”, beides sogar Aspekte derselben Sache sind und Kultur “essentially the incarnation [...] of the religion of a people.” (Eliot, T. S.: Notes towards the Definition of Culture. New York 1949. S. 13, 27).

309) Stausberg, Michael: Die Religion Zarathushtras. Geschichte - Gegenwart - Rituale. Bd. 1, Stuttgart 2002. S. 11; vgl. Boyce, Mary: Zoroastrians. Their Religious Beliefs and Practices. London, New York 2001. S. 226.

310) Vgl. Stausberg, a.a.O., Bd. 1, S. 26ff.; Boyce, a.a.O., S. XIII, 49.

Mittelalter wurde in Chroniken und Enzyklopädien vor allem betont, dass Zoroaster der einzige Mensch gewesen sei, der bei seiner Geburt gelacht habe und die *artes liberales* und die Magie erfunden habe.[311] In der Renaissance (Marsilio Ficino, Pico della Mirandola, Cornelius Agrippa) wurde Zoroaster neu konfiguriert, indem er zum Exponenten einer vor Moses anzusetzenden und gerade dadurch zeitlos-aktuellen Weisheitstradition wurde. Mit dem Beginn der Neuzeit und der Reformation wendet sich das Verständnis Zarathustras dagegen ins Negative. In der Zeit der christlichen Auseinandersetzung um das echte Christentum wird Zarathustra jetzt zum Repräsentanten eines vor-, außer- und unchristlichen Götzenkults.

Im 18. Jahrhundert wird Zarathustra von den Aufklärern (z.B. Voltaire) wieder positiver gesehen als Vertreter einer 'natürlichen' bzw. 'vernünftigen' Religion, der ihrer Polemik gegen das Christentum zur Seite stehen konnte. 1771 erschien die erste europäische Übersetzung der 'Heiligen Schriften' der Religion Zarathustras, des Zend-Avesta, durch Anquetil Duperron, der diese Schriften auf abenteuerliche Weise in Indien ausfindig gemacht und nach Paris gebracht hatte. Damit begann die wissenschaftliche Erforschung der Religion Zarathustras im engeren Sinne. Von besonderer Bedeutung waren in der Mitte des 19. Jahrhunderts die sprachgeschichtlichen Erkenntnisse von Friedrich Spiegel und Martin Haug, die die Texte des Avesta in zwei verschiedene Gruppen aufteilten, wonach nur die Gathas (hymnische Gesänge) desselben auf Zarathustra selbst zurückzuführen seien[312], während die anderen Teile spätere Zusätze darstellten. Die archaische Sprache der Gathas erwies sich dabei mit derjenigen der ältesten hinduistischen Texte des Rigveda (ca. 1700 v.u.Z.) verwandt.[313] 1859 unternahm August Gladisch den Versuch, zu zeigen, dass die Weltansicht des Heraklit mit der des Zoroaster im wesentlichen übereinstimme.[314] Bis in die Jahre 1881-85, als Nietzsche *Also*

---

311) Vgl. dazu und zum Folgenden Stausberg, a.a.O., Bd. 1, S. 3ff.

312) 17 nach Boyce (a.a.O., S. 17), nur 5 davon nach Stausberg (a.a.O., Bd. 1, S. 22ff.).

313) Boyce, a.a.O., S. 18.

314) Vgl. Gladisch, August: Herakleitos und Zoroaster. Leipzig 1859. Angesichts der Tatsache, dass es Nietzsche in der Nähe Heraklits wärmer und wohler zu Mute wurde als irgendwo sonst (vgl. EH, Die Geburt der Tragödie 3), kann auch dies als Vorbereitung für Nietzsches Wiederentdeckung Zarathustras 1881 angesehen werden. Vgl. Wohlfart, G.: Wer ist Nietzsches Zarathustra? In: Nietzsche-Studien 26 (1997). S. 319-330, der Nietzsches Zarathustra in Nietzsches Heraklit geradezu "präfiguriert" findet.

sprach Zarathustra konzipierte und niederschrieb, gab es mehr als dreißig Bücher in deutscher Sprache über den historischen Zarathustra und ungefähr ebenso viele auch in anderen europäischen Sprachen.[315)]

Diese knapp skizzierte wechselhafte Geschichte der Zarathustra-Rezeption in Europa war jedoch nicht nur von der erwähnten zunehmenden demographischen Marginalisierung und Migration der Anhänger der Lehre Zarathustras begleitet, sondern in anderer Hinsicht auch von der Akkulturation und Verwurzelung seiner Grundlehren. Beide Entwicklungen bedingen einander sogar vermutlich, da das, was selbstverständlich geworden ist, nicht mehr besonders hervorgehoben und gelehrt zu werden braucht, während das, was ausdrücklich gelehrt werden muss, nicht selbstverständlich ist. So kommt Paul Kriwaczek in seinem Buch: *In Search of Zarathustra. The First Prophet and the Ideas that Changed the World* (2002) zu dem Schluss, dass man eine heute weit verbreitete "Universal-Religion" finde, wenn man Judentum, Christentum und Islam ihrer eher sekundären Besonderheiten entkleide und zu dem ihnen zugrundeliegenden Kern gemeinsamer Glaubensartikel vordringe, deren ersten Ausdruck man in der Lehre Zarathustras lange vor dem Beginn geschriebener Geschichte erkennen könne. Zu dieser "Universal-Religion" gehören für ihn der Glaube an die beiden Grundprinzipien des Guten und des Bösen, den Teufel, Engel und Dämonen, Himmel und Hölle, das Kommen eines Messias und das Gericht am Ende der Welt mit einer Wiederauferstehung der Toten.[316)] Man müsste zumindest noch den Glauben an den einen Gott hinzufügen und die heilsgeschichtliche Ausrichtung der ganzen Lehre, die vom Dualismus geprägt ist und einen endgültigen Sieg des Guten über das Böse am Ende der Zeiten voraussagt, hervorheben. Damit ist Zarathustra auch der erste apokalyptische Denker.[317)] Schon Nietzsches "Lehrer" Schopenhauer hatte, u.a. gestützt auf Johann Gottlieb Rhodes 1820 erschienenes Werk *Die heilige Sage des Zendvolks*, den Ursprung des Judentums aus der Zendreligion für erwiesen erachtet.[318)] Man könnte

315) Mehregan, Hushang: Zarathustra im Awesta und bei Nietzsche - eine vergleichende Gegenüberstellung. In: Nietzsche Studien 8 (1979). S. 291-308. S. 291.

316) Kriwaczek, Paul: In Search of Zarathustra. The First Prophet and the Ideas that Changed the World, London 2002. S. 224. Vgl. Boyce, a.a.O., S. 29.

317) Vgl. Cohn, Norman (1995): How Time Acquired a Consummation. In: Malcolm Bull (Hg.): Apocalypse Theory and the Ends of the World. Oxford 1995. S. 21-37.

318) Vgl. Schopenhauer, Arthur: Die Welt als Wille und Vorstellung. Sämtliche Werke, Textkrit. bearb. u.

die drei genannten Religionen daher auch umgekehrt als nur verschiedene Neu- oder Rekonfigurationen der Lehre Zarathustras auffassen, deren bis auf den heutigen Tag andauernden gewaltsamen Konflikte weniger auf tiefgreifenden Differenzen als vielmehr auf ihren fundamentalen Gemeinsamkeiten beruhen, die es immer wieder notwendig erscheinen lassen, sich voneinander abzugrenzen. Auch Lessings *Nathan der Weise* (1783) ist ein gutes, aber leider auch zu wenig beachtetes Beispiel für die Erkenntnis der Einheit dieser drei Religionen, in dem an die Stelle der gewaltsamen Abgrenzung der Wetteifer der "von Vorurteilen freien Liebe" tritt und die Kraft der Religionen und Ringe offenbaren soll, beliebt und "vor Gott und Menschen angenehm zu machen"[319]. Obwohl Zarathustra in Lessings *Nathan der Weise* nicht namentlich auftaucht, könnte man ihn nach dem Gesagten doch in dem Vater der drei Söhne, Ringe und Religionen vermuten.

II. West-Figuration

Damit sind wir auch schon bei dem zweiten Rezeptionsbereich Zarathustras in Kunst, Dichtung und Philosophie. Dabei kann man an Raffaels Gemälde *Die Schule von Athen* (1510-11), Jean-Philip Rameaus lyrische Tragödie *Zoroastre* (1749), Mozarts "Singspiel" *Die Zauberflöte* (1791) oder Goethes *West-Östlichen Divan* (1819) denken. Einen besonderen Klang hat der Name 'Zarathustra' schließlich in einer eigenartigen Mischung von Dichtung, Philosophie und Religion durch Nietzsches *Also sprach Zarathustra* (1883-85) erhalten, so dass man unweigerlich auf ihn stößt, wenn man nach Zarathustra sucht.[320] Auf ihn gehen auch Richard

---

hg. von Wolfgang Frhr. von Löhneysen.Frankfurt am Main 1986. Bd. II, S. 800; vgl. Bd. V, S. 447ff. Nietzsche übernahm jedoch nicht Schopenhauers negative Beurteilung des Judentums, sondern sah in ihm im Gegenteil wie in Zarathustra eine jasagende, gesetzgeberische Religion, so dass er "alle Achtung vor dem alten Testament" (GM III, 22, KSA 5, S. 393) hatte. In ihm gebe es "Menschen, Dinge und Reden in einem so grossen Stile, dass das griechische und indische Schriftthum ihm nichts zur Seite zu stellen" habe (JGB 52). Zarathustra, wie Nietzsche ihn z.B. in der Beschreibung Emersons fand (vgl. KSA 14, S. 279), ist gewissermaßen der Prototyp dieser Menschen, Dinge und Reden ohne Beispiel.

319) Nathan der Weise III, 7. Vgl. auch VM 98; Za II, Von den Priestern.

320) Vgl. Stausberg a.a.O., Bd. 1, S. 1ff., 6; Kriwaczek a.a.O., S. 22, 25ff.

Strauss' gleichnamige Tondichtung (1896) und sogar Stanley Kubricks Kult-Film *2001: A Space Odyssey* (1968) zurück.

Zu dieser Wiederentdeckung und Neubewertung Zarathustras konnte es kommen, weil Nietzsche Zarathustra als eine einzigartige Schlüsselfigur in der Geschichte der Religion und Kultur begriff und sich selbst dazu in ein ausgezeichnetes Verhältnis setzte. Die "ungeheure Einzigkeit" Zarathustras in der Geschichte lag für Nietzsche darin, dass Zarathustra "zuerst im Kampf des Guten und des Bösen das eigentliche Rad im Getriebe der Dinge" gesehen und damit die Moral "in's Metaphysische, als Kraft, Ursache, Zweck an sich" übersetzt habe (EH, Warum ich ein Schicksal bin 3). Von Zarathustra an dreht sich alles um die moralische Konfiguration von Gott, Welt, Mensch und Geschichte, eine moralische Ontologie und ontologische Moral. Skeptisch umwertend und den metaphorisch-anthropomorphischen Charakter dieser Übersetzung zugleich durchschauend, stellt Nietzsche der moralischen Ontologie Zarathustras in der *Geburt der Tragödie* zunächst seine "Artisten-Metaphysik" und dann in *Also sprach Zarathustra* den aus Wahrhaftigkeit sich selbst überwindenden Zarathustra entgegen. Denn "Zarathustra schuf diesen verhängnisvollsten Irrthum, die Moral: folglich muss er auch der Erste sein, der ihn erkennt." (ebd.).

Zu dieser Selbsterkenntnis und Selbstüberwindung ist Zarathustra für Nietzsche nicht nur durch seine Erfahrung befähigt, die in diesem Falle die längste sei und ihm geschichtlich "die Experimental-Widerlegung vom Satz der sogenannten 'sittlichen Weltordnung'" (ebd.) demonstriert habe, sondern vor allem auch durch seine ihm eigene 'moralische' Tugend (Virtú) der Wahrhaftigkeit, die der Wahrheit die höchste Stelle zuerkennt und ihn deshalb auch nötigt, sich gegebenenfalls selbst zu widersprechen. Zarathustras Selbstüberwindung ist also eine Selbstüberwindung der Moral aus Wahrhaftigkeit und daher ein Ereignis der Moralität selbst.

"Experimental-Widerlegung" der sittlichen Weltordnung heißt dabei für Nietzsche nicht nur, dass sich diese Ordnung mit dem endgültigen Sieg des Guten über das Böse nicht verwirklicht hat und nicht verwirklichen lässt, sondern es bedeutete für ihn auch, dass sie sich immer wieder unmoralischer Mittel bedient, um ihre Moral durchzusetzen. Schon Herodot hatte von den persischen Magi berichtet, dass sie mit ihren eigenen Händen möglichst viele für schädlich und dem bösen Geist nahestehend gehaltene Tiere wie Ameisen, Spinnen, Schlangen und anderes "Ungeziefer", bedenkenlos töteten und darauf sehr stolz seien (Historien I,

140).[321] Nietzsche stellt die Formel auf, dass "alle Mittel, wodurch bisher die Menschheit moralisch gemacht werden sollte, [...] von Grund aus unmoralisch" waren (GD, Die "Verbesserer" der Menschheit 5). Dieser sich immer mehr verschärfende Widerspruch zwischen Zweck und Mittel und die lebensfeindliche Haltung unbedingter Moral treibt sie bei Zarathustra schließlich über sich selbst hinaus. An die Stelle und grundlegender als die Überwindung des Bösen als eines anderen durch unmoralische Mittel tritt bei Nietzsches Zarathustra die von ihm selbst vollzogene Figur der Selbstüberwindung, deren Gleichnis der "Übermensch" als der sich selbst überwunden habende Mensch ist. Nietzsches Zarathustra lehrt also nichts anderes als seine eigene Erfahrung. Selbstüberwindung ist der Schlüssel zum Verständnis der Figur Zarathustras und der von ihm konfigurierten Lehre.

III. Ost-Figuration

Indem Nietzsches Zarathustra kreisförmig wieder an seinen Ausgangspunkt kommt und sich selbst überwindend in seinen Grund zurückkehrt, trennt er nicht nur wieder, was er einst verbunden hatte, Gott, Welt, Mensch, Geschichte und unbedingte Moral, er verbindet auch wieder, was er einst getrennt hatte, den westlichen und den östlichen Weg. Zarathustra steht nämlich nicht nur historisch-zeitlich gesehen am Anfang und Ende, er stammt auch räumlich-geographisch gesehen aus der Mitte[322] zwischen Ost und West, und der im Buddhismus wohlbekannten Frage: Warum ging Bodhidharma

321) Dementsprechend greifen auch die anderen drei Religionen bei der Durchsetzung ihrer Moral in zunehmendem Maße zu unmoralischen Mitteln: das Judentum z.B. durch die Beschneidung, das Christentum durch die Kreuzigung und der Islam durch den 'heiligen Krieg'. Zur Beschneidung vgl. Derridas *Circonfessio* (In: Geoffrey Bennington et Jacques Derrida: *Jacques Derrida,* Paris 1991), wo Derrida bekennt: "Circoncision, je n'ai jamais parlé que de ça" (S. 70) und seine Beschneidung "crime" nennt (S. 74). Die Beschneidung markiert eine leibhaftige "différance". Kreuzigungen und heilige Kriege wenden sich dann nicht nur gegen Tiere oder Körperteile anderer Menschen, sondern gegen das Leben anderer selbst, seien sie unschuldige Opfer oder nur anderen Glaubens.

322) Über die besondere Bedeutung der Mitte in der Religion des historischen Zarathustra (Zoroaster bzw. Zarathushtra) vgl. Stausberg a.a.O., Bd. 1, S. 62ff. Auch für Nietzsche sind "Maass und Mitte" zwei ganz hohe Dinge, sogar "etwas Göttliches", von dem man am besten gar nicht reden sollte (VM 230).

in den Osten?[323] könnte man die weniger bekannte, aber ebenso berechtigte Frage: Warum ging Zarathustra in den Westen? zur Seite stellen. Mit Zarathustra setzte sich ein geschichtlich orientiertes Heilsdenken[324] von einem wesentlich ungeschichtlich bleibenden Erlösungsdenken, wie es im Hinduismus und Buddhismus lebendig ist, ab. Zarathustra wendete sich nach Westen, dem Lauf der Sonne und ihrem Untergang folgend, Bodhidharma und vor ihm schon Buddha wenden sich dagegen dem Osten und dem Aufgang der Sonne zu. Zarathustra wird zum Anstoß der großen geschichtlich orientierten Religionen des Judentums, des Christentums und des Islam, während Buddha, dem fortschreitenden Strom der Zeit prinzipiell entgegen schwimmend, eine in ihrer Lehre wesentlich ungeschichtliche Religion beibehält.[325] Rückkehr zu Zarathustra bedeutet daher nicht nur Rückkehr zum Ausgangspunkt der moralisch-geschichtlichen Selbst- und Weltauslegung, wie sie in jenen drei Religionen verkörpert ist, sondern darüber hinaus auch die Wiederverknüpfung des westlich-geschichtlichen mit dem östlich-ungeschichtlichen Denken, das Nietzsche auch aus dem frühgriechischen Denken vertraut war. Mit der Wiederkehr Zarathustras werden das Un- und Überhistorische wieder mit dem Historischen, dessen Nutzen und Nachteil für das Leben Nietzsche in seiner zweiten *Unzeitgemässen Betrachtung* erörtert hatte, in einem neuen Denken vereint: "das

323) Daisetz T. Suzuki hat viele der Antworten gesammelt und in vierzehn Gruppen eingeteilt, obwohl er eingesteht, dass diese Klassifizierung das Unbegreifliche nicht begreiflicher machen, sondern lediglich ein paar Hinweise zur Orientierung beim Verständnis der Zen-Botschaft geben könne. Die Antworten reichen von dem Verweis auf bestimmte konkrete Dinge wie die Zypresse im Hof über einfaches Schweigen bis hin zu Bemerkungen über das berühmte neunjährige Sitzen Bodhidharmas vor einer Wand (In: The Secret Message of Bodhidharma or The Content of Zen Experience. In: Ders.: Essays in Zen Buddhism. Second Series. London 1970. S. 227-253).

324) Im Nachlass begründet Nietzsche seine Wahl Zarathustras damit, dass Perser "zuerst Geschichte im Ganzen Großen gedacht" haben (Nachlass 1884, KSA 11, 25[442], S. 53).

325) Dies heißt nicht, dass der Buddhismus keine Geschichte habe, wohl aber, dass seine eigentliche Lehre ungeschichtlich bzw. übergeschichtlich ist, was sich auch in seiner Unterscheidung zwischen absoluten und relativen Wahrheiten reflektiert (vgl. Thich Nhat Hanh: The Heart of the Buddha's Teaching. New York 1999. S. 121-130). Dementsprechend ist auch der Nihilismus im Westen wesentlich geschichtlich, im Buddhismus dagegen ungeschichtlich (vgl. Arifuku, Kogaku: Der aktive Nihilismus Nietzsches und der buddhistische Gedanke von śunyata (Leerheit). In: Simon, Josef (Hg.): Nietzsche und die philosophische Tradition Bd. 1. Würzburg 1985. S. 108-121). Soweit geschichtliche Aspekte im Buddhismus vorkommen wie in der Gestalt des zukünftigen Maitreya-Buddha im Mahayana-Buddhismus, werden auch hier Einflüsse Zarathustras angenommen. Vgl. Leighton, Taigen Daniel: Bodhisattva Archetypes, London 1998. S. 242; Boyce a.a.O., S. 84.

Unhistorische und das Historische ist gleichermaassen für die Gesundheit eines Einzelnen, eines Volkes und einer Cultur nöthig." (HL 1, KSA 1, S. 252). In dem dort aufgestellten dreifachen "Imperativ des Geistes der 'neuen Zeit'", dass nämlich der Ursprung der historischen Bildung selbst wieder historisch erkannt werden müsse, dass also die Historie das Problem der Historie selbst auflösen und das Wissen "seinen Stachel gegen sich selbst kehren müsse" (HL 8, KSA 1, S. 306), ist Nietzsches spätere Methode der historischen Genealogie und das Verständnis seines Zarathustra als 'Selbstüberwindung' bereits vorgezeichnet.[326] Selbstüberwindung ist geschichtlicher Prozess und ungeschichtlich zugleich, da man in ihr "wird, was man ist".

Obwohl Nietzsche zur Zeit der Niederschrift dieser zweiten *Unzeitgemässen Betrachtung* (1874) noch fern von Zarathustra ist, "imaginirt" er 1876 doch schon "zukünftige Denker, in denen sich die europäisch-amerikanische Rastlosigkeit mit der hundertfach vererbten asiatischen Beschaulichkeit verbindet". Eine solche Kombination bringe "das Welträtsel zur Lösung." Zur Vorbereitung solcher Denker sei es notwendig, alle die Schranken zu entfernen, die einer "Verschmelzung der Menschen" im Wege stünden: "Religionen Staaten monarchische Instinkte Reichthums- und Armutsillusionen Gesundheits- und Rassenvorurtheile - usw." (Nachlass 1876, KSA 8, 17 [55], S. 306). Mit Zarathustra entdeckte und zugleich erfand Nietzsche dann das Paradigma eines solchen Denkers der Zukunft, der mit einem europäischen und einem "übereuropäischen Auge" (an P. Deussen, 3. Jan. 1888, KSB 8, Nr. 969, S. 222) in die Welt blickt und dem es daher nicht um die genannten oder andere perspektivische Beschränktheiten des Westens, Ostens, Südens oder Nordens, sondern um die Erde und den Menschen als ganze geht.[327]

Als die wichtigsten Konvergenzpunkte zwischen Nietzsche/Zarathustra und dem

326) Vgl. Zittel, Claus: Selbstaufhebungsfiguren bei Nietzsche. Würzburg 1995. Zittel verfolgt die Selbstaufhebungsfigur vom frühen bis zum späten Nietzsche und in den verschiedensten Bereichen (Tragödie, Staat, Kultur, Wissenschaft, Sprache, Moral) als einen "Grundzug des nietzscheanischen Denkens", seine "konsequenteste Kritikstrategie" und "als ein Schlüsseltheorem für die Bewertung des Status der unterschiedlichsten Einzelaussagen Nietzsches" (ebd., S. 10), entwickelt sie jedoch nicht als "Selbstüberwindung" und Doppel-Figur, in der "Eins zu Zwei" wird, und auch nicht in ihrer Beziehung zu Zarathustra als Werk und Person.

327) In umgekehrter Richtung spricht Nietzsche auch von seinem "asiatischen und überasiatischen Auge" (JGB 56).

Buddhismus lassen sich kurz die folgenden anführen: Während man das Historische, das der Mensch braucht, bei Zarathustra in seiner Lehre vom Übermenschen finden kann, wird das Un- und Überhistorische in seiner Lehre von der ewigen Wiederkunft des Gleichen angesprochen.[328)] Sowohl im Übermenschen als auch in Zarathustra hat man aber auch die Verwirklichung des Bodhisattva-Ideals des Mahayana-Buddhismus erkannt.[329)] Der "Ewige-Wiederkunfts-Gedanke" andererseits vollendet und überwindet zugleich die von Nietzsche so genannte "europäische Form des Buddhismus" (Nachlass 1886/87, KSA 12, 5 [71], S. 213), den Nihilismus, indem er ihm die (von ihm nicht so genannte) "asiatische Form des Nihilismus", den Buddhismus, gegenüberstellt und so eine weitere Doppelfigur konfiguriert.[330)] Auch für den Buddhismus gilt nach Nietzsche zudem, dass er "die Selbst-Betrügerei der Moral-Begriffe bereits hinter sich" habe und "jenseits von Gut und Böse" stehe (AC 20). Gemeinsam ist Nietzsche und Buddha auch die Zurückweisung spitzfindiger metaphysischer Fragen und die Hinwendung zu den "nächsten Dingen" (wie Ernährung, Ort, Klima, Erholung). Buddha ist für und wie Nietzsche aber nicht nur ein "tiefer Physiolog" (EH, Warum ich so weise bin 6), sondern auch der "Lehrer der Religion der Selbsterlösung" (M 96).[331)] Insbesondere in *Also sprach Zarathustra* zeigt sich schließlich, dass beide auch die Priorität der Selbstüberwindung vor der

328) Vgl. Okôchi, Ryogi: Nietzsches amor fati im Lichte von Karma des Buddhismus. In: Nietzsche-Studien 1 (1972). S. 36-94. Ders.: Wie man wird, was man ist. Gedanken zu Nietzsche aus östlicher Sicht. Darmstadt 1995.

329) Wie ein Bodhisattva werde auch Zarathustra aus überfließender Weisheit und Freigiebigkeit wieder zu den Menschen und erneutem Engagement mit der Welt getrieben (vgl. Parkes, Graham: Nature and the human 'redivinised': Mahayana Buddhist themes in *Thus spoke Zarathustra*. In: Lippitt, John / Urpeth, Jim (Hg.): Nietzsche and the Divine, a.a.O., S. 181-199). Steven Heine sieht das Bodhisattva-Ideal darüber hinaus auch im Übermenschen reflektiert: "Nietzsche's overman, the creator and legislator of new values, reflects the bodhisattva's ideal of realizing enlightenment in and through social commitment, rather than by withdrawing from the world." (Heine, Steven: Dionysos against the Buddha: Nietzsche's 'Yes' and the Buddhist 'No'. In: Katz, Nathan (Hg.): Buddhist and Western Philosophy. Bangalore 1981. S. 262-263).

330) Vgl. Nishitani, K.: The Self-Overcoming of Nihilism. Albany 1990. S. 180, der Nietzsche in seinen Gedanken des amor fati und des Dionysischen als der Überwindung des Nihilismus dem Buddhismus und insbesondere dem Mahayana am nächsten kommen sieht. Als Beispiele führt Nishitani Nietzsches Rede vom Dionysischen als "die große pantheistische Mitfreudigkeit und Mitleidigkeit" und dem "Einheitsgefühl von der Nothwendigkeit des Schaffens und Vernichtens" (Nachlass 1888, KSA 13, 14 [14], S. 224) an.

331) Im Hinblick auf sich selbst spricht Nietzsche von einem "äußersten Grad von Selbstigkeit, von Selbsterlösung", der in ihm Mensch geworden sei (Nachlass 1888/89, KSA 13, 25 [7], S. 641).

Überwindung anderer lehren.[332] Damit zusammenhängend ist für beide die grundlegende Bedeutung der Überwindung des Geistes der Rache.[333]

IV. Schlüsselfiguren als Nuancen

Betrachten wir zum Schluss das Konzept der Selbstüberwindung noch etwas näher. Im *Dhammapada* (VIII, 103ff.) findet sich das schöne Wort Buddhas: "Wenn ein Mann in tausend Schlachten tausend Mann besiegt, und ein anderer besiegt nur einen, sich selbst, so ist dieser wahrlich der größte Sieger; denn Selbstüberwindung ist besser als Überwindung anderer [...] und weder die Götter oben im Himmel noch die Dämonen der Unterwelt können den Sieg eines solchen Mannes in eine Niederlage verwandeln." Dabei geht es zugleich darum, das kleine Selbst, Ich und ego zu überwinden und als Illusion zu begreifen, indem man sich zu einer überpersönlichen, übermenschlichen, kosmischen Perspektive erhebt (vgl. Nachlass 1881, KSA 9, 11 [7], S. 442f.). Bei Zarathustra zeigt sich die Priorität der

332) Vgl. Mistry, Freny: Nietzsche and Buddhism. Prolegomenon to a Comparative Study. Berlin, New York 1981. S. 3f. Auch in Goethes Fragment gebliebenem religiös-epischen Gedicht "Die Geheimnisse" bildet die "Selbstüberwindung" den ethischen Kern: "'Von der Gewalt, die alle Wesen bindet, / Befreit der Mensch sich, der sich überwindet.'" (V. 191-192).

333) Für Buddha ist es ein "ewiges Gesetz": "Nicht durch Feindschaft kommt Feindschaft zu Ende, durch Freundschaft kommt Feindschaft zu Ende." (Dhammapada I, 5; vgl. Nietzsches wiederholte Erwähnung dieses Gesetzes in AC 20; EH, Warum ich so weise bin 6; Nachlass 1888, KSA 13, 24 [1], S. 618) Bei Zarathustra heißt es: "Denn dass der Mensch erlöst werde von der Rache: das ist mir die Brücke zur höchsten Hoffnung und ein Regenbogen nach langen Unwettern." (Za II, Von den Taranteln, KSA 4, S. 128). Auch bei Jesus, "dessen Erscheinung wie ein Buddha auf einem sehr wenig indischen Boden anmuthet" (AC 31), fehlt im Unterschied zu dem sich auf ihn berufenden Christentum für Nietzsche der Geist der Rache (AC 40). Der "Geist der Rache" kann offenbar nur durch Selbstüberwindung zu einem Ende gebracht werden, da seine Ausübung ihn bei dem sich Rächenden zwar scheinbar beseitigt, indem sie sein Rachegelüst befriedigt, in Wahrheit aber einerseits nur in seiner Rechtmäßigkeit bestätigt und andererseits die Aufgabe, an der man selbst gescheitert ist, im Grunde nur auf den anderen verschiebt. Zum Zusammenhang von Rache, Ressentiment, Apokalypse und "Erlösung vom Geist der Rache" durch den "Ewige-Wiederkunfts-Gedanken" bei Nietzsche vgl. GM I, 16 und Za II, Von der Erlösung. Für Thomas J. J. Altizer ist Nietzsche sogar der "reinste apokalyptische Denker", allerdings in "einem Denken der absoluten Umkehrung" (Altizer, Thomas J. J.: Nietzsche and Apocalypse. In: New Nietzsche Studies. Vol. 4:3/4, S. 1-13), also eher ein Anti-Apokalyptiker.

Selbstüberwindung schon in dem Titel des Kapitels 'Von der Selbst-Ueberwindung' in der Mitte des zweiten, mittleren Teils von *Also sprach Zarathustra*, in dem der 'Wille zur Macht' als Form der Selbstüberwindung eingeführt wird. Sie ist aber auch schon in der *Vorrede*, die "für das ganze Werk" gilt (KSB 7, Nr. 730, S. 224) und von der Lehre vom Übermenschen geprägt ist, deutlich. Selbstüberwindung zeigt sich dabei als eine immoralisch zu verstehende Doppelfigur, die performativ gelingen oder auch misslingen kann.

In einer Art "play within the play"[334) führt uns die *Vorrede* zunächst in einer ersten Szene Selbstüberwindung wie einen salto mortale auf dem Hochseil vor, der misslingt. Ein Seiltänzer wird von einem ihm auf dem Seil nachfolgenden Possenreißer übersprungen und dadurch zum Absturz und zu Tode gebracht. Dass dies im Grunde auch ein Bild der Selbstüberwindung ist, zeigt sich daran, dass auch der Possenreißer ein Seiltänzer ist und daher ebensoviel oder -wenig mit ihm identisch ist, wie das überwindende mit dem überwundenen Selbst. Der Possenreißer ist der bessere Seiltänzer, aber nur um den Preis, dass er den, der sein Kunststück ermöglicht, dabei zu Tode bringt. Auf moralischer Ebene entsprechen ihm die radikalen Asketen, welche "die Zähne ausreissen, damit sie nicht mehr weh thun", damit aber das Leben an der Wurzel angreifen (GD, Moral als Widernatur 1). Der Sinn der Selbstüberwindung bei Nietzsche ist demgegenüber gerade nicht der bloße Untergang der Leidenschaften oder des früheren Selbst, sondern zugleich Übergang, d.h. ihre Transformation oder Sublimation in ein höheres Selbst, in dem sie 'aufgehoben' bleiben.[335) Der misslingenden Selbstüberwindung, die mit dem

334) Vgl. Zupančič, Alenka: The Shortest Shadow: Nietzsche's Philosophy of the Two. Cambridge 2003. S. 13, 116ff. Die eigentliche Erfindung Nietzsches liegt für Zupančič in "a certain figure of the T[t]wo" (ebd., S. 13, 27), die sie in ihrem Buch näher zu bestimmen sucht.

335) Nietzsches Zarathustra ist daher auch nie nur der Gegensatz des historischen Zarathustra, sondern bleibt ihm bzw. sich auch weiterhin in vielen Hinsichten verbunden. Im satyrischen vierten Teil von *Also sprach Zarathustra* gibt Zarathustra ausdrücklich die Flucht vor seinem (europäischen) Schatten auf (vgl. Za IV, Der Schatten), obwohl oder gerade weil er zugleich dessen Gegensatz bleibt (ebd.) und in sein "moralisches Brüllen" unter Töchtern der Wüste nicht einstimmt (vgl. Za IV, Unter Töchtern der Wüste 2). Der helle Wanderer Zarathustra und sein dunkler Schatten stellen eine weitere Doppelfigur der "Nicht-Zweiheit" dar, die auch nicht Eins ist. Zarathustra beginnt zur bestimmten Zeit des "Mittags", im "Augenblick des kürzesten Schattens" (GD, Wie die "wahre Welt" endlich zur Fabel wurde), nicht dann, wenn er lang oder gar am längsten ist und laut brüllt. Und Zarathustra endet mit dem Doppelzeichen einerseits der vielen "Gedanken, die auf Taubenfüssen kommen" (Za II, Die stillste Stunde, KSA 4, S. 189), und andererseits des sanft

Untergang des früheren Selbst endet, stellt Nietzsche daher am Ende der *Vorrede* in einem weiteren Spiel im Spiel hoch oben in der Luft die gelungene Selbstüberwindung im Bild seiner sich einander umringenden Tiere Adler und Schlange gegenüber, die sich von Natur aus (wie Stolz und Klugheit, die sie repräsentieren) auch eher feindlich gesinnt sind. "Und siehe! Ein Adler zog in weiten Kreisen durch die Luft, und an ihm hieng eine Schlange, nicht einer Beute gleich, sondern einer Freundin: denn sie hielt sich um seinen Hals geringelt." (Za I, Vorrede 10)[336)] Selbstüberwindung ist für Zarathustra nicht nur 'Selbstsucht', sondern auch 'Selbst-Lust' (Za III, Von den drei Bösen, KSA 4, S. 238) und damit vom asketischen Ideal der bloßen Selbstverneinung wesentlich verschieden. Auch Buddha gab bekanntlich seine asketischen Selbstkasteiungen auf und lehrte den "Mittleren Weg". Der Dualismus ist also kein tödlicher mehr, der eines Tages mit dem Sieg des einen über das andere endet, sondern eine Synthesis gegensätzlicher Kräfte, die sich wie beim Paar-Tanz dadurch leichter und eleganter fortbewegen können. Dabei geht es um ein Ausbalancieren von Extremen aus einer Mitte heraus.[337)]

Selbstüberwindung ist einerseits nicht nur etwas, was jeder nur selbst vollziehen kann und deshalb von keinem anderen ab- oder weggenommen werden könnte, sondern andererseits zugleich auch etwas, das paradoxerweise "notwendig" ist (vgl. GM III, 27, KSA 5, S. 410; Za II, Von der Selbst-Ueberwindung, KSA 4, S. 148),

---

gewordenen Löwen, der das Lachen gelernt hat und Zarathustra wie der Schatten zu Füßen liegt (vgl. Za IV, Das Zeichen). Es ist der Löwe der zweiten Verwandlung, der endlich wieder zum Kind geworden ist (vgl. Za I, Von den drei Verwandlungen).

336) Für Karl Löwith zeigt sich in diesem Bild eine "merkwürdige Konfiguration", in der "das künstlich Zusammengezwungene von Nietzsches ganzer Lehre eines Wollens des kosmischen Kreislaufs zum Vorschein" komme (Löwith, Karl: Nietzsches Philosophie der ewigen Wiederkunft des Gleichen. Stuttgart 1956. S. 190). Abgesehen von der Frage, ob Nietzsche den kosmischen Kreislauf nicht ebenso nicht will als will, weil es für ihn gar keinen Willen gibt, vergisst Löwith dabei, dass das "künstlich Zusammengezwungene" auch nur der deutliche Hinweis darauf sein könnte, dass es sich dabei ebenso wie bei der Selbstüberwindung nicht mehr nur um Natur, sondern primär um Kultur handelt, die zunächst immer eine zweite Natur ist. Insofern ist es ein Kulturbild, kein Naturbild. Für Martin Heidegger zeigt sich im Anblick der beiden Tiere Zarathustras dagegen etwas "Fragwürdiges": der "Bezug des Seins zum Lebewesen Mensch" (Heidegger, M.: Wer ist Nietzsches Zarathustra? In: Vorträge und Aufsätze. Pfullingen 1954. S. 97-122. S. 121).

337) Auch Zarathustra kommt daher wie ein "Tänzer" (Za I, Vorrede 2) und "würde nur an einen Gott glauben der zu tanzen verstünde" (Za I, Vom Lesen und Schreiben). Für Nietzsche ist der Tanz das Ideal des Philosophen, "auch seine Kunst, zuletzt auch seine Frömmigkeit, sein 'Gottesdienst'" (FW 381). Beider Denken ist ein Tanzen und will gelernt sein, "wie Tanzen gelernt sein will, als eine Art Tanzen..." (GD, Was den Deutschen abgeht 7)

so dass man ihr nicht ausweichen kann. Es kommt daher vor allem darauf an, wie man sich dazu verhält. Nietzsches eigene Empfehlung war bekanntlich “amor fati”, die wie jede Liebe für Nietzsche gelernt werden muss:

> So geht es uns in der Musik: erst muss man eine Figur und Weise überhaupt hören lernen, heraushören, unterscheiden, als ein Leben für sich isoliren und abgrenzen; dann braucht es Mühe und guten Willen, sie zu ertragen, trotz ihrer Fremdheit, Geduld gegen ihren Blick und Ausdruck, Mildherzigkeit gegen das Wunderliche an ihr zu üben -: endlich kommt ein Augenblick, wo wir ihrer gewohnt sind, wo wir sie erwarten, wo wir ahnen, dass sie uns fehlen würde, wenn sie fehlte; und nun wirkt sie ihren Zwang und Zauber fort und fort und endet nicht eher, als bis wir ihre demüthigen und entzückten Liebhaber geworden sind, die nichts Besseres von der Welt mehr wollen als sie und wieder sie. - So geht es uns aber nicht nur mit der Musik: gerade so haben wir alle Dinge, die wir jetzt lieben, lieben gelernt. Wir werden schließlich immer für unsern guten Willen, unsere Geduld, Billigkeit, Sanftmüthigkeit gegen das Fremde belohnt, indem das Fremde langsam seinen Schleier abwirft und sich als neue unsägliche Schönheit darstellt -: es ist sein Dank für unsre Gastfreundschaft. Auch wer sich selber liebt, wird es auf diesem Wege gelernt haben: es gibt keinen anderen Weg. Auch die Liebe muss man lernen. (FW 334)

Hat man die Figur der Selbstüberwindung erst einmal herausgehört und konfiguriert, so muss man sie ertragen und schließlich sich an sie gewöhnt habend auch lieben lernen, bis man “nichts Besseres von der Welt mehr” will “als sie und wieder sie”. Aus dieser Beschreibung des Lieben-Lernens kann man sogar Zarathustras Lehre von der ewigen Wiederkunft des Gleichen heraushören, die wie erwähnt auch eine Doppelfigur ist.[338)]

Ich hoffe, dass damit nicht nur die genannten Schlüsselfiguren – Zarathustra und Selbstüberwindung –, die wie Schlüssel sowohl öffnen als auch schließen können, deutlich geworden sind, sondern auch, dass der Unterschied zwischen dem historischen Zarathustra und Nietzsches Zarathustra einerseits zwar abgründig tief ist, andererseits aber dennoch nur eine “nuance”[339)] ist und Zarathushtra (wie

---

338) Vgl. David, Pascal: Hören und Lieben lernen - Nietzsche und das Wesen der Musik. In: Seubert, Harald (Hg.): Natur und Kunst im Denken Nietzsches. Köln u.a. 2002. S. 137-152.

339) Nietzsche versteht “Nuancen” vor allem als atypische Ausnahmeerscheinungen, von denen er selbst eine sei (vgl. EH, Der Fall Wagner 4, KSA 6, S. 362), und den Sinn und die Lust an der Nuance zugleich als eigentliches Zeichen der Modernität (Nachlass 1886/87, KSA 12, 7 [7,] S. 289f., 9 [139], S. 414). Die Bedeutung der “Nuance” liegt u. a. darin, dass z.B. “außerordentlich kleine Veränderungen der Werthschätzung” genügen, “um ganz ungeheuer verschiedene

Stausberg den Namen schreibt) und Zarathustra 'Nicht-Zwei' in der Figur der Selbstüberwindung sind. Man könnte es auch eine "différance" im Sinne Derridas nennen[340], im Sinne Nietzsches eine "kleinste Kluft", die "am letzten" (Za II, Das Nachtlied, KSA 4, S. 137) und "am schwersten" (Za III, Der Genesende 2, KSA 4, S. 272) zu überbrücken ist. Der erforderliche Blick und Augen-Blick des Umschlags ist demjenigen bei Kippfiguren und Vexierbildern vergleichbar, bei denen die eine (und eigene) Figur nur vor dem Hintergrund der jeweils defigurierten anderen sichtbar wird. Deshalb ist zu vermuten, dass sich nicht nur Nietzsches Zarathustra nur vor dem Hintergrund des historischen Zarathustra profiliert, sondern dass auch umgekehrt der historische Zarathustra wieder umso bekannter werden wird, je besser wir Nietzsches Zarathustra mimetisch und konfigurativ zu lesen lernen.

Werthbilder zu bekommen" (Nachlass 1881, KSA 9, 12 [59], S. 587).

340) "Toute la pensée de Nietzsche n'est-elle pas une critique de la philosophie comme indifférence active à la différence, comme système de réduction ou de répression a-diaphoristique? Ce qui n'exclut pas que selon la même logique, selon la logique même, la philosophie vive *dans* et *de* la différance, s'aveuglant ainsi au *même* qui n'est pas l'identique. Le même est précisément la différance (avec un *a*) comme passage détourné et équivoque d'un différent à l'autre, d'un terme de l'opposition à l'autre" (Derrida, Jacques: la différance. In: Marges de la Philosophie, Paris 1972. S. 1-29. S. 18). Die paradigmatische Sclüsselfigur für dieses Denken des Gleichen, das nicht das Selbe ist, d.h. der kleinsten Nuancen, différances und Klüfte ist natürlich die Grundkonzeption Zarathustras von der ewigen Wiederkunft des Gleichen.

DIE VIER EDLEN WAHRHEITEN BUDDHAS
UND
DIE VIER GROSSEN IRRTÜMER FÜR NIETZSCHE

I.

Die vier edlen Wahrheiten Buddhas sind:

1. die Wahrheit vom Leiden (dukkha),
2. die Wahrheit von der Ursache des Leidens (tanha, “Durst”),
3. die Wahrheit von der Aufhebung des Leidens,
4. die Wahrheit vom achtfachen Weg zur Aufhebung des Leidens (rechte Einsicht, rechtes Denken, rechtes Sprechen, rechtes Handeln, rechter Lebenswandel, rechte Anstrengung, rechte Aufmerksamkeit und rechte Konzentration).

Die vier großen Irrtümer sind für Nietzsche:

1. der Irrtum der Verwechslung von Ursache und Folge (Tugend z.B. ist nicht die Ursache des Glücks oder des Wohlbefindens, sondern dessen Folge),
2. der Irrtum einer falschen Ursächlichkeit (Wille, Geist, Ich, Bewusstsein),
3. der Irrtum einer imaginären Ursächlichkeit (z.B. böse oder gute Geister, Sünde, Gottvertrauen, Gebet),
4. der Irrtum vom freien Willen.

Die vier edlen Wahrheiten Buddhas werden das Herz der Lehre Buddhas genannt.[341)] Sie wurden von ihm von seiner ersten Rede im Tierpark von Isipatana an über fünfundvierzig Jahre hinweg bis zu seiner letzten Rede gelehrt. In dem sich auch in

---

341) Vgl. Rahula, Walpola: What the Buddha taught. London 1978. S. 16ff.; Thich Nhat Hanh: The Heart of the Buddha's Teaching. New York 1999.

Nietzsches Bibliothek befindlichen Werk über Buddha von *Hermann Oldenberg* aus dem Jahre 1881, in dem die vier edlen Wahrheiten als die "Lehre" Buddhas vorgestellt werden, heißt es: "Und durch die ganze Lehrtätigkeit Buddhas, wie sie in den heiligen Texten geschildert wird, zieht sich als das, 'was die vornehmste Verkündigung der Buddhas ist', die Predigt von den vier Wahrheiten hindurch."[342)]

Ähnliches gilt für die vier großen Irrtümer, die Nietzsche aufstellt. Obwohl sie ausdrücklich erst in der *Götzen-Dämmerung* aus dem Jahre 1888, also fast am Ende des literarischen Schaffens Nietzsches auftreten, lassen sich die Spuren dieser Lehren auch schon beim frühen Nietzsche und durch das ganze Werk verteilt finden. Wie die vier edlen Wahrheiten haben es auch die vier großen Irrtümer mit Kausalität und Moral zu tun. Handelt es sich im ersten Fall jedoch um vier Wahrheiten, so im zweiten komplementär um vier Irrtümer, die zur wechselseitigen Klärung aufeinander bezogen werden können, sofern es sich in ihnen um vergleichbare Fragen handelt.

II.

Schon die erste selbstständige philosophische Arbeit des achtzehnjährigen Nietzsche handelt von *Fatum und Geschichte* sowie von *Willensfreiheit und Fatum* (1862), ein Thema, das nicht nur im *Irrtum vom freien Willen* wiederkehrt, sondern zum *amor fati* verwandelt Nietzsches ganze Lehre bestimmt.[343)] In diesem frühen

342) Oldenberg, Hermann: Buddha. Sein Leben - Seine Lehre - Seine Gemeinde. München 1961. S. 199. Referenzen zu diesem Werk finden sich auch in Nietzsches Nachlass. Vgl. Nachlass 1884, KSA 11, 26 [220], [221], vgl. bereits Nachlass 1882, KSA 10, 2 [1]. Im dritten Kapitel finden wir auch den Satz aus dem *Dhammapada*, der für Nietzsche "am Anfang der Lehre Buddha's" steht: "Nicht durch Feindschaft kommt Feindschaft zu Ende, durch Freundschaft kommt Feindschaft zu Ende" (EH, Warum ich so weise bin 6; vgl. AC 20; Nachlass 1888, KSA 13, 24[1], S. 61). Die "Kraft der Freundschaft", die Buddha ausstrahlt, erinnert in Oldenbergs Worten an Nietzsches Bestimmung des Dionysischen, das nicht nur den Bund zwischen Mensch und Mensch, sondern auch mit der Natur wieder schließt (GT 1, KSA 1, S. 29): "In wem solches Freundschaftsgefühl allen Wesen gegenüber waltet, der besitzt in ihm eine magische Kraft; Menschen und Tiere, auf die er einen Strahl dieser Kraft fallen läßt, werden dadurch wunderbar besänftigt und angezogen." (Oldenberg, S. 273).

343) Vgl. Janz, Curt Paul: Friedrich Nietzsche. Biographie. München 1993. Bd. 1. S. 98-104. Okôchi,

Text wird der Gedanke des Fatum von Nietzsche mit der hinduistisch-buddhistischen Karma-lehre verbunden: "Die Tätigkeit des Menschen [...] beginnt nicht erst mit der Geburt, sondern schon im Embryon und vielleicht - wer kann hier entscheiden - schon in Eltern und Voreltern." Wer an die Unsterblichkeit der Seele glaube, müsse auch an die Vorexistenz der Seele glauben, wenn man nicht etwas Unsterbliches aus einem Sterblichen hervorgehen lassen wolle. "Der Hindu sagt: Fatum ist nichts, als die Thaten, die wir in einem früheren Zustande unseres Seins begangen haben."[344) Und woher will man wissen, "daß man nicht seit Ewigkeiten schon mit Bewußtsein gehandelt habe?" (BAW 2, S. 60f.). Positiv hebt Nietzsche an dieser Lehre auch hervor, "daß die an ein Fatum glaubenden Völker sich durch Kraft und Willensstärke auszeichnen, daß hingegen Frauen und Männer, die nach verkehrt aufgefaßten christlichen Sätzen die Dinge gehen lassen wie sie gehen, da "Gott alles gut gemacht hat", sich von den Umständen auf eine entwürdigende Art leiten lassen." (ebd., S. 60). Fatalismus bedeutet für Nietzsche also keinesfalls Untätigkeit, Passivität und Sich-gehen-lassen. Ganz im Gegenteil setzt der Glaube an das Fatum den Menschen in eine organische Verbindung mit dem Ganzen und der gesamten Entwicklung und nötigt ihn daher, im Widerstreben gegen diese ihn ganz beherrschen wollende Macht, eine freie "Gegenkraftentwicklung" (ebd., S. 62) zu entfalten. Willensfreiheit und Fatum sind entgegengesetzte, aber zusammengehörige Begriffe, die nicht abstrakt, sondern individuell zu verstehen sind und daher in der Idee der Individualität "verschwimmen" (ebd.). Paradox ausgedrückt könnte man sagen: wenn man den freien Willen entwickeln will, muss man das Fatum betonen, will man den Fatalismus fördern, lehre man den freien Willen. "Fatum ist die unendliche Kraft des Widerstandes gegen den freien Willen; freier Wille ohne Fatum ist ebenso wenig denkbar, wie Geist ohne Reelles, Gutes ohne Bößes. Denn erst der Gegensatz macht die Eigenschaft." (ebd., S. 59). Gegensätze sind in diesem Sinne "Nicht-Zwei".

In *Menschliches, Allzumenschliches* begrüßt Nietzsche dann "die Sonne eines neuen Evangeliums", die "ihren ersten Strahl auf die höchsten Gipfel in der Seele"

Ryôgi: Nietzsches Amor Fati im Lichte von Karma des Buddhismus. In: Nietzsche-Studien 1 (1972). S. 36-94.

344) Der Satz geht vermutlich auf Nietzsches Lektüre von R. W. Emersons Essay "Fate" zurück, den er in diesem Zusammenhang zitiert.

Einzelner wirft, indem sie den freien Willen ausschließt. Denn "Alles ist Nothwendigkeit, - so sagt die neue Erkenntniss: und diese Erkenntniss selber ist Nothwendigkeit. Alles ist Unschuld: und die Erkenntnis ist der Weg zur Einsicht in diese Unschuld." (MA 107). Zwar ist es "der bitterste Tropfen, welchen der Erkennende schlucken muss, wenn er gewohnt war, in der Verantwortlichkeit und der Pflicht den Adelsbrief seines Menschenthums zu sehen", aber die bittere Medizin hat für Nietzsche auch eine neue Gesundheit zur Folge. Vom wachsenden Einfluss dieser Erkenntnis erhofft sich Nietzsche eine langsame, aber stetige Umwandlung der Menschheit von einer moralischen in eine weise Menschheit:

> eine neue Gewohnheit, die des Begreifens, Nicht-Liebens, Nicht-Hassens, Ueberschauens, pflanzt sich allmählich in uns auf dem selben Boden an und wird in Tausenden von Jahren vielleicht mächtig genug sein, um der Menscheit die Kraft zu geben, den weisen, unschuldigen, (unschuld-bewussten) Menschen ebenso regelmässig hervorzubringen, wie sie jetzt den unweisen, unbilligen, schuldbewussten Menschen – das heisst die nothwendige Vorstufe, nicht den Gegensatz von jenem – hervorbringt. (ebd.).

Auch bei Nietzsche finden wir also einen Weg, wenn auch zunächst nur einen einfachen, nämlich die einfache Erkenntnis und Einsicht in die Notwendigkeits- und Unschulds-Natur aller Dinge. Es ist dieselbe Einsicht, die auch der achtfache Pfad Buddhas als erstes voraussetzt, d.h. womit er beginnt: die von allem Leiden erlöste, notwendig-unschuldige Buddha-Natur jedes Menschen und aller Dinge, die in der dritten edlen Wahrheit als das erreichbare Ende des Leidens verkündet wird und ohne die der achtfache Pfad kein Ziel hätte. Anders als im Christentum, nach dem jeder Mensch als Sünder geboren wird, ist für Buddha und Nietzsche jeder Mensch ursprünglich unschuldig und hat schon Buddha-Natur. Für beide kann man daher nur werden, was man schon ist.

Diesem Evangelium[345)], der "guten Botschaft" Buddhas und auch Nietzsches, begegnen wir wieder in Zarathustras Segen der Unschuld an alle Dinge vor Sonnen-Aufgang, der besagt:

> über jedwedem Ding als sein eigener Himmel stehn, als sein rundes Dach, seine azurne Glocke

345) Nietzsche spricht von seinem "Zarathustra-Evangelium" (Nachlass 1886/87, KSA 12, 6[4]) auch als "fünftes 'Evangelium'" (An Ernst Schmeitzner, 13. Februar 1883, KSB 6, Nr. 375).

und ewige Sicherheit: und selig ist, wer also segnet! Denn alle Dinge sind getauft am Borne der Ewigkeit und jenseits von Gut und Böse; Gut und Böse selber aber sind nur Zwischenschatten und feuchte Trübsale und Zieh-Wolken. Wahrlich, ein Segnen ist es und kein Lästern, wenn ich lehre: "über allen Dingen steht der Himmel Zufall, der Himmel Unschuld, der Himmel Ohngefähr, der Himmel Übermuth." (Za III, Vor Sonnen-Aufgang)

Dieser Zufall schließt die Notwendigkeit nicht aus, sondern ein, so dass man auch sie unter dem Begriff des "Nicht-Zwei" fassen kann.[346)]

Was Nietzsche am Begriff des freien Willens bekämpft, ist nicht seine ihm konventionell zugestandene "Freiheit", sondern der Versuch, mit ihm das Dasein seiner Unschuld zu berauben, indem er wesentlich erfunden worden sei, "zum Zweck der Strafe, das heisst des Schuldig-finden-wollens. [...] Die Menschen wurden "frei" gedacht, um gerichtet, um gestraft werden zu können, - um schuldig werden zu können: folglich musste jede Handlung als gewollt, der Ursprung jeder Handlung im Bewusstsein liegend gedacht werden" (GD, Die vier grossen Irrtümer 7). Als Instrument der Beschuldigung gehört die Lehre vom freien Willen in eine "Metaphysik des Henkers" (ebd.) und widerstreitet der Einsicht in die "Unschuld des Werdens". Denn die Fatalität des Einzelnen ist nicht aus der "Fatalität alles dessen, was war und was sein wird" herauszulösen: "Man ist nothwendig, man ist ein Stück Verhängniss, man gehört zum Ganzen, man ist im Ganzen, - es giebt Nichts, was unser Sein richten, messen, vergleichen, verurtheilen könnte, denn das hieße das Ganze richten, messen, vergleichen, verurtheilen... Aber es giebt Nichts ausser dem Ganzen!" (GD, Die vier grossen Irrthümer 8) Karma und Fatum sind nicht mehr nur individuell, sondern kosmisch zu verstehen. Das singuläre Individuum ist eine falsche Abstraktion und ein Irrtum, was im Buddhismus in der Lehre vom Nicht-Selbst (anatman) seine Entsprechung findet.

Während der Begriff des freien Willen im westlichen Denken relativ breiten Raum einnimmt, spielt er im Buddhismus eine untergeordnete Rolle. Sowohl die vorausgesetzte Buddha-Natur aller Dinge und der Kampf gegen die Ressentimentgefühle als auch das in den vier edlen Wahrheiten und der damit verbundenen Lehre von der bedingten Entstehung aller Dinge (Paticca-samuppadha) zum Ausdruck kommende Kausalitätsdenken lassen wenig Raum für einen derartigen

---

346) "Höchster Fatalismus doch identisch mit dem Zufall und dem Schöpferischen." (Nachlass 1884, KSA 11, 27 [71]).

Begriff:

> If the whole of existence is relative, conditioned and interdependent, how can will alone be free? [...] So-called 'freedom' itself in this world is not absolutely free. That too is conditioned and relative. There is of course, such a conditioned and relative 'Free Will', but not unconditioned and absolute. There can be nothing absolutely free in this world, physical or mental, as everything is conditioned and relative. If Free Will implies a will independent of conditions, independent of cause and effect, such a thing does not exist. How can a will, or anything for that matter, arise without conditions, away from cause and effect, when the whole of life, the whole of existence, is conditioned and relative?[347]

Dabei stimmen Nietzsche und der Buddhismus nicht nur in der Ablehnung des freien Willens überein, sondern auch in der Analyse der Bedingungen des Begriffs "freier Wille": "the idea of Free Will is basically connected with the ideas of God, Soul, justice, reward and punishment. Not only so-called free will is not free, but even the very idea of Free Will is not free from conditions."[348]

Wie die vier edlen Wahrheiten und die vier großen Irrtümer im allgemeinen, so hat es auch der Irrtum vom freien Willen mit Ursache und Wirkung, also mit Kausalität zu tun. Mit der Leugnung des freien Willens wird die Möglichkeit einer *causa sui*, d.h. einer Ursache seiner selbst bestritten (vgl. JGB 21). Diese Erkenntnis, "dass wir nicht unsere eigenen Werke sind" ist für Nietzsche ein Grund "wahrer Bescheidenheit", die sich insbesondere auch demjenigen empfehle, der den "Gedanken der völligen Unverantwortlichkeit" fassen könne (WS 588). Solche Bescheidenheit muss eine eigene Art von Stolz nicht ausschließen, denn "Fatum ist ein erhebender Gedanke für den, welcher begreift, dass er dazu gehört." (Ebd.; vgl. Nachlass 1884, KSA 11, 26 [442]).

III.

Der Irrtum von der Verwechslung von Ursache und Folge[349] lässt sich

347) Rahula, W.: What the Buddha taught, a.a.O., S. 54f.

348) Ebd., S. 55.

349) Nietzsche spricht hier bewusst von der Verwechslung von Ursache und *Folge*, nicht von Ursache

mindestens bis auf Nietzsches *Darstellung der antiken Rhetorik* aus dem Jahre 1874 zurückverfolgen, in der er als einer der wichtigsten rhetorischen Tropen, dem der Metonymie, erscheint. Denn Metonymien sind Vertauschungen von Ursache und Wirkung: "wenn z.B. der Rhetor "Schweiß" für "Arbeit" sagt, "Zunge" statt "Sprache". Wir sagen "der Trank ist bitter" statt "er erregt in uns eine Empfindung der Art; "der Stein ist hart" als ob hart etwas anderes wäre als ein Urtheil über uns. "die Blätter sind grün"." (KGW II-4, S. 427; vgl. WL 1, KSA 1, S. 878). Der Irrtum von der Verwechslung von Ursache und Folge hat, wie so viele andere und insbesondere auch die vier großen Irrtümer, seinen beständigen Anwalt in der Sprache. Wir sagen "ich will", als ob wir einen freien Willen hätten (der Irrtum vom freien Willen), wir sagen auch "ich denke", als ob "ich" es sei, der denke (Irrtum einer falschen Ursächlichkeit), wir sagen "Ich", als ob es ein Ich gäbe (Irrtum einer imaginären Ursächlichkeit), wir sagen "Sünde", als ob Sünde etwas Wirkliches sei (Irrtum einer imaginären Ursächlichkeit). Schließlich sagen wir im moralischen Sinne auch: "Wenn du das und das tust, und das und das lässt, wirst du glücklich", und verwechseln dabei Ursache und Folge.

Der metonymische Irrtum kommt für Nietzsche auf seinen Gipfel in der Rede von Ideen, also im Idealismus. In ihm, wie z.B. im Idealismus Platos, ist die Vertauschung von Ursache und Wirkung vollständig (KGW II-4, S. 446), da die Ideen als Ursprung und Ur-sache, als ein Erstes und nicht als ein Letztes, das erst am Ende einer Entwicklung kommt, verstanden werden. Idealistische Philosophien verwechseln das Letzte und das Erste: "Sie setzen das, was am Ende kommt - leider! denn es sollte [ihrer Meinung nach, M.S.] gar nicht kommen - die "höchsten Begriffe", das heisst die allgemeinsten, die leersten Begriffe, den letzten Rauch der verdunstenden Realität an den Anfang als Anfang." (GD, Die "Vernunft" in der Philosophie 4).

Der Buddhismus ist für Nietzsche keine idealistische Philosophie oder Religion in diesem Sinne. Vielmehr hebt Nietzsche am Buddhismus als seinen großen Vorzug gegenüber allen anderen Religionen hervor, dass er "die einzige eigentlich positivistische Religion" sei, die uns die Geschichte zeige, sowohl in seiner Moral als auch in seiner Erkenntnistheorie. Der Buddhismus sage nicht mehr "Kampf

und *Wirkung*. Was auf etwas anderes zeitlich folgt, kann aber muss nicht die *Wirkung* des Vorangegangenen sein. Die Verwechslung der Folge mit der Wirkung korrespondiert der Verwechslung von Ursache und Folge.

gegen Sünde", sondern "ganz der Wirklichkeit das Recht gebend, 'Kampf gegen das Leiden.'" (AC 20). Der Buddhismus steht damit in Nietzsches Sprache geredet "jenseits von Gut und Böse." (ebd.). Sein Problem ist daher auch nie wie im Christentum eine Theodizee, d.h. eine Rechtfertigung Gottes angesichts des *Bösen* in der Welt, sondern eher eine Kosmodizee angesichts des *Leidens* in der Welt, wie insbesondere die vier edlen Wahrheiten zeigen.

Der Kampf gegen das Leiden kann jedoch mindestens auf zweifache Weise verstanden bzw. missverstanden werden, je nachdem ob das Leiden zeitweilig oder endgültig besiegt werden soll. Hier ist ein Punkt, an dem sich Nietzsche und der Buddhismus, aber auch der ältere Theravada-Buddhismus und der Mahayana-Buddhismus unterscheiden.[350)] Während der Buddhismus auf beide Weisen verstanden werden kann, hält Nietzsche die zweite Möglichkeit, die grundsätzliche Aufhebung des Leidens überhaupt, weder für möglich, noch wünschenswert. Nietzsche stimmt in diesem Punkt eher mit dem Mahayana- als mit dem Theravada-Buddhismus überein.

Die zeitweilige Aufhebung des Leidens hat im Buddhismus wie auch bei Nietzsche bei den wahren, d.h. physiologischen Ursachen des Leidens anzusetzen. So wird in der zweiten der vier Wahrheiten der "Durst" als Ursache des Leidens genannt.[351)] Obwohl es sich dabei um eine Metapher handelt, ist sie aus dem Bereich der Physiologie und nicht aus dem der Ideen genommen. Wer Durst oder Hunger hat, leidet im wörtlichen Sinne, nicht an irgendwelchen Begriffen, Ideen oder gar nur Einbildungen, die er hat. Für Nietzsche ist Buddha ein tiefer Physiologe (vgl. EH,

---

350) "Im frühen Buddhismus bildet *trisna* [Sanskrit für Pali *tanha*] eines der Glieder in der Kette des 'abhängigen Ursprungs', und es wird von uns verlangt, wir sollten uns davon frei machen, um erlöst zu werden von Gram und Furcht. [...] Die späteren Buddhisten dagegen haben diesen Standpunkt verlassen und bestehen streng darauf, daß *trisna* etwas Fundamentales, Ursprüngliches ist und für das allgemeine Wohl nicht nur der Menschheit, sondern auch aller anderen Geschöpfe der Welt notwendig. [...] Die späteren Buddhisten begriffen, daß *trisna* identisch war mit der menschlichen Natur, ja mit allem und jedem, das überhaupt zum Dasein gelangt, und daß *trisna* verleugnen hieße, Selbstmord zu begehen. *Trisna* zu fliehen war für sie jetzt der Gipfel des Widersprüchlichen, eine Tat von absoluter Unmöglichkeit." (Suzuki, Daisetz T.: Der westliche und der östliche Weg. Frankfurt am Main 1977. S. 117, 119f.).

351) Als wesentliches Merkmal des Durstes wird später vor allem die Unwissenheit des Durstes über sich selbst hervorgehoben, wodurch sie oft als eigentliche Ursache allen Übels an die Stelle des Durstes selbst tritt. Der Durst liebt es, ebenso wie die Natur Heraklits und der Wille zur Macht Nietzsches, sich zu verbergen und zu verkleiden.

Warum ich so weise bin 6), der physiologisch bedingte Krankheiten auch physiologisch-hygienisch behandelt habe.[352] Buddha wendet z.B.

> das Leben im Freien an, das Wanderleben, die Mässigung und die Wahl der Kost; die Vorsicht gegen alle Spirituosa; die Vorsicht insgleichen gegen alle Affekte, die Galle machen, die das Blut erhitzen; keine Sorge, weder für sich, noch für Andre. Er fordert Vorstellungen, die entweder Ruhe geben oder erheitern - er erfindet Mittel sich die andren abzugewöhnen. Er versteht die Güte, das Gütig-sein als gesundheitfördernd. Gebet ist ausgeschlossen, ebenso wie die Askese; kein kategorischer Imperativ, kein Zwang überhaupt, selbst nicht innerhalb der Klostergemeinschaft (- man kann wieder hinaus -) [...] Eben darum fordert er auch keinen Kampf gegen Andersdenkende; seine Lehre wendet sich gegen nichts mehr als gegen das Gefühl der Rache, der Abneigung, des ressentiment. (AC 20)

Als Beleg der hygienischen Verordnung gegen alles Ressentiment führt Nietzsche das Wort aus dem *Dhammapada* (I, 5) an: "Nicht durch Feindschaft kommt Feindschaft zu Ende, durch Freundschaft kommt Feindschaft zu Ende" (EH, Warum ich so weise bin 6; vgl. AC 20). Die Freiheit vom Ressentiment steht für Nietzsche am Anfang der Lehre Buddhas, da sie die Voraussetzung zur Einsicht in die Buddha-Natur aller Dinge ist. Auch für Zarathustra ist die Erlösung vom Geist der Rache "die Brücke zur höchsten Hoffnung" (Za II, Von den Taranteln, KSA 4, S. 128).

Anders als diese physiologischen und temporär bleibenden Maßnahmen gegen das Leiden, wurden die dritte und vierte der vier edlen Wahrheiten jedoch auch so verstanden, dass sie die prinzipielle Aufhebung des "Durstes" als der Ursache allen Leidens und damit des Leidens selbst ins Auge fassen. Das Ziel der moralisch-geistigen Disziplin des achtfachen Pfades ist dann nicht mehr nur, den "Durst" zu löschen, indem man etwas trinkt und die Triebe und Begierden zeitweise

---

352) In ähnlicher Weise wie Buddha die vier edlen Wahrheiten nach dem Vorbild der altindischen Medizin von Krankheit, Diagnose, möglicher Kur und Behandlung angelegt hat, spricht Nietzsche von Nihilismus und décadence. Sie sind für ihn Krankheiten mit physiologischen Ursachen, die man bestenfalls auch nur physiologisch durch die geeignete Wahl von Ernährung, Ort, Klima, Gesellschaft usw. behandeln kann. Auch hier sind die vier großen Irrtümer zu vermeiden. Denn Nietzsches "Grundeinsicht über das Wesen der décadence" besagt: "was man bisher als deren Ursachen angesehen hat, sind deren Folgen. Damit verändert sich die ganze Perspektive der moralischen Probleme." (Nachlass 1888, KSA 13, 15[31], vgl. 14 [74]). Eine besondere Rolle bei dieser Kur spielt dabei die bittere Medizin der Lehre von der ewigen Wiederkunft des Gleichen, da sie zunächst nur den Nihilismus zu verewigen scheint, bevor sie ihre heilende Wirkung entfalten kann.

auf einem "mittleren Weg" befriedigt, sondern den "Durst" nach Leben und damit das Leben selbst in seinem Kreislauf von Wiedergeburten aufzuheben. Denn auch wenn der Durst gelöscht ist, wird er bei einer nächsten Gelegenheit wiederkehren und so neues Leiden erzeugen. Will man diesem Rad der Wiedergeburten entgehen, muss man das "Übel", also den "Durst" des Lebens selber an der Wurzel packen und ausreißen. Das Ziel des achtfachen Pfades in diesem Sinne ist das völlige Verlöschen des "Durstes" im Nirvana, um das Leiden nicht nur für einmal oder zeitweise, sondern für immer aufzuheben. Damit wird der "mittlere Weg", den Buddha empfohlen hat, zu Gunsten eines extrem-asketischen Weges verlassen.

Den "Durst" als Ursache allen Leidens kann man mit Nietzsches Begriff des "Willens zur Macht" als dem "letzte[n] Factum, zu dem wir hinunterkommen" (Nachlass 1885, KSA 11, 40 [61]) und der "primitive[n] Affekt-Form", von der alle anderen abgeleitet werden können (Nachlass 1888, KSA 13, 14 [121]), vergleichen.[353] Als letztes Faktum ist der Wille zur Macht "Ur-Sache". Er kann nicht anders als mit dem Leben selbst vernichtet werden bzw. selbst solcher Wille zur Vernichtung ist ein Teil der Ur-sache, deren Aufhebung nur scheinbar sein kann. Dementsprechend hält Nietzsche ein solches Unterfangen, in dem sich das Leben gegen sich selbst wendet, physiologisch betrachtet für Widersinn, hinter dem sich etwas anderes verbergen muss. Während es psychologisch gesehen so aussieht, als verneine sich das Leben damit selbst, hält es sich physiologisch betrachtet gerade an seinem letzten Strohhalm fest, um dennoch weiter zu leben: es steht also gerade umgekehrt als es die Verehrer des asketischen Ideals meinen, "das Leben ringt in ihm und durch dasselbe mit dem Tode und gegen den Tod, das asketische Ideal ist ein Kunstgriff in der Erhaltung des Lebens." (GM III, 13). Das asketische Ideal deutet so darauf hin, dass der Mensch ein Ziel braucht, dass er eher noch das Nichts will "als nicht wollen." (GM III, 1, 28).[354] Was für den grundlegenden "Willen zur

353) Vgl. Morrison, Robert G.: Nietzsche and Buddhism. A study in nihilism and ironic affinities. Oxford 1997. S. 132ff. Der Wille zur Macht ist nur als Form eine Einheit, in Wirklichkeit aber immer plural, d.h. eine gleichursprüngliche Vielheit von Ursachen. Wille zur Macht und Durst kämen sich noch näher, wenn man den Durst als "Durst nach Macht" auffassen könnte.

354) Nach Daisetz T. Suzuki begriffen die späteren Buddhisten mit der Einsicht in den Ursprünglichkeitscharakter des "Durstes" zugleich, dass das Streben der frühen Buddhisten, sich von den sogenannten Verführungen dieses Durstes zu befreien, selber nur das Wirken des Durstes selbst sei. "Sie erkannten, daß eben das, was uns den Wunsch eingibt, *trisna* zu verneinen oder vor ihm zu fliehen – daß dies *trisna* selbst ist." (Suzuki: Der westliche und der östliche Weg,

Macht" gilt, trifft in modifizierter Weise auch auf die Leidenschaften und Triebe zu, die Nietzsche ebenfalls nicht angreifen will: "Wir bewundern die Zahnärzte nicht mehr, welche die Zähne ausreissen, damit sie nicht mehr weh thun... [...] die Leidenschaften an der Wurzel angreifen heisst das Leben an der Wurzel angreifen" (GD, Moral als Widernatur 1). Nietzsche hat demgegenüber die Vergeistigung und Sublimierung der Leidenschaften, d.h. die Transformation der Leidenschaften in "Freudenschaften" im Auge und als deren Bedingung ihre Bewahrung (vgl. Za I, Von den Freuden- und Leidenschaften).

Der edle achtfache Pfad wird herkömmlicher Weise in moralische Disziplin (rechtes Sprechen, rechtes Handeln, rechter Lebenswandel), geistige Disziplin (rechte Anstrengung, rechte Aufmerksamkeit, rechte Konzentration) und Weisheit (richtige Einsicht und richtiges Denken) eingeteilt.[355] Sofern es sich dabei nicht um nacheinander oder unabhängig voneinander, sondern um möglichst gleichzeitig zu praktizierende und zu entwickelnde Verhaltensweisen handelt, ist der achtfache Pfad im Grunde ein einziger Pfad.[356] Offenbar hat er die Form, die nach Nietzsche jeder Moral und Religion zu Grunde liegt und die sagt: "Thue das und das, lass das und das – so wirst du glücklich! Im andern Falle...", den uns Nietzsche selber ergänzen lässt, wirst bzw. bleibst du unglücklich. (GD, Die vier grossen Irrtümer 2). Das Glück oder die Aufhebung des Leidens, ist danach die Folge der Tugend oder wird sogar als deren Wirkung verstanden. Dies stellt für Nietzsche eine Verwechslung von Ursache und Folge dar, die sich in seinem Munde in ihr Gegenteil verwandelt: "ein wohlgerathener Mensch, ein "Glücklicher", muss gewisse Handlungen thun und scheut sich instinktiv vor anderen Handlungen, er trägt die Ordnung, die er physiologisch darstellt, in seine Beziehungen zu Menschen und Dingen hinein. In Formel: seine Tugend ist die Folge seines Glücks..." (ebd.). Dementsprechend rät Nietzsche: "Dem Individuum, sofern es sein Glück will, soll man keine Vorschriften über den Weg zum Glück geben: denn

a.a.O., S. 120).

355) Vgl. Rahula, W.: What the Buddha taught, a.a.O., S. 46ff.

356) Ebd., S. 46. Vgl. Thich Nhat Hanh: The Heart of the Buddha's Teaching, S. 118f.: "As we study and practice the Noble Eightfold Path, we see that each element of the path is contained within all the other seven elements. We also see that each element of the path contains the Noble Truth of suffering, the making of suffering, and the ending of suffering.[...] In fact, it is not possible to practice one element of the Noble Eightfold Path without practicing all seven other elements."

das individuelle Glück quillt aus eigenen, Jedermann unbekannten Gesetzen, es kann mit Vorschriften von Aussen her nur verhindert, gehemmt werden." (M 108). Allgemeine Regeln, die für alle gelten sollen, sind für Nietzsche den jeweils individuellen Bedürfnissen des Einzelnen unangemessen. Tugenden sind immer persönliche Tugenden und daher letzten Endes namenlos. Zarathustra lehrt: "Deine Tugend sei zu hoch für die Vertraulichkeit der Namen: und musst du von ihr reden, so schäme dich nicht, von ihr zu stammeln." (Za I, Von den Freuden- und Leidenschaften).

Zugleich mit der Verwechslung von Ursache und Folge, wird die Folge, also das (individuelle) Glück oder die Aufhebung des Leidens, als ein durch tugendhaftes (richtiges) Handeln, Denken, Sprechen, Lebenswandel usw. bewirkt werden könnendes verstanden, d.h. es wird zu etwas Machbarem. Die Folge wird mit der Wirkung verwechselt. Aber weder für Nietzsche noch für Buddha ist die Unschulds- und Buddha-Natur etwas, das man bewirken könnte oder auch nur zu bewirken hätte.[357] Da sie ursprünglich da ist, kann man höchstens werden, was man ist, aber man kann sich nicht selbst bewirken und also *causa sui* sein. Das Verhältnis des achtfachen Pfades zu seinem Ziel kann insofern nicht im Sinne eines Ursache-Wirkung-Verhältnisses verstanden werden. Die Einsicht oder Erkenntnis des "Selbst" bewirkt das Eingesehene oder Erkannte nicht, sondern entdeckt oder enthüllt nur, was schon ist, indem sie Verdeckungen und Irrtümer beseitigt und vermeidet.

Für Nietzsche sollte jeder seine eigene individuelle Moral und individuelle Wahrheit suchen, auch wenn sie vom Standpunkt der Allgemeinheit als Immoral und Irrtum erscheinen müssen. Auch der achtfach gegliederte Pfad kann keine unbedingte Allgemeingültigkeit beanspruchen. Für ihn gilt das gleiche wie für die christliche Moral: "Heute noch ist ein solches Leben [wie es Jesus lebte, M.S.] möglich, für gewisse Menschen sogar nothwendig: das echte, das ursprüngliche Christenthum wird zu allen Zeiten möglich sein..." (AC 39). Man kann hinzufügen: ebenso wird auch der ursprüngliche Buddhismus zu allen Zeiten möglich und für gewisse Menschen sogar notwendig sein. Der Fehler liegt für Nietzsche nur darin, diese Moralen so zu

---

357) Nietzsche bezeichnet es als "das beste Stück Realismus" in den Religionen des Brahmanismus, Buddhismus und Christentums, dass die "Erlösung" letzten Endes als nicht durch Tugend und moralische Besserung erreichbar gilt (vgl. GM III, 17, KSA 5, S. 380).

verallgemeinern, dass sie für alle Menschen und möglicherweise sogar unbedingt gelten sollen. Der Ursprung dieses Fehlers liegt in der Verwechslung von Ursache und Folge, von Anfang und Ende. Durch ihn wird der Aufhebung des Leidens als feste Eigenschaft allgemein verbindlich zugesprochen, was doch nur ein individueller Zugangsweg ist. Als ob es nicht verschiedene Ziele und selbst zum selben Ziel von verschiedenen Ausgangspunkten aus ganz verschiedene und sogar entgegengesetzte Wege geben könne. Für Zarathustra gilt: "Auf vielerlei Weg und Weise kam ich zu meiner Wahrheit; nicht auf Einer Leiter stieg ich zur Höhe, wo mein Auge in meine Ferne schweift. [...] "Das - ist nun mein Weg, - wo ist der eure?" so antwortete ich denen, welche mich "nach dem Wege" fragten. Den Weg nämlich - den gibt es nicht." (Za III, Vom Geist der Schwere 2, KSA 4, S. 245).

IV.

In welchem Sinne also sind die vier edlen Wahrheiten für Buddha Wahrheiten, und in welchem Sinne sind die vier großen Irrtümer für Nietzsche Irrtümer? Was ist ihr Status oder ihre Stellung?

Für Nietzsche besteht zwischen Wahrheit und Irrtum kein prinzipieller Unterschied, kein Gegensatz-, sondern höchstens ein Gradverhältnis:

> "Wahrheit": das bezeichnet innerhalb meiner Denkweise nicht nothwendig einen Gegensatz zum Irrthum, sondern in den grundsätzlichsten Fällen nur eine Stellung verschiedener Irrthümer zu einander: etwa daß der eine älter, tiefer als der andere ist, vielleicht sogar unausrottbar, insofern ein organisches Wesen unserer Art nicht ohne ihn leben könnte; während andere Irrthümer uns nicht dergestalt als Lebensbedingungen tyrannisiren, vielmehr, gemessen an solchen "Tyrannen", beseitigt und "widerlegt" werden können. Eine Annahme, die unwiderlegbar ist, - warum sollte sie deßhalb schon wahr sein? (Nachlass 1885, KSA 11, 38 [4])

Wahrheit ist für Nietzsche sogar nur eine bestimmte Art von Irrtum, nämlich "die Art von Irrthum, ohne welche eine bestimmte Art von lebendigen Wesen nicht leben könnte." (Nachlass 1885, KSA 11, 34 [253]). Der Irrtum ist insofern tiefer als die Wahrheit und kann nur um den Preis des Lebens dieser bestimmten Art lebendiger Wesen beseitigt werden. Mit der Frage nach der 'großen' Wahrheit und dem 'großen' Irrtum setzt sich das Leben selbst aufs Spiel. Wahrheit und Irrtum sind relativ und was für den einen wahr ist, kann und muss unter Umständen sogar in den Augen eines anderen falsch sein. Da Nietzsche den Glauben an "die" Wahrheit verloren hat, stellt er nicht positiv vier Wahrheiten auf, sondern macht umgekehrt vier Irrtümer namhaft, die bei der Wahrheitssuche zu vermeiden sind, aber unvermeidlich auch immer wiederkehren. Denn Erkennen-wollen und Irren-wollen sind wie Tag und Nacht, Ebbe und Flut. "Leben ist die Bedingung des Erkennens. Irren die Bedingung des Lebens und zwar im tiefsten Grunde Irren. Wissen um das Irren hebt es nicht auf." (Nachlass 1881, KSA 9, 11 [162]). In diesem Sinne sind die vier großen Irrtümer für Nietzsche wirkliche, d.h. wahre Irrtümer.

Sind die vier großen Irrtümer für Nietzsche auch Wahrheiten, so sind die vier edlen Wahrheiten für Buddha auch Irrtümer. So ist es z.B. wichtig, bei einer Rede Buddhas darauf zu achten, wann, wo, von wem, zu wem und wie sie vermittelt wurde, d.h. ihre Wahrheit ist nicht ohne weiteres verallgemeinerbar.[358] Im Mahayana-Buddhismus ist man daher oft der Auffassung, dass Buddha zuerst nur die vier edlen Wahrheiten gelehrt habe, weil seine eigentliche Lehre für die meisten zu unverständlich gewesen wäre.[359] Insofern sind es "zweckdienliche Mittel"[360] oder nur "vorläufige Wahrheiten".[361] Wie das Gleichnis von dem Floß, das man nach der Überquerung eines Flusses nicht mehr braucht und daher aufgeben kann, zu verstehen gibt, hat Buddha auch die Relativität der Wahrheit angenommen.[362] Es wäre falsch, einmal am anderen Ufer angekommen, auch weiterhin an den nur zweckdienlichen Wahrheiten festzuhalten.[363] Dass dies auch für die vier edlen

358) Vgl. Muneto, Sonoda: The Eloquent Silence of Zarathustra. In: Parkes, Graham (Hg.): Nietzsche and Asian Thought. Chicago 1991. S. 226-243. S. 233.

359) Vgl. Seung Sahn: The Compass of Zen. Boston 1997. S. 115f.

360) Vgl. z.B. Thich Nhat Hanh: Opening the Heart of the Cosmos. Insights on the Lotus Sutra. Berkeley 2003. S. 23ff.

361) Unter dem Titel "Die vorläufigen Wahrheiten" heißt es bei Nietzsche: "Es ist etwas Kindisches oder gar eine Art Betrügerei, wenn jetzt ein Denker ein Ganzes von Erkenntniß, ein System hinstellt - wir sind zu gut gewitzigt, um nicht den tiefsten Zweifel an der Möglichkei eines solchen Ganzen in uns zu tragen. Es ist genug, wenn wir über ein Ganzes von Voraussetzungen der Methode übereinkommen - über "vorläufige Wahrheiten", nach deren Leitfaden wir arbeiten wollen: so wie der Schiffahrer im Weltmeer eine gewisse Richtung festhält." (Nachlass 1884, KSA 11, 25[449]).

362) Vgl. Rahula, Walpola: What the Buddha taught, a.a.O., S. 11f.

Wahrheiten gilt, sagt uns der Boddhisattva Avalokiteshvara in der wiederum das Herz der Lehre Buddhas treffenden *Heart-Sutra*[364] des Mahayana-Buddhismus schließlich selbst, wenn es vom Standpunkt der Leere (śunyata) aus gesehen heißt: "Es gibt kein Leiden, keine Ursache des Leidens, keine Aufhebung des Leidens und keinen achtfachen Pfad." Dies bedeutet nicht, dass der Boddhisattva das Floß der Lehre von den vier edlen Wahrheiten nicht auch weiterhin benutzen könnte, um z.B. auch andere an das Ufer der Einsicht zu holen, aber sie haben nur einen zweckdienlichen, keinen unbedingten Wahrheitscharakter.

Einen weiteren Hinweis auf die relative Wahrheit der vier edlen Wahrheiten kann uns auch ihre Charakterisierung als "edel" geben, wenn wir dies nicht nur als Merkmal dieser Wahrheiten, sondern zugleich auch als Merkmal derjenigen verstehen, die sie aufnehmen wollen und können. Es sind Wahrheiten für "Edle", die immer wenige Ausnahmen sind. Nietzsche hebt hervor, dass der Buddhismus seinen Ursprung und seine Verbreitung zunächst in den "höheren und selbst gelehrten Ständen" (AC 21) gehabt habe. Kaum ein anderer Denker hat sich zudem so sehr wie Nietzsche ausdrücklich mit der Frage beschäftigt: "Was ist vornehm?", d.h. was ist edel? Das ganze neunte und letzte Hauptstück von *Jenseits von Gut und Böse* ist dieser Frage gewidmet. Die Antwort auf die Frage ist nicht einfach, in dem doppelten Sinne, dass sie sowohl vielfach als auch schwierig ist. Sicher ist, dass "edel" für Nietzsche nichts mehr mit dem ständischen Begriff des "Adels" zu tun hat. Die Freiheit des Geistes dürfe nur dem "veredelten Menschen" gegeben werden (WS 350), dessen "letzter Edelsinn" vielleicht gerade darin bestehen könnte, sich als Ausnahme der gewöhnlichen Regel anzunehmen (vgl. FW 55). "'Die Regel ist mir immer interessanter als die Ausnahme' – wer so redet, der ist in der Erkenntniss weit voraus und gehört zu den Eingeweihten." (M 442).

Buddhas edle Wahrheiten nehmen sich der Regel an, indem sie das immer

---

363) Vgl. auch Wittgenstein, Ludwig: Tractatus logico-philosophicus 6.54: "Meine Sätze erläutern dadurch, daß sie der, welcher mich versteht, am Ende als unsinnig erkennt, wenn er durch sie – auf ihnen – über sie hinausgestiegen ist. (Er muß sozusagen die Leiter wegwerfen, nachdem er auf ihr hinaufgestiegen ist.) Er muß diese Sätze überwinden, dann sieht er die Welt richtig."

364) "The *HEART SUTRA* has only two hundred seventy Chinese characters, yet it contains all of Mahayana Buddhism's teaching. Inside this sutra is the essence of the *Diamond Sutra*, the *Avatamsaka-sutra*, and the *Lotus-Sutra*. It contains the meaning of all the eighty-four thousand sutras." (Zen Master Seung Sahn: The Compass of Zen, a.a.O., S. 131)

wiederkehrende Leiden des Menschen, das der Buddha selbst nicht mehr erfährt, Ernst nehmen und dem Leidenden einen Weg zeigen wollen, wie er sich ebenfalls von seinem Leiden befreien, also selber Buddha werden bzw. seine eigene Buddha-Natur verwirklichen kann. Buddhas Antwort auf die Frage nach dem Sinn des Leidens scheint zu sein, dass der Mensch durch die notwendige Transformation und Verwandlung des Leidens ein "edler" Mensch, ein Buddha und Boddhisattva werden kann.

Nietzsches Zarathustra nimmt sich des Leidens als der Regel an, indem er der Anwalt der Regel in dem Sinne ist, dass er die Regel und also auch das Leiden selbst verteidigt. Er nennt sich selbst "der Fürsprecher des Lebens, der Fürsprecher des Leidens, der Fürsprecher des Kreises" (Za III, Der Genesende 1) und wird schließlich auch zum Fürsprecher der Regel "Mensch", nachdem er zunächst nur den Übermenschen gelehrt hatte, der für ihn der "Sinn der Erde" ist. Der Übermensch als die Selbst-Überwindung des Menschen ist der Sinn des Leidens des Menschen und der Menschheit. Auch das Leiden hat also einen positiven Sinn. Denn das Problem des Menschen ist für Nietzsche nicht das Leiden selbst, sondern der Sinn bzw. die Sinnlosigkeit des Leidens, also die Frage: "'wozu leiden?' Der Mensch, das tapferste und leidgewohnteste Thier, verneint an sich nicht das Leiden: er will es, er sucht es selbst auf, vorausgesetzt, dass man ihm einen Sinn dafür aufzeigt, ein Dazu des Leidens. Die Sinnlosigkeit des Leidens, nicht das Leiden, war der Fluch, der bisher über der Menschheit ausgebreitet lag" (GM III, 28). Für Nietzsche hat das Leiden einen "tragischen Sinn", da es nicht von seinem Gegensatz, von Lust und Seligkeit, getrennt werden kann. Lust und Leid sind ebenfalls "Nicht-Zwei", aber Lust ist "tiefer noch als Herzeleid" (Za III, Das andere Tanzlied 3, vgl. Za IV, Das Nachtwandler-Lied 12), so dass "das Sein als selig genug" gilt, "um ein Ungeheures von Leid noch zu rechtfertigen." (Nachlass 1888, KSA 13, 14 [89]). Dies ist Nietzsches Kosmodizee.

Damit hoffe ich zumindest in Ansätzen gezeigt zu haben, dass und inwiefern

1. die vier großen Irrtümer eine ähnlich zentrale Rolle in Nietzsches Philosophie spielen wie die vier edlen Wahrheiten in derjenigen Buddhas,[365]

365) Nicht zufällig teilt uns Nietzsche im Schlussstück der vier großen Irrtümer mit, was seine "Lehre" ist (GD, Die vier grossen Irrthümer 8).

2. die Vermeidung der von Nietzsche angeführten vier großen Irrtümer auch zu einem besseren Verständnis der vier edlen Wahrheiten Buddhas beiträgt,
3. mit der Vermeidung des Irrtums vom freien Willen die notwendig-zufällige Unschulds- und Buddha-Natur aller Dinge verbunden ist,
4. mit dem Rückgang auf physiologische Bedingungen falsche und imaginäre idealistische Ursachen vermieden werden,
5. durch die Vermeidung des Irrtums der Verwechslung der Ursache mit der Folge der relative und "edle" Wahrheitscharakter der vier edlen Wahrheiten deutlich wird,
6. das Verständnis des Widerspruchs und des "Nicht-Zwei" sowohl für Nietzsche als auch für Buddha grundlegend ist[366] und
7. inwiefern die vier großen Irrtümer für Nietzsche Wahrheiten und die vier edlen Wahrheiten für Buddha Irrtümer sind.

366) Die beste Antwort auf die Frage nach der Bedeutung des "Nicht-Zwei" hat vermutlich Vimalakirti gegeben, als er nach so vielen Antworten auf Manjushris Frage endlich bloß schwieg (vgl. Seung Sahn: The Compass of Zen, a.a.O., S. 304f.). Es heißt auch das "donnernde" Schweigen des sonst so eloquenten Vimalakirti (vgl. Suzuki, Daisetz T.: Manual of Zen-Buddhism. New York 1999. S. 12).

SEUNG SAHN
EIN KOREANISCHER ZEN-MEISTER

Seung Sahn wurde 1927 in Seun Choen, im heutigen Nord-Korea geboren. Seine Eltern waren protestantische Christen. Mit zwanzig Jahren wurde er buddhistischer Mönch. Sein wohl wichtigstes Buch ist der 1997 zuerst auf Englisch erschienene "Compass of Zen" (dt. "Der Kompass des Buddhismus"), dessen erste Aufzeichnungen seit Anfang der siebziger Jahre seiner Lehrtätigkeit in den U.S.A. zugrunde lagen. Zunächst ohne besondere Englischkenntnisse und Waschmaschinen reparierend gründete er dort dennoch innerhalb von wenigen Jahren das Providence Zen Center in Rhode Island, das heute das Hauptzentrum der Kwan Um Zen Schule ist, sowie weitere Zen-Zentren in Cambridge, New Haven, New York, Los Angeles and Berkeley. Heute gibt es Zen-Zentren dieser Art auch in Europa, Afrika und natürlich Asien. Zu den weiteren Büchern Seung Sahns gehören vor allem das 1976 erschienene "Dropping Ashes on the Buddha", aus dem im Deutschen "Buddha steht kopf" geworden ist, sowie die bisher noch nicht ins Deutsche übersetzten Bücher "Only Don't Know" (1982, 2. durchgesehene und erweiterte Auflage 1999), "The Whole World is a Single Flower" (1993), eine Sammlung von 365 Koans für das tägliche Leben, sowie ein kleiner Gedichtband "Bone of Space" (1984).

I. Orientierung

Dem "Compass" liegen Texte, die in Chinesisch, Koreanisch und Englisch verfasst wurden zugrunde. Vielleicht kommt schon darin eine Grundlehre Seung Sahns zum Ausdruck, die besagt, man solle nicht an einer oder überhaupt der Sprache hängen bleiben. "Zen hat einen sehr einfachen und direkten Lehrstil. Zen heißt, dass wenn man verstehen will, was eine Wassermelone ist, man eine Wassermelone nimmt, ein Messer holt und die Wassermelone schneidet. Dann nimmt man ein Stück in den Mund – Ah! Sooo! Eigene Erfahrung! Worte, Reden, Bücher und Lernen können diesen Punkt nicht vermitteln. Selbst wenn man hundert Bücher über Wassermelonen liest und hundert Vorträge darüber hört, können sie nicht so gut lehren wie ein einziger Biss." (Compass, S. 23). Es komme vielmehr darauf an, wie man Worte und Sprache richtig benutze, um helfend eingreifen zu können. Zen heißt einfach, nicht an Worten und Sprachen hängen zu bleiben (vgl. S. 244ff.), sondern sie als Leitern (wie Wittgenstein) oder Flöße (wie Buddha) des Übersetzens zu verstehen, die man nach ihrem zweckdienlichen Gebrauch hinter sich lassen kann.

Der "Kompass" versucht in dieser sprachfreien aber dennoch sprachlich geprägten Welt Orientierung zu geben, indem er den Leser immer mehr von sprachlichem Verhaftetsein löst und am Ende vor ein Eingangstor zu Zen stellt. In einem ersten Abschnitt werden die Absichten (zuerst selbst Erleuchtung erlangen, dann andere unterweisen), sodann die Richtungen (insbesondere Hinayana bzw. Theravada, Mahayana und Zen) und schließlich die Struktur (Buddha, Dharma, Sangha) des Buddhismus vorgestellt. Das darauf folgende Kapitel über den Hinayana-Buddhismus behandelt die Hauptlehren des anfänglichen Buddhismus wie die Einsichten in Unbeständigkeit und Nicht-Selbst, die abhängige Entstehung aller Dinge und die vier edlen Wahrheiten. Das Kapitel über den Mahayana-Buddhismus dagegen orientiert sich stärker an den Hauptschriften desselben wie Diamant-Sutra, Herz-Sutra, Lotus-Sutra und Avatamsaka-Sutra. Erst nach gut über der Hälfte des Buches beginnt das abschließende Kapitel über den Zen-Buddhismus. Um den Unterschied dieser drei aufeinander aufbauenden Richtungen zu erläutern, benutzt Seung Sahn ein anschauliches Beispiel. Hinayana-Buddhismus sei wie das Fahren von einem Ort zum anderen mit dem Fahrrad durch eigene Anstrengung. Im Mahayana-Buddhismus nimmt man einen Bus, der nicht nur mehr Menschen ans Ziel bringen kann, sondern auch einfacher und vielleicht bequemer ist. Für beide Richtungen braucht man aber Straßen oder Wege und vielleicht eine Karte, wenn man sich nicht auskennt. Zen dagegen habe keine Straße und keine Karte. Es sei wie mit dem Flugzeug, in das man an einem Ort steigt und am anderen wieder aussteigt.

> Man erreicht sein wahres Selbst direkt, vollständig, aber ohne irgendeine Karte zu benutzen. Es hängt nicht von den Sutren ab. Es hängt nicht von Buddha ab. Es hängt auch nicht von Zeit oder Raum, Name oder Form, Sprache oder Worten ab. Es hängt nicht einmal von Zen ab. Wenn du dieses Flugzeug benutzen willst, dann mache nichts von Augenblick zu Augenblick und du verstehst, dass du bereits vollkommen bist. Das ist Zen. Es ist ganz einfach. (Compass S. 209)

Ob es wirklich so einfach ist, kann man dann selbst im Anhang an den "Zehn Toren" zum Zen prüfen (Compass, S. 355ff.). Gleich das erste Tor stammt aus der Sammlung "torloser Tore" des chinesischen Zen-Meisters Ekai (auch Un Mun oder Mumon genannt, 1183-1260). Es ist der bekannte Koan, in dem ein Mönch einmal Zen-Meister Joju fragt: "Hat ein Hund Buddha-Natur?" Joju antwortete nur: "Mu!" Das chinesische Schriftzeichen für Mu (無) bedeutet soviel wie Nichts. Daraus könnte man einfach schließen, dass Hunde eben keine Buddha-Natur haben, wenn der Buddha nicht selbst gesagt hätte, dass alles Buddha-Natur hat, also auch Hunde. Ein merkwürdiger Widerspruch also. Meint Mu vielleicht doch nicht Nichts, sondern den Rettich im Feld (Mu (무) bedeutet auf Koreanisch auch "Rettich")? Aber "Berg ist Berg und Wasser ist Wasser", wie der berühmte Ausspruch eines anderen koreanischen Zen-Meisters lautet, Nein ist Nein und Ja ist Ja, Rettich ist Rettich. Eine "Lösung" könnte "ganz einfach" zweifach sein: Ja, Hunde haben wie alles Buddha-Natur, aber Nein, sie haben keine, sofern sie nach alledem, was wir über Hunde wissen oder zumindest zu wissen glauben, eben nicht darum wissen, wahrscheinlich gar nicht wissen können und vielleicht auch nicht zu wissen brauchen. "Only don't know" ist auch die Aufforderung, zu wissen, zumindest sokratisch zu wissen, dass man nichts weiß. Hat man einmal dieses Eingangstor des wissenden Nicht-Wissens erobert, kann man auch die anderen torlosen Tore in Angriff nehmen und sehen, ob man auf dem richtigen Weg ist.

Ein wichtiges Hilfsmittel dabei ist auch der "Zen-Kreis", auf den Seung Sahn immer wieder aufmerksam macht und etwa in der Mitte des dritten Teils auch aufs Papier bringt (Compass, S. 291ff). Die Kreisbewegung, die er vollzieht, beginnt bei unserer alltäglichen Lebenseinstellung mit dem Verhaftetsein an unser kleines Ich, die Namen und Formen. Uns gegen den Zeit- und Uhrzeigersinn bewegend gewinnen wir zunehmend Einsicht in die Vergänglichkeit aller Dinge, Form wird zu Leere und Leere wird zu Form. Aber dies drückt sich immer noch in Denken,

Sprache und deren Formen selbst aus. Bei 180 Grad wird die Leere selbst erreicht, die durch Sprache nicht mehr erreicht wird, sondern höchstens in einer Handlung ausgedrückt werden kann. Der eine stößt eine Art Schrei aus, der andere versetzt jemand oder etwas einen Schlag oder hebt nur den Finger. Leere in Worten ausdrücken zu wollen ist schon ein Fehler. Über diesen Punkt hinausgehend wird alles frei und man kann mit allem spielen. Steinerne Hunde bellen, ein hölzernes Huhn fliegt durch die Luft, Budhha ist drei Pfund Flachs. Doch wie in den bekannten zehn Ochsenbildern, die man in Korea fast an jedem Tempel findet, muss der Kreis geschlossen werden und der frei gewordene kehrt zum Anfang zurück, der derselbe und doch nicht mehr derselbe ist: Form ist Form, Leere ist Leere. Alles ist gerade so wie es ist. Die Blume ist rot, die Mauer ist weiß. Auf die Frage jedoch, welche dieser fünf Antworten entlang der Kreislinie die an sich richtige sei, gibt Seung Sahn die Antwort: "Alle fünf sind falsch. Warum? [kurzes Schweigen] KATZ! Das Buch ist blau, der Bleistift ist gelb. Wenn du dies verstehst, verstehst du dich selbst. Aber wenn du dich selbst verstehst, bekommst du dreißig Schläge von mir. Und wenn du dich nicht verstehst, bekommst du auch dreißig Schläge. Warum?" (Compass, S. 299). Die Antwort bleibt einmal mehr offen. Denn wenn es vielleicht gar kein Selbst gibt, kann man es auch weder verstehen noch nicht verstehen und wir sind nur im Netz der Sprache verfangen.

II. Brennende Fragen

Der Zen-Kreis steht auch am Beginn des Buches "Dropping Ashes on the Buddha", das uns Seung Sahn in Dialogen, kurzen Geschichten, Zen-Interviews, Dharma-Reden und -Briefen in lebendigem und konkreten Austausch mit Schülern zeigt. Der Titel stammt von einer Frage, die Seung Sahn seinen Studenten stellte, als er in Amerika zu lehren begann: "Jemand kommt in ein Zen-Center mit einer angezündeten Zigarette im Mund, geht zur Buddha-Statue, bläst Rauch in deren Gesicht und tippt Asche darauf. Du stehst dabei. Was kannst du tun?"

Zu den vielen möglichen (meist unzulänglichen) Antworten (vgl. außer dem Vorwort die Texte Nr. 38 und 58) seien hier zwei weitere hinzugefügt, meine eigene

Gegenfrage und diejenige, die man für die Antwort der Übersetzer des Buches ins Deutsche halten könnte, da es sonst keinen anderen Rückhalt im Text selbst hat: Buddha auf den Kopf zu stellen. In diesem Fall fällt die Asche zwar zum größten Teil wieder von der Buddhastatue herunter, aber dafür haben wir jetzt noch einen weit unansehnlicheren Buddha vor uns. Die Antwort verkennt, dass das Problem kein "objektives" Problem an oder mit der Buddhastatue ist, sondern im "subjektiven" Bewusstsein, also im Kopf der Asche fallen lassenden Person liegt. "Everything arises from our minds" (Compass, S. 2, vgl. S. 16f.). Daher wäre es vielleicht eher angebracht, den Kopf dieser Person auf die Füße zu stellen bzw. ihr verkehrtes Bewusstsein umzukehren. Seung Sahn gibt dazu eine passende Anweisung, die erkennen lässt, dass er keineswegs die physiologischen und gesellschaftlichen Bedingungen des Bewusstseins vernachlässigt, wenn es kurz darauf mit Beziehung auf die Ursachen des Leidens in der heutigen Welt und für viele sicherlich auch überraschend heißt: "Perhaps the most important reason for such a dramatic increase in the amount of suffering in this world is the increase in the amount of meat-eating that humans do." Zu diesem Zweck müssen täglich Millionen von Tieren routinemäßig und mechanisch überall auf der Welt geschlachtet werden. Zen-Bewusstsein beginnt schon zu Hause beim Essen und nicht erst beim Eintreten in ein Zen-Center. Oder es beginnt schon beim Atmen und dem Entschluss, das Rauchen aufzugeben, so dass dem Zigarettenrauchen mit seinen Aschenresten schlichtweg der Boden entzogen würde.

Da Zen ebenso wie der Buddhismus mit beiden Beinen auf der Erde und nicht auf dem Kopf steht, also auch nicht mit einem falschen Idealismus verwechselt werden sollte, könnte der Titel ebenso missverständlich sein wie die (auf den ersten Blick gar nicht erforderlich scheinende) Umformung vom "Compass of Zen" zum "Kompass des Buddhismus". Jede Übersetzung hat ihre Gefahren, die manchmal schon am Titel sichtbar werden. Denn Zen ist nicht einfach mit allen Spielarten des Buddhismus identisch. Gerade weil es vielmehr so viele verschiedenartige Richtungen desselben gibt, will Seung Sahn einen Kompass bereitstellen, der unbeirrt die Richtung anzeigt und Orientierung gibt. Ein "Kompass des Buddhismus" legt nahe, dass möglicherweise der Buddhismus der gesuchte Kompass in der Welt der Religionen ist, ein "Kompass des Zen" dagegen ist viel bescheidener und ruft nur die Frage wach: Was ist Zen? (Es ist auffallend, dass auch im Untertitel der Neuauflage des anderen Buches gerade die Zen-Meisterschaft Seung Sahns verschwunden ist). Zen heißt eigentlich nur so viel wie "Meditation", deren Haltung vielleicht am besten von Buddha repräsentiert wird. Der Mensch ist primär nicht das "vernünftige Tier", sondern das Tier, das meditieren und nur deshalb vielleicht auch vernünftig sein kann. Buddhismus ist wie vieles andere auch in der Praxis der Zen-Meditation begründet, nicht umgekehrt.

Vielleicht könnte man das verkehrte Bewusstsein auch mit einer Gegenfrage wieder auf die Beine stellen: Wenn alles Buddha-Natur hat, was können wir tun gegen die zerstörerischen Auswirkungen fortschreitender Industrialisierung und Technisierung auf uns und unsere Umwelt und die scheinbar nie enden wollenden Terroristen-Kriege, in denen nicht bloß Asche auf Buddhastatuen, sondern auch Bomben auf Menschen fallen? Die Angemessenheit dieser Gegenfrage mag eine letzte "heiße Frage" und ihre Antwort verdeutlichen. Am Ende des Buches fragt ein Student den Meister: "Was ist Liebe?"

Seung Sahn antwortet: "Ich frage dich: was ist Liebe?"

Der Student schweigt.

Seung Sahn sagt: "Das ist Liebe."

Der Student schweigt immer noch.

Seung Sahn erläutert: "Du fragst mich: Ich frage dich. Das ist Liebe." (Text Nr. 100)

III. Le(e/h)r-Gedichte

Nach diesem kurzen Überblick über einige "brennende Probleme" und einem Kompass zur Orientierung in der Hand, können wir versuchen, Seung Sahn auf einigen seiner Reisen auf den Knochen seiner Lehre (oder Leere) zu folgen. Von ihnen legt der kleine Gedichtband Zeugnis ab, der unter dem englischen Titel "Bone of Space", auf deutsch vielleicht als "Auf den Knochen der Leere" zu übersetzen, zuerst 1984 erschienen ist. Schon immer haben sich Zen-Meister auch um die Künste gekümmert (z.B. die Kunst des Bogenschießens) und selber Gedichte verfasst. Zen ist poetisch in der Form einer Art konkreter Poesie. Dabei gilt das, was oben über die Sprache gesagt wurde auch für die Verwendung von Sprache im

Gedicht. Irgendein Stil und irgendeine Sprache, sei es Koreanisch, Japanisch, Englisch, Deutsch usw., ist angemessen, um das und nur das zu fassen, was situativ erscheint.

> When I traveled around Europe, for each city I visited I wrote a poem. If you read these poems you will understand the situation, condition and relationships that existed during that trip -- how I connected to each country, each city, and how I understood these cities. Something would appear, and I would make a poem. This is not special; in writing poetry, I only see clearly, hear clearly, smell clearly, and think clearly. My thinking is clear, not checking anything; just think clearly, then make your poem. (Seung Sahn, Zen & Poetry: http://www.kwanumzen.org)

Die Problematik, die sich darin für den Leser verbirgt, zeigt sich deutlich an den beiden Gedichten dieses Bandes, die sich auf deutsche Städte beziehen und damit auch den Deutschen eine Chance geben, den Zen-Meister und sich selbst bis auf die Knochen und deren Mark zu prüfen und vielleicht selber Zen zu praktizieren. Auf seiner Europareise 1978 hatte Seung Sahn neben Frankreich, Polen, den Niederlanden, England und Italien auch Deutschland besucht. Da es bis jetzt nur eine englisch-koreanische Übersetzung dieser Gedichte gibt, möchte ich mich an einer Übersetzung ins Deutsche versuchen, die sich auf der Grenze zwischen beiden zu halten sucht, und insbesondere das Gedicht über Frankfurt etwas näher betrachten. Nicht nur weil ich selbst ein Frankfurter bin, sondern weil es auch erheblich mehr Schwierigkeiten bereitet als das Gedicht über West-Berlin, das allerdings besonders gut zeigt, wie ein Zen-Meister wohl auch über die Teilung seines eigenen Landes denken muss und dass Zen auch eine "Religion des Lachens" ist.

Obwohl die Gedichte zuerst auf Englisch erschienen sind, kann man vermuten, dass dies nicht unbedingt bedeutet, dass sie auch ursprünglich auf Englisch verfasst wurden oder die Übersetzerin nicht mit dem Autor korrespondiert hat oder in Verbindung stand. Während der Titel des Gedichtes im Englischen nämlich "Frankfurt/Mainz" lautet, heißt er im Koreanischen "Frankfurt am Main". Liest man das Gedicht selbst, so wird deutlich, woher diese Schwankung kommt. Denn in ihm geht es in erster Linie weder um Frankfurt noch um Mainz oder den Main, sondern um den Rhein, die Burgen am Rhein und die Lorelei am Rhein, in den bei Mainz der Main mündet. Im Grunde geht es um den doppelsinnigen Hauptstrom der

Geschichte Deutschlands. Für eine Übersetzung ins Deutsche folgt daraus ein wiederum veränderter Titel, in dem der Rhein im Zentrum steht und zugleich die jeweils partielle Berechtigung der beiden anderen bewahrt bleibt. Denn grundsätzlich gilt, dass Übersetzung immer Interpretation einschließt bzw. Interpretation ist und umgekehrt: in jeder Interpretation übersetzen wir unvermeidlich das zu Verstehende in unsere Sprache und uns selbst. Auf die Frage, welches der beste Weg sei, seine Gedichte zu lesen, gibt Seung Sahn den lapidaren Rat: "Put it all down, everything! Then my mind and your mind can connect." (Zen & Poetry). Fliegen wir also "auf den Knochen der Leere" und landen:

Frankfurt Rhein Main

Der Rhein fließt.
Vergangenheit und Gegenwart unverändert.
Knochen der Seele alter Herrscher.
Auf den Gipfeln der Berge bleibende Spuren.
Wie viele Jahrhunderte lang
Ist auf sie mit Fingern gezeigt worden?
Wann wurde der Fluss mit Blut befleckt?

Ruhm ist wunderbar!
Schöner Gesang ist verschwunden -
Nur der Lärm der Motoren zu hören. Brumm! Brumm! Brumm!
Berg und Fluss makellos?
Wo schläfst du, bezauberndes Mädchen der Lorelei?
Das Auge der Kamera sieht nur die schöne Aussicht -
Eine Burg,
Ein verkrempelter Hut,
Ein rotes, weißes, grünes Frühlingskleid.

"Der Finger zeigt den Mond" heißt es in Zen, und es meint, man soll nicht auf den Finger schauen, sondern auf das, worauf er zeigt. In diesem Sinne sollten wir die Diskrepanz zwischen den Titeln und dem Inhalt des Gedichtes nicht abschwächen, sondern hervorheben und als einen Schlüssel zum Verständnis benutzen. Denn das Gedicht ist nicht nur über Frankfurt, den Rhein, Deutschland und seine Geschichte insgesamt ("Vergangenheit und Gegenwart unverändert"), es ist wie jedes Zen-Gedicht vor allem auch über Zen selbst. Die Zeit steht in Zen eigentümlich fest wie eine Senkrechte, die von den Koordinaten der Vergangenheit und Zukunft und den Dimensionen des Raumes horizontal durchschnitten wird. In diesem Schnittpunkt ist der Kompass des Zen zentriert. Er zeigt nicht nur in die horizontalen, sondern immer auch in die vertikalen Richtungen und gibt so allein Orientierung.

Das Gedicht und seine Übersetzung vom Englischen ins Koreanische enthält jedoch noch einen weitaus gravierenderen Widerspruch. Während es im Englischen in der zweiten Strophe heißt: "Mountain, river all blemished", lautet dieselbe Zeile im Koreanischen umgekehrt: "Berg und Fluss alle ohne Makel" (산(山)과 강(江)이 모두 흠이 없다). Wie steht es mit diesem Widerspruch? Nur ein Übersetzungsfehler? Sind die deutschen Flüsse und Berge nicht ebenso wie die Geschichte der Deutschen selbst auf ewig mit Blut befleckt, von dem sie sie in den Augen anderer auch durch die monumentalsten Denkmäler mitten im Herzen Berlins nicht reinwaschen können? Haben auch sie Buddha-Natur, oder haben sie (vielleicht allein) keine? Ist die Antwort wieder "Mu"? Dem Zwiespalt der beiden Versionen dieser Zeile und der aus ihm resultierenden Frage versucht die deutsche Übersetzung mit einem Fragezeichen zu entsprechen.

Der Text des Gedichts verweist uns auf die Sage von der Lorelei und ihren tiefen Schlaf, aus dem sie manchmal aufwacht und dann mitunter Schiffe zum Untergehen oder Auflaufen bringt, wie kürzlich wieder einmal geschehen. Aus dem tiefen Schlaf aufzuwachen, in dem wir uns befinden, ist das Ziel von Zen wie des Buddhismus überhaupt. Buddha ist der Erwachte. Zu den Träumen dieses Schlafes gehören für Buddha auch die Herrscher, Könige und Grafen, die in den Burgen lebten, der Main, der Rhein und die Städte, die an ihnen liegen, einschließlich ihrer Unterschiede und Gemeinsamkeiten. Wie tief wir träumen hängt immer auch von der Höhe und Klarheit ab, aus der wir betrachten. Auch der zweite Widerspruch mit seinem Verweis auf die Ortssage von der Lorelei ist also ein Schlüssel zum besseren Verständnis des Gedichtes. Sehen wir die Dinge, Menschen und Ereignisse mit den Augen der unbeteiligten Kamera, so sehen wir sie, wie sie sind: Berge als Berge, Wasser als Wasser, eine Burg, verkrempelte Hüte, rote, weiße, grüne oder auch graue Kleider, in denen sich vielleicht ein koreanischer Mönch verbirgt (vgl. Compass, S. 324).

Widersprüche sind nicht selten in Zen, vielmehr ein wesentliches Charakteristikum desselben, so dass man immer wieder auf sie stößt.[367] Denn Widersprüche, die uns vor den Kopf stoßen, scheinen besonders gut geeignet uns aus unseren hartnäckigen Träumen zu wecken. In vielen Zengeschichten kommen sogar oft unerwartete Schläge vor. Zen steht jenseits von Wahrheit und Falschheit im engeren Sinne, denn das Entscheidende ist, wie man sie benutzen kann, um seine eigene Wahrheit zu finden und anderen zu helfen. Was für die Zen-Koans gilt, gilt auch für Zen-Gedichte: "Ob das, was ein Koan sagt, 'korrekt' ist oder nicht, macht keinen Unterschied, denn diese 'nicht korrekte' Sprache ist nur dazu da, den Zen-Studenten von seinem Verhaftetsein ans Denken zu kurieren." Namen und Worte können die eigentlich namen- und sprachlose Wirklichkeit nicht angemessen fassen. "Sobald du den Mund aufmachst, ist es schon ein großer Fehler!" Da wir aber den Mund immer schon seit unserer Kindheit aufgemacht haben, bevor wir dazu kamen, uns dafür oder dagegen zu entscheiden, sind wir zum Irrtum nezessiert und wir können höchstens, vielleicht nur für Augenblicke, "aus diesem Meer des Irrtums aufzutauchen" (Goethe, Faust) versuchen. In Zen geht es darum, uns von unserem Verhaftetsein an Sprache und Denken (aber nicht von diesen selbst), in denen wir so vor uns hin träumen, zu befreien. Selbst das Aufwachen aus tiefen Träumen kann nur dazu führen, fortan ein wenig bewusster weiter zu träumen, vielleicht in oder von einem Berlin, das es so nur noch in Korea gibt.

West - Berlin

Ost und West trennt eine Mauer -
Sogar das Aus- und Einatmen fällt schwer.
Wer kratzt mit Nägeln im Herzen?
Nur auf der Westseite ein hoher Aussichtsturm.
Leere kennt kein Ost und West.
Vögel machen nichts.
Frei – kommen und gehen.

367) Vgl. Suzuki, Daisetz T.: Practical Methods of Zen Instruction. In: Essays in Zen Buddhism. First Series. New York 1949. S. 267-313, bes. S. 272ff.

Denken erscheint
Und die ganze Welt steht kopf.
Denken verschwindet
Und Ost, West, Süd, Nord sind weg.
Wer wird auf diese Worte hören?
Schau nur in den blauen Himmel und lache.
Ha! Ha! Ha!

Am Ende dieser Gedichtsammlung fordert Seung Sahn seine Leser ebenfalls zum Dichten auf, indem er uns eine "Hausaufgabe" gibt, die uns noch einmal an die Asche auf dem Buddha erinnert, und deren Aufgabenstellung zeigt, wie die "Schläge" im Zen-Buddhismus auch verstanden werden können. Die Aufgabe ist, das Gedicht des Sechsten Patriarchen des Zen-Buddhismus Hui Neng zu "schlagen", das seinerseits das Gedicht des Abtes Shin Su "geschlagen" hat. Das "geschlagene" Gedicht lautet übersetzt:

Leib ist der Erleuchtung Baum
Seele reinen Spiegels Stand.
Immer fleißig zu reinigen
Damit kein Staub ansetzt.

Das "zu schlagende" Gedicht Hui Nengs lautet:

Erleuchtung hat keinen Baum
Klarer Spiegel keinen Stand.
Ursprünglich Nichts.
Wo gibt es Staub?

Seung Sahn fügt noch hinzu, dass es ein großer Fehler Hui Nengs gewesen sei, zu schreiben: "Ursprünglich Nichts. Wo gibt es Staub?" Wenn wir die Hausaufgabe richtig machen würden, erreichten wir die Lehre Buddhas. Also z.B. (im Zen-Stil):

Endlich Nichts.
Aller Staub entfernt.
Kein Stand, kein Spiegel,
Kein Baum, keine Erleuchtung mehr.

Oder (im Wort-Spiel-Stil):

Anfang
Worte
Leib Erleuchtung Baum
Seele Spiegel Stand
Staub Nichts Asche
Schweigen
Ende

Oder:

EIN 'RELIGIOUS TURN'?
Überlegungen zu Bae, Yong-Kyuns Film: Warum ging Bodhidharma in den Osten?

I. Vorbereitung

Einem bekannten paradoxen Wort zufolge, das vielleicht sogar auf Bodhidharma (koreanisch Dalma) selbst zurückgeht, ist Zen "not depending on words and speech, a special transmission outside the Sutras: pointing directly to mind, see your true nature, become Buddha"[368]. Da es Filme scheinbar weniger mit Worten als mit den Augen zu tun haben, könnte man also meinen, in diesem Film einen besonderen Zugang zum Wesen des Zen bzw. zur eigenen Buddha-Natur finden zu können.

Dazu mag es gut sein, sich vorerst ein paar Gedanken über Bodhidharma und die Titelfrage zu machen, die zu einem der bekanntesten Hwadus (auch Kongan oder Koan genannt) des Zen-Buddhismus geworden ist. Dies deutet bereits darauf hin, dass es sich dabei um keine gewöhnliche Frage handelt. Dass Bodhidharma ein buddhistischer Mönch aus Indien war, der um das Jahr 500 u.Z. (ca. 1050 buddhistischer Zeitrechnung) nach China kam und dort zum ersten Patriarchen des Zen-Buddhismus wurde, ist bekannt. Als ihn der chinesische Kaiser nach seiner Ankunft fragte, welche Verdienste er sich durch das Errichten von Tempeln, Spenden an den Sangha und andere Opfer zur Verehrung des Buddha erworben habe, antwortete Bodhidharma ihm lapidar: gar keine. Wer etwas tut in der Absicht, sich dadurch Verdienste, welche auch immer, zu erwerben, hat seinem Tun bereits die Reinheit genommen und es durch Handelsgeist verdorben. Als ihn der Kaiser dann nach dem "höchsten Sinn der Heiligen Wahrheit" fragte, antwortete Bodhidharma: "Offene Weite - nichts von heilig."[369] Und auf die Frage, wer er

368) Zen Master Seung Sahn: The Compass of Zen. Boston & London 1997. S. 23, 205, 244.
369) Nach der Übersetzung des Bi-Yän-Lu von Wilhelm Gundert. Frankfurt am Main 1983. S. 37.

denn sei, antwortet ihm der blauäugige Bodhidharma schließlich noch: "Ich weiß es nicht." Neun Jahre soll Bodhidharma in einer Höhle in den Bergen unweit des Shaolin-Tempels meditierend vor einer Wand gesessen haben, ob mit oder ohne Unterbrechungen, wird nicht gesagt. Die Ernsthaftigkeit Bodhidharmas bezeugt auch die Legende über seinen Nachfolger Hui-Ko, dem sich Bodhidharma zunächst wie allen anderen gar nicht zuwenden wollte, bis dieser sich mit einem Schwert die Hand abschlug. Diese Szene findet man oft an Tempeln in Korea dargestellt.[370)]

Warum also ging Bodhidharma in den Osten, oder hatte auch er keinerlei Absicht?

Das Hwadu: 'Warum ging Bodhidharma in den Osten?' geht auf die Frage des Meisters Chi Hsien von Hsiang Yen im 9. Jh. zurück, der seine Schüler mit der Schilderung einer ausweglosen Situation konfrontierte: "Jemand hängt in einem Baum an einem Ast über dem Abgrund, wobei er sich nur mit den Zähnen an dem Ast festhalten kann, seine Hände keine Zweige fassen können und seine Füße keinen Grund. Jemand kommt vorbei und fragt ihn: 'Warum kam Bodhidharma von Indien nach China?' Wenn er nicht antwortet, kommt er seiner Verpflichtung nicht nach, wenn er antwortet, stürzt er in den Abgrund und stirbt. Was soll er tun?"[371)]

D. T. Suzuki hat viele der Antworten von Zen-Meistern auf die Frage, warum Bodhidharma in den Osten ging, gesammelt und in vierzehn Gruppen eingeteilt, obwohl er einräumt, dass solche Klassifizierung das Unbegreifliche nicht begreiflicher machen, sondern lediglich ein paar Hinweise zur Orientierung beim Verständnis der Zen-Botschaft geben könne. Die Bedeutung der Frage ist nach ihm keine andere als die nach dem Wesen des Buddhismus, wie Bodhidharma selbst ihn verstanden habe. Hier einige Beispiele für die auf das eigene Selbst außerhalb der Sutren zeigenden Antworten: 'Why don't you ask about your own mind?' 'When you understand, it is not understood; when you doubt, it is not doubted.' 'The cypress-tree in the court.' 'There is no meaning in his coming from the West.' 'Don't talk nonsense!' 'Ask the post standing there!' 'Wait until the dark stone turtle begins to talk.' 'Once in three years there is a leap year.' 'A solitary stone in the air!' 'When the spring comes, all plants blossom.' 'Wait till there is nobody

370) Vgl. Suzuki, Daisetz T.: Essays in Zen Buddhism. Second Series. London 1970. S. 17, 41ff.

371) Vgl. Verebes, Chris: Empty House. Zen Masters and Temples of Korea. Seoul 2002. S. 96; vgl. auch S. 177, 228, 236, 283.

about us. I will tell you then.' Einige Meister antworten auch mit Aktionen, Bewegungen oder Gebärden, wenn sie nicht überhaupt schweigen. Andere antworten scheinbar ausweichend, z.B.: 'I have a headache today and do not feel like explaining the matter to you. You had better go to your brother Hai', der wiederum antwortet: 'When it comes to this, I don't know anything.' Einige Antworten beziehen sich aber auch auf Bodhidharma selbst: 'A long tiresome sitting for him!' Suzuki zieht aus all diesen Antworten zumindest einen Schluss: "the truth of Zen Buddhism as symbolized in the coming of the first patriarch to China is something demonstrable by every possible means of expression under human control, but at the same time incommunicable to others when the latter are not mentally prepared for it."[372)]

II. Übergang

Zu diesen Mitteln menschlichen Ausdrucks gehört auch der Film "Warum Bodhi-Dharma nach Osten aufbrach?" (so der Fernsehtitel; auf DVD ist es dann nicht mehr der Osten, sondern der 'Orient', in den Bodhidharma aufbrach), der dennoch manchem nicht nur von der Beleuchtung her manchmal zu dunkel erscheinen mag, so dass die folgenden Hinweise nützlich sein mögen.

Der kleine Hae-Jin (dargestellt von Huang, Hae-Jin) erhält auf die Frage, warum er und alle Buddhisten letzten Endes aus Indien gekommen sind, die Antwort: "Dort fanden unsere Herzen keinen Frieden und waren nicht frei." - "Wieso nicht?" - "Weil das Gefäß des Herzens nicht groß genug ist, um alle Dinge aufnehmen zu können. Das Gefäß ist zwar da, aber es ist angefüllt mit Selbsttäuschung." Allerdings ist dies nur eine Antwort innerhalb der Antwort des Films als ganzem, der bezeichnenderweise an einem Bahnübergang beginnt, vermutlich um gleich zu Beginn zu zeigen, dass es kein beharrendes Sein, weder Anfang noch Ende bzw. nur Übergänge gibt, wie kurz darauf der Meister erklärt. Der unbeständige Fluss aller Dinge ist eine der Grundlehren des Buddhismus und wird hier zum Ausgangs- und Endpunkt des

372) Suzuki, Daisetz T.: The Secret Message of Bodhidharma or The Content of Zen Experience, a.a.O., S. 227-253. S. 251.

Films. Impermanence (anitya), nonself (anatman) und nirvana (die Auslöschung bzw. Unangemessenheit. aller Worte, Ideen und Begriffe angesichts eines Flusses ohne substantielles Selbst) sind nach Thich Nhat Hanh die drei sich wechselseitig einander bedingenden "Dharma Seals" des Buddhismus, zu denen das so oft bemühte Leiden gar nicht gehört.[373] Auch die Ereignisse im Film sind dementsprechend nicht unbedingt chronologisch. Wichtig ist, dass es Übergänge sind, über Gleise oder Ströme, die vergehn.

In dem Film sind drei große Übergänge miteinander verwoben, die am Ende konvergieren, und der Film selbst mag ein vierter sein.

Der erste Übergang ist der des kleinen Waisenknaben Hae-Jin, den der Meister in Pflege genommen hat und der sich naturgemäß erst selbst finden muss. Die Leitmotive dieser Entdeckungsreise, die den Film durchziehen, sind einerseits der Vogel, dessen Gefährten der Junge mit einem großen Stein trifft und tötet, so dass er wie er selbst als 'Waise' zurückbleibt und ihn immer wieder mit Schuldgefühlen heimsucht, andererseits der Ochse, der aus den zehn Ochsenbildern bekannt ist, die man in Korea fast an jedem Tempel findet und die Suche nach dem Selbst anschaulich darstellen. Wichtige Stationen sind dabei die Begegnungen mit dem Tod, sei es der des Vogels, später des Meisters oder der mögliche eigene durch Ertrinken. Das Selbst, als Urgesicht des Menschen vor seiner Geburt und als Urkörper vor der Geburt der Eltern ohne Vor- und Nachnamen, wird vom Meister einmal Ki-Bong gegenüber poetisch als ein Urwesen mit dem Kopf eines Kranichs, dem Schwanz eines Drachens, dem Rücken eines Hirsches und der Brust einer Eidechse beschrieben. Ki-Bongs Aufgabe sei es, dieses Wesen zu erfassen und das große Kongan von Leben und Tod zu ergründen.

Der zweite Übergang ist der des jungen Mönches Ki-Bong (Sin, Won-Sop) aus der zweiten Generation, der immer wieder zwischen weltlichem und mönchischem Leben hin- und hergerissen wird, auch nachdem er jenes verlassen hat. Als er in die Stadt geht, um Medizin für den kranken Meister zu holen, besucht er auch seine blinde Mutter, die ihn nicht erkennt, kehrt aber wortlos um. Einmal fragt er sich, wie Nirvana zu erreichen ist und welchen Sinn es haben soll, wenn er nicht zuvor die Leiden, aber auch Schönheiten des weltlichen Lebens kennengelernt hat und entschließt sich, in den

373) Vgl. Thich Nhat Hanh: The Heart of the Buddha's Teaching. New York 1999. S. 131ff.

Strudel der Welt zu tauchen. Wäre es nicht nur ein Traum, durch die Erkenntnis der eigenen Nicht-Existenz die Erleuchtung zu erlangen? Dem jedoch reumütig wieder zum Meister in den Bergen Zurückgekehrten versetzt der Meister einen wohl bemessenen Schlag mit seinem Stock, wobei offen bleibt, ob er ihn deshalb bekommt, weil er überhaupt weggegangen ist oder weil er zurückgekehrt ist. Denn trotz aller Gegensätzlichkeit gibt es zwischen Nirvana und Samsara auch nicht den geringsten Unterschied. Es sind Nicht-Zwei. Erst der Tod des Meisters scheint auch Ki-Bong zu heilen und er macht sich noch einmal auf den Weg. Zen ist keine Einbahnstraße. Auch Bodhidharma soll sich schließlich wieder auf den Weg über den Himalaya in den Westen nach Indien gemacht haben. Barfüßig soll er nur eine Sandale an seinem Stab hängend bei sich getragen haben, während die andere, aber kein Leichnam, in seinem daraufhin geöffneten Grab in China, wo er den Intrigen und dem Gift seiner gelehrten Gegner zum Opfer gefallen sein soll, gefunden wurde.

Der letzte Übergang, der dem alten Meister Hye-Gok (Yi, Pan-Yong) selbst bevorsteht, ist der vom Leben zum Tod, und er geht ihn im Unterschied zu den ersten beiden, die mehr oder weniger ein Tappen im Dunkeln sind, in vollem Bewusstsein und mit äußerster Präzision. Man könnte sagen, er übernimmt die Verantwortung für seinen Tod. So teilt er Ki-Bong genauestens mit, wie er im Falle seines Todes innerhalb eines halben Tages vorzugehen habe. Am Vorabend eines Festes in einem anderen Tempel, zu dem Ki-Bong und Hae-Jin gehen, weist er ihn schließlich an, genug Petroleum von dort mitzubringen. Dass er wegen der Waldbrandgefahr vorsichtig sein solle, hatte er ihm schon vorher eingeschärft. Als sie zurückkehren, ist der Meister tot und Ki-Bong legt ihn in den vom Meister bezeichneten alten Schrank, trägt ihn zum bestimmten Ort und verbrennt alles. Da er die Asche bis auf ein kleines 'Andenken' nicht nur in alle Winde und Bäche verstreut, sondern auch die letzten Habseligkeiten des Meisters, die er Hae-Jin übergibt, von diesem schließlich ebenfalls verbrannt werden, bleibt von dem alten Meister am Ende im gewöhnlichen Sinne des Wortes 'nichts' übrig. Nicht nur dies unterscheidet ihn von Bodhidharma, den Ruhm und Legenden unsterblich gemacht haben, sondern auch, dass er anders als dieser, der so weit in den Osten ging, seine Einsiedelei nur notgedrungen einmal verlässt, und auch nicht mit dem Gesicht zur Wand sitzt, sondern mit einer eiskalten Wand im Rücken, damit er beim Meditieren nicht einschlafen kann. Kein Wunder, dass ihm dieses Abrücken vom 'Mittleren

Weg' ein krankhaftes Geschwür einbringt, das entfernt werden muss. Da er jedoch das Pfund Fleisch, das ihm der Arzt herausschneidet, symbolisch gegen den kleinen Waisen Hae-Jin eintauscht, den er bei seiner Rückkehr in seine Einsiedelei auf dem Rücken mit hinaufträgt, um sich seiner anzunehmen, gehen aus seiner Meditation und Krankheit auch eine neue Wärme und Hoffnung, vielleicht auf einen neuen Weisen, hervor.

III. Segen

Mag dem einen im Film der erwähnte gelegentliche Mangel an Licht auffallen, der den geschilderten Situationen angemessen sein mag, so dem anderen vielleicht der weitgehende Mangel an Humor und Freude (außer beim Zahnziehen), der der Sache des Zen weniger angemessen scheint. Doch man lasse sich davon, wie auch von dem so oft dargestellten, fast grimmig dreinblickenden Gesicht Bodhidharmas, nicht irreführen. Unter der rauhen Schale könnte sich ein weicher, goldener Kern verbergen, der lacht. Ein entsprechendes Hwadu lautet: "Warum hat Bodhidharma keinen Bart?" (obwohl oder vielmehr gerade weil es vermutlich keine einzige Darstellung von ihm ohne Bart gibt).[374] Leben und Tod sind zwar eine ernste Sache, aber wenn es sich auch nur annähernd so verhält, wie der Film zeigt, könnte das Ganze auch nur eines wahrhaft 'olympischen Gelächters' wert sein. Dass solches Lachen Zen nicht fremd ist, belegt z.B. die Geschichte von einem Zen-Meister, der eines Nachts auf einen Berg stieg und in dem Moment, in dem durch die sich teilenden Wolken plötzlich der Vollmond zum Vorschein kam, in ein derartiges Gelächter ausbrach, dass es über alle Berge und Täler schallte und ein Dichter ein Gedicht darauf verfasste. Auch Meister Hye-Gok hatte Ki-Bong gefragt, was er glaube, welchen Weg sein Ich nehme, wenn der Mond in seinem Innern aus der Tiefe des Wassers steige? Die Frage nach der Bedeutung des Kommens Bodhidharmas in den Osten ist ebenfalls schon mit Lachen beantwortet worden. Als z.B. Meister Ma-tsu von Shui-lao danach gefragt wurde, antwortete er diesem

374) Vgl. Seung Sahn, a.a.O., S. 367f.

zunächst: "Komm näher und ich werde es dir sagen." Als Shui-lao dann näher kam, gab der Meister ihm in kampfsportlicher Manier einen kräftigen Kick vor die Brust, der ihn zu Boden stürzen ließ. Ganz unerwartet erhob sich dieser daraufhin mit einem herzhaften Lachen, als ob sich ein ganz überraschendes und höchst erwünschtes Ereignis begeben hätte. Später kommentierte Shui-lao: "Since the kick so heartily given by the master, I have not been able to stop laughing."[375] Schließlich riet auch Ven. Song-Chol, der 1993 verstorbene Meister des koreanischen Zen-Buddhismus, einen guten Blick auf sich selbst zu werfen und einzusehen, "that the Buddha did not come to save us, but to teach us that we are already saved", was er so kommentiert: "What a tremendous joy it is for us to live with this Truth - so let's all bless everything together!"[376] In diesem Fall haben wir nur nicht die Antwort, sondern die Frage nachzuliefern.

Für alle diejenigen, die ebenfalls in den Osten gingen oder sich dort aufhalten, könnte der Film mit seiner Titelfrage noch eine besondere Bedeutung gewinnen, wenn sie sich jenseits der pragmatisch-handlichen Antworten wieder einmal fragen, warum sie eigentlich dorthin gegangen sind - nicht so sehr, um sich mit Bodhidharma zu vergleichen, sondern eher um sich zu fragen, ob sie vielleicht deshalb nach Osten gehen mussten, weil Bodhidharma leider nicht in den Westen gegangen war und sie deshalb dort nicht unmittelbar von ihm lernen konnten. Denn das Konzept einer ursprünglich reinen und unschuldigen Buddha-Natur des Menschen verhält sich antagonistisch zu der in den westlichen Religionen vertretenen Vorstellung des mit unvordenklicher Erbsünde und -schuld behafteten Menschen, von der er nur durch einen transzendenten Gott gerettet werden könne.[377] Selbst ein Denker wie Heidegger konnte 1966 in einem Spiegel-Gespräch noch verkünden: "Nur noch ein Gott kann uns retten", und der Mensch könne nur sein Erscheinen vorbereiten oder "im Angesicht des abwesenden Gottes untergehen."[378] Grundlegende Überzeugungen dieser Art mit religiösem Tiefgang sind nicht ohne Bedeutung für den ganzen kulturellen 'Überbau' und haben weitreichende Konsequenzen, insbesondere, wenn

375) Suzuki, D. T.: The Koan Exercise, a.a.O., S. 18-226, S. 27f., vgl. S. 232; vgl. auch Verebes, Chris: Empty House, a.a.O., S. 96.

376) Ven. Song-Chol: Echoes from Mt. Kaya. Seoul 1988. S. 154, 89. Vgl. auch Opening the Eye. Dharma Messages by.Ven. SongChol. 2002. S. 132ff.

377) Vgl. Park, Young-ui: Finding Our Mind: Prelude. Seoul 2005. S. 114ff.

378) Der Spiegel, Nr. 23, 1976. S. 193-219. S. 209.

man mit T. S. Eliot davon ausgehen kann, "that no culture has appeared or developed except together with a religion", beides sogar Aspekte derselben Sache sind: "the culture being, essentially, the incarnation (so to speak) of the religion of a people."[379] Vielleicht steht den vormaligen Geistes-, jetzt Kulturwissenschaften nach dem 'linguistic', 'cultural' und zahlreichen anderen 'turns' also noch ein weiterer und grundlegender, der be- und gefürchtete 'religious turn' bevor. Es wäre ihr entscheidender U-turn, da er mit der Leitfrage nach dem Glauben in all seinen Formen und verschiedenen Modalitäten einschließlich der kulturellen und politischen 'Programme', die auf ihnen beruhen, tiefstmögliche Selbstreflexion einleiten würde. Antworten darauf erfordern den Vergleich verschiedener Religionen und Kulturen, da nur dann die leitenden Grundvoraussetzungen und alternativen Möglichkeiten wirklich sichtbar werden und man sich nicht nur in den eigenen Vorurteilen bestätigt und verfestigt.[380]

Die Produktion des von Hand edierten und mit einer einzigen Kamera aufgenommenen Films wurde nach fast neun Jahren mühsamer Arbeit (man ist versucht zu sagen: vor der Lein-Wand) 1989 abgeschlossen und im selben Jahr noch auf dem Filmfestival in Cannes gezeigt. 1990 gewann er auf dem 42. Internationalen Filmfestival von Locarno den Golden Leopard Award für den besten Film. Es war der erste koreanische Film überhaupt, der 1993 auch in deutschen und amerikanischen Kinos gezeigt wurde. Buch, Regie, Kamera, Schnitt und Produktion stammen von Bae, Yong-Kyun. Nur die Musik stammt von Chin, Kyu-Young. Der Film wurde zumindest zum Teil in der unmittelbar neben dem Bong Jeong Tempel liegenden Young San Einsiedelei in der Nähe von Andong gedreht. Die ursprüngliche Laufzeit des Films von 175 Minuten wurde in den gängigen Kino-,Video- und DVD-Versionen um ca. 40 Minuten auf 137 oder 131 Minuten, im Fernsehen auf ca. 120 Minuten gekürzt. Auf jeden Fall ein hervorragendes verdichtetes Destillat, das man Einstellung für Einstellung, Wort für Wort und von Übergang zu Übergang aufnehmen sollte. Für Manchen könnte

379) Eliot, T. S.: Notes towards the Definition of Culture, New York 1949, S. 13, 27.

380) Zum Zusammenhang und den Paradoxien von Religion, Glaube, Verantwortung, Schuld und Tod im westlichen Kontext vgl. Derrida, Jacques: The Gift of Death. Translated by David Wills, Chicago 1995. Wie genial-irreführend Übersetzungen sein können, zeigt sich in diesem Buch u.a. dann, wenn "jenem Geniestreich des Christenthums" als "that stroke of genius called Christianity" übersetzt wird (ebd. S. 82, 114; vgl. GM II, 21, KSA 5, S. 331).

zutreffen, dass es eines von jenen Werken ist, nach denen man nicht mehr derselbe ist oder sein kann, der man vorher war. Und das ist genau das, worum es auch bei Bodhidharma und den Übergängen geht, bei denen man so scheiden sollte, wie auch Odysseus von Nausikaa schied - mehr segnend als verliebt.

| *Nachweise* |

Nietzsche, Heidegger und der Tod Gottes.
Chung-Ang University Journal of Humanities Bd. 35, 1992, S. 413-434.

Jenseits von Böse und Gut. Nietzsche nach hundert Jahren.
니체와 현대의 만남. 한국니체학회 편. 니체연구 제4집, 61-85.
Koreanische Übersetzung von 김미기 (동아대학교).

Necessary 'Self-Overcoming'. Metaphor and Example in Nietzsche and Zarathustra.
The Korean Journal of East West Mind Science 2002, Vol. 5, No. 1, S. 53-77.

Drei Verwandlungen und ein freier Geist.
Büchner und moderne Literatur. Zeitschrift der Koreanischen Büchner-Gesellschaft Bd. 10, 1997, S. 262-285.

Prozess und Verwandlung bei Kafka, Nietzsche und Rilke.
Dogilmunhak. Koreanische Zeitschrift für Germanistik Bd. 94, Heft 2, 2005, S. 291-309.

Nietzsches Regenschirm. Sprachphilosophie mit "Gänsefüßchen".
Dokilomunhak. Zeitschrift der Koreanischen Gesellschaft für Deutsche Sprach- und Literaturwissenschaft Bd. 19, Heft 3, 2002, S. 115-135.

Nietzsches weltliche Religiosität und ihre Paradoxien.
Nietzsche-Studien. Internationales Jahrbuch für die Nietzsche-Forschung 31 (2002), S. 1-39. Eine frühere Fassung ist erschienen unter dem Titel *Nietzsches paradoxe Religiosität* in The Korean Journal of East West Mind Science 2001, Vol. 4, No. 1, S. 1-30 (Deutsch), S. 31-49 in koreanischer Übersetzung von 이희주 (대구대학교).

Gadamer und das Drama Zarathustras. Eine hermeneutische Revision.
Nietzsche-Studien. Internationales Jahrbuch für die Nietzsche-Forschung 32 (2003), S. 390-404.

Zarathustra-Lehren. Übermensch, Wille zur Macht, ewige Wiederkunft.
Nietzsche-Studien. Internationales Jahrbuch für die Nietzsche-Forschung 33 (2004), S. 68-89. Eine frühere Fassung dieses Aufsatzes ist auf Englisch unter dem Titel *Not-Two. Nietzsche and "die ewige Wiederkunft des Gleichen"* erschienen in The Korean Journal of East West Mind Science 2004, Vol. 7, No. 1, S. 33-53.

Zarathustra-Konfiguration. Zum Verständnis einer Schlüsselfigur der Kultur.
Vortrag an der Gakushuin-Universität in Tokyo am 20. 09. 2004 auf dem Kolloquium "Figuration/Defiguration. Kultur und Kulturwissenschaft als Prozess".

Die vier edlen Wahrheiten Buddhas und die vier großen Irrtümer für Nietzsche.
Überarbeitete Fassung des gleichnamigen Aufsatzes in The Korean Journal of East West Mind Science 2002, Vol. 5, No. 2, S. 197-215 (Deutsch), S. 216-229 (Koreanische Übersetzung von 김정모 (대구대학교).

Seung Sahn. Ein koreanischer Zen-Meister.
Daf-Szene Korea, Nr. 19, Mai 2004, S. 43-51.

Ein *religious turn*?
Bae, Yong-Kyun: Warum ging Bodhidharma in den Osten?
Daf-Szene Korea, Nr. 22, November 2005, S. 38-43.

Die Aufsätze wurden durchgesehen und an einzelnen Stellen verbessert oder ergänzt.

Literaturverzeichnis

Abe, Masao: Zen and Nietzsche. In: Ders.: Zen and Western Thought. Honolulu 1985. S. 135-151.

Abel, Günter: Nietzsche. Die Dynamik der Willen zur Macht und die ewige Wiederkehr. Berlin 1998.

Ders.: Sagen und Zeigen. In: Stegmaier, Werner (Hg.): Kultur der Zeichen. Zeichen und Interpretation IV. Frankfurt am Main 2000. S. 61-98.

Adorno, Theodor W.: Aus Sils Maria. In: Ders.: Ohne Leitbild. Parva Aesthetica. Frankfurt am Main 1967.

Ders.: Ästhetische Theorie. Frankfurt am Main 1970.

Albrecht, Jörn: Friedrich Nietzsche und das "Sprachliche Relativitätsprinzip". In: Nietzsche-Studien 8 (1979). S. 225-244.

Allison, David B. (Hg.): The New Nietzsche. Contemporary Styles of Interpretation. New York 1977.

Altizer, Thomas J. J. : Nietzsche and Apocalypse. In: New Nietzsche Studies, Vol. 4:3/4, 2000-2001. S. 1-13.

Anders, Günther: Kafka pro und contra. München 1972.

Andreas-Salomé, Lou: Friedrich Nietzsche in seinen Werken. Hg. von Ernst Pfeifer. Frankfurt am Main 1983.

Ansell-Pearson, Keith: An Introduction to Nietzsche as Political Thinker. Cambridge 1994.

Arifuku, Kogaku: Der aktive Nihilismus Nietzsches und der buddhistische Gedanke von śunyata (Leerheit). In: Simon, Josef (Hg.): Nietzsche und die philosophische Tradition Bd. 1. Würzburg 1985. S. 108-121.

Aschheim, Steven E.: Nietzsche und die Deutschen. Karriere eines Kults. Stuttgart 2000.

Babich, Babette E.: Nietzsches Chaos sive natura. Natur-Kunst oder Kunst-Natur. In: Seubert, Harald (Hg.): Natur und Kunst in Nietzsches Denken. Köln u.a. 2002. S. 91-111.

Dies.: A Note on Nietzsche's "Chaos sive Natura". In: New Nietzsche Studies Vol. 5: 3/4 and Vol. 6: 1/2, Winter 2003 / Spring 2004. S. 48-70.

Dies. (Hg.): Habermas, Nietzsche and Critical Theory. New York 2004.

Behler, Ernst: Derrida - Nietzsche, Nietzsche - Derrida. Paderborn 1988.

Ders.: "Wer ist Nietzsches Zarathustra?" Eine Auseinandersetzung mit Martin Heidegger. In: Gerhardt, Volker (Hg.): Also sprach Zarathustra. Berlin 2000. S. 351-385.

Biser, Eugen: 'Gott ist tot'. Nietzsches Destruktion des christlichen Bewußtseins. München 1962.

Bi-Yän-Lu. Meister Yüan-wu's Niederschrift von der Smaragdenen Felswand. Verdeutscht und erläutert von Wilhelm Gundert. Frankfurt am Main 1983.

Blumenberg, Hans: Licht als Metapher der Wahrheit. In: Studium Generale X, 1957.

Boyce, Mary: Zoroastrians. Their Religious Beliefs and Practices. London, New York 2001.

Dies. (Hg.): Textual Sources for the Study of Zoroastrianism. Chicago 1984.

Brandstetter, Gabriele: Figur und Inversion. Kartographie als Dispositiv von Bewegung. In: Brandstetter, G. / Peters, Sibylle (Hg.): de figura. Rhetorik - Bewegung - Gestalt. München 2002. S. 247-264.

Bridgwater, Patrick: Kafka and Nietzsche. Bonn 1974.

Brobjer, Thomas H.: To Philosophize with a Hammer: An Interpretation. In: Nietzsche-Studien 28 (1999). S. 38-41.

Ders.: Nietzsche's atheism. In: Lippitt, John/Urpeth, Jim (Hg.): Nietzsche and the Divine. Manchester 2000. S. 1-13.

Brod, Max: Über Franz Kafka. Frankfurt am Main 1977.

Brusotti, Marco: Opfer und Macht. Zu Nietzsches Lektüre von Jacob Wackernagels "Über den Ursprung des Brahmanismus". In: Nietzsche- Studien 22 (1993). S. 222-242.

Cafard, Max: Nietzschean Anarchy and the Post-Mortem Condition. In: Moore, John (Hg.): I am not a Man, I am Dynamite! Friedrich Nietzsche and the Anarchist Tradition. Brooklyn 2004. S. 85-106.

Campbell, Joseph: Oriental Mythology. Harmondsworth 1962.

Ders.: Occidental Mythologie. Harmondsworth 1964.

Canetti, Elias: Die gespaltene Zukunft. München 1972.

Choung, Dong-Ho: Nietzsche in Korea. In: Nietzsche-Studien 25 (1996). S. 380-391.

Chung, Nak-Rim: Der tragisch-dionysische Gedanke. Eine Interpretation der Philosophie Nietzsches. Würzburg 2004.

Clark, Maudemarie: Nietzsche on Truth and Philosophy. Cambridge 1990.

Cohen, Jeremy (Hg.): Essential Papers on Judaism and Christianity in Conflict. From late Antiquity to the Reformation. New York 1991.

Cohn, Norman: How Time Acquired a Consummation. In: Malcolm Bull (Hg.): Apocalypse

Theory and the Ends of the World. Oxford 1995. S. 21-37.

Comay, Rebecca: Redeeming Revenge: Nietzsche, Benjamin, Heidegger, and the Politics of Memory. In: Koelb, Clayton (Hg.): Nietzsche as Postmodernist. Essays Pro and Contra. Albany 1990. S. 21-38.

Conant, James: Nietzsche's Perfectionism: A Reading of *Schopenhauer as Educator*. In: Schacht, Richard (Hg.): Nietzsche's Postmoralism. Essays on Nietzsche's Prelude to Philosophy's Future. Cambridge 2001. S. 181-257.

Conway, Daniel W.: Nietzsche & the political. London 1997.

Conze, Edward: Buddhist Wisdom Books. Containing *The Diamond Sutra* and *The Heart Sutra*. London 1958.

Corngold, Stanley: Nietzsche, Kafka und die literarische Vaterschaft. In: Golomb (Hg.): Nietzsche und die jüdische Kultur. Wien 1998. S. 145-164.

Crawford, Claudia: The Beginnings of Nietzsche's Theory of Language. Berlin 1988.

Danto, Arthur C.: Nietzsche as Philosopher. New York 1965.

David, Pascal: Hören und Lieben lernen - Nietzsche und das Wesen der Musik. In: Seubert, Harald (Hg.): Natur und Kunst im Denken Nietzsches. Köln u.a. 2002. S. 137-152.

Deleuze, Gilles: Nietzsche und die Philosophie. Übersetzt von Bernd Schwibs. München 1976.

Ders.: Nomad Thought. In: Allison, David. B. (Hg.): The New Nietzsche. Contemporary Styles of Interpretation. Cambridge 1986. S. 142-149.

Ders.: Difference and Repetition. Translated by Paul Patton. New York 1994.

Denker, Alfred, Heinz, Marion u.a. (Hg.): Heidegger und Nietzsche. Heidegger- Jahrbuch 2. München 2005.

Derrida, Jacques: la différance. In: Marges de la Philosophie. Paris 1972. S. 1-29.

Ders.: Spurs. Nietzsche's Styles; Éperons. Les Styles de Nietzsche. Chicago and London, 1979. (dt.: Sporen. Die Stile Nietzsches. In. Hamacher, Werner (Hg.): Nietzsche aus Frankreich. Frankfurt am Main, Berlin 1986. S. 129-168).

Ders.: Geschlecht: Différence sexuelle, différence ontologique. In: Psyché: Inventions de l'autre. Paris 1987.

Ders.: Circonfession. In: Geoffrey Bennington et Jacques Derrida: *Jacques Derrida,* Paris 1991.

Ders: The Gift of Death. Translated by David Wills. Chicago 1995.

Deussen, Paul: Das System des Vedânta. Leipzig 1883.

Diels, Hermann/Kranz, Walther (Hg.): Die Fragmente der Vorsokratiker. 10. Auflage Berlin 1961.

Douglas, Peter: Nietzsche and Chaos. In: New Nietzsche Studies Vol. 5: 3/4 and Vol. 6:1/2,

Winter 2003 / Spring 2004. S. 35-47.

Eliot, T. S.: Notes towards the Definition of Culture. New York 1949.

Ellrich, Lutz: Der Ernst des Spiels. Zu drei Versuchen einer dekonstruktiven Nietzsche-Lektüre. In: Kopperschmidt, J. / Schanze, H. (Hg.): Nietzsche oder "Die Sprache ist Rhetorik". München 1994. S. 197-218.

Emerson, Ralph Waldo: Selected Essays. Harmondsworth 1985.

Esposito, Elena: Paradoxien als Unterscheidungen von Unterscheidungen. In: Gumbrecht, Hans Ulrich und Pfeiffer, K. Ludwig (Hg.): Paradoxien, Dissonanzen, Zusammenbrüche. Situationen offener Epistemologie. Frankfurt am Main 1991. S. 35-57.

Figal, Günter: Nietzsches Philosophie der Interpretation. In: Nietzsche-Studien 29 (2000). S. 1-11.

Figl, Johann: Nietzsche und die philosophische Hermeneutik des 20. Jahrhunderts. Mit besonderer Berücksichtigung Diltheys, Heideggers und Gadamers. In: Nietzsche-Studien 10/11 (1981/82). S. 408-430.

Ders.: Interpretation als philosophisches Prinzip. Friedrich Nietzsches universale Theorie der Auslegung im späten Nachlaß. Berlin 1982.

Ders.: Nietzsches frühe Begegnung mit dem Denken Indiens. In: Nietzsche- Studien 18 (1989). S. 456-471.

Ders.: 'Tod Gottes' und die Möglichkeit 'neuer Götter'. In: Nietzsche-Studien 29 (2000). S. 82-101.

Fink, Eugen: Nietzsches Philosophie. Stuttgart 1960.

Ders.: Spiel als Weltsymbol. Stuttgart 1960.

Fleischer, Margot: Der "Sinn der Erde" und die Entzauberung des Übermenschen. Darmstadt 1993.

Foucault, Michel: Nietzsche, die Genealogie, die Historie. In: Von der Subversion des Wissens. München 1974. S. 83-109.

Frank, Manfred: Der kommende Gott. Vorlesungen über die Neue Mythologie. Frankfurt am Main 1982.

Fülleborn, Ulrich und Eigel, Manfred: Materialien zu Rainer Maria Rilkes 'Duineser Elegien'. Frankfurt am Main 1980.

Gadamer, Hans-Georg: Text und Interpretation. In: Forget, Philippe (Hg.): Text und Interpretation. München 1984. S. 24-55.

Ders.: Das Drama Zarathustras. In: Nietzsche-Studien 15 (1986). S. 1-15.

Ders.: Wahrheit und Methode. Grundzüge einer philosophischen Hermeneutik. Gesammelte Werke. Bd 1, 2. Tübingen 1986.

Ders.: Selbstdarstellung. In: Wahrheit und Methode. Gesammelte Werke 2. Tübingen 1986.

S. 478-508.

Ders.: Vom Zirkel des Verstehens. In: Gesammelte Werke 2. Tübingen 1986. S. 57-65.

Ders.: Zwischen Wort und Begriff. Nietzsche und die Metaphysik. In: Riedel, Manfred (Hg.): "Jedes Wort ist ein Vorurteil". Philologie und Philosophie in Nietzsches Denken. Köln 1999. S. 15-23.

Ders.: Nausikaa. In: Hermeneutische Entwürfe. Vorträge und Aufsätze. Tübingen 2000. S. 238-242.

Gander, Hans-Helmuth (Hg.): "Verwechselt mich vor allem nicht". Heidegger und Nietzsche. Frankfurt am Main 1994.

Gerhardt, Volker (Hg.): Also sprach Zarathustra. Berlin 2000.

Gladisch, August: Herakleitos und Zoroaster. Leipzig. 1859.

Goethe, Johann Wolfgang von: Noten und Abhandlungen zu besserem Verständnis des West-Östlichen Divans. In: Goethes Werke. Hamburger Ausgabe in 14 Bänden. Bd. II. München 1981.

Ders.: Vermächtnis altpersischen Glaubens. In: Goethes Werke. Hamburger Ausgabe in 14 Bänden. Bd. II. München 1981. S. 104-106.

Golomb, Jacob: Nietzsche's Enticing Psychology of Power. Jerusalem 1987.

Ders. (Hg.): Nietzsche und die jüdische Kultur. Wien 1998.

Ders.: Introductory Essay: Nietzsche's New Psychology. In: Golomb, J., Santaniello, W., Lehrer, R. L. (Hg.): Nietzsche and Depth Psychology. New York 1999.

Ders.: Nietzsche's positive religion and the Old Testament. In: Lippitt, John/Urpeth, Jim (Hg.): Nietzsche and the Divine. Manchester 2000. S. 30-56.

Ders.: Nietzsche und die "Grenzjuden". In: Stegmaier/Krochmalnik (Hg.): Jüdischer Nietzscheanisms. Berlin 1997. S. 228-246; und in: Golomb (Hg.): Nietzsche und die jüdische Kultur. Wien 1998. S. 165-184.

Golomb, Jacob and Wistrich, Robert S. (Hg.): Nietzsche, Godfather of Fascism? On the Uses and Abuses of a Philosophy. Princeton and Oxford 2002.

Gooding-Williams, Robert: Zarathustra's Three Metamorphosis. In: Koelb, Clayton (Hg.): Nietzsche as Postmodernist. New York 1990. S. 231-245.

Grau, Gerd-Günther: Selbstaufhebung. In: Ottmann, Henning (Hg.): Nietzsche- Handbuch. Stuttgart, Weimar 2000. S. 324f.

Groddeck, Wolfram: Friedrich Nietzsche - "Dionysos-Dithyramben". 2. Bde. Berlin 1991.

Grøn, Arne: Jenseits? Nietzsches Religionskritik revisited. Zum Stand der Forschung in Sachen Nietzsche und die christliche Religion. In: Nietzsche-Studien 34 (2005). S. 375-408.

Habermas, Jürgen: Zu Nietzsches Erkenntnistheorie (ein Nachwort). In: Ders. (Hg.):

Friedrich Nietzsche. Erkenntnistheoretische Schriften. Frankfurt am Main 1968. S. 237-261.

Ders.: Martin Heidegger. In: Philosophisch-politische Profile. Frankfurt am Main 1971. S. 67-92.

Ders.: Der philosophische Diskurs der Moderne. Frankfurt am Main 1985.

Ders.: Die Moderne - ein unvollendetes Projekt. Leipzig 1990.

Havas, Randall E.: Who is Heidegger´s Nietzsche? (On the Very Idea of the Present Age). In: Dreyfus, Hubert L. & Hall, Harrison (Hg.): Heidegger: A critical Reader. Cambridge 1992. S. 231-246.

Heftrich, Eckhard: Nietzsches Philosophie. Identität von Welt und Nichts. Frankfurt am Main 1962.

Heidegger, Martin: Sein und Zeit. Frankfurt am Main 1976.

Ders.: Nietzsches Wort 'Gott ist tot'. In: Holzwege. Frankfurt am Main 1950. S. 193-247.

Ders.: Der Spruch des Anaximander. In: Holzwege, a.a.O., S. 296-343.

Ders.: Wer ist Nietzsches Zarathustra? In: Vorträge und Aufsätze. Pfullingen 1954. S. 97-122.

Ders.: Was heißt Denken? Tübingen 1961.

Ders.: Nietzsche. 2 Bde. Pfullingen 1961.

Heiler, Friedrich: Die Religionen der Menschheit. 4. Aufl. Stuttgart 1982.

Heine, Steven: Dionysos against the Buddha: Nietzsche's 'Yes' and the Buddhist 'No'. In: Katz, Nathan (Hg.): Buddhist and Western Philosophy. Bangalore 1981. S. 244-266.

Heller, Erich: Franz Kafka. München 1974.

Ders.: Rilke und Nietzsche. In: Nirgends wird Welt sein als innen. Versuche über Rilke. Frankfurt am Main 1975.

Heo Gyun: Korean Temple Motifs. Beautiful Symbols of the Buddhist Faith. Translated by Timothy V. Atkinson. Pajubookcity 2005.

Hershbell, Jackson P. / Nimis, Stephen A.: Nietzsche and Heraclitus. In: Nietzsche-Studien 8 (1979). S. 17-38.

Higgins, Kathleen Marie: Nietzsche's Zarathustra. Philadelphia 1987.

Dies.: Reading *Zarathustra*. In: Solomon, R. C. / Higgins, K. M. (Hg.): Reading Nietzsche. New York 1988. S. 132-151.

Dies.: Waves of Uncountable Laughter. In: Lippitt, John (Hg.): Nietzsche's Futures. New York 1999. S. 82-98.

Hillebrand, Bruno: Nietzsche und die deutsche Literatur. 2 Bände. Tübingen 1978.

Hofmann, Gert: Theaterphilosophie. Nietzsches Ästhetik der Transfiguration. In: Schweigende Tropen. Studien zu einer Ästhetik der Ohnmacht. Tübingen und Basel 2003. S. 195-225.

Hofmann, Johann Nepomuk: Hermeneutik *nach* Nietzsche. Thesen und Überlegungen im

Anschluß an Nietzsches Begriff der Interpretation. In: Nietzsche-Studien 25 (1996). S. 261-306.

Hölscher, Uvo: Die Wiedergewinnung des antiken Bodens. Nietzsches Rückgriff auf Heraklit. In: Neue Hefte für Philosophie 15/16 (1979). S. 156-182.

Hough, Sheridan: Nietzsche's Noontide Friend. The Self *as* Metaphoric Double. Pennsylvania 1997.

Hunt, Lester H.: Nietzsche and the Origin of Virtue. London 1991.

Janz, Curt Paul: Friedrich Nietzsche. Biographie. 3 Bde. München, Wien 1978.

Jaspers, Karl: Nietzsche. Einführung in das Verständnis seines Philosophierens. Berlin 1936. 3. unveränderte Auflage 1950.

Ders.: Nietzsche und das Christentum. München 1952.

Jordan, Lothar: Nietzsche: Dekonstruktionist oder Konstruktivist? In: Nietzsche- Studien 23 (1994). S. 226-240.

Jung, Carl Gustav: Nietzsche's Zarathustra. 2 Bde. London 1989.

Jung, W.: Das Nietzsche-Bild von Georg Lukacs. Zur Metakritik einer marxistischen Nietzsche-Deutung. In: Nietzsche-Studien 19 (1990). S. 419-430.

Kafka, Franz: Der Process. Hg. von Roland Reuß und Peter Staengle. Frankfurt am Main/Basel 1995.

Kafka, Franz: Der Proceß. Hg. von Malcolm Pasley. Frankfurt am Main 1990.

Kafka, Franz: Briefe 1902-1924. Frankfurt am Main 1975.

Kafka, Franz: Beschreibung eines Kampfes. Novellen, Skizzen, Aphorismen aus dem Nachlaß. Frankfurt am Main 1980.

Kafka, Franz: Hochzeitsvorbereitungen auf dem Lande und andere Prosa aus dem Nachlaß. Frankfurt am Main 1983.

Kaufmann, Walter: Nietzsche. Philosopher, Psychologist, Antichrist. Princeton 1950.

Kierkegaard, Søren: Repetition. An Essay in Experimental Psychology. Kopenhagen 1843.

Klossowski, Pierre: Nietzsche et le Cercle vicieux. Paris 1975 (dt.: Nietzsche und der Circulus vitiosus deus. München 1986).

Koelb, Clayton (Hg.): Nietzsche as Postmodernist. Essays Pro and Contra. Albany 1990.

Kofman, Sarah: Nietzsche and Metaphor. Stanford 1993.

Kopperschmidt, Josef / Schanze, Helmut (Hg.): Nietzsche oder "Die Sprache ist Rhetorik". München 1994.

Kriwaczek, Paul: In Search of Zarathustra. The First Prophet and the Ideas that Changed the World. London 2002.

Künzli, R. E.: Nietzsche und die Semiologie: Neue Ansätze in der französischen Nietzsche-Interpretation. In: Nietzsche Studien 5 (1976). S. 263-288.

Kurz, Gerhard: Nietzsche, Freud, and Kafka. In: Anderson, Mark (Hg.): Reading Kafka: Prague, Politics and the Fin de Siècle. New York 1988. S. 128-148.

Lampert, Lawrence: Nietzsche's Teaching. An Interpretation of *Thus Spoke Zarathustra*. New Haven 1986.

Lee, Jin Woo: Politische Philosophie des Nihilismus. Berlin 1992.

Leighton, Taigen Daniel: Bodhisattva Archetypes. London 1998.

Leis, Mario: Frauen um Nietzsche. Hamburg 2000.

Lippitt, John/Urpeth, Jim (Hg.): Nietzsche and the Divine. Manchester 2000.

Löwith, Karl: Nietzsches Philosophie der ewigen Wiederkunft des Gleichen. Stuttgart 1956.

Luhmann, Niklas: Soziale Systeme Grundriss einer allgemeinen Theorie. Frankfurt am Main 1987.

Magnus Bernd: Nietzsche's Existential Imperative. Bloomington 1978.

Ders.: A Bridge too far. Asceticism and Eternal Recurrence. In: Gerhardt, Volker: Also sprach Zarathustra. Berlin 2000. S. 285-321.

Magnus, B. / Stewart, S. & Mileur, J. -P.: Nietzsche's Case. Philosophy as/and Literature. London 1993.

Mann, Thomas: Nietzsches Philosophie im Lichte unserer Erfahrung. In: Essays Bd. 3. Frankfurt am Main 1978.

Marton, Scarlett: L'éternel retour du même: thèse cosmologique ou impératif éthique? In: Nietzsche-Studien 25 (1996). S. 42-63.

Meijers, Anthonie: Gustav Gerber und Friedrich Nietzsche. Zum historischen Hintergrund der sprachphilosophischen Auffassungen des frühen Nietzsche. In: Nietzsche-Studien 17 (1988). S. 369-390.

Mehregan, Hushang: Zarathustra im Awesta und bei Nietzsche - eine vergleichende Gegenüberstellung. In: Nietzsche Studien 8 (1979). S. 291-308.

Mendes-Flohr, Paul: Zarathustras Apostel. Martin Buber und die 'Jüdische Renaissance'. In: Golomb (Hg.): Nietzsche und die jüdische Kultur. Wien 1998. S. 225-235.

Mistry, Freny: Nietzsche and Buddhism. Prolegomenon to a Comparative Study. Berlin, New York 1981.

Montinari, Mazzino: Zarathustra vor *Also sprach Zarathustra*. In: Ders.: Nietzsche lesen. Berlin, New York 1982. S. 79-91.

Morrison, Robert G.: Nietzsche and Buddhism. A Study in Nihilism and Ironic Affinities. Oxford 1997.

Ders.: Response to Graham Parkes' Review. In: Philosophy East & West 50:2 (2000). S. 267-279.

Müller, Max: Essays, II. Beiträge zur vergleichenden Mythologie und Ethnologie. Basel 1877.

Müller-Lauter, Wolfgang: Nietzsche. Seine Philosophie der Gegensätze und die Gegensätze seiner Philosophie. Berlin, New York 1971.

Ders.: Der Geist der Rache und die ewige Wiederkehr. Zu Heideggers später Nietzsche-Interpretation. In: Korff, F. W. (Hg.): Redliches Denken. Festschrift für G.-G. Grau. Stuttgart-Bad Cannstatt 1981. S. 92-113.

Ders.: Über Werden und Wille zur Macht. Nietzsche-Interpretationen I. Berlin, New York 1999.

Ders.: Über Freiheit und Chaos. Nietzsche-Interpretationen II. Berlin, New York 1999.

Ders.: Heidegger und Nietzsche. Nietzsche-Interpretationen III. Berlin, New York 2000.

Muneto, Sonoda: The Eloquent Silence of Zarathustra. In: Parkes, Graham (Hg.): Nietzsche and Asian Thought. Chicago 1991. S. 226-243.

Murray, Michael (Hg.): Heidegger and Modern Philosophy. Critical Essays. New Haven and London 1978.

Nehamas, Alexander: Nietzsche: Life as Literature. Cambridge 1985.

Ders.: Who are "The Philosophers of the Future"?: A Reading of Beyond Good and Evil. In: Solomon, Robert C. / Higgins, Kathleen M. (Hg.): Reading Nietzsche. Oxford 1988. S. 46-67.

Ders.: The Most Multifarious Art of Style. In: Conway, Daniel W. / Groff, Peter S. (Hg.): Nietzsche. Critical Assessments. Vol. I, 1998. S. 306-330.

Ders.: The eternal recurrence. In: Richardson, John and Leiter, Brian (Hg.): Nietzsche. Oxford 2001.

Nietzsche, Friedrich: Chronik in Bildern und Texten. Im Auftrag der Stiftung Weimarer Klassik zusammengestellt von Raymond J. Benders, Stephan Oettermann. München, Wien 2000.

Nishitani, Keiji: All-Einheit als eine Frage. In: Henrich, Dieter (Hg.): All-Einheit. Wege eines Gedankens in Ost und West. Stuttgart 1985. S. 13-21.

Ders.: The Self-Overcoming of Nihilism. Albany 1990.

Norris, Christopher: Deconstruction: Theory and Practice. London 1982.

Oishi, Kiichiro: Nietzsche als Philologe in Japan. In: Nietzsche-Studien 17 (1988), S. 315-335.

Okôchi, Ryogi: Nietzsches amor fati im Lichte von Karma des Buddhismus. In: Nietzsche-Studien 1 (1972). S. 36-94.

Ders.: Wie man wird, was man ist. Gedanken zu Nietzsche aus östlicher Sicht. Darmstadt 1995.

Oldenberg, Hermann: Budhha. Sein Leben, seine Lehre, seine Gemeinde. Berlin 1881.

Oliver, Kelly / Pearsall, Marilyn (Hg.): Feminist Interpretations of Friedrich Nietzsche. Pennsylvania 1998.

Orsucci, Andrea: Orient - Okzident. Nietzsches Versuch einer Loslösung vom europäischen Weltbild. Berlin, New York 1996.

Ottmann, Henning: Anti-Lukacs. Eine Kritik der Nietzsche-Kritik von Georg Lukacs. In: Nietzsche-Studien 13 (1984). S. 570-586.

Ders.: Philosophie und Politik bei Nietzsche. Berlin 1999.

Ders.: Kompositionsprobleme von Nietzsches *Also sprach Zarathustra*. In: Gerhardt, Volker (Hg.): Also sprach Zarathustra. Berlin 2000. S. 47-67.

Ders. (Hg.): Nietzsche-Handbuch. Stuttgart, Weimar 2000.

Park, Young-ui: Finding Our Mind: Prelude. Seoul 2005.

Parkes, Graham (Hg.): Nietzsche and Asian Thought. Chicago 1991.

Ders.: The Orientation of the Nietzschean Text. In: Ders.: (Hg): Nietzsche and Asian Thought. Chicago and London 1991. S. 3-19.

Ders.: Composing the Soul. Reaches of Nietzsche's Philosophy. Chicago 1994.

Ders.: Nietzsche and Jung: Ambivalent Appreciation. In: Golomb, Jacob / Santaniello, Weaver / Lehrer, Ronald L. (Hg.): Nietzsche and Depth Psychology. New. York 1999. S. 205-227.

Ders.: Nietzsche and Early Buddhism. In: Philosophy East & West 50:2 (2000). S. 254-267.

Ders.: Reply to Robert Morrison. In: Philosophy East & West 50:2 (2000). S. 279-284.

Ders.: Nature and the human 'redivinised': Mahayana Buddhist themes in Thus spoke Zarathustra. In: Lippitt, John / Urpeth, Jim (Hg.): Nietzsche and the Divine. Manchester 2000. S. 181-199.

Pieper, Annemarie: "Ein Seil geknüpft zwischen Tier und Übermensch". Philosophische Erläuterungen zu Nietzsches erstem "Zarathustra". Stuttgart 1990.

Pinker, Steven: The Language Instinct. Harmondsworth 1994.

Radhakrishnan, Sarvepalli and Moore, Charles A. (Hg.): A Source Book in Indian Philosophy. Princeton 1957.

Rajneesh, Bhagwan Shree: Zarathustra. A God that can Dance (Bd. 1). Zarathustra. The Laughing Prophet (Bd. 2). Talks on Friedrich Nietzsche's *Thus Spoke Zarathustra*. 1987. Guetersloh o. J.

Rahula, Walpola: What the Buddha taught. London 1978.

Reps, Paul (Hg.): Zen flesh, Zen bones. Harmondsworth 1957.

Reschke, Renate: Die andere Perspektive. Ein Gott, der zu tanzen verstünde. In: Gerhardt (Hg.): Also sprach Zarathustra. Berlin 2000. S. 257-284.

Richardson, John: Nietzsche's System. Oxford 1996.

Richardson, John and Leiter, Brian (Hg.): Nietzsche. Oxford 2001.

Riedel Manfred: Nietzsche in Weimar. Ein deutsches Drama. Leipzig 2000.

Ries, Wiebrecht: Kafka und Nietzsche. In: Nietzsche-Studien 2 (1973). S. 258-275.

Rilke, Rainer Maria: Duineser Elegien. Die Sonette an Orpheus. Frankfurt am Main 1976.

Roberts, Tyler T.: Contesting Spirit. Nietzsche, Affirmation, Religion. Princeton, New Jersey 1998.

Rombach, Heinrich: Welt und Gegenwelt. Umdenken über die Wirklichkeit: Die philosophische Hermetik. Basel 1983.

Ders.: Der kommende Gott. Hermetik - eine neue Weltsicht. Freiburg1991.

Rose, Jenny: The Image of Zoroaster. The Persian Mage Through European Eyes. New York 2000.

Salaquarda, Jörg: Der ungeheure Augenblick. In: Nietzsche-Studien 18 (1989). S. 317-337.

Ders.: Die Grundconception des *Zarathustra*. In: Gerhardt, Volker (Hg.): Also sprach Zarathustra. Berlin 2000. S. 69-92.

Santaniello, Weaver (Hg.): Nietzsche and the Gods. New York 2001.

Schacht, Richard: Nietzsche, Genealogy, Morality. Essays on Nietzsches's Genealogy of Morals. California 1994.

Ders. (Hg.): Nietzsche's Postmoralism. Essays on Nietzsche's Prelude to Philosophy's Future. Cambridge 2001.

Scheiffele, Eberhard: Questioning One's 'Own' from the Perspective of the Foreign. In: Parkes, Graham (Hg.): Nietzsche and Asian Thought. Chicago and London 1991. S. 31-47.

Schopenhauer, Arthur: Die Welt als Wille und Vorstellung. Sämtliche Werke Bd. I, II. Textkrit. bearb. u. hg. v. Wolfgang Frhr. von Löhneysen. Frankfurt am Main 1986.

Schrift, Alan D.: Nietzsche and the Question of Interpretation. Between Hermeneutics and Deconstruction. New York, London 1990.

Seubert, Harald: Zwischen erstem und anderem Anfang. Heideggers Auseinandersetzung mit Nietzsche und die Sache seines Denkens. Köln 2000.

Seung Sahn: Only don't know. Boston & London 1999.

Ders.: The Compass of Zen. Compiled and edited by Hyon Gak Sunim. Foreword by Stephen Mitchell. Boston & London 1997. (dt.: Seung Sahn: Der Kompass des Buddhismus. Orientierung auf dem Weg. Berlin 2002)

Ders.: The Whole World is a Single Flower. Rutland, Vermont & Tokyo 1992.

Ders.: Bone of Space. Zen Poems by Seung Sahn. Aus dem Englischen übersetzt von Choi Yooncheong. Seoul 1991.

Ders.: Dropping Ashes on the Buddha. The Teaching of Zen Master Seung Sahn. compiled and edited by Stephen Mitchell. New York 1976. (dt.: Seung Sahn: Buddha steht kopf. Die Lehren des Zen-Meisters Seung Sahn. Aus dem Englischen übersetzt von Ja An (Beate Gundrum), Paul Köppler. Bielefeld 1990)

Seung, T. K.: Nietzsche's Epic of the Soul. Thus Spoke Zarathustra. Oxford 2005.

Simon, Josef: Grammatik und Wahrheit. Über das Verhältnis Nietzsches zur spekulativen Satzgrammatik der metaphysischen Tradition. In: Salaquarda, Jörg (Hg.): Nietzsche. Darmstadt 1980. S. 185-218.

Ders.: Philosophie des Zeichens. Berlin 1989.

Singer, Linda: Nietzschean Mythologies: The Inversion of Value and the War Against Women. In: Oliver, K. / Pearsall, M. (Hg.): Feminist Interpretations of Friedrich Nietzsche. Pennsylvania 1998. S. 173-186.

Skirl, Miguel: Ewige Wiederkunft. In: Ottmann, Henning (Hg.): Nietzsche- Handbuch. Stuttgart 2000. S. 222-230.

Skowron, Michael: Nietzsche und Heidegger. Das Problem der Metaphysik. Frankfurt am Main, Bern, New York, Paris 1987.

Ders.: Kulturelativismus und sprachliche Universalien. In: Dogilmunhak. Koreanische Zeitschrift für Germanistik 57 / 3 (1995). S. 387-404.

Ders.: Unity and Plurality. In: Hegel-Younku 7 (1997). S. 163-197.

Ders.: Nachweis aus Gladisch, August: Herakleitos und Zoroaster (Beiträge zur Quellenforschung). In: Nietzsche-Studien 33 (2004). S. 373.

Sloterdijk, Peter: Über die Verbesserung der guten Nachricht. Nietzsches fünftes "Evangelium". Frankfurt am Main 2001.

Soll, Ivan: Reflections on Recurrence. In: Solomon, Robert (Hg.): Nietzsche. A Collection of Critical Essays. New York 1973. S. 322-342.

Solomon, Robert C. and Higgins, Kathleen M. (Hg.): Reading Nietzsche. New York, Oxford 1988.

Sommer, Andreas Urs: Ex oriente lux? Zur vermeintlichen 'Ostorientierung' in Nietzsches Antichrist. In: Nietzsches Studien 28 (1999). S. 194-214.

Song-Chol: Echoes from Mt. Kaya. Seoul 1988.

Ders.: Opening the Eye. Dharma Messages by Ven. SongChol. 2002.

Spannhake, Barbara: Umwertung einer Quelle. In: Nietzsche-Studien 28 (1999). S. 156-193.

Spiegel-Gespräch mit Martin Heidegger am 23. Sept. 1966. In: Der Spiegel, Nr. 23, 31. 5. 1976. S. 193-219.

Stambaugh, Joan: Nietzsche's Thought of Eternal Return. Baltimore 1972.

Stausberg, Michael: Die Religion Zarathushtras. Geschichte - Gegenwart - Rituale. Bd. 1-3. Stuttgart 2002-2004.

Stegmaier, Werner: Nietzsches Neubestimmung der Wahrheit. In: Nietzsche- Studien 14 (1985). S. 69-95.

Ders.: Philosophie der Fluktuanz. Dilthey und Nietzsche. Göttingen 1992.

Ders.: Nietzsches Kritik der Vernunft seines Lebens. Zur Deutung von "Der Antichrist" und "Ecce homo". In: Nietzsche-Studien 21 (1992). S. 163-183.

Ders.: Philosophieren als Vermeiden einer Lehre. Inter-individuelle Orientierung bei Sokrates und Platon, Nietzsche und Derrida. In: Simon, Josef (Hg.): Distanz im Verstehen. Zeichen und Interpretation II. Frankfurt am Main 1995. S. 213-238.

Ders.: Anti-Lehren. Szene und Lehre in Nietzsches *Also sprach Zarathustra*. In: Gerhardt, Volker (Hg.): Also sprach Zarathustra. Berlin 2000. S. 191-224.

Ders.: Nietzsches Zeichen. In: Nietzsche-Studien 29 (2000). S. 41-69.

Ders.: Kultur der Zeichen - Vernunft im Zeitalter der Orientierung. In: Ders. (Hg.): Kultur der Zeichen. Zeichen und Interpretation IV. Frankfurt am Main 2000. S. 7-33.

Ders.: Auseinandersetzung mit Nietzsche I. Metaphysische Interpretation eines Anti-Metaphysikers. In: Thomä, Dieter (Hg.): Heidegger Handbuch. Stuttgart 2003. S. 202-210.

Stegmaier, Werner und Krochmalnik, Daniel (Hg.): Jüdischer Nietzscheanismus. Berlin, New York 1997.

Stingelin, Martin: Nietzsches Wortspiel als Reflexion auf poet(olog)ische Verfahren. In: Nietzsche- Studien 17 (1988). S. 336-349.

Ders.: "Unsere ganze Philosophie ist Berichtigung des Sprachgebrauchs". Friedrich Nietzsches Lichtenberg-Rezeption im Spannungsfeld zwischen Sprachkritik (Rhetorik) und historischer Kritik (Genealogie). München 1996.

Suzuki, Daisetz T.: Essays in Zen Buddhism. First Series. New York 1949.

Ders.: An Introduction to Zen Buddhism. New York 1964.

Ders.: Essays in Zen Buddhism. Second Series. London 1970.

Ders.: Der westliche und der östliche Weg. Frankfurt am Main 1977.

Ders.: Manual of Zen-Buddhism. New York 1999.

The Vimalakirti Sutra (Translated by Burton Watson). New York 1997.

Thich Nhat Hanh: The Heart of the Buddhas Teaching. New York 1999.

Ders.: Opening the Heart of the Cosmos. Insights on the Lotus Sutra. Berkeley 2003.

Vattimo, Gianni: Nihilismus und Postmoderne in der Philosophie. In: Welsch, Wolfgang (Hg.): Wege aus der Moderne. Schlüsseltexte der Postmoderne- Diskussion. Berlin 1994. S. 233-246.

Verebes, Chris: Empty House. Zen Masters and Temples of Korea. Seoul 2002.

Vietta, Silvio: Heideggers Kritik am Nationalsozialismus und an der Technik. Tübingen 1988.

Wagenbach, Klaus: Franz Kafka in Selbstzeugnissen und Bilddokumenten. Reinbek 1964.

Welsch, Wolfgang (Hg.): Wege aus der Moderne. Schlüsseltexte der Postmoderne-Diskussion. Berlin 1994

West, Cornel: Nietzsche's Prefiguration of Postmodern American Philosophy. In: Bové, Paul A. (Hg.): Early Postmodernism. Foundational Essays. Durham and London 1995. S. 265-289.

White, Alan: The Youngest Virtue. In: Schacht, Richard (Hg.): Nietzsche's Postmoralism. Essays on Nietzsches's Prelude to Philosophy's Future. Cambridge 2001. S. 63-78.

White, Hayden: The Historical Text as Literary Artifact. In: Tropics of Discourse. Baltimore 1978. S. 81-120.

Wiehl, Reiner: Ressentiment und Reflexion. Versuchung oder Wahrheit eines Theorems von Nietzsche. In: Nietzsche-Studien 2 (1973). S. 61-90.

Ders.: Die ewige Wiederkehr des Ungleichen - Zwischen Metaphysik und Erfahrung. In: Metaphysik und Erfahrung: Philosophische Essays. Frankfurt am Main 1996. S. 9-38.

Willers, Ulrich (Hg.): Theodizee im Zeichen des Dionysos. Nietzsches Fragen jenseits von Moral und Religion. Münster 2003.

Wittgenstein, Ludwig: Tractatus logico-philosophicus. Frankfurt am Main 1967.

Wittgenstein, Ludwig: Philosophische Untersuchungen. Frankfurt am Main 1967.

Wohlfart, Günter: Artisten-Metaphysik. Würzburg 1991.

Ders.: Wer ist Nietzsches Zarathustra? In: Nietzsche-Studien 26 (1997). S. 319-330.

Zittel, Claus: Selbstaufhebungsfiguren bei Nietzsche. Würzburg 1995.

Zupančič, Alenka: The Shortest Shadow: Nietzsche's Philosophy of the Two. Cambridge 2003.

| Personen-Register |

(Seitenzahlen mit einem A beziehen sich auf Anmerkungen)